다산 정약용의 역학이론

다산 정약용의 역학이론

임재규 지음

심산

머리말

다산 정약용은 우리 한국 지성사에 있어서 최고의 지성인으로 평가받고 있다. 특히 1표 2서로 대표되는 그의 저서는 우리 한국인이라면 모르는 사람이 없을 정도로 널리 알려져 있다. 그러나 사실 동아시아 경학사에 있어서 다산의 최고 업적은 그의 역학 저서인 『주역사전』과 『역학서언』이라 해도 과언이 아니다. 한국 역학사 나아가 중국 역학사를 통틀어서 다산만큼 『주역』에 대한 깊이 있는 통찰과 철저한 연구, 그리고 이러한 통찰과 연구에 기초한 역학이론을 완성한 역학가는 거의 찾아볼 수 없을 정도로 최고의 경지라 할 수 있다.

『주역사전』에 소개되어 있듯이 다산 역학이론의 핵심은 역리사법이다. 역리사법은 추이론, 물상론, 호체론, 효변론의 네 가지 『주역』 해석 방법론이다. 중국 역학사를 통해 보면, 이러한 네 가지 『주역』 해석 방법론 각각은 그리 특별한 방법론은 아니다. 중국 역학사의 수많은 역학가들이 이러한 방법론을 활용하여 『주역』을 해석하고 있다. 『사고전서』의 역류에 수록된 수많은 역학 저서, 그리고 『속수사고전서』의 역류에 수록된 수많은 역학 저서에서 이를 쉽게 확인할 수 있다. 그러나 다산과 같이 수많은 『주역』 해석 방법론 중 이 네 가지 해석 방법론을 핵심 이론으로 제시하고, 『주역』 64괘 괘사와 384효 효사, 용구와 용육의 효사에 전면적으로 적용하여 정합적으로 해석해낸 역학가는 거의 없다고 할 수 있다. 바로 이 점이 다산 역학의 독창성이다.

지금까지 우리 학계에서 다산 역학의 독창성에 대해 잘못 이해한 측면이 없지 않았다. 즉 다산 역학의 독창성을 효변론에서 찾고자 한 기존의 연구가 그것이다. 그러나 필자는 이러한 기존의 연구에 새로운 관점을 제시했다. 송대 역학가인 도결, 심해, 원대 역학가인 진응윤, 오징, 명대 역학가인 황도주, 청대의 역학가인 포의에 대한 연구 등이 이러한 관점에서 연구된 것이다.

나아가 필자는 다산 역학의 연원에 대해서도 새로운 연구를 시도했다. 다산은 『주역사전』「사전소인」에서 자신의 역학이론 연원을 주자로 언급하고 있다. 그러나 주자의 『주역본의』와 다산의 『주역사전』을 비교해봤을 때, 이 두 저서는 사실상 다른 성격의 저서임은 부정할 수 없다. 그럼에도 다산이 자신의 역학 연원을 주자로 언급하고 있는 이유는 『주역본의』가 『주역』의 구조에 대해 정확한 이해를 제시하고 있기 때문이다. 즉 주자는 『주역』의 구조를 상象과 점占으로 인식하고 있다. 다산이 자신의 역학 연원을 주자로 언급한 이유도 여기에 있다고 봐야 할 것이다. 다산은 주자의 『주역』에 대한 이러한 인식을 그대로 받아들여 『주역』의 괘효사가 상징체계로 이루어져 있음을 명확하게 파악했다. 따라서 다산의 역학은 이러한 『주역』의 상징체계를 정합적으로 해석해내는 데에 그 목적이 있다. 그리고 이러한 목적을 달성하기 위해서 그는 역리사법을 제창한 것이다. 필자는 이러한 이해에 기초하여 다산 역리사법의 연원을 중국의 오징과 주진으로 새롭게 제시했다.

물론 다산 역학의 한계도 존재한다. 다산은 『주역』 괘효사를 정합적으로 해석하기 위해 64괘 괘사와 384효 효사에 자신 역학이론의 핵심인 역리사법이라는 네 가지 틀을 전면적으로 적용했다. 『주역』의 거의 모든 괘효사에 이 네 가지 틀을 전면적으로 적용하게 되면 결과적으로 천착이라는 비판을 피할 수 없게 된다.

이 책이 나오기까지 여러 선생님의 은혜를 입었습니다. 먼저 은사님이신 금장태 선생님은 서울대학교 종교학과 학사, 석사, 박사과정의 필자를 한국 유교와 다산학의 세계로 인도해 주셨고, 중국 복단대학교 역사학과 박사과정에서 주유쟁 선생님은 필자를 중국사상사, 중국경학사의 세계로 인도해 주셨습니다. 그리고 서울대학교 종교학과의 김종서 선생님은 필자가 학문적으로 성장할 수 있도록 물심양면으로 도와주셨고, 서울대학교 종교학과의 이연승 선생님은 여러 가지로 부족한 필자를 인간적으로 이끌어 주셨습니다. 심심한 사의를 표합니다. 감사합니다.

삼산 삼가 씀

目次

2부. 다산 정약용의 추이론

3부. 다산 정약용의 효변론

4부. 다산 역학과 중국 역학

5부. 다산 역학과 출토 역학

서론

1. 다산 역학 연구에 있어서 『역학서언』 연구의 필요성

다산 정약용의 역학은 학계에서 조선 후기 최고의 역학으로 평가하고 있다. 다산은 중국 역학사의 주요한 인물과 저작에 대한 철저한 연구를 통해 자신의 역학 체계를 완성하였다. 이러한 점에서 다산 역학을 연구하기 위해서는 중국 역학사의 주요한 인물과 저작에 대한 철저한 연구가 필요하다. 예를 들어, 다산 역학의 주요한 이론 중의 하나인 효변론을 이해하기 위해서는 중국 역학사의 효변론에 대한 이해가 필수적이다. 지난 우리 학계에서 이 점을 간과하였기 때문에 다산 역학에 대한 이해에 있어서 오류가 존재했었다고 할 수 있다.

주지하듯이 다산 역학의 대표적 저작 중의 하나인 『주역사전』은 다산의 일생일대 대작으로 평가되고 있다. 이러한 연유로 최근까지 다산 역학에 대한 연구는 『주역사전』에 대한 연구에 집중되었다. 그리고 그 성과로 『주역사전』 번역도 이루어졌다. 이를 통해 우리는 다산 역학의 구성 체계와 핵심 이론에 대해 상당한 정도의 연구 성과를 축적하게 되었다.

반면에 다산 역학의 또 하나의 축을 이루고 있는 『역학서언』에 대한 연구는 『주역사전』에 비해 부족한 것도 사실이다. 최근 『역학서언』에 대한 분석적 연구와 함께 역주 연구도 일부 성과가 있었지만, 이는 『역학서언』 전체 분량을 봤을 때 아직 미미한 수준이라고 할 수 있다. 『역학서언』에 대한 연구가 아직 미미한 수준을 벗어나지 못하고 있는 주요한 이유 중의 하나는 『역학서언』의 내용이 중국 역학사 전체를 관통하고 있다는 점에 있다.

물론 『주역』 경문 자체도 문자학적 난도나 상징체계의 다양성 등으로 인해 이해하기가 쉽지 않지만, 이와 더불어 중국 역학사 전체를 통찰할 수 있는 안목을 가지기는 더욱 쉽지 않은 게 사실이다. 다산은 유배라는 어려운 환경에서 『주역』 및 중국 역학사의 주요 저작에 대한 연구에 전념하여 독자적인 역학 사상을 수립하게 되었다. 이러한 다산의 중국 역학사에 대한 통찰이 『역학서언』에 고스란히 담겨 있다. 따라서 『역학서언』을 이해하기 위해서는 중국 역학사의 주요 인물과 저작에 대한 이해가 선행되어야 한다. 이러한 점이 아직 『역학서언』에 대한 연구가 충분히 이루어지지 못하고 있는 이유 중의 하나이다.

『역학서언』에는 한대 정현鄭玄의 『정강성역주鄭康成易注』, 당대 이정조李鼎祚의 『주역집해周易集解』, 원대 오징吳澄의 『역찬언易纂言』, 명대 래지덕來知德의 『역경집주易經集註』 등 중국 역학사의 주요 저작에 대한 다산의 논평이 포함되어 있다. 하지만 아직 우리 학계에서는 이들 저작에 대한 번역이 이루어지지 못했다. 따라서 『역학서언』에 대한 연구는 그리 녹록하지 않은 게 현실이다. 이러한 점에서 본 연구가 나름의 의의가 있다고 판단된다.

2. 다산 역학 연구에 있어서 인용 연구의 중요성

다산의 역학이 중국 역학사의 주요한 인물과 저작에 대한 철저한 연구에 기반을 두었다는 점은 다산 역학 연구에 있어서 '인용 연구'의 중요성을 말해주는 것이기도 하다. 2012년 12월에 다산학술문화재단에서 출판된 『定本 與猶堂全書』는 다산학 연구의 획기적인 성과로 평가되고 있다. 이 『定本 與猶堂全書』는 1934년에서 1938년에 걸쳐 출판된 신조선사新朝鮮社의 『與猶堂全書』가 나온 이래 거의 70여 년 만에 이루어진 『與猶堂全書』에 대한 정본화 작업의 성과물이다. 이 『定本 與猶堂全書』 중 『定本 易學緒言』을 통해 '인용 연구'의 중요성을 살펴보면 다음과 같다. 예를 들어, 『定本 易學緒言』의 「정강성역주론鄭康成易注論」 57쪽에 다음과 같은 인용이 있다.

○ 位在丑, 丑上值弁星, 似缶.[1)]

이 문장은 리괘離卦 구삼九三에 대한 정현鄭玄의 주를 다산이 인용한 것이다. 따라서 교감 및 표점 작업을 할 때 반드시 인용한 원문을 찾아서 비교·대조해야 한다. 필자가 확인한 바에 의하면 위 인용의 원문은 다음과 같다.

○ 位近丑, 丑上值弁星, 弁星似缶.[2)]

---

1) 『易學緒言』, 『定本 與猶堂全書 17』, 다산학술문화재단, 2012, 57쪽.

2) 漢·鄭康成註, 宋·王應麟編, 『周易鄭註』, 卷上, 25『欽定四庫全書薈要』, 吉林人民出版社 影印本, 2005, 7-399)

위 원문은 중국 길림인민출판사에서 영인한 『흠정사고전서회요欽定四庫全書薈要』 중의 『주역정주周易鄭註』 卷上 25쪽에 나와 있다. 위 인용의 내용은 정현의 효진설과 관련이 있으며, 정현의 효진설에 따르면[3], 구삼九三의 효진爻辰은 진辰이지 축丑이 아니다. 따라서 구삼의 효진은 '축丑에 가깝다' 라고 해야 정확하다. 다른 예를 들어보면, 『定本 易學緖言』의 「한위유의론漢魏遺義論」 88쪽에 다음과 같은 인용이 있다.

○ 小畜, 上九.[4] 輻者, 鄭注云: "謂輿下縛木, 輿軸相連, 鉤心之木, 是也."《子夏傳》云: "軸, 車劇也."[5]

이 문장은 소축괘小畜卦 구삼九三에 나오는 '복輻' 자에 대한 정현의 해석을 다산이 인용한 것이다. 이 인용의 원문을 찾아보면, 중국 길림인민출판사에서 영인한 『흠정사고전서회요』 중의 『주역정주』 卷上 9쪽에는 다음과 같이 나와 있다.

○ 小畜, 九三.[6] 謂輿下縛木, 輿軸相連, 鉤心之木, 是也.[7]

3) 鄭玄의 爻辰說은 乾卦와 坤卦 12爻에 12辰을 안배하는 것을 말하며, 乾卦 初爻부터 上爻까지 子, 寅, 辰, 午, 申, 戌을 안배하고, 坤卦 6爻에 未, 酉, 亥, 丑, 卯, 巳를 안배한다. (林忠軍 著, 『周易鄭氏學闡微』, 上海古籍出版社, 2005, 95~108쪽 참조.)

4) 宋 · 朱熹撰, 『周易本義』, 卷1, 24(『欽定四庫全書薈要』, 吉林人民出版社 影印本, 2005, 5-867). "上九, 旣雨旣處, 尙德載, 婦貞厲, 月幾望, 君子征凶."

5) 『易學緖言』, 『定本 與猶堂全書 17』, 다산학술문화재단, 2012, 88쪽.

6) 宋 · 朱熹撰, 『周易本義』, 卷1, 23(『欽定四庫全書薈要』, 吉林人民出版社 影印本, 2005, 5-866). "九三, 輿說輻, 夫妻反目."

7) 漢 · 鄭康成註, 宋 · 王應麟編, 『周易鄭註』, 卷上, 9(『欽定四庫全書薈要』, 吉林人民出版社 影印本, 2005, 7-391)

위의 인용에서 알 수 있듯이 『定本 易學緖言』 88쪽의 '상구上九'는 '구삼九三'으로 정정해야 한다. 신조선사본 『역학서언』에서 인용한 원전의 내용이 이처럼 명백한 오류로 판단되면 그 근거를 제시하고 정확하게 바로잡아야 하는 것이 정본화 작업의 기본적인 내용이다. 또 다른 예를 들어보면, 『定本 易學緖言』의 「한위유의론漢魏遺義論」 94쪽에 다음과 같은 인용이 있다.

○ 致役乎坤. 鄭云: "坤不言方者, 所言地之養物不專一也."[8)]

사실 위 인용은 앞에서 근거로 삼은 『흠정사고전서회요』 중의 『주역정주』에서도 확인할 수 없는 내용이다. 이런 경우에는 『주역정주』가 아닌 다른 역학서 중에서 관련 내용을 찾아서 확인해야 하므로 쉬운 일은 아니다. 그럼에도 불구하고 정본화 작업은 모든 인용에 대해서 출처를 확인하는 것이 필수이다. 이러한 과정을 거치지 않으면, 정본화 작업의 의미가 상당히 축소될 수밖에 없을 것이다. 위에서 다산이 인용한 『설괘전』 중의 '치역호곤致役乎坤'에 대한 정현의 주석은 『사고전서四庫全書』 중의 『주역주소周易註疏』에서 확인할 수 있다. 『주역주소』에서 찾은 정현의 주석은 다음과 같다.

○ 致役乎坤. 鄭云: "坤不言方所者, 言地之養物不專一也."[9)]

---

8) 『易學緖言』, 『定本 與猶堂全書 17』, 다산학술문화재단, 2012, 94쪽.

9) 王弼 · 韓康伯 注, 陸德明 音義, 孔穎達 疏, 『周易註疏』, 卷13, 7(『四庫全書』 文淵閣本, 驪江出版社 影印本, 1988, 7-574). 그리고 이 인용은 송나라 魏了翁의 『周易要義』에서도 확인할 수 있다. 宋 · 魏了翁輯, 『周易要義』, 『四庫全書』 文淵閣本, 驪江出版社 影印本, 1988. 참조). 그리고 현대 역학자 중국 산동대학 林忠軍의 정현 역학 연구서인 『周易鄭氏學闡微』에서도 이를 확인할 수 있다.林忠軍 著, 『周易鄭氏學闡微』, 上海古籍出版社,

이처럼 인용문에 대한 정확한 출처 확인이 없다면 그 의미를 명확하게 이해하기가 어려워진다. 이런 점에서 정본화 작업에서는 표점 하나라도 정확하게 찍어야 그 가치가 인정될 수 있다. 따라서 다산 역학 연구에서 다산이 인용하고 있는 모든 인용문에 대해 하나하나 그 출처를 확인하는 작업을 수행할 필요가 있다. 이와 같은 작업을 통해 다산 역학에 대한 연구가 이루어져야 보다 정확하고 객관적인 연구가 가능하리라 판단된다.

3. 연구 의의

필자는 처음에 다산 역학을 『역학서언』의 내용에 기초하여 중국 역학사의 일반적인 시기 구분이라 할 수 있는 한대漢代 역학, 위진대魏晉代 역학, 당대唐代 역학, 송원대宋元代 역학, 명청대明淸代 역학으로 나누어 연구하고자 했다. 이 책의 제10장 '다산 정약용의 중국 역학사 인식'은 이러한 연구 결과 중의 하나라 할 수 있다. 하지만 필자는 이러한 시기 구분에 따른 연구보다 다산 역학 연구의 주제에 따른 연구가 더 중요하다고 판단하였다. 특히 다산 역학의 주요 이론과 『역학서언』에 나타난 다산의 중국 역학사 연구와 연결해 검토하는 것이 다산 역학의 이론 및 연원에 대한 역학사적 해명에 있어서 중요한 관건으로 보았다.

이러한 문제의식에 따라 필자는 『역학서언』에 나타난 중국 역학사의 주요 저작에 대한 연구를 진행하였으며, 이에 기초하여 다산 역학의 이론과의 관련성을 해명하였다. 예를 들어, 제1장 '정약용과 오징의 『주역』 해석 방법론 비교'는 『역학서언』의 「오초려찬언론吳草廬纂言論」 연구에

2005, 421쪽 참조)

기반하여 오징 역학과 다산 역학의 연관성을 해명하였다. 이를 통해 필자는 다산 역학의 이론적 연원을 오징 역학에서 찾을 수 있음을 증명하였다. 이러한 연구 결과는 지금까지 우리 학계에서 논의된 바 없는 창의적인 연구라는 점에서 본 연구의 작은 의의라 할 수 있다.

그리고 본 연구는 다산 역학에 대한 묵수적인 추종을 경계하고 다산 역학에 대한 보다 객관적이고 공정한 평가를 시도하였다. 예를 들어, 이 책의 제13장 '백서『역전』을 통해 본 다산의 역리사법' 은 출토 역학 문헌인 중국 장사 마왕퇴 한묘에서 출토된 백서『역전』연구를 통해 다산 역학의 역리사법에 대한 경전적 근거를 새롭게 검토하였다.

1부. 다산 역학의 연원

제1장

정약용과 오징의 『주역』 해석 방법론 비교

1. 서론

다산 정약용(丁若鏞, 1762~1836)은 조선 후기 실학을 집대성한 인물로 경세치용의 실용적 학문뿐만 아니라 경학 연구에서도 탁월한 업적을 남긴 대학자이다. 다산은 사서오경에 모두 정통하여 각 방면에 독창적인 학설을 많이 남겼는데, 특히 역학 방면의 연구에 조예가 깊었다.[1]

다산의 역학은 조선 후기 역학사에 새로운 지평을 연 것으로 평가받고 있는데, 그 핵심은 이른바 '역리사법' 이라는 『주역』 해석 방법론에 있다. 물론 다산이 이 '역리사법' 의 각 해석 방법론을 창조한 것은 아니지만, 역학사의 수많은 『주역』 해석 방법론 중 이 네 가지를 선택하여 『주역』 해석에 적용한 점은 매우 특색있는 것으로 평가할 수 있다.

1) 「家誡」, 『文集 Ⅲ』, 『定本 與猶堂全書 4』, 다산학술문화재단, 2012, 27쪽, "周易四箋, 是吾得天助之文字, 萬萬非人力可通, 智慮所到. 有能潛心此書, 悉通奧妙者, 卽子孫朋友, 千載一遇, 愛之重之, 當倍常情."

본 장은 다산 역학의 핵심 이론인 이 '역리사법' 의 연원에 대한 탐구이며, 필자의 기본적인 관점은 다산의 '역리사법' 과 중국 원나라 오징(吳澄, 1249~1333)의 『주역』 해석 방법론이 서로 상관관계가 있다는 것이다. 필자가 오초려의 『주역』 해석 방법론에 주목한 것은 대략 다음과 같은 근거 때문이다. 먼저, 다산은 『역학서언易學緖言』에서 오초려의 『역찬언易纂言』에 대한 전문적인 비평인 「오초려찬언론吳草廬纂言論」을 남기고 있다는 점이다. 이는 다산이 자신의 역학체계를 수립하기 위해 오초려의 『역찬언』을 깊이 있게 검토했다는 것을 의미한다. 둘째, 다산은 『주역사전周易四箋』에서 오초려의 견해를 여러 곳에서 인용하고 있다는 점이다. 이는 다산이 『주역』을 해석하는 데에 있어서 오초려의 견해를 중시하고 있었음을 의미한다. 셋째, 『역찬언』에 나타난 『주역』 해석 방법론을 정리한 『역찬언외익易纂言外翼』에 다산의 '역리사법' 에 해당하는 방법론이 모두 담겨있다는 점이다. 이는 다산이 '역리사법' 이라는 해석체계를 수립하는 데에 있어서 오초려의 견해를 참고했음을 의미한다.

필자는 이러한 근거에 따라 정다산과 오초려의 『주역』 해석 방법론의 유사점과 차이점을 비교 분석함으로써 다산의 '역리사법' 의 연원을 탐구해보고자 한다.

2. 다산 역학의 사법四法과 삼오三奧

다산의 『주역』 해석 방법론은 이른바 '역리사법' 이다. 다산은 자신의 대표적인 역학 저서인 『주역사전』의 첫머리에 『주역사전』 전체 내용을 총결하는 의미에서 「사전소인四箋小引」을 제시했다. 따라서 다산 역학의 핵심은 바로 이 「사전소인」에 담겨있다고 해도 과언이 아니다. 우선 「사전소인」의 내용을 인용하면 다음과 같다.

「사전소인四箋小引」

첫째는 '추이推移' 이다. ○ 주자의 괘변도卦變圖가 곧 이 법이다(『본의本義』에서 말한 괘변卦變과는 같지 않다). 단지 중부中孚와 소과小過가 벽괘辟卦에 포함되어 있지 않지만, 추이推移는 주자의 뜻이다.

둘째는 '물상物象' 이다. ○ 주자는 대장괘大壯卦에서 태兌를 양羊으로 해석했고(육오六五 효사에 대한 해석을 보라), 여괘旅卦에서 리离를 꿩(雉)으로 해석했다(육오六五 효사에 대한 해석을 보라). 물상物象이 『설괘說卦』를 따르는 것은 주자의 뜻이다.

셋째는 '호체互體' 이다. ○ 주자는 '호체互體를 폐기할 수 없다' 라고 했고(『대전大傳』 잡물찬덕雜物撰德장을 보라), 또 '『좌전左傳』에서 분명히 호체互體를 사용했다' 고 했다(진완陳完의 점을 보라). 호체互體는 주자의 뜻이다.

넷째는 '효변爻變' 이다. ○ 주자는 '하나의 효가 변동할 때 본괘本卦의 변한 효사爻辭로 점을 친다' 라고 했다(『계몽啓蒙』을 보라). 점법占法이 이미 그러하니, 경문의 뜻도 마땅히 같은 것이다. 효변爻變은 주자의 뜻이다.[2]

이 짤막한 「사전소인」에서 확인할 수 있는 바는 2가지이다. 첫째는 다산 역학의 핵심이 '추이推移, 물상物象, 호체互體, 효변爻變' 이 네 가지 방법이라는 것이고, 둘째는 다산 역학의 연원이 주자에 있다는 것이다. 다

2) 「四箋小引」, 『周易四箋 I』, 『定本 與猶堂全書 15』, 다산학술문화재단, 2012, 31-2쪽, "一曰推移. ○朱子卦變圖, 卽此法也(與本義之言卦變不同), 唯中孚小過不入辟卦. 然推移者, 朱子之義也. 二曰物象. ○朱子於大壯以兌爲羊(見六五), 於旅卦以离爲雉(見六五). 物象之從說卦者, 朱子之義也. 三曰互體. ○朱子曰互體不可廢(見大傳雜物撰德之章). 又曰左傳分明用互體(指陳完之筮). 互體者,朱子之義也. 四曰爻變. ○朱子曰遇一爻變, 以本卦之變爻辭占(見啓蒙). 占法旣然, 經旨宜同. 爻變者, 朱子之義也."

산 역학의 연원에 관한 문제는 오징 역학과의 관련성 속에서 다루어야 하므로 뒤에서 논의하기로 하고, 우선 다산의 『주역』 해석 방법론인 '역리사법' 에 대해 살펴보기로 한다.

「사전소인」의 '추이, 물상, 호체, 효변' 이 네 가지 방법에 대해 다산은 '사법四法' 내지 '사대의四大義' 라고 이름했다. 「괄례표括例表」에서 "『역』에는 사법이 있으니, 첫째가 추이이고 둘째가 물상이고 셋째가 호체이고 넷째가 효변이다."[3]라고 했고, 다산이 윤외심에게 보낸 편지 중에서 "내가 발명한 사대의는 모두 주자가 이미 말한 바이다. 다만 그 미묘한 말과 오묘한 뜻이 『본의本義』에 나타나지 않았을 뿐이다."[4]라고 했다. 이러한 근거에 의하면 다산의 이른바 '역리사법' 은 다산의 용어가 아니며, 따라서 '사법' 내지 '사대의' 를 다산의 역학을 서술하는 용어로 사용하는 것이 더 정확할 것 같다.[5]

한편 다산의 '사법' 은 다시 '물상' 과 '추이, 호체, 효변' 으로 나눌 수 있다. 즉 다산 역학에서 목표라 할 수 있는 것은 '물상' 이며, 나머지 '추이, 호체, 효변' 은 이 '물상' 을 찾기 위한 수단이라 할 수 있다. 다시 말하면, 다산은 '추이, 호체, 효변' 을 이용해서 괘효사의 '물상' 을 찾아내고 있는 것이다.

다산이 『주역』을 물상으로 이해하는 관점은 『주역사전』 곳곳에서 찾을 수 있다. "『주역』은 점치기 위한 것이다. 하나의 괘와 하나의 효는 각각 만사와 만물의 물상을 갖추고 있다. …… 문왕과 주공은 만상萬象 가운데

---

3) 「括例表上」, 『周易四箋 I』, 『定本 與猶堂全書 15』, 다산학술문화재단, 2012, 34쪽, "易有四法. 一曰推移, 二曰物象, 三曰互體, 四曰爻變."

4) 「與尹畏心」, 『文集 Ⅲ』, 『定本 與猶堂全書 4』, 다산학술문화재단, 2012, 131쪽, "鏞之所發明四大義, 皆朱子之所已言, 特其微言妙旨, 未及著之於本義."

5) 이하 서술에서 필자는 이른바 '역리사법' 이라는 용어 대신 '사법' 이라는 용어를 쓰기로 한다.

하나의 물상을 뽑아 주사繇辭를 지었다."[6] "『주역』의 도는 물상을 본뜬 것에서 벗어나지 않는다.(그 유사함으로 인해 물상을 취한 것이다)"[7] 이러한 관점에 따라 다산은 64괘 괘사와 384효 효사의 해석에서 각 괘효사에 해당하는 물상을 하나하나 찾아내고 있다. 따라서 다산 역학의 최종 목표는 문왕과 주공의 괘효사에 담겨 있는 물상을 찾아내는 데에 있다. 나머지 3가지는 이 물상을 찾기 위한 수단에 지나지 않는다.

'사법'을 '물상'과 '추이, 호체, 효변'으로 나누어 보는 관점은 '삼오三奧'라는 개념에서 더욱 분명히 드러난다. 다산은 강진 유배에서 돌아온 후 회갑을 맞이하여 「자찬묘지명自撰墓誌銘」을 저술하면서 자신의 학문을 요약한 바 있다. 「자찬묘지명」에서 다산은 자신의 역학에 대해서 삼오론으로 정리하고 있다. "『주역』에 삼오가 있으니, 첫째가 추이이고, 둘째가 효변이고 셋째가 호체이다."[8] 다산의 이 언급은 다산 말년의 것이며, 따라서 다산 역학의 최종적 결론에 해당한다고 볼 수 있다. 다산이 말년에 자신의 역학을 총결하면서 내린 이 결론은 다산이 역학 연구에 있어서 자신만의 독자적인 발명이 바로 '삼오론'임을 강조한 것이다. 사실 역학사에서 '물상'에 대한 강조는 비교적 보편적이며 쉽게 찾아볼 수 있는 것이지만, 이에 비해 '삼오'는 그리 쉽게 접근할 수 있는 방법은 아니다. 따라서 다산이 수많은 상수학적 방법 중에서 이 '삼오'를 중심으로 '물상'을 해석해낸 것은 다산 자신이 얘기했듯이 역학사에서 일종의 '발명'이라 할 수 있다. 그리고 이러한 '발명'은 이미 주자가 말한 것이고, 이러한 의

---

6) 「讀易要旨」, 『周易四箋 I』, 『定本 與猶堂全書 15』, 다산학술문화재단, 2012, 53쪽, "易所以筮也. 一卦一爻, 各具萬事萬物之象. …… 文王周公於萬象之中抽其一象, 以爲繇詞."

7) 「繫辭下傳」, 『周易四箋 II』, 『定本 與猶堂全書 16』, 다산학술문화재단, 2012, 294쪽, "易之爲道, 不外乎像象也.【因其似而取爲象.】"

8) 「自撰墓誌銘」, 『文集 II』, 『定本 與猶堂全書 3』, 다산학술문화재단, 2012, 272쪽, "易有三奧, 一曰推移, 二曰爻變, 三曰互體."

미에서 다산이 「사전소인」에서 사법이 주자의 뜻이라고 강조한 것으로 이해할 수 있다.

다산 역학의 핵심 이론인 '삼오'는 64괘 괘사와 384효 효사 해석에 철저하게 적용되고 있다. 좀 더 구체적으로 살펴보면, 64괘 괘사 해석에서는 '삼오' 중 '추이와 호체'가 주로 사용되고 있고, 384효 효사 해석에서는 '삼오'가 모두 사용되고 있다. 이를 표로 나타내면 다음과 같다.

	해석 방법론
괘사	추이 + 호체
효사	효변 + 추이 + 호체

물론 모든 괘효사의 해석에 '삼오'가 100% 적용되는 것은 아니지만, 괘효사 해석에 있어서 핵심적인 운용 방법임이 틀림없다. 역학사의 다른 주요 역학가와 비교해 봐도 다산은 이 '삼오'를 매우 철두철미하게 운용하고 있다. 따라서 이 '삼오'가 다산 역학의 핵심적인 해석 방법론이라 할 수 있다.

3. 초려 역학의 12익

『송원학안宋元學案』「초려학안草廬學案」에 "초려草廬는 쌍봉에서 나왔으니 본래 주자학 계열이고 후에 육학陸學을 겸하였다. 초려는 또 정소개程紹開를 사사했는데, 정씨는 일찍이 도일서원을 세워 주육朱陸 양가兩家의 화회和會를 생각했다. 그러나 초려의 저서는 끝내 주자에 가까웠다."[9]라

9) 黃宗羲 撰, 全祖望 續修, 王梓材 校補, 『宋元學案』, 河洛圖書出版社, 中華民國 64年, 卷九十二, 「草廬學案」 五, "草廬出於雙峰, 固朱學也, 其後亦兼主陸學. 蓋草廬又師程氏紹開, 程氏嘗築道一書院, 思和會兩家, 然草廬之著書,則 終近乎朱."

고 했다. 즉 오초려는 주자의 4전 제자이고 주육朱陸 양가兩家를 겸하였지만 끝내 주자의 학문을 계승했다고 할 수 있다. 그리고 초려의 이러한 주자학적 경향은 역학에도 그대로 이어진다.

주자는 『주역본의周易本義』를 지어 『주역』의 원래적 의미를 밝히고자 했다. 주자의 『주역』에 대한 기본적인 관점은 『주역』이 복서를 위한 책이라는 것이다.[10] 그래서 주자는 당의 공영달이 편찬한 『주역정의周易正義』 체재를 받아들이지 않고 『주역』의 원래적인 모습이라 할 수 있는 『고주역古周易』의 체재를 따랐다.[11] 주자는 『주역』에 대한 이러한 관점을 따라 『주역본의』의 효사를 '상象'과 '점占'의 구성으로 보았다. 예를 들어 『주역본의』의 건괘 초구 효사에 대한 해석에서 주자는 "그 상象은 '잠룡'이고, 그 점占은 '물용'이다."[12]라고 했다. 『주역』의 효사를 '상象'과 '점占'으로 나누어 보는 관점은 『주역본의』의 384효 전체 해석에서 관통되고 있다.

주자의 『주역』에 대한 이러한 관점은 오초려에 의해 계승되고 있다. 초려는 『역찬언』을 지으면서 『고주역』의 체재를 따른 주자의 관점을 그대로 계승하였으며, 또 『주역』 효사의 구성을 '상象'과 '점占'으로 본 주자의 관점도 그대로 계승하였다. 예를 들어 『역찬언』의 건괘 초구 효사에 대한 해석에서 초려는 "'잠룡'은 상象이고, …… '물용'은 점占이다."[13]라고 하여 주자의 관점을 계승하였으며, 나아가 384효 전체에서 더욱 분명하게 이 점을 강조하고 있다.

초려는 주자의 『주역』에 대한 관점을 계승하면서 나아가 괘효사의 '상象'에 대해 보다 중점을 두었다. 주자는 『주역』의 괘효사가 '상'을 나타

10) 黎靖德 編, 王星賢 點校. 『朱子語類』, 北京: 中華書局, 1986.
11) (宋) 朱熹 撰, 『朱子全書』, 上海: 上海古籍出版社; 合肥: 安徽教育出版社, 2002.
12) 朱熹 撰, 廖名春 點校, 『周易本義』, 北京: 中華書局, 2009, 30쪽, "其象爲潛龍, 其占日勿用."
13) 吳澄, 『易纂言』, 卷1, 1~2(『四庫全書薈要』, 吉林人民出版社 影印本, 1997, 10-346~7), "初九, 潛龍, 象也. …… 勿用, 占也."

내고 있다는 관점을 가지고 있었지만, 이러한 '상'이 어떻게 나왔는지 즉 그 '소종래所從來'에 대해서는 구체적인 판단을 유보한 경우가 많았는데, 이에 반해 초려는 『주역』 괘효사의 '상'에 대해 하나하나 그 '소종래'를 밝히고자 했다.[14] 같은 맥락에서, 주자는 한대 상수학적 『역』 해석 방법론에 대해 매우 신중한 태도를 취한 반면 초려는 한대 상수학적 『역』 해석 방법론을 적극적으로 수용하고 있다.[15]

초려의 한대 상수학적 『역』 해석 방법론에 대한 관심은 『역찬언외익』에 잘 나타나 있다. 『역찬언외익』은 서명에서 알 수 있듯이 『역찬언』에 대한 보충적 설명이자 『주역』 해석 방법론에 대한 초려의 총결이라 할 수 있다. 『역찬언외익』은 총 12편으로 구성되어 있는데, 그 순서는 다음과 같다.

① 괘통卦統, ② 괘대卦對, ③ 괘변卦變, ④ 괘주卦主, ⑤ 변괘變卦, ⑥ 호괘互卦, ⑦ 상례象例, ⑧ 점례占例, ⑨ 사례辭例, ⑩ 변례變例, ⑪ 역원易原, ⑫ 역류易流

괘통卦統은 64괘를 16경괘經卦와 그 나머지 48위괘緯卦로 나눈 것을 말하고, 괘대卦對는 『주역』 상·하편이 서로 짝이 되거나 혹은 상·하 각 편이 자체적으로 짝을 이루는 것을 말하고, 괘변卦變은 건곤괘乾坤卦, 6자괘, 10벽괘辟卦, 46연괘衍卦로 괘의 변화 생성을 밝힌 것이고, 괘주卦主는 하나의 획이 그 괘의 주인이 됨을 밝힌 것이고, 변괘變卦는 하나의 괘가 변하여 64괘가 될 수 있음을 밝힌 것이고, 호괘互卦는 한 괘의 2, 3, 4, 5효를 교호交互하여 새로운 괘를 만든다는 것이고, 상례象例는 괘효사의 물상을 9가지의 분류로 정리한 것이고, 점례占例는 '원형이정', '길흉회린' 등의 점례를 밝힌 것이고, 사례辭例는 '건건乾乾', '겸겸謙謙' 등 괘효사의 다양

14) 張國洪, 「吳澄的象數義理之學」, 山東大學博士學位論文, 2006, 100~104쪽 참조.

15) 이 점이 주자의 역학과 초려의 역학의 큰 차이점이라 할 수 있다.

한 사례를 정리한 것이고, 변례變例는 설시揲蓍의 18변을 밝힌 것이고, 역원易原은 하도와 낙서가 역의 근원임을 밝힌 것이고, 역류易流는 소옹의 선천학이 역학의 주류임을 밝힌 것이다.[16)]

괘통卦統과 괘대卦對는 『주역』의 64괘가 상 · 하경으로 나누어진 이유를 설명하고 있으며, 이는 정자와 주자도 밝혀내지 못한 부분이고,[17)] 역원易原과 역류易流는 초려의 역학이 소강절의 역학에 근본하고 있음을 말해준다. 변례變例는 서법에 대한 초려의 해석이고, 점례占例는 괘효사 중 점례에 해당하는 부분을 정리한 것이고, 사례辭例는 괘효사의 다양한 사례를 정리한 것이고, 괘주卦主는 6효 중 하나의 효가 그 괘의 주인이 됨을 밝힌 것이다. 이 8가지는 12익 중 비교적 정적靜的인 이론이라 할 수 있다.

『역찬언외익』의 12익 중 위의 8익을 제외한 나머지는 괘변卦變, 변괘變

16) 吳澄, 『易纂言外翼』, 「易纂言外翼十二篇原序」(『四庫全書』 文淵閣本, 驪江出版社 影印本, 1988, 22-597~8). "羲皇卦畵, 先後一定, 自然而然, 文王分八卦爲上下篇, 改移其次, 八經卦之純體合體者爲之經, 四十八卦之雜體者爲之緯. 述卦統第一. 六畫卦之不反易者八, 其反易者二十八爲五十六卦, 奇陽偶陰無獨必有對, 或上下二篇相對, 或上下各篇自對, 二體之互易者亦然. 述卦對第二. 羲皇生卦奇偶之上生奇偶而已, 卦體旣成, 而推其用, 則無窮焉. 乾坤變而爲六子十辟, 六子十辟變而爲四十六卦, 述卦變第三. 每卦以一畫爲主, 无妄之傳所謂 '剛自外來而爲主於內' 也. 述卦主第四. 易以剛柔相推而生變化, 剛畫變則化柔, 柔畫變則化剛, 而一卦可爲六十四卦. 述變卦第五. 重卦有上下二體, 又以卦中四畫交互取之, 二三四成下體, 三四五成上體. 述互卦第六. 羲皇所畵之卦畫謂之象, 文王所名之卦名謂之象, 彖辭爻辭汎取所肖之物亦謂之象. 述象例第七. 聖人畫卦以明天道, 生蓍以前民用, 彖爻之辭爲占設也. 述占例第八. 辭有象辭有占辭, 象之中亦有占, 占之中亦有象, 旣互見矣. 猶有遺者復掇拾之通謂之辭. 述辭例第九. 揲蓍十八變而成一卦, 以動者尙其變謂蓍之變也. 述變例第十. 羲皇心契天地自然之易將畵八卦而有龍馬負圖出於河, 此易之原也. 洛書後出神禹因之敍九疇, 其河圖之配與. 述易原第十一. 邵子著書立言, 無一不本於羲皇之卦圖. 揚氏自三才之三起數而撰太玄, 司馬氏自五行之十起數而撰潛虛, 蔡氏自九疇之九起數而撰洪範皇極內篇, 皆易之派也. 然邵子從容乎羲畵之內, 三家則奔迸乎羲畵之外矣. 邵其經流之派, 揚馬蔡其支流之派與. 述易流第十二."

17) 王雲五 主持, 『合印四庫全書總目提要及四庫未收書目禁燬書目(一)』, 臺灣商務印書館, 1978, 56쪽, "卦統卦對二篇, 言經之所以釐爲上下, 乃程朱所未及."

卦, 호괘互卦, 상례象例이다. 이 네 가지 중에서 가장 핵심적인 것은 상례라 할 수 있다. 상례는 초려 역학의 가장 특색있는 이론이자 궁극적인 목표라 할 수 있다. 그리고 괘변, 변괘, 호괘는 목표인 물상을 찾기 위한 핵심적인 수단이 된다. 따라서 이 네 가지가 초려 역학에서 핵심적인 『주역』 해석 방법론이라 할 수 있다.

4. 다산과 초려의 『주역』 해석 방법론 비교

1) 다산의 물상物象과 초려의 상례象例

다산과 초려는 『주역』 해석에 있어서 '상象' 을 목표로 한다는 점에서 서로 일치한다. 이는 다산의 물상설과 초려의 상례에서 잘 나타난다. 다만 다산은 『설괘전』을 중심으로 물상을 논하고 있는 반면에 초려는 『주역』 괘효사에 나타난 물상을 자신의 기준에 따라 9가지로 분류하여 정리하였다는 점에서 차이가 있다. 즉 다산의 물상설은 『설괘전』의 물상을 해석하고 『설괘전』에 나와 있지 않은 일상을 찾아 보충한 수준에 그치고 있는 반면에 초려는 『역찬언외익』에서 상례편을 따로 설정하여 象例上, 象例中, 象例下로 나누어 체계적으로 정리하고 있다.

다산은 『주역사전』의 「괄례표括例表」에서 그의 물상설을 다음과 같이 요약하고 있다. "물상이란 무엇인가? 『설괘전』의 건乾은 말이고 곤坤은 소이고 감坎은 돼지이고 리离는 꿩이라는 것이 바로 이것이다. 문왕과 주공이 역사易詞를 지을 때, 그 한 글자 한 문장이 모두 물상을 취한 것이다. 『설괘說卦』를 버리고 『역』을 해석하고자 하는 것은 육율六律을 버리고 음악을 짓고자 하는 것과 같다. 이를 일러 물상物象이라 한다."[18] 즉 다산은

『주역』의 괘효사는 모두 물상을 취한 것이고 그 물상은 『설괘전』에 나와 있다고 보았다. 따라서 다산의 역학에서 『설괘전』은 물상을 이해하기 위한 표준이 된다. 이러한 측면에서 볼 때, 다산에 있어서 물상설은 『설괘전』을 잘 정리하는 것 그 이상도 그 이하도 아닌 것이다. 그래서 다산은 초려와 달리 물상에 대한 체계적인 분류를 시도하지 않았다. 다만 『설괘전』에 나와 있지 않은 일상을 보충하여 정리하는 작업이 필요했을 뿐이다. 이러한 작업은 『주역사전』의 권8 『설괘전』에 정리되어 있다.

① 乾〔今補〕矢, 階, 郊, 野, 宗, 賓, 羸, 富, 白, 茅, 忿.

② 坤〔今補〕田, 朋, 膚, 溫, 甘, 慾.

③ 震〔今補〕草木, 舟車, 囊, 斗, 旗, 簋, 筐, 帝, 行人, 老人, 君子, 師, 將帥, 仁, 左, 立, 閉, 首.

④ 巽〔今補〕藥, 載, 隱伏, 施, 主人.

⑤ 坎〔今補〕田, 石, 帶, 膏, 鳥翼, 敬, 知, 幾, 處, 亂, 衆.

⑥ 離〔今補〕墉, 獄, 防閑, 苦, 治, 禮, 誠, 寬, 辨, 喜, 嘉, 史, 武人, 孚.

⑦ 艮〔今補〕邑, 牀, 廬次, 土, 迷, 守, 誠, 退, 童, 小人, 木根.

⑧ 兌〔今補〕金, 食, 袂, 義, 幽人, 脫失, 右, 晦, 厲.

"무릇 『설괘전』에 정문正文이 없는 것은 역사易詞에서 고찰한다."[19]라고 했듯이, 다산은 『설괘전』에 나와 있지 않은 물상을 일일이 찾아 위와 같이 정리하였다. 이는 다산의 역학 연구 방법인 '이경증경以經證經' 의 태

18) 「括例表上」, 『周易四箋 I』, 『定本 與猶堂全書 15』, 다산학술문화재단, 2012, 34쪽, "物象者何也? 說卦傳所云乾馬坤牛坎豕离雉之類是也. 文王周公之撰次易詞, 其一字一文, 皆取物象, 舍說卦而求解易, 猶舍六律而求制樂. 此之謂物象也."

19) 「括例表上」, 『周易四箋 I』, 『定本 與猶堂全書 15』, 다산학술문화재단, 2012, 42쪽, "凡說卦之無正文者,稽之易詞."

도와 관련이 있다. 한편 다산은 하나의 괘가 하나의 물상을 나타내는 기본적인 방법 외 2개 내지 3, 4개의 괘를 겸하여 물상을 취하는 방법도 제시하고 있다. 예를 들어, "간艮과 태兌가 결합하여 혼인의 상이 된다."[20], "손巽의 가지런함과 리離의 정성이 혹은 곤坤과 혹은 간艮과 결합하여 제사祭祀의 상이 된다."[21] 등이다. 다산의 이러한 '겸호취상兼互取象' 법은 상수학의 취상取象 방법에 있어서 매우 참신한 해석이라 할 수 있다.

초려는 『역찬언외익』의 「象例第七上 · 中 · 下」에서 『주역』 괘효사의 물상을 9가지로 분류하여 정리하고 있다. 그 9가지 분류 기준은 하늘天, 땅地, 사람人, 동물動物, 식물植物, 의복服物, 음식食物, 생활용품(用物), 기타(彩色 · 方位 · 時日 · 名數) 등이다. 예를 들어, 동물의 첫 번째 항은 '용龍'으로 『주역』 괘효사 중 용이 등장하는 모든 경우를 찾아 정리한다. 즉 건괘乾卦 초구初九의 효사인 '잠룡潛龍', 구이九二 효사인 '현룡見龍', 구오九五 효사인 '비룡飛龍', 상구上九 효사인 '항룡亢龍', 용구用九 효사인 '현군룡見羣龍', 곤괘坤卦 상육上六 효사인 '용전龍戰'을 나열한다.[22] 이어서 용의 상이 나온 이유를 설명한다. 즉 "건체乾體는 모두 용이다. 곤坤의 상효가 변하면 양陽이 되니 또한 건乾의 체體이다. 진震이 용이 되는 것은 건乾의 하획下畫을 얻었기 때문이다."[23] 이런 방식으로 초려는 『주역』 64괘 384효 전체 괘효사에 대한 분류를 시도하고 있다. 초려의 「象例第七上 · 中 · 下」의 내용을 간략히 정리하면 다음과 같다.[24]

---

20) 「說卦傳」, 『周易四箋 II』, 『定本 與猶堂全書 16』, 다산학술문화재단, 2012, 348쪽, "艮兌之合爲婚媾(合少男少女)."

21) 「說卦傳」, 『周易四箋 II』, 『定本 與猶堂全書 16』, 다산학술문화재단, 2012, 348쪽, "巽齊離誠而或坤或艮者, 爲祭祀(坤牛而艮廟)."

22) 吳澄, 『易纂言外翼』, 「象例第七下」(『四庫全書』 文淵閣本, 驪江出版社 影印本, 1988, 22-625). "龍 : 乾初潛龍, 二見龍, 五飛龍, 上亢龍, 用九見羣龍, 坤上龍戰."

23) 吳澄, 『易纂言外翼』, 「象例第七下」(『四庫全書』 文淵閣本, 驪江出版社 影印本, 1988, 22-625). "乾體皆爲龍, 坤上變爲陽, 亦乾之體也. 震爲龍, 得幹之下畫也."

① 하늘(天) : 天, 日, 月, 斗, 沫, 雨 · 雲, 霜, 冰.

② 땅(地) : 地, 田, 淵, 川, 河, 谷, 井, 泉, 泥塗, 沙, 石, 磐, 山, 林, 鹿, 丘, 陵, 陸, 道, 行, 衢, 易, 野, 郊, 國, 邑, 墉, 藩, 巷, 穴, 廟, 家, 宮, 門, 戶, 牖, 楝, 屋, 廬, 庭, 背, 階.

③ 사람(人) : 人, 大人, 幽人, 君子, 天子, 君, 公, 侯, 王侯, 臣, 宗, 家人, 父母, 考, 祖妣, 王母, 婦妻, 夫妻, 婦子, 子, 女, 妹, 宮人, 妾, 臣妾, 童僕, 隨, 婚媾, 同人, 朋, 交, 尙, 彙, 仇, 敵, 隣, 主, 賓客, 旅, 行人, 邑人, 虞, 史巫, 武人, 師, 戎, 寇, 小人 · 匪人 · 惡人, 我, 爾 · 而, 它, 首, 舌, 頤, 須, 目, 耳, 鼻, 肱, 心, 脢, 腹, 身, 夤, 限, 臀, 股, 腓, 趾, 拇, 膚, 尸, 鬼.

④ 동물(動物) : 龍, 馬, 牛, 羊, 豕, 牲, 虎 · 豹, 狐, 鼠, 禽, 鳥, 隼, 鴻, 鶴, 雉, 翰音, 龜, 貝, 魚, 豚魚, 尾, 首, 牙, 角, 革, 翼 · 羽.

⑤ 식물(植物) : 木, 桑, 棘, 蒺藜, 果, 瓜, 茅, 莽.

⑥ 의복(服物) : 簪, 帛, 繻, 衣, 袂, 裳, 帶, 紱, 履.

⑦ 음식(食物) : 酒 · 食, 德, 羞, 承, 血, 膏, 膚, 肉 · 胏.

⑧ 생활용품(用物) : 鼎, 匕 · 鬯, 簋, 尊, 缶, 瓶, 筐, 牀, 机, 車, 輿, 輹, 輪, 柅, 茀, 弧, 矢, 斧, 律, 圭, 玉, 金, 資, 載, 囊, 包, 冂, 蔀, 沛, 桎梏 · 校, 徽纆, 繫維.

⑨ 기타(彩色 · 方位 · 時日 · 名數) : 章, 玄, 黃, 朱, 赤, 白, 東 · 西 · 南 · 北, 左, 右, 上, 下, 內 · 外, 前, 先, 初 · 中 · 終, 甲 · 庚, 己, 大, 小, 一, 二, 三, 七, 八, 九, 十.

초려의 이와 같은 『역』상에 대한 체계적인 분류와 해석은 역학사에 있어서 매우 독창적인 것으로 볼 수 있으며,[25] 이는 『십익』 중의 하나인 『설

24) 吳澄, 『易纂言外翼』, 권2, 1~권4, 31(『四庫全書』 文淵閣本, 驪江出版社 影印本, 1988, 22-605~640) 참조.

괘전』에 비견할 수 있을 정도로 초려의 12익 중 가장 탁월한 것이라 할 수 있다.

2) 다산의 추이推移와 초려의 괘변卦變

다산의 추이와 초려의 괘변은 기본적인 의미에서 서로 일치한다. 다만 다산은 전통적인 괘변의 의미에다 괘기의 의미까지 더해 '추이'라는 용어를 쓰고 있는 점이 다르다. 즉 다산의 추이는 초려의 괘변보다 12벽괘의 진퇴소장의 역법적 질서를 강조하고 있다. 그리고 다산의 추이와 초려의 괘변은 모두 『주역』 해석에 있어서 주요한 방법론으로 쓰이고 있다. 즉 주자의 용어를 빌리자면, 다산의 추이와 초려의 괘변은 모두 '획괘작역지본지畫卦作易之本指'에 해당한다.[26] 그러나 다산의 추이와 초려의 괘변의 구체적인 내용을 살펴보면 몇 가지 차이점이 존재한다.

다산은 『주역사전』의 「괄례표括例表」에서 자신의 추이설에 대해 매우 분명하게 정리하고 있다. 「괄례표」에 나와 있는 추이표推移表를 간략하게 정리하면 다음과 같다.[27]

十二辟卦進退消長表: 復, 臨, 泰, 大壯, 夬, 乾, 姤, 遁, 否, 觀, 剝, 坤

一陽之卦推移表(復・剝): 師・謙・豫・比

一陰之卦推移表(姤・夬): 同人・履・小畜・大有

二陽之卦推移表(臨・觀・小過)

25) 王雲五 主持, 『合印四庫全書總目提要及四庫未收書目禁燬書目(一)』, 臺灣商務印書館, 1978, 56쪽, "象例諸篇,闡明古義,尤非元明諸儒空談妙悟者可比."

26) (宋) 朱熹 撰, 『朱子全書』, 上海: 上海古籍出版社; 合肥: 安徽教育出版社, 2002, 23쪽, "朱子曰象傳或以卦變爲說, 今作此圖以明之. 蓋易中之一義, 非畫卦作易之本指也."

27) 「括例表上」, 『周易四箋 I』, 『定本 與猶堂全書 15』, 다산학술문화재단, 2012, 35~37쪽 참조.

(臨 · 小過): 升 · 解 · 坎 · 蒙 · 明夷 · 震 · 屯 · 頤

(觀 · 小過): 萃 · 蹇 · 坎 · 屯 · 晉 · 艮 · 蒙 · 頤

二陰之卦推移表(遯 · 大壯 · 中孚)

(遯 · 中孚): 无妄 · 家人 · 離 · 革 訟 · 巽 · 鼎 · 大過

(大壯 · 中孚): 大畜 · 睽 · 離 · 鼎 · 需 · 兌 · 革 · 大過

三陽之卦推移表(泰): 歸妹 · 節 · 損 · 豐 · 旣濟 · 賁 · 恒 · 井 · 蠱

三陰之卦推移表(否): 漸 · 旅 · 咸 · 渙 · 未濟 · 困 · 益 · 噬嗑 · 隨

즉 다산은 추이에 대해 12벽괘가 4계절을 상징하고 중부괘와 소과괘가 윤달을 상징하며, 여기에서 나머지 50연괘가 만들어진다고 보았다.[28] 14벽괘에서 50연괘로의 추이는 一陽之卦推移表, 一陰之卦推移表, 二陽之卦推移表, 二陰之卦推移表, 三陽之卦推移表, 三陰之卦推移表로 나누어 설명한다. 위의 표에서 알 수 있듯이 다산의 추이표는 전통적인 괘변설과 달리 중부괘와 소과괘가 벽괘로 포함되어 벽괘에서 연괘로의 추이 과정에 핵심적으로 관여하고 있다. 이 점은 초려의 괘변설과도 확연히 구분되는 부분이다. 그리고 다산 추이설의 특징 중 다른 하나는 三陽之卦推移와 三陰之卦推移를 제외한 나머지 추이에서 모두 두 개의 벽괘에서 하나의 연괘로 추이한다고 본 점이다.[29] 반면에 초려는 하나의 벽괘에서 하나의 연괘로의 괘변만 인정한다.

초려는 『역찬언외익』에서 「괘변제삼卦變第三」을 제시하고 있지만, 그 내용은 망실되어 현재 전하지 않는다. 그러나 『역찬언』의 내용을 유추해

28) 「自撰墓誌銘」, 『文集 II』, 『定本 與猶堂全書 3』, 다산학술문화재단, 2012, 272쪽, "十二辟卦, 以象四時, 中孚小過, 以象兩閏, 於此乎推移, 以作五十衍卦. 此之謂推移也."

29) 「吳草廬纂言論」, 『易學緖言』, 『定本 與猶堂全書 17』, 다산학술문화재단, 2012, 193쪽, "需曰: "緯,四陽, 大壯變.", 訟曰: "緯,二陰,臨遯變." 需 · 訟均是二陽之卦, 易例少者爲主也. 二陽之卦本具二母, 各取一母亦疎矣. 此自漢儒以來, 沿誤如此.

보면 초려의 괘변설을 대략 유추할 수 있다. 이를 위해『역찬언』중 괘변과 관련된 내용을 정리해 보면 다음과 같다.

乾, 八純・六陽辟; 坤, 八純・六陰辟; 屯, 八純艮變; 蒙, 八純震變; 需, 四陽大壯變; 訟, 二陰遁變; 師, 一陽復變; 比, 五陰剝變; 小畜, 五陽夬變; 履, 一陰姤變; 泰, 三陽辟; 否, 三陰辟; 同人, 一陰姤變; 大有, 五陽夬變; 謙, 一陽復變; 豫, 五陰剝變; 隨, 三陰否變; 蠱, 三陽泰變; 臨, 二陽辟; 觀, 四陰辟; 噬嗑, 三陰否變; 賁, 三陽泰變; 剝, 五陰辟; 復, 一陽辟; 無妄, 二陰遁變; 大畜, 四陽大壯變; 頤, 八純坎變; 大過, 八純離變; 坎, 八純; 離, 八純; 咸, 三陰否變; 恒, 三陽泰變; 遁, 二陰辟; 大壯, 四陽辟; 晉, 四陰觀變; 明夷, 二陽臨變; 家人, 八純兌變; 睽, 八純巽變; 蹇, 八純震變; 解, 八純艮變; 損, 三陽泰變; 益, 三陰否變; 夬, 五陽辟; 姤, 一陰辟; 萃, 四陰觀變; 升, 二陽臨變; 困, 三陰否變; 井, 三陽泰變; 革, 八純巽變; 鼎, 八純兌變; 震, 八純; 艮, 八純; 漸, 三陰否變; 歸妹, 三陽泰變; 豐, 三陽泰變; 旅, 三陰否變; 巽, 八純; 兌, 八純; 渙, 三陰否變; 節, 三陽泰變; 中孚, 八純離變; 小過, 八純坎變; 旣濟, 三陽泰變; 未濟, 三陰否變.

위의 정리는『역찬언』중 64괘 매 괘획 아래에 표시되어 있는 괘변을 정리한 것이다. 예를 들어 초려는 둔괘屯卦 괘획 아래에 "震下坎上 ○ 四之六, 上之三, 緯, 八純艮變, 主九五."[30]라고 적고 있다. 이중에서 '팔순간변八純艮變'이 괘변을 표시한 것이다. 위의 정리는 이러한 괘변 표시를 모두 모은 것이다. 위의 정리를 다산의 추이표와 비교하기 위해 다시 정리하면 다음과 같다.

---

30) 吳澄,『易纂言』,『四庫全書薈要』, 吉林人民出版社 影印本, 1997, 10-349.

十二辟卦: 乾(六陽辟), 坤(六陰辟), 泰(三陽辟), 否(三陰辟), 臨(二陽辟), 觀(四陰辟), 剝(五陰辟), 復(一陽辟), 遁(二陰辟), 大壯(四陽辟), 夬(五陽辟), 姤(一陰辟)

一陽復變: 師 · 謙

一陰姤變: 同人 · 履

二陽臨變: 明夷 · 升

二陰遁變: 訟 · 无妄

三陽泰變: 歸妹 · 節 · 損 · 豐 · 旣濟 · 賁 · 恒 · 井 · 蠱

三陰否變: 漸 · 旅 · 咸 · 渙 · 未濟 · 困 · 益 · 噬嗑 · 隨

四陽大壯變: 需 · 大畜

四陰觀變: 萃 · 晉

五陽夬變: 小畜 · 大有

五陰剝變: 豫 · 比

八純卦: 乾, 坤, 坎, 離, 震, 艮, 巽, 兌

八純坎變: 頤 · 小過

八純離變: 大過 · 中孚

八純震變: 蒙 · 蹇

八純艮變: 屯 · 解

八純巽變: 睽 · 革

八純兌變: 家人 · 鼎

새롭게 정리한 위의 표를 다산의 추이표와 비교해 보면 몇 가지 차이점이 존재한다. 우선 초려는 10벽괘에서 34연괘로의 괘변과 6순괘에서 12연괘로의 괘변을 제시한다. 다산의 추이표와 비교해 보면, 10벽괘에서 34

연괘로의 괘변은 다산의 추이표에서도 나타난다. 하지만 6순괘에서 12연괘로의 괘변은 다산의 추이표에서는 찾을 수 없다. 이 순괘에서 연괘로의 괘변이 다산의 추이와 비교했을 때 초려 괘변의 가장 큰 특색이라 할 수 있다. 둘째, 다산과 달리 초려는 하나의 벽괘에서 하나의 연괘로의 괘변만 인정한다. 즉 하나의 연괘는 하나의 모괘만 존재할 수 있는 것이다. 순괘에서 연괘로의 괘변도 마찬가지이다. 셋째 다산과 달리 초려는 사양지괘四陽之卦, 사음지괘四陰之卦, 오양지괘五陽之卦, 오음지괘五陰之卦의 분류를 제시한다. 이는 앞에서 얘기한 하나의 벽괘에서 하나의 연괘로의 괘변만을 인정하기 위해서 필요한 분류이다.

3) 다산의 효변爻變과 초려의 변괘變卦

효변과 변괘는 같은 의미를 지닌다. 다만 효변은 효의 변동을 강조하고 변괘는 효의 변동으로 인해 생성되는 변괘를 강조하는 점이 다르다. 효변과 변괘의 기본 내용은 양효가 음효로 변하거나 음효가 양효로 변하면 새로운 괘가 생성된다는 것이다. 이러한 효변과 변괘의 관념은 춘추시대에 이미 등장하였다. 『춘추좌씨전』을 보면, '관지비觀之否', '준지비屯之比', '대유지건大有之乾', '귀매지규歸妹之睽' 등의 사례가 나오는데, 이러한 '某之某' 의 형식이 바로 효변과 변괘를 나타낸다. 백서 『역전』의 「무화繆和」에도 효변과 변괘의 관념이 나타난다. "겸괘의 초육은 겸괘가 명이괘로 변한 경우이다."[31] 이처럼 효변의 관념은 역학사에 있어서 초기부터 등장하였으며, 상수학의 주요한 방법론 중의 하나였다.

다산도 이러한 효변을 받아들여 『주역』 해석에 매우 중요한 방법론으

31) 鄧球柏 著, 『帛書周易校釋』, 長沙:湖南出版社, 1987, 509쪽, "嗛之初六, 嗛之明夷也."

로 사용하고 있다. "건괘乾卦 초구初九는 건괘乾卦가 구괘姤卦로 변한 것이다. 손巽은 들어가고 숨는 상이니 '잠겨있는 용' 이라 했다. 건괘乾卦 구사九四는 건괘乾卦가 소축괘小畜卦로 변한 것이다. 손巽은 허벅지의 상이고 아래에서부터 위로 올라가니 '혹 뛰어오르다' 고 했다. 곤괘坤卦 초육初六은 곤괘坤卦가 복괘復卦로 변한 경우이다. 하나의 음이 처음으로 응결하여 장차 순건純乾이 된다. 건乾은 얼음의 상이니 '서리를 밟으면 단단한 얼음이 이를 것이다' 라고 했다. 이를 일러 '효변爻變이라 한다."[32] 초려도 변괘에 대해 "『역易』은 강유剛柔가 서로 밀어 변화가 생긴다. 강획이 변하여 유획이 되고 유획이 변하여 강획이 되니, 하나의 괘는 변하여 64괘가 된다."[33]고 했다.

효변과 변괘는 그 내용이 비교적 간단하기 때문에 이론의 여지가 많지 않다. 다산과 초려에 있어서도 그 내용은 거의 일치한다. 다산은 『주역사전』 384효 해석에 있어서 맨 앞에 이 효변을 표시하고 해석을 전개한다. 예를 들어, 건괘乾卦 초구初九 해석에 있어서 맨 앞에 "차건지구야此乾之姤也"[34]라 했다. 초려도 『역찬언』 384효 해석에 있어서 효제 바로 아래에 이 효변을 표시하고 있다. 예를 들어, 건괘乾卦의 초구初九 아래에 "初之畫得九爲乾之姤"[35]라고 변괘를 표시하고 있다.

다산의 효변과 초려의 변괘 이론에서 주요한 차이점 중의 하나는 다산

32) 「自撰墓誌銘」, 『文集 II』, 『定本 與猶堂全書 3』, 다산학술문화재단, 2012, 272쪽, "乾初九者, 乾之姤也. 巽爲入伏, 故謂之潛龍. 乾九四者, 乾之小畜也. 巽爲股自下而升于上, 故謂之或躍也. 坤初六者, 坤之復也. 一陰始合, 將爲純乾. 乾爲氷, 故履霜堅氷至. 此之謂爻變也."

33) 吳澄, 『易纂言外翼』, 「易纂言外翼十二篇原序」(『四庫全書』 文淵閣本, 驪江出版社 影印本, 1988, 22-597). "易以剛柔相推而生變化, 剛畫變則化柔, 柔畫變則化剛, 而一卦可爲六十四卦."

34) 「重天乾」, 『周易四箋 I』, 『定本 與猶堂全書 15』, 다산학술문화재단, 2012, 106쪽.

35) 吳澄, 『易纂言』, 『四庫全書薈要』, 吉林人民出版社 影印本, 1997, 10-346.

은 효변론에서 '일효변一爻變' 만을 인정하는 데 반해 초려는 변괘론에서 '다효변多爻變' 을 주장하는 점이다. 사실 역학사에서 효변론자의 대부분은 '다효변' 을 주장해왔다. 『좌전』과 『국어』의 서례筮例에서도 그렇고, 초공의 『역림易林』, 송대의 도결이나 심해, 원대의 진응윤, 명대의 황도주 등의 학자도 대부분 '다효변' 을 주장하고 있으며, 이러한 전통에서 초려도 예외가 아니다. 초려는 '다효변' 의 관점에서 64괘 매 괘마다 끝에 여섯 효가 변할 경우의 변괘를 제시하고 있다. 즉 준괘의 끝에는 "六畫俱九・六, 爲屯之鼎"[36]라고 육효변의 변괘를 제시한다. 반면에 다산은 '일효변' 을 주장한다. "『易』은 오직 하나의 효가 변할 뿐이다. 그러므로 주공周公이 효사爻詞를 지을 때, 단지 일효변에 근거하여 상을 보고 점을 세웠던 것이다. 만약 한 번의 점서에 여러 효가 어지럽게 변동하면 그 괘덕卦德과 물상物象은 이리저리 복잡하게 얽혀서 비록 주공과 공자의 지혜로도 재단할 수 없을 것이다."[37] 따라서 다산은 "초공焦贛의 『여림易林』은 교묘하고 거짓되어 하나의 괘가 변하여 마침내 64괘가 되고 64괘가 변하여 4096괘가 되니, 혁혁한 세 성인의 책이 마침내 방기方技에 빠지게 되었다."[38]라고 하여 초공 등의 '다효변' 을 비판한다.

그리고 다산의 효변과 초려의 변괘 이론은 실제 적용에 있어서 차이점이 존재한다. 다산은 효변의 적용에 있어서 384효 대부분에 효변을 적용하여 효사를 해석하고 있는 반면에 초려는 몇몇 효에 한해서 제한적으로

36) 吳澄, 『易纂言』, 『四庫全書薈要』, 吉林人民出版社 影印本, 1997, 10-350.

37) 「春秋官占補註」, 『周易四箋 II』, 『定本 與猶堂全書 16』, 다산학술문화재단, 2012, 230쪽, "易唯一爻有變. 故周公之撰爻詞, 只據一爻之變, 而觀象立占也. 苟於一筮之間, 而諸爻亂動, 則其卦德物象, 混淆紊雜, 雖以姬孔之智, 亦無以化而裁之矣."

38) 「春秋官占補註」, 『周易四箋 II』, 『定本 與猶堂全書 16』, 다산학술문화재단, 2012, 230쪽, "焦贛易林, 狡獪放誕, 一卦之變, 遂至於六十四卦, 而六十四卦, 演之爲四千九十六卦, 則奕奕三聖之書, 遂淪於方技矣."

변괘를 적용하여 효사를 해석하고 있다. 이러한 차이는 다산이 '지괘위주之卦爲主' 의 효변론을 주장하고 있는 반면에 초려는 '본괘위주本卦爲主' 의 변괘론을 주장하고 있기 때문에 나타난다고 할 수 있다. 예를 들어, 건괘乾卦 6효와 용구用九 해석의 경우 다산은 6효와 용구用九 전체에서 효변을 적용하여 효사를 해석하고 있는데,[39] 이에 비해 초려는 구삼九三 효사 해석에만 변괘를 적용하여 효사를 해석하고 있다.[40] 이러한 차이는 건괘乾卦뿐만 아니라 나머지 63괘의 효사 해석에서도 거의 비슷하다.

4) 다산의 호체互體와 초려의 호괘互卦

다산은 『주역사전』의 「호체표직설互體表直說」에서 "중괘重卦가 이미 성립되었으면 여섯 획이 서로 이어져 이에 호괘互卦가 생성된다."[41]라고 하였다. 즉 중괘의 가운데 2, 3, 4, 5획이 서로 이어져 새로운 괘가 형성된다고 보았다.[42] 2, 3, 4획은 下互가 되고 3, 4, 5획은 上互가 된다. 「괄례표」의 '호체표' 에 "屯 下互坤 上互艮; 蒙 下互震, 上互坤; 需 下互兌, 上互离; 訟 下互离, 上互巽; 師 下互震, 上互坤; 比 下互坤, 上互艮"[43]라고 예를 들고 있다. 다산은 이러한 기본적인 호체 이외 6종류의 호체를 제시하고 있다. '대체大體', '겸체兼體', '도체倒體', '복체伏體', '반합牉合', '양호작괘兩互作卦' 가 그것이다. '대체大體' 는 일반적인 호체인 3획괘가 아니라 4획괘, 5획괘,

---

39) 「重天乾」, 『周易四箋 I』, 『定本 與猶堂全書 15』, 다산학술문화재단, 2012, 106~118쪽 참조.

40) 吳澄, 『易纂言』, 『四庫全書薈要』, 吉林人民出版社 影印本, 1997, 10-346~347쪽 참조.

41) 「括例表上」, 『周易四箋 I』, 『定本 與猶堂全書 15』, 다산학술문화재단, 2012, 45쪽, "重卦旣成,六畫相連,於是乎互卦起焉."

42) 호체 혹은 호괘의 경전적 근거는 보통 『繫辭下傳』 9장의 "若夫雜物撰德, 辨是與非, 則非其中爻不備." 이다.(朱熹 撰, 廖名春 點校, 『周易本義』, 北京: 中華書局, 2009, 257쪽)

43) 「括例表上」, 『周易四箋 I』, 『定本 與猶堂全書 15』, 다산학술문화재단, 2012, 43쪽.

6획괘로 만들어지는 호체를 말한다. 예를 들어, 손괘巽卦는 초획부터 4획까지가 '대감大坎'이 되고, 정괘鼎卦는 초획부터 5획까지가 '대감大坎'이 되고, 대과괘大過卦는 초획부터 상획까지가 '대감大坎'이 되고, 진괘震卦는 초획부터 4획까지가 '대리大离'가 되고, 준괘屯卦는 초획부터 5획까지가 '대리大离'가 되고, 이괘頤卦는 초획부터 상획까지가 '대리大离'가 된다. 이러한 예를 통해 '대체大體'는 '대감大坎'과 '대리大离' 2종이 있음을 알 수 있다.[44] '겸체兼體'는 초획과 2획, 3획과 4획, 5획과 상획을 겸하여 각각 하나의 획으로 보는 것을 말한다. 예를 들어, 림괘臨卦는 초획과 2획, 3획과 4획, 5획과 상획을 겸하여 각각 하나의 획으로 보면 대진大震이 되고, 둔괘遁卦는 초획과 2획, 3획과 4획, 5획과 상획을 겸하여 각각 하나의 획으로 보면 대손大巽이 된다. 이와 같은 겸체는 모두 8괘가 존재한다. 앞에서 예로 든 림괘臨卦, 둔괘遁卦, 그리고 건괘乾卦, 곤괘坤卦, 소과괘小過卦, 중부괘中孚卦, 관괘觀卦, 대장괘大壯卦이다.[45] '도체倒體'는 64괘 중 반대를 취할 수 없는 8괘 중 乾·坤을 제외한 나머지 6괘(坎·离·大過·頤·小過·中孚)에서 정체正體가 아닌 '도체倒體'를 취하는 경우를 말한다. 예를 들어, 감괘坎卦에서 2획, 3획, 4획의 '도체倒體'인 '도간倒艮'을 취하고, 3획, 4획, 5획의 '도체倒體'인 '도진倒震'을 취하는 경우이다. 리괘離卦도 2, 3, 4획과 3, 4, 5획의 '도체倒體'를 취한다. 그리고 大過·頤·小過·中孚 4괘는 1, 2, 3획과 4, 5, 6획의 '도체倒體'를 취한다. '복체伏體'는 64괘의 매괘가 그 위치와 卦數를 고려했을 때 하괘는 1·2·3이니 奇·偶·奇의 离가 숨어 있으며 상괘는 4·5·6이니 偶·奇·偶의 坎이 숨어 있다고 보는 것이다. 따라서 모든 괘의 하괘는 그 위치가 离가 되고 태양이 되고 낮이 되며, 모든 괘의 상괘는 그 위치가 坎이 되고 달이 되고 밤이 된다.[46] '반

44) 「括例表上」, 『周易四箋 I』, 『定本 與猶堂全書 15』, 다산학술문화재단, 2012, 44쪽 참조.
45) 「括例表上」, 『周易四箋 I』, 『定本 與猶堂全書 15』, 다산학술문화재단, 2012, 44쪽 참조.

합牉合' 은 혼인을 의미하는 말로 혼인의 괘는 少男과 少女가 대체로 하나는 도체倒體가 되고 다른 하나는 정체正體가 됨을 뜻한다.[47] 예를 들어, 귀매괘歸妹卦는 艮의 사위가 밖으로부터 이르는 상이기 때문에 누이동생을 시집보내는 괘가 되고, 점괘漸卦는 兌의 소녀가 밖으로부터 이르는 상이기 때문에 여자가 시집가는 괘가 된다. 「괄례표」의 「牉合表」에는 이외에도 隨卦, 蠱卦, 咸卦, 恒卦, 泰卦, 否卦가 있다.[48] 끝으로 '양호작괘兩互作卦' 는 한 괘의 下互와 上互를 취하여 새롭게 6획괘를 만든다는 의미이다. 예를 들어, 비괘否卦의 하호인 艮과 상호인 巽을 취하여 새롭게 점괘漸卦를 만들 수 있다.[49] 그런데 64괘의 각 괘의 하호와 상호를 취하여 새로운 괘를 만들 경우 그 경우의 수는 모두 16가지가 된다. 그 16괘는 乾·坤·大過·頤·復·剝·姤·夬·解·蹇·家人·睽·歸妹·漸·旣濟·未濟이다.[50]

초려는 『역찬언외익易纂言外翼』의 「원서原序」에서 호괘에 대해 "중괘重卦는 상하上下 이체二體가 있으며, 또 괘 가운데 네 획을 교호交互하여 취하면 2, 3, 4획은 하체下體가 되고 3, 4, 5획은 상체上體가 된다."[51]라고 했다. 초려의 이러한 호괘에 대한 이해는 다산의 호체설과 같으며, 전통적인 상수학의 호체설과도 다르지 않다. 초려는 이러한 호괘를 이용해 『주역』 64괘 384효 괘효사 해석에 호괘를 적극적으로 활용하고 있다. 초려의 이 호

---

46) 「括例表上」, 『周易四箋 I』, 『定本 與猶堂全書 15』, 다산학술문화재단, 2012, 44쪽 참조.

47) 또한 그렇지 않은 경우도 있다. (「括例表上」, 『周易四箋 I』, 『定本 與猶堂全書 15』, 다산학술문화재단, 2012, 47쪽 참조)

48) 「括例表上」, 『周易四箋 I』, 『定本 與猶堂全書 15』, 다산학술문화재단, 2012, 44쪽 참조

49) 「自撰墓誌銘」, 『文集 II』, 『定本 與猶堂全書 3』, 다산학술문화재단, 2012, 272쪽, "否之兩互,即爲漸卦."

50) 「括例表上」, 『周易四箋 I』, 『定本 與猶堂全書 15』, 다산학술문화재단, 2012, 45쪽 참조.

51) 吳澄, 『易纂言外翼』, 「易纂言外翼十二篇原序」(『四庫全書』 文淵閣本, 驪江出版社 影印本, 1988, 22-597). "重卦有上下二體, 又以卦中四畫交互取之, 二三四成下體, 三四五成上體. 述互卦第六."

괘는 괘변 및 변괘에 비해 『주역』 해석에 더 많이 이용되고 있어, 이를 통해 초려 역학에서 호괘의 중요성을 알 수 있다. 초려는 일반적인 호괘뿐만 아니라 다양한 호괘설을 활용하고 있다. 즉 '대체大體',[52] '복체複體',[53] '도체倒體',[54] '양호작괘兩互作卦'[55]가 그것이다. 이 네 가지는 앞에서 언급한 다산의 여섯 가지 호체설과 유사하다. 초려의 '복체複體'는 다산의 '겸체兼體'와 같은 개념이며, 나머지 '대체大體', '도체倒體', '양호작괘兩互作卦'도 같은 개념이다. 다만 다산의 '복체伏體'와 '반합牉合' 개념이 초려의 호괘설에는 거의 찾아볼 수 없는 것이 차이점이라 할 수 있다. 따라서 다산과 초려의 호체설을 비교해봤을 때, 다산의 '복체伏體'와 '반합牉合'이 호체설의 새로운 발명이라 할 수 있다.

5) 기타 역설 비교

이상에서 다산의 사법과 이에 대응하는 초려의 상례象例, 괘변卦變, 변괘變卦, 호괘互卦를 서로 비교해 고찰하였다. 초려의 12익 중 위의 4가지 핵심적인 방법론 외에 다산 역학과 연관성이 있는 것은 대략 괘대卦對, 괘주卦主, 점례占例, 변례變例 등 4가지이다. 괘대卦對는 다산 역학의 삼역설三易說[56]과 서로 유사하며, 괘주卦主는 다산 역학의 「讀易要旨」 중 '유동留

52) 吳澄, 『易纂言』, 『四庫全書薈要』, 吉林人民出版社 影印本, 1997, 10-355쪽, "上變,則二三四五上成離象."

53) 吳澄, 『易纂言』, 『四庫全書薈要』, 吉林人民出版社 影印本, 1997, 10-369쪽, "觀,艮之複體."

54) 吳澄, 『易纂言』, 『四庫全書薈要』, 吉林人民出版社 影印本, 1997, 10-384쪽, "二三四五倒體之兌, 歌嗟于兌口取象."

55) 吳澄, 『易纂言』, 『四庫全書薈要』, 吉林人民出版社 影印本, 1997, 10-359쪽, "泰卦互體及卦變, 皆成歸妹卦."

56) 「括例表下」, 『周易四箋 I』, 『定本 與猶堂全書 15』, 다산학술문화재단, 2012, 45쪽, "推

動'[57]의 개념과 서로 유사하고, 점례占例는 다산 역학의 「易例比釋」[58]과 서로 유사하고, 변례變例는 다산 역학의 「시괘전蓍卦傳」[59]과 서로 유사하다.[60]

한편 초려의 12익 중 나머지 괘통卦統, 역원易原, 역류易流에 대해서 다산은 비판적이다. 괘통卦統에 대해서 다산은 「오초려찬언론吳草廬纂言論」에서 다음과 같이 비판한다. "이른바 경괘經卦 팔순八純과 위괘緯卦 팔순八純은 즉 이정조李鼎祚의 옛 법이다. 오씨吳氏는 乾·坤·坎·離·震·艮·巽·兌의 여덟 개의 중괘重卦를 경괘經卦 팔순八純이라 이름했고, 屯·蒙·家人·睽·蹇·解·革·鼎·頤·大過·中孚·小過의 12괘를 위괘緯卦 팔순八純이라 이름했고, 12벽괘辟卦를 벽辟이라 이름했다, 그 나머지 괘는 모두 벽괘辟卦로부터 변화를 받지만, 오직 경괘經卦 팔순八純만이 부모父母 남녀男女로 높여져 변화를 받는 바가 없다. 또 이른바 위괘緯卦 팔순八純은 따로 坎·離·震·艮·巽·兌로부터 변화를 받지만 벽괘辟卦로부터는 변화를 받지 않는다. 이는 역가易家의 이단異端이므로 밝히지 않을 수 없다."[61] 그리고 역원易原과 역류易流는 초려 역학의 본원과 원류가 각각 하

移正義之外, 尙有三易, 一曰交易, 二曰變易, 三曰反易. 庖犧畫卦之初, 因八爲重, 泰交爲否, 益交爲恒, 此之謂交易也. 六位皆變, 厥德相反, 屯變爲鼎, 蒙變爲革, 此之謂變易也. 卦體顚倒, 又見一卦, 需反爲訟, 師反爲比, 此之謂反易也."

57) 「讀易要旨」, 『周易四箋 I』, 『定本 與猶堂全書 15』, 다산학술문화재단, 2012, 55쪽, "六曰留動. ○一畫旣動, 全卦遂變. 故聖人之撰爻詞, 其升降往來之情, 皆取變象.然於卦主之爻, 又爲之留其所動, 不逐其變, 而專用推移之本象, 以明此畫之爲卦主. 此又一例也."

58) 「易例比釋」, 『周易四箋 I』, 『定本 與猶堂全書 15』, 다산학술문화재단, 2012, 64~99쪽, 337~350쪽 참조,

59) 「蓍卦傳」, 『周易四箋 II』, 『定本 與猶堂全書 16』, 다산학술문화재단, 2012, 298 ~321쪽 참조.

60) 이에 대해서는 본 연구에서 다루지 않기로 한다.

61) 「吳草廬纂言論」, 『易學緖言』, 『定本 與猶堂全書 17』, 다산학술문화재단, 2012, 192쪽, "所謂經八純緯八純, 卽李鼎祚舊法也. 吳氏以爲乾坤坎離震艮巽兌八重卦, 名之曰經八純, 屯蒙家人睽蹇解革鼎頤大過中孚小過十二卦, 名之曰緯八純, 而十二辟卦, 名之曰辟, 其餘

도 · 낙서와 소강절 역학임을 밝힌 것인데, 다산은 일찍이 「소자선천론邵子先天論」[62]을 지어 소강절 역학과 하도 · 낙서에 대해 비판적인 입장을 개진한 바 있다. 그 자세한 내용은 여기서 논하지 않기로 한다. 끝으로 초려의 12익 중 사례辭例편과 관련한 다산의 역설은 거의 찾아볼 수 없다. 초려의 사례辭例편은 초려가 역학에 대해 얼마나 치밀한 연구를 하였는지를 보여준다는 점에서 그 의의를 찾을 수 있겠다.

6) 사례 비교

지금까지의 고찰에 근거해볼 때, 다산의 사법과 이에 대응하는 초려의 상례象例, 괘변卦變, 변괘變卦, 호괘互卦 등 사익四翼은 서로 연관성이 있으며, 그 상관성으로 인해 다산의 사법이 초려의 사익으로부터 영향을 받았다고 유추할 수 있다. 따라서 다산의 사법의 연원을 초려의 사익으로 볼 수 있을 것 같다. 물론 앞에서도 고찰했지만, 다산의 사법과 초려의 사익은 그 구체적인 내용에 있어서 차이가 존재한다. 그럼에도 불구하고 사법과 사익의 기본적인 이론은 서로 일치한다고 보는 것도 크게 무리가 없다.

다산의 사법과 초려의 사익四翼은 그 기본적인 이론이 서로 일치하지만, 실제 『주역』 괘효사의 해석에 있어서 그 적용 방식은 상당히 다르다. 다산은 『주역』 해석에 있어서 사법을 매우 철저하게 적용하고 있으며, 64괘 괘사 384효 효사에 이 네 가지 원칙이 적용되지 않은 경우가 거의 없다. 반면에 초려의 사익四翼은 『주역』 해석의 핵심적인 방법이지만 그 실

諸卦, 皆受變於辟卦. 唯獨經八純之卦, 尊之曰父母男女而無所受變. 又其所謂緯八純之卦, 別自受變於坎離震艮巽兌之等, 而不受變於辟卦. 此是易家之異端, 不可不辨明者也.”

62) 「邵子先天論」, 『易學緖言』, 『定本 與猶堂全書 17』, 다산학술문화재단, 2012, 154~175쪽 참조.

제 적용에서는 필요에 따라 제한적이다. 예를 들어, 수괘需卦의 괘효사에 대한 해석을 분석해보면 다음과 같다. 이 분석에서는 사법과 사익 중 실제 해석에 적용되는 방법론인 괘변, 효변, 호체를 중심으로 분석했다.

	丁若鏞(推移·爻變·互體)	吳澄(卦變·變卦·互卦)
需卦 卦辭	推移·互體	卦變·互卦
需卦 初爻	推移·爻變	變卦·互卦
需卦 二爻	推移·爻變	變卦
需卦 三爻	推移·爻變	變卦
需卦 四爻	推移·爻變	
需卦 五爻	推移·爻變	互卦
需卦 上爻	推移·爻變·互體	

위의 표를 보면, 다산과 오징의『주역』해석 방법론의 실제 적용에서 차이점이 나타난다. 즉 다산은 괘사 해석에 있어서 괘변을 활용하고 있고, 효사 해석에 있어서 괘변과 효변을 모두 활용하고 있다. 호체는 필요에 따라 활용된다고 할 수 있다. 반면에 초려는 괘사 해석에 있어서 괘변을 활용하고 있지만, 효사 해석에서는 필요에 따라 변괘와 호괘를 적절히 활용하고 있을 뿐 괘변은 거의 활용하지 않는다. 따라서 다산 역학과 초려 역학에서『주역』해석 방법론의 실제 적용에 있어서 가장 큰 차이점은 바로 괘변의 활용에 있다고 할 수 있다. 즉 다산은『주역』괘효사의 해석에서 괘변을 괘사 해석과 효사 해석에 모두 적용하고 있는 반면에 초려는 괘사 해석에만 괘변을 활용하고 있고 효사 해석에서는 괘변을 활용하지 않는다. 물론 64괘 384효 전체의 경우 100% 이와 같다는 것은 아니지만, 대체로 이와 같은 방식이 적용되고 있다. 효변설의 경우에도 그 실제 적용에 있어서 다산 역학과 초려 역학은 서로 차이점이 존재한다. 위의 표에서처럼, 다산은 6효 모두에 효변을 적용하고 있지만, 초려는 초효, 이효, 삼효에만 변괘를 적용하고 있다. 즉 초려에 있어서 변괘의 적용은 그

필요에 따라 제한적이다.

『주역』 해석 방법론의 실제 적용에서 다산이 위의 표에서처럼 사법을 전면적으로 적용한 것은 초려의 역학과 차별되는 다산만의 독자적인 해석이라 할 수 있고, 이 점이 다산 역학이 가지는 가장 큰 특색으로 판단된다.

5. 결론

정다산과 오초려는 당대 최고의 역학자였으며, 상수학적 『역』 해석을 위주로 하였다는 점에서 공통점을 찾아볼 수 있다. 다산의 상수학적 『역』 해석은 「사전소인」에서 확인할 수 있는바 '추이推移, 물상物象, 호체互體, 효변爻變' 이 그 핵심이다. 초려의 상수학적 『역』 해석은 『역찬언외익』에서 확인할 수 있는바 '괘통卦統, 괘대卦對, 괘변卦變, 괘주卦主, 변괘變卦, 호괘互卦, 상례象例, 점례占例, 사례辭例, 변례變例, 역원易原, 역류易流' 가 그 핵심이다. 그런데 『역찬언외익』의 12가지 방법론 중에서 『주역』의 괘효사의 해석에 구체적으로 적용되는 방법론은 '괘변卦變, 변괘變卦, 호괘互卦, 상례象例' 라 할 수 있다. 따라서 정다산과 오초려의 『주역』 해석 방법론은 그 핵심 이론에 있어서 서로 일치한다고 할 수 있다. 그러나 이러한 해석 방법론의 실제 적용에 있어서 다산과 초려는 서로 차이점이 존재한다. 큰 틀에서 보자면 다산은 효사 해석에 있어서 '효변+추이+호체' 를 주요한 방법으로 설정하고 있는 반면에 초려는 효사 해석에 있어서 '효변+호체' 를 주요한 방법으로 설정하고 있다. 즉 다산이 효사 해석에 있어서 '효변+호체' 라는 초려의 방법론을 계승하고 있는 동시에 '추이' 이라는 방법도 전면적으로 적용하고 있다는 점은 다산 자신만의 독자적인 해석이라 평가받을 수 있다. 이 점이 『주역』 해석 방법론에서 다산과 초려의 가장 큰 차이점이다.

한편 다산은 「사전소인」에서 '역리사법' 이 모두 주자의 뜻이라고 천명하고 있다. 하지만 여러 선행 연구에서 다산의 역학과 주자의 역학은 서로 상이한 점이 존재한다고 지적하고 있다. 다산이 자신의 역학과 주자의 역학이 서로 상이한 점이 존재한다는 것을 몰랐을 리는 없다. 그렇다면 다산은 왜 『주역사전』의 요약이라 할 수 있는 「사전소인」에서 '역리사법' 이 모두 주자의 뜻이라고 천명했을까? 이러한 의문점에 대해 필자는 다산과 초려의 역학에 대한 비교에서 그 단서를 찾을 수 있지 않을까 생각한다. 초려의 역학은 기본적인 관점에서 주자의 역학을 계승하고 있다. 『주역』 괘효사를 상象과 점占의 구조로 이해하는 점 등이 대표적인 예이다. 물론 초려의 역학과 주자의 역학은 다산의 역학과 주자의 역학만큼 서로 차이점이 존재한다. 그럼에도 불구하고 초려의 역학은 기본적으로 주자의 역학을 계승하고 있다고 평가받고 있다. 그리고 본론에서도 살펴보았지만, 다산의 역학에서 『주역』 해석 방법론은 실제로 초려의 방법론을 계승하고 있다고 해도 과언이 아니다. 따라서 다산의 '역리사법' 은 초려에서 그 영향을 찾아볼 수 있다. 그리고 초려 역학과 주자 역학의 상관관계를 따져봤을 때, 다산 역학의 연원을 찾아본다면 주자까지 거슬러 올라갈 수 있는 것이다. 이러한 이유로 다산이 자신의 역학을 대표하는 『주역사전』의 첫머리에 '역리사법' 이 주자의 뜻이라고 천명하지 않았을까 추측해보는 것이다. 본 연구가 이러한 문제에 그 해결의 단서를 제공해줄 수 있다면 나름의 의의가 있다고 하겠다.

제2장

정약용과 주진의 『주역』 해석 방법론 비교

1. 서언

다산 정약용의 역학은 중국 역학사의 주요 인물과 저작에 대한 철저한 연구에 기반하여 형성된 것으로 볼 수 있다. 다산이 자신의 역학 체계를 수립하기 위해서 중국 역학사의 어떤 인물과 어떠한 저작을 참고했는지는 다산이 지은 「정헌묘지명貞軒墓誌銘」을 통해서 그 핵심적인 내용을 확인할 수 있다.

하루는 내가 공에게 묻기를 '다른 경전은 대략 이해를 하겠는데, 오직 주역만은 알 수 없습니다. 어떻게 해야 알 수 있습니까?' 라고 하니, 공이 답하기를 '나는 주역에 대해서 이미 알 수 없는 것으로 결론 내었으니 죽을 때까지 서로 묻지 말기로 합시다.' 라고 했다. 내가 묻기를 '성옹의 『질서』는 어떠합니까?' 라고 하니, 공이 답하기를 '우리 집안의 책이라 일찍이 숙독했습니다만 『주역』에 대해 알 수 없었소.' 라고 했다. 내가 묻기를 '정산의 『심해』는 어떠합니까?' 라고 하니, 공이 답하기를 '우리 집안의 책이라 일찍이 숙독했습니다만 『주역』에 대해 알 수 없었소.' 라고 했다. '래의선의 『역주』는 어떠합니까?' 라고 물으니, 공이 답하기를 '『주역』에 대해 알 수 없었소.' 라고 했다. '오징의 『역찬언』은 어떠합니까?' 라고 물으니, 공이 답하기를 '알 수 없었소.' 라고 했다. '주진의 『한상역』은 어떠합니까?' 라고 물으니, 공이 답하기를 '알 수 없었소.' 라고 했다. '이정조의 『집해』는 어떠합니까?' 라고 물으니, 공이 답하기를 '이는 조금 낫지만 알 수 없기는 마찬가지요.' 라고 했다.[1)]

여기 다산과 정헌의 문답에서 등장하는 중국 역학사의 주요 인물과 저작은 래의선의 『역주』, 오징의 『역찬언』, 주진의 『한상역』, 이정조의 『집해』이다. 이중에서 래의선의 『역주』, 오징의 『역찬언』, 이정조의 『집해』는 다산의 역학 저작인 『역학서언』에서 각각 「래씨역주박來氏易註駁」, 「오초려찬언론吳草廬纂言論」, 「이정조집해론李鼎祚集解論」에서 다산의 평가를 살펴볼 수 있다. 그런데, 주진의 『한상역』에 대해서는 따로 논평이 없다. 이는 다산의 역학 형성에 있어서 래의선, 오징, 이정조에 비해 주진의 역학이 상대적으로 그 영향이 적었음을 말해준다. 그러나 그럼에도 불구하고 다산이 『주역사전』이나 『역학서언』에서 주진의 역설을 여러 번 인용하고 있는 것을 보면,[2)] 주진의 영향도 간과할 수 없다고 할 수 있다. 특히 시기적으로 봤을 때, 위의 다산과 정헌의 문답은 다산의 『주역사전』과 『역학서언』이 형성되기 전의 일이고,[3)] 따라서 다산 역학의 형성에 있어서 위에서 인용한 네 가지 저작은 다산의 역학에서 초기의 영향을 살펴볼

1) 『文集 II』, 『定本 與猶堂全書 3』, 다산학술문화재단, 2012, 220쪽.
2) 『주역사전』에서 약 4곳, 『역학서언』에서 약 3곳에서 주진의 역설을 인용하고 있다.
3) 이 문답은 1799년 기미년의 일이다. (『文集 II』, 『定本 與猶堂全書 3』, 다산학술문화재단, 2012, 220쪽 참조)

수 있는 매우 중요한 저작이라 할 수 있다. 그리고 이 네 가지 저작의 성격을 봤을 때, 네 가지가 모두 역학에서 '상수학'을 위주로 한다는 점에서, 더 정확하게 말하자면 상수학 중에서 상학을 위주로 한다는 점에서 다산 역학의 성격과 서로 상통한다. 그러므로 다산 역학의 형성 과정을 이해하기 위해서는 위 네 가지 저작에 대한 연구가 필수적이라 할 수 있다.

최근까지 주진의 역학에 대한 국내 연구는 거의 찾아볼 수 없으며, 국외의 주진 역학에 대한 연구는 대략 다음과 같은 것이 있다. 唐琳, 「朱震卦變思想解析」, 周易硏究, 2006年 第3期(總第七十七期), 唐琳, 「從相關易圖看朱震易學的卦气觀」, 湖北大學學報(哲學社會科學版), 2005年 第6期, 唐琳, 「朱震易學的納甲觀初探」, 周易硏究, 2004年 第1期(總第63期). 唐琳, 「朱震易學太极觀的哲理內涵」, 武漢大學學報(人文科學版), 2004年 第2期 등이다. 이 네 편은 주진 역학 중 괘변 사상, 괘기관, 납갑관, 태극관에 대한 연구이다. 따라서 본 연구는 다산 역학 연구에 있어서나 국내의 주진 역학 연구에 있어서 지금까지 연구되지 못한 분야라 할 수 있으며, 이러한 점에서 본 연구의 일차적인 의의가 있다고 하겠다.

다산 역학을 구성하는 핵심적인 체계는 '사법四法' 즉 추이, 물상, 호체, 효변이다. 이 '사법'을 좀 더 구체적으로 분석해보면, 물상은 다산 주역 해석의 종착점이라 할 수 있고, 그 나머지 추이, 호체, 효변은 이 종착점에 도달하기 위한 방법론이라 할 수 있다. 이러한 측면에서 다산은 이 세 가지를 '삼오三奧'라고 이름했다.

주진의 역학은 송대 상수학을 대표한다고 할 수 있다.[4] 주백곤은 주진의 역학이 왕필 이후 의리학적 역학의 홍성 속에서 거의 소멸되다시피 한

4) 朱震, 『漢上易傳』, 『四庫全書薈要』, 吉林人民出版社 影印本, 1997, 3-459쪽 참조.

한대漢代의 상수학을 부흥시킨 역학사적 의의가 있다고 보았다.[5] 주백곤에 의하면, 주진 역학의 종착점도 다산과 마찬가지로 '상' 을 찾아내는 데 있다.[6] 그리고 그 '상' 을 찾는 방법은 대략 세 가지가 있다. 동효, 괘변, 호체가 그것이다.[7] 여기서 말하는 동효는 효변을 의미하며, 따라서 주진의 주역 해석 방법론 중 주요한 세 가지인 동효, 괘변, 호체는 다산의 '삼오' 와 서로 일치한다.

본 연구는 정약용과 주진의 주역 해석 방법론을 비교하는 것이 목적이기 때문에, 본 연구의 주요한 내용은 주진의 세 가지 주역 해석 방법론을 분석하고 이를 통해 다산의 '사법' 과 비교하는 것이 주가 된다.

필자는 「괘변설의 변천 과정에서 본 다산의 추이론」[8]이라는 논문에서 역학사에서 괘변설을 역학의 핵심 내용으로 삼고 있는 주진의 괘변설을 주목했고, 그 대략적인 내용을 소개한 바 있다. 이 논문에서도 필자는 주진의 역학과 다산의 역학 비교 연구가 다산 역학 연구의 또 하나의 주요한 과제가 됨을 언급했다.

또한 필자는 「丁若鏞与吳澄的『周易』解釋方法論比較」[9]라는 논문에서 다산 역학의 형성에 중요한 영향을 미친 오징의 『주역』 해석 방법론을 다산의 그것과 비교 연구한 바 있다. 따라서 본 연구는 이러한 연구의 연장선상에서 이루어지는 것이며, 기존의 연구 성과에 기반하여 본 연구를 전개하고자 한다.

---

5) 朱伯崑, 『易學哲學史(第二卷)』, 北京: 華夏出版社, 1995, 328~329쪽 참조.
6) 朱伯崑, 『易學哲學史(第二卷)』, 北京: 華夏出版社, 1995, 329~346쪽 참조.
7) 朱震, 『漢上易傳』, 『四庫全書薈要』, 吉林人民出版社 影印本, 1997, 3-460쪽 참조.
8) 임재규, 「괘변설의 변천 과정에서 본 다산의 추이론」, 다산학 26호, 2015.
9) 林在圭, 「丁若鏞与吳澄的『周易』解釋方法論比較」, 周易研究, 2016(2).

2. 주진과 『주역집전周易集傳』

『송사宋史』「주진전朱震傳」에 의하면, 주진(朱震, 1072~1138)은 자가 자발子發이고 형문군荊門軍[10] 사람이다. 송宋 휘종徽宗 정화政和 연간에 진사가 되었고, 현령縣令과 주관州官을 역임하였으며 청렴으로 이름이 났다. 호안국胡安國[11]이 한 번 보고 그를 큰 그릇으로 여겨 고종高宗에 사훈원외랑司勳員外郞으로 추천하였지만, 병을 칭하여 나아가지 않았다. 강서제치사江西制置使 조정趙鼎이 당대의 인재로 주진을 추천하여 고종이 사부원외랑祠部員外郞 겸 천川, 섬陝, 형荊, 양襄 도독부상의관都督府詳議官을 제수했다. 후에 한림학사翰林學士 등의 관직을 역임했고, 소흥紹興 8년(1138)에 졸했다.[12]

주진은 특히 경학에 조예가 깊었고 역학 저서에 『역전易傳』 十一卷, 『괘도卦圖』 三卷, 『역전총설易傳叢說』 一卷이 있다.[13] 주진은 『주역집전周易集傳』「진서표進書表」에서 다음과 같이 말했다. "진단陳摶은 『선천도先天圖』를 종방種放에게 전수했고, 종방은 목수穆修에게 전수했으며, 목수는 이지재李之才에게 전수했으며, 이지재는 소옹邵雍에게 전수했습니다. 종방은

10) 지금의 호북성(湖北省) 형문시(荊門市).

11) 호안국(胡安國, 1074-1138년)은 건녕建寧 숭안崇安(지금의 복건성 무이산시) 사람으로 다른 이름은 호적胡迪이고 자는 강후康侯 호는 청산靑山이며 시호는 문정文定이고 세칭 무이선생武夷先生으로 불렸다. 특히 『춘추春秋』에 정통하였으며, 1131년 상담현湘潭縣 은산隱山에서 차남 호굉胡宏과 더불어 벽천서당碧泉書堂을 열고, 호상학파湖湘學派를 개창했다.

12) [元]脫脫 等撰, 『宋史』, 北京: 中華書局, 1977, 列傳第一百九十四 儒林五, "朱震, 字子發, 荊門軍人. 登政和進士第, 仕州縣以廉稱. 胡安國一見大器之, 薦於高宗, 召爲司勳員外郞, 震稱疾不至. 會江西制置使趙鼎入爲參知政事, 上諮以當世人才, 鼎曰: "臣所知朱震, 學術深博, 廉正守道, 士之冠冕, 使位講讀, 必有益於陛下." 上乃召之. 旣至, 上問以『易』, 『春秋』之旨, 震具以所學對. 上說, 擢爲祠部員外郞, 兼川, 陝, 荊, 襄都督府詳議官."

13) [元]脫脫 等撰, 『宋史』, 北京: 中華書局, 1977, 志第一百五十五 藝文一.

『하도河圖』와 『낙서洛書』를 이개李漑에게 전수했으며, 이개는 허견許堅에게 전수했고, 허견은 범악창範諤昌에게 전수했고, 범악창은 유목劉牧에게 전수했습니다. 목수는 『태극도太極圖』를 주돈이周惇頤에게 전수했고, 주돈이는 정호程顥와 정이程頤에게 전수했습니다. 이때 장재張載는 이정二程과 소옹邵雍에게 강학하였으며, 이로 인해 소옹은 『황극경세서皇極經世書』를 지었고, 유목은 천지天地 55수를 설했고, 주돈이는 『통서通書』를 지었고, 정이는 『역전易傳』을 지었고, 장재는 『태화太和』편과 『삼량參兩』편을 지었습니다. 신은 지금 『역전』을 종으로 삼고 소옹과 장재의 논설을 융합하였으며, 위로 한漢, 위魏, 오吳, 진晉의 학설을 섭취하였으며, 아래로는 당唐과 오늘날의 학설까지 받아들여 그 같고 다른 점을 포괄하였으니 거의 도에 부합할 것입니다."[14] 이를 통해 보면, 주진은 자신의 역학이 정이의 『역전』을 중심으로 삼아 소옹과 장재의 학설을 융합하였으며 나아가 한대 이후 제유의 학설을 섭취하였음을 밝히고 있다. 『송사宋史』「주진전朱震傳」은 끝부분에 "대체로 주진은 왕필이 기존의 구설을 쓸어버리고 노장老莊의 학설을 섞어 오로지 문사文辭만을 숭상한 것은 옳지 않다고 여겼기 때문에 상수象數에 자세한 해석을 더했다."[15]고 평했다. 즉 『송사』「주진전」은 주진 역학의 특징이 그의 상수학설에 있음을 지적하고 있다.

『송사宋史』「예문藝文」에는 주진의 역학 저서가 『역전易傳』이라는 이름으로 기록되어 있지만,[16] 『흠정사고전서欽定四庫全書』와 『흠정사고전서회

---

14) 朱震 撰, 王婷, 王心田 点校, 『朱震集』, 長沙 : 岳麓書社, 2007, 『周易集傳』「進書表」, "陳摶以『先天圖』傳種放, 放傳穆修, 穆修傳李之才, 之才傳邵雍. 放以『河圖』, 『洛書』傳李漑, 漑傳許堅, 許堅傳範諤昌, 諤昌傳劉牧. 穆修以『太極圖』傳周惇頤, 惇頤傳程顥, 程頤. 是時, 張載講學於二程, 邵雍之間. 故雍著『皇極經世書』, 牧陳天地五十有五之數, 惇頤作『通書』, 程頤著『易傳』, 載造『太和』, 『參兩』篇. 臣今以『易傳』爲宗, 和會雍, 載之論, 上采漢, 魏, 吳, 晉, 下逮有唐及今, 包括異同, 庶幾道離而復合."

15) [元]脫脫 等撰, 『宋史』, 北京: 中華書局, 1977, 列傳第一百九十四 儒林五, "蓋其學以王弼盡去舊說, 雜以莊, 老, 專尚文辭爲非是, 故其於象數加詳焉."

요欽定四庫全書薈要』에는 『한상역전漢上易傳』이라는 서명으로 수록되어 있다.[17] 참고로 『한상역전』의 제일 이른 시기의 판본은 송각본宋刻本으로 민국民國 23년(1934년) 상해 상무인서관에서 편찬한 사부총간속편四部叢刊續編에 수록되어 있다.[18] 이 송각본의 서명은 『주역집전周易集傳』이다.[19] 최근 2007년에 왕팅王婷과 왕신티엔王心田이 이 『사부총간속편』의 『주역집전』에 기초하여 기타 주진 관련 저작을 수집해 표점본인 『주진집朱震集』을 편찬했다.[20]

『사고전서총목제요』에는 『한상역전』에 대해 사고관신이 다음과 같이 서술하고 있다.

> 『한상역집전漢上易集傳』 11卷, 『괘도卦圖』 3卷, 『총설叢說』 1卷, 양강총독부채진본兩江總督采進本: …… 서명을 '한상漢上'이라 한 것은 아마도 거주지를 이름으로 삼았기 때문일 것이다. 책의 앞부분에 주진의 『진서표進書表』가 있는데, 여기에서 '송宋 휘종徽宗 정화政和 6년(丙申年, 1116년)에 짓기 시작하여 고종高宗 소흥紹興 4년(甲寅年, 1134년)까지 모두 18년을 거쳐 완성했다.' 라고 했다. 그 설은 상수象數를 종으로 하여 본류를 탐구하였고 여러 학설의 같은 점과 다른 점을 포괄하였으며 노장老莊의 허무虛無의 잘못을 수정했다. 진선陳善은 『문슬신화捫虱新話』에서 '그가 『설괘說卦』를 망령되이 인용하여 복희伏羲와 문왕文王의 『역易』을 나누었는데, 그렇다면 『잡괘雜卦』의 반대反對에 근거한 공자孔子

---

17) 朱震, 『漢上易傳』, 『(景印)文淵閣四庫全書第(11冊)』, 驪江出版社 影印本, 1988; 朱震, 『漢上易傳』, 『四庫全書薈要』, 吉林人民出版社 影印本, 1997.

18) 사부총간속편四部叢刊續編의 『주역집전周易集傳』 11권은 당시 상해上海 함분루涵芬樓에서 북평도서관北平圖書館 관장의 송간본宋刊本을 저본으로 하고 급고각汲古閣의 송초본宋鈔本을 보충하여 영인한 것이다.

19) 朱震, 『周易集傳』, 『四部叢刊續編』, 上海: 商務印書館, 民國 23(1934).

20) 朱震 撰, 王婷, 王心田 点校, 『朱震集』, 長沙 : 岳麓書社, 2007.

의 『역도易圖』라는 것도 장차 반드시 존재해야 할 것이다.' 라고 했다. 조공무晁公武는 『독서지讀書志』에서 '선유先儒의 학설을 많이 채택하였지만, 오류가 자못 많다.' 라고 했다. 풍의馮椅는 『후재역학厚齋易學』에서 모백옥毛伯玉의 말을 서술하여 또한 그의 괘변卦變, 호체互體, 복괘伏卦, 반괘反卦의 잘못을 비판했다. 그러나 주자朱子는 '왕필王弼이 호체互體를 깨트렸지만 주자발은 호체互體를 드러내 사용했다. 호체는 좌씨左氏가 이미 말한 것으로 또한 이치가 있으며 다만 지금 미루어보면 부합하지 않는 곳이 많다.' [21]라고 했다. 위료옹魏了翁은 '『한상역漢上易』은 너무 번잡하지만 그렇더라도 폐할 수 없다.' 라고 했다. 호일계胡一桂도 또한 '변變, 호互, 복伏, 반反, 납갑納甲의 등속은 모두 폐할 수 없으니, 어찌 모두를 잘못이라 하여 비난할 수 있겠는가? 그 취상取象을 보면 또한 매우 좋은 점이 있지만 견강부회하는 곳이 많고, 또 문사文辭가 번잡하여 읽는 이로 하여금 어리둥절하게 만드는데, 보자 하니 이는 단지 작문을 잘하지 못한 것일 뿐이다.' 라고 했다. 이러한 평가들은 그 득과 실을 서로 드러내었는데, (이는) 선유의 공정한 평가일 것이다.[22]

---

21) 黎靖德 編, 王星賢 點校. 『朱子語類』, 北京: 中華書局, 1986, 1668쪽, 『朱子語類』에는 '王弼破互體, 朱子發用互體.' 는 蔡淵의 말로, '互體, 自左氏已言, 亦有道理, 只是今推不合處多.' 는 鄭可學의 말로 되어 있다.

22) 王雲五 主持, 『合印四庫全書總目提要及四庫未收書目禁燬書目(一)』, 臺灣商務印書館, 1978, 『四庫全書總目提要』一 經部 易類二 20, "『漢上易集傳』十一卷, 『卦圖』三卷, 『叢說』一卷(兩江總督采進本). …… 是書題曰"漢上", 蓋因所居以爲名. 前有震『進書表』, 稱"起政和丙申, 終紹興甲寅, 凡十八年而成." 其說以象數爲宗, 推本源流, 包括異同, 以救莊老虛無之失. 陳善『捫虱新話』詆其妄引『說卦』, 分伏羲, 文王之『易』, 將必有據『雜卦』反對造孔子『易圖』者. 晁公武『讀書志』以爲多采先儒之說, 然頗舛謬. 馮椅『厚齋易學』述毛伯玉之言, 亦譏其卦變, 互體, 伏卦, 反卦之失. 然朱子曰: "王弼破互體, 朱子發用互體. 互體自左氏已言, 亦有道理, 只是今推不合處多." 魏了翁曰: "『漢上易』太煩, 卻不可廢." 胡一桂亦曰: "變, 互, 伏, 反, 納甲之屬, 皆不可廢, 豈可盡以爲失而詆之. 觀其取象, 亦甚有好處. 但牽合處多, 且文辭繁雜, 使讀者茫然. 看來只是不善作文爾." 是得失互陳, 先儒已有公論矣."

『사고전서총목제요』의 이러한 평가는 비교적 객관적인 평가라 할 수 있다. 특히 사고관신은 주진 역학의 핵심을 "상수象數를 종으로 하여 본류를 탐구하였고 여러 학설의 같은 점과 다른 점을 포괄하였으며 노장老莊의 허무虛無의 잘못을 수정했다."라고 서술했다. 그리고 호일계胡一桂의 주진 역학 평가를 인용하여 "변變, 호互, 복伏, 반反, 납갑納甲의 등속은 모두 폐할 수 없으니, 어찌 모두를 잘못이라 하여 비난할 수 있겠는가? 그 취상取象을 보면 또한 매우 좋은 점이 있지만 견강부회하는 곳이 많다."라고 지적하였다. 이를 통해 보면, 주진 역학은 '상수'가 핵심이며 그리고 그 상수의 내용은 '변變, 호互, 복伏, 반反, 납갑納甲'으로 정리할 수 있다. 주진도 그의 『주역집전周易集傳』의 「주역집전서周易集傳序」 첫 부분에서 자신의 역학을 "성인이 음양의 변화를 관찰하여 괘를 세웠고 천하의 움직임을 본받아 효를 만들었다. 변화와 움직임의 구별에는 그 전하는 바가 다섯 가지가 있다. 첫째가 동효動爻이고, 둘째가 괘변卦變이고, 셋째가 호체互體이고, 넷째가 오행五行이고, 다섯째가 납갑納甲이다. 괘변卦變 가운데에 또 변화가 있다."[23]라고 서술하고 있다. 따라서 『사고전서총목제요』의 주진 역학에 대한 평가는 객관적이라고 할 수 있다.

3. 주진의 『주역』 해석 방법론

주진의 『주역집전』에 나타난 『주역』 해석 방법론은 앞 장에서 서술한 『사고전서총목제요』와 『주역집전』의 「주역집전서」에 잘 나와 있다. 즉

23) 朱震 撰, 王婷, 王心田 点校, 『朱震集』, 長沙 : 岳麓書社, 2007, 「周易集傳序」 "聖人觀陰陽之變而立卦, 效天下之動而生爻. 變動之別其傳有五. 曰動爻, 曰卦變, 曰互體, 曰五行, 曰納甲, 而卦變之中又有變焉."

『사고전서총목제요』의 ‘변變, 호互, 복伏, 반反’ 과 「주역집전서」의 ‘동효動爻, 괘변卦變, 호체互體’ 이다. 『사고전서총목제요』 중의 ‘납갑納甲’ 과 「주역집전서」의 ‘오행五行, 납갑納甲’ 은 『주역』 해석 방법론이라기보다는 『주역』 해석 이론에 가깝다고 할 수 있다. 따라서 본 연구에서는 주진의 『주역집전』에 나타난 『주역』 해석 방법론만 논의하고자 한다.

『사고전서총목제요』에서 언급한 ‘변變, 호互, 복伏, 반反’ 과 「주역집전서」에서 언급한 ‘동효動爻, 괘변卦變, 호체互體’ 는 서로 같은 것도 다른 것도 있다. 즉 전자의 변變과 호互는 후자의 괘변卦變과 호체互體와 같은 개념이지만 전자의 복伏은 후자의 동효動爻와 다른 개념이다. 그리고 전자의 반反은 주진의 「주역집전서」에 따르면 괘변卦變에 포함되는 개념이라 할 수 있다. 따라서 주진의 『주역』 해석 방법론은 주요하게 동효動爻, 괘변卦變, 호체互體, 복伏 이렇게 네 가지로 정리할 수 있다.

우선 동효動爻에 대한 주진의 언설을 살펴보면 다음과 같다.

> 일, 삼, 오는 양이고, 이, 사, 육은 음이다. 하늘과 땅은 서로 머금고 물과 불은 서로 교류하니 이를 일러 위位라 한다. 칠과 팔은 음양의 어린 것이고 육과 구는 음양의 지극한 것이다. 어린 것은 변하지 않고 지극한 것은 변하니 이를 일러 책策이라 한다. 칠, 팔, 구, 육을 혹 얻기도 하고 혹 잃기도 하여 섞여져 무늬를 이루니 이를 일러 효爻라 한다. 옛날 주나라 사람은 삼역三易의 법을 관장했는데, 첫째가 『연산連山』이고 둘째가 『귀장歸藏』이고 셋째가 『주역』이다. 칠과 팔은 『연산』과 『귀장』이고 육과 구는 『주역』인데, 경에 실제 갖추어져 있다. 책策이 삼변三變하여 효爻가 성립하고 효爻가 육변六變하여 위位가 성립한다. 변하는 것은 변하지 않는 것을 체體로 삼고 변하지 않는 것은 변하는 것을 용用으로 삼는다. 사상四象이 병행하고 팔괘八卦가 교착하여 천지만물의 실상이 드러난다. 그래서 계사전에 ‘효상爻象은 안에서 움직이고, 길흉吉凶은 밖으

로 드러난다.' [24]고 했고, 또 '도道에 변하고 움직임이 있다.' [25]라고 했다. 이것이 동효動爻라는 것이다.[26]

주진은 위 인용에서 먼저 위位·책策·효爻 개념을 설명하면서 효爻는 괘를 뽑는 과정에서 책策을 삼변하여 얻는 과정임을 말하고 있다. 이렇게 해서 얻어진 효爻는 기본적으로 육과 구로 이루어져 변동하게 되는데, 이를 일러 동효動爻라고 한다. 이는 『주역』의 효제가 육과 구로 이루어져 있음을 설명한 것으로 볼 수 있다. 이런 관점에서 볼 때, 주진의 효사 해석은 기본적으로 동효動爻에 기반하고 있음을 알 수 있다.

두 번째로 괘변卦變에 대한 주진의 설명을 살펴보면 다음과 같다.

> 건乾은 세 아들을 낳고, 곤坤은 세 딸을 낳는다. 건괘乾卦가 곤괘坤卦를 교감하여 구괘姤卦에서 박괘剝卦에 이르고, 곤괘坤卦가 건괘乾卦를 교감하여 복괘復卦에서 쾌괘夬卦에 이르니 모두 열두 괘이고 이를 일러 벽괘辟卦라 한다. 감괘坎卦·리괘離卦·진괘震卦·태괘兌卦를 일러 사정四正이라 하고 사정괘四正卦는 네 계절을 나누어 주관하고 열두 괘는 각각 그 해당하는 달을 주관한다. 건괘乾卦는 자子에서 곧게 시작하여 좌행하고 곤괘坤卦는 미未에서 곧게 시작하여

24) 朱震 撰, 王婷, 王心田 点校, 『朱震集』, 長沙 : 岳麓書社, 2007, 「周易集傳卷八」「繫辭下傳」 438쪽.

25) 朱震 撰, 王婷, 王心田 点校,『朱震集』, 長沙 : 岳麓書社, 2007, 「周易集傳卷八」「繫辭下傳」 463쪽.

26) 朱震 撰, 王婷, 王心田 点校, 『朱震集』, 長沙 : 岳麓書社, 2007, 「周易集傳序」 "一三五陽也, 二四六陰也. 天地相函, 坎離相交, 謂之位. 七八者陰陽之稚, 六九者陰陽之究, 稚不變也, 究則變焉, 謂之策. 七八九六或得或失, 雜而成文, 謂之爻. 昔周人掌三易之法, 一曰連山, 二曰歸藏, 三曰周易, 七八者連山歸藏也, 六九者周易也. 經實備之. 策三變而成爻, 爻六變而成位. 變者以不變爲體, 不變者以變者爲用. 四象並行, 八卦交錯, 而天地萬物之情可見矣. 其在繫辭曰, 爻象動乎內, 吉凶見乎外. 又曰, 道有變動, 故曰爻. 此見於動爻者也."

우행한다. 좌와 우가 교착하여 64괘가 하늘을 주유하여 다시 돌아오게 되니 음양의 오르내림과 네 계절의 변화, 천지의 영허盈虛, 만물의 성쇠가 모두 여기에 달려 있다. 『주역』의 복괘復卦에 '칠 일 만에 돌아온다.'[27]라고 했고, 『상전』에 '동지'[28]라고 했고, 혁괘革卦에 '선왕이 책력을 정비하여 때를 밝혔다.'[29]고 했고, 『설괘』에 '진震은 동방괘이고, 손巽은 동남괘이고, 리離는 남방괘이고, 태兌는 가을이고 건乾은 서북괘이고 감坎은 정북방괘이고 간艮은 동북괘이다.'[30] 라고 했다. 이것이 괘변卦變이라는 것이다. 건乾이 낳은 것은 네 괘이고 곤坤이 낳은 것이 네 괘이다. 8괘가 변하여 다시 64괘를 낳는다. 감괘坎卦와 리괘離卦는 건괘乾卦과 곤괘坤卦을 본받았고, 대과괘大過卦・소과괘小過卦・이괘頤卦・중부괘中孚卦는 감괘坎卦와 리괘離卦를 본받았다. 그러므로 건괘乾卦와 곤괘坤卦가 움직이지 않으면 감괘坎卦와 리괘離卦 등 네 괘도 또한 움직이지 않는다. 그 대략의 것은 『잡괘』에 서술되어 있고, 그 자세한 것은 64괘의 『단전』에 서술되어 있으니, 이른바 '옳음과 그름을 판별한다.'[31]라는 것이다. 이는 괘변卦變 중에 또 변變이 있다는 것이다.[32]

---

27) 朱震 撰, 王婷, 王心田 点校, 『朱震集』, 長沙 : 岳麓書社, 2007, 「周易集傳卷三」「復卦第二十四」 153쪽.

28) 朱震 撰, 王婷, 王心田 点校, 『朱震集』, 長沙 : 岳麓書社, 2007, 「周易集傳卷三」「復卦第二十四」 154쪽.

29) 朱震 撰, 王婷, 王心田 点校, 『朱震集』, 長沙 : 岳麓書社, 2007, 「周易集傳卷五」「革卦第四十九」 200쪽.

30) 朱震 撰, 王婷, 王心田 点校, 『朱震集』, 長沙 : 岳麓書社, 2007, 「周易集傳卷九」「說卦傳」 472쪽.

31) 朱震 撰, 王婷, 王心田 点校, 『朱震集』, 長沙 : 岳麓書社, 2007, 「周易集傳卷八」「繫辭下傳」 460쪽.

32) 朱震 撰, 王婷, 王心田 点校, 『朱震集』, 長沙 : 岳麓書社, 2007, 「周易集傳序」 "乾生三男, 坤生三女, 乾交乎坤, 自姤至剝, 坤交乎乾, 自復至夬, 十有二卦, 謂之辟卦. 坎離震兌謂之四正, 四正之卦分主四時, 十有二卦各主其月. 乾貞於子而左行, 坤貞於未而右行, 左右交錯, 六十卦周天而復, 陰陽之升降, 四時之消息, 天地之盈虛, 萬物之盛衰, 咸繫焉. 其在易之復曰, 七日來復, 象曰至日, 在革曰, 先王以治歷明時, 在說卦曰, 震東方也, 巽東南也, 離

주진은 괘변卦變을 건곤이 육자를 생성하는 것, 건곤이 십벽괘를 생성하는 것, 그리고 건곤이 64괘를 생성하는 것을 모두 일컬어 설명하고 있다. 특히 주진이 건곤을 포함한 십이벽괘가 12개월을 상징하고 4정괘가 4계절을 상징하고 64괘가 1년을 상징하는 것으로 설명한 점은 그의 괘변설이 괘기설을 말하고 있음을 알 수 있다. 그러나 주진의 괘변설은 이러한 괘기설에 그치지 않고 협의의 괘변설을 포함하고 있기도 하다. 즉 건곤이 팔괘를 생성하고 다시 팔괘는 64괘를 생성한다는 것도 괘변으로 설명하고 있는 것이다. 이러한 괘변설은 『단전』에서 서술하는 내용이기도 하다. 이렇게 본다면 주진의 괘변설은 그 함의가 상당히 광범위함을 알 수 있다. 대략적으로 볼 때, 괘와 괘 사이의 변화는 대부분 괘변으로 보고 있다고 해도 과언이 아니다.[33)]

세 번째로 호체互體에 대한 주진의 설명을 살펴보면 다음과 같다.

하나의 괘는 네 괘를 함유하고 있고, 네 괘의 가운데에 다시 변동이 있다. 위와 아래가 서로 섞여 만물이 모양을 이룬다. 『주역』에 '리離와 진震이 합하여 이頤가 있고, 곤坤과 리離가 구비되어 감坎을 낳는다.' 고 했고, 『계사』에 '그물은 리離에서 취하였고, 쟁기와 보습은 익益에서 취하였고, 시장을 만듦은 서합噬嗑에서 취하였고, 배와 노는 환渙에서 취하였고, 소와 말을 길들이기는 수隨에서 취하였고, 문과 딱따기는 예豫에서 취하였고, 공이와 절구는 소과小過에서 취하였고, 활과 화살은 규睽에서 취하였고, 마루와 처마는 대장大壯에서 취하였고 관곽은 대과大過에서 취하였고, 서계書契는 쾌夬에서 취하였다.'[34)]라고

南方之卦也, 兌正秋也, 乾西北之卦也, 坎正北方之卦也, 艮東北之卦也, 此見於卦變者也. 乾生者四卦, 坤生者四卦, 八卦變復生六十四, 坎離肖乾坤者也, 大過小過頤中孚肖坎離者也, 故乾坤不動而坎離四卦亦莫之動, 其略陳於雜卦, 其詳其於六十四卦之象, 所謂辨是與非者也. 此卦變之中又有變焉者也."

33) 임재규, 「괘변설의 변천 과정에서 본 다산의 추이론」, 다산학 26호, 2015 참조.

했고, 또 '팔괘가 서로 교착하다.'[35]라고 했고, 또 '여섯 효가 서로 섞여 있는 것은 오직 그 시간과 사물을 반영한 것이다.'[36]라고 했고, 또 '강유의 여러 물상을 섞어 모으고 음양의 여러 덕성을 찬술하다.'[37]라고 했다. 이것이 호체互體라는 것이다.[38]

여기에서 "하나의 괘는 네 괘를 함유하고 있다."라는 설명은 분명히 호체를 나타낸다고 할 수 있다. 즉 별괘의 경우 기본적으로 상괘와 하괘 이렇게 두 괘로 이루어져 있다. 그런데 호체설을 적용하게 되면, 별괘 내에 2효, 3효, 4효로 이루어지는 내호괘가 하나 생성되고, 그리고 3효, 4효, 5효로 이루어지는 외호괘가 또 생성된다. 이렇게 해서 하나의 괘는 상괘, 하괘, 내호괘, 외호괘 이렇게 네 괘를 함유하게 되는 것이다. 그리고 주진은 이러한 호체의 예를 『계사』에서 찾고 있다. 즉 『계사』의 '그물과 리괘離卦, 쟁기 · 보습과 익괘益卦, 시장과 서합괘噬嗑卦, 배 · 노와 환괘渙卦, 소 길들이기 · 말 길들이기와 수괘隨卦, 문 · 딱따기와 예괘豫卦, 공이 · 절구와 소과괘小過卦, 활 · 화살과 규괘睽卦, 마루 · 처마와 대장괘大壯卦, 관곽

---

34) 朱震 撰, 王婷, 王心田 点校, 『朱震集』, 長沙 : 岳麓書社, 2007, 「周易集傳卷八」「繫辭下傳」 441-447쪽.

35) 朱震 撰, 王婷, 王心田 点校, 『朱震集』, 長沙 : 岳麓書社, 2007, 「周易集傳卷七」「繫辭上傳」 400쪽.

36) 朱震 撰, 王婷, 王心田 点校, 『朱震集』, 長沙 : 岳麓書社, 2007, 「周易集傳卷八」「繫辭下傳」 460쪽.

37) 朱震 撰, 王婷, 王心田 点校, 『朱震集』, 長沙 : 岳麓書社, 2007, 「周易集傳卷八」「繫辭下傳」 460쪽.

38) 朱震 撰, 王婷, 王心田 点校, 『朱震集』, 長沙 : 岳麓書社, 2007, 「周易集傳序」 "一卦含四卦, 四卦之中復有變動. 上下相揉, 百物成象.其在易則離震合而有頤, 坤離具而生坎, 在系辭則網罟取離, 耒耨取益, 爲市取噬嗑, 舟楫取渙, 服乘取隨, 門柝取豫, 杵臼取小過, 弧矢取睽, 棟宇取大壯, 棺槨取大過, 書契取夬. 又曰八卦相蕩, 又曰六爻相雜, 唯其時物也. 又曰雜物撰德. 此見於互體者也."

과 대과괘大過卦, 서계書契와 쾌괘夬卦'를 설명하면서 호체를 사용하여 해석하고 있는 것이다. 예를 들어, "문과 딱따기는 예괘豫卦에서 취하였다." 에 대한 주진의 설명은 다음과 같다. "상고시대에 외문은 닫지 않았으니 바람의 기운을 막을 뿐이었다. 이때에 이르러, 문을 거듭 설치하고 딱따기를 쳐서 포악한 손님을 대비하게 되었으니 대략 예괘豫卦에서 취한 것이다. 예괘豫卦는 겸괘謙卦와 반대괘이다. 겸괘謙卦의 간艮은 문이 되고, 구삼九三효가 4위位로 가면 또 문이 되니 문을 거듭하는 상이 된다. 간艮은 손이 되고 감坎은 견고한 나무가 되며 진震은 소리가 되어 손으로 견고한 나무를 쳐서 소리가 나는 상이 되니 딱따기를 치는 의미가 된다. 곤坤은 문을 닫는 상이고 감坎의 상인 도적이 닥치니 포악한 손님의 상이 된다."[39] 여기에서 "구삼九三효가 4위位로 가면 또 문이 되니", "간艮은 손이 되고 감坎은 견고한 나무가 되며", "감坎의 상인 도적" 등은 모두 호체를 사용하여 해석한 예가 된다. 즉 각각 예괘豫卦의 '내호괘인 간艮', '내호괘인 간艮과 외호괘인 감坎', '외호괘인 감坎'을 사용하여 해석하고 있는 것이다.

네 번째로 복伏에 대한 주진의 설명을 살펴보면 다음과 같다.

"그 궁극에는 조급함의 괘가 된다."는 것은 손巽의 세 효가 변동하면 진震이 된다는 것으로 진震과 손巽 두 괘를 함께 들어 나머지 괘의 예로 삼은 것이다. 천지만물에는 홀로 존재하는 것이 있을 수 없어 지극하게 되면 서로 반대가 되니, 끝내 서로 분리되지 않는 것은 그것이 분리될 수 없기 때문이다. 사마천은

39) 朱震 撰, 王婷, 王心田 点校, 『朱震集』, 長沙 : 岳麓書社, 2007, 「周易集傳卷八」「繫辭下傳」 445쪽, "上古外戶不閉, 禦風氣而巳. 至是重門擊柝以待暴客, 蓋取諸豫. 豫謙之反也. 謙艮爲門, 九三之四, 又爲門, 重門也. 艮爲手, 坎爲堅木, 震爲聲, 手擊堅木而有聲, 擊柝也. 坤爲闔戶, 而坎盜逼之, 暴客也."

『사기』「율서律書」에서 "동지冬至에는 하나의 음이 아래로 숨고 하나의 양이 위로 퍼진다."[40]고 했고, 경방京房은 팔괘八卦의 비복飛伏을 논했고, 우번虞翻은 복효伏爻를 논했고, 곽박郭璞은 또 복효伏爻와 납갑納甲을 논했는데, 그 설은 모두 여기에 근원한다.[41]

주진의 이 '복伏'에 대한 설명은 앞의 동효動爻, 괘변卦變, 호체互體와 달리 「주역집전서」에 나오지 않는다. 이는 주진이 『주역』 해석에 있어서 '복伏'을 동효動爻, 괘변卦變, 호체互體만큼 중요하게 생각하지 않았음을 말해준다. 즉 주진의 『주역』 해석 방법론에서 핵심은 동효動爻, 괘변卦變, 호체互體 이 세 가지 방법이며 '복伏'은 보조적 위치에 있는 방법임을 알 수 있다. 주진의 '복伏'에 대한 직접적인 설명이 『주역집전』에 나타나지 않은 것도 이러한 이유 때문일 것이다. 다만 주진은 『설괘』의 손巽에 대한 설명에서 '복伏'에 대한 자신의 견해를 제시한다. 위의 인용이 그 내용인 것이다. 위의 인용에서 주진은 자신의 '복伏'에 대한 이해가 사마천의 『사기』「율서律書」에 나오는 음양론, 경방京房의 비복飛伏설, 우번虞翻의 복효伏爻설, 곽박郭璞의 복효伏爻설과 상통한다는 점을 밝혔다. 그리고 '복伏'은 "손巽의 세 효가 변동하면 진震이 된다."는 언급에서 분명하게 알 수 있듯이 팔괘의 건·곤, 진·손, 감·리, 간·태의 관계가 바로 '복伏'의 관계임을 설명하고 있다. 참고로 『주역집전』의 건괘乾卦 용구用九에 대한 해석에서도 '복伏'과 관련한 설명이 나온다.[42]

---

40) 漢 司馬遷 撰, 宋 裴駰 集解, 唐 司馬貞 索引, 唐 張守節 正義, 『史記』, 中華書局, 1992, 卷25, 「律書第三」, 1244쪽.

41) 朱震 撰, 王婷, 王心田 点校, 『朱震集』, 長沙 : 岳麓書社, 2007, 「周易集傳卷九」「說卦傳」508쪽, "其究爲躁卦者, 巽三變成震, 擧震巽二卦以例餘卦. 天地萬物无有獨立者, 極則相反, 終不相離, 以其不可離也. 司馬遷律書曰, 冬至則一陰下藏, 一陽上舒. 京房論, 八卦飛伏, 虞翻論伏爻, 郭璞又論伏爻納甲, 其說皆源於此."

4. 정약용과 주진의 『주역』 해석 방법론 비교

정약용의 『주역』 해석 방법론에 대해서는 학계에서 이미 많은 선행 연구가 있었고 필자도 이와 관련 선행 연구를 진행한 바 있다.[43] 따라서 본 글에서 독립적인 장을 할애하여 논의할 필요는 없을 것 같다. 주지하듯이 정약용의 『주역』 해석 방법론은 이른바 역리사법이다. 정약용은 그의 역학 저서 『주역사전』의 서문에 해당하는 「사전소인」에서 역리사법을 간명하게 소개하고 있다.

「사전소인」

첫째는 '추이推移' 이다. ○ 주자의 「괘변도卦變圖」가 곧 이 법이다(『本義』에서 말한 괘변卦變과는 같지 않다). 단지 중부中孚와 소과小過가 벽괘辟卦에 포함되어 있지 않지만, 추이推移는 주자의 뜻이다.

둘째는 '물상物象' 이다. ○ 주자는 대장괘大壯卦에서 태兌를 양羊으로 해석했고(육오六五 효사에 대한 해석을 보라), 여괘旅卦에서 리离를 꿩(雉)으로 해석했다(육오六五 효사에 대한 해석을 보라). 물상物象이 『설괘說卦』를 따르른 것은 주자의 뜻이다.

셋째는 '호체互體' 이다. ○ 주자는 '호체互體를 폐기할 수 없다' 라고 했고(『대전大傳』 잡물찬덕雜物撰德장을 보라), 또 '『좌전左傳』에서 분명히 호체互體를 사용했다' 고 했다(진완陳完의 점을 보라). 호체互體는 주자의 뜻이다.

넷째는 '효변爻變' 이다. ○ 주자는 '하나의 효가 변동할 때 본괘本卦의 변한

42) 朱震 撰, 王婷, 王心田 点校,『朱震集』, 長沙 : 岳麓書社, 2007, 「周易集傳卷一」「乾卦第一」 5쪽, "見者爲飛, 不見者爲伏, 飛方來也, 伏旣往也. 說卦巽其究爲躁卦例, 飛伏也."

43) 임재규, 「괘변설의 변천 과정에서 본 다산의 추이론」, 다산학 26호, 2015; 林在圭, 「丁若鏞与吳澄的『周易』解釋方法論比較」, 周易研究, 2016(2) 참조.

효사爻辭로 점을 친다' 라고 했다(『계몽啓蒙』을 보라). 점법占法이 이미 그러하니, 경문의 뜻도 마땅히 같은 것이다. 효변爻變은 주자의 뜻이다.[44]

즉 「사전소인」은 정약용의 역학의 네 가지 이론을 '추이推移', '물상物象', '호체互體', '효변爻變' 으로 핵심적으로 제시하고 있다. 여기서 첫째 '추이推移' 는 주자의 「괘변도卦變圖」와 같은 것이며 상수학 전통 중 협의의 괘변설에 해당한다. 둘째 '물상物象' 은 『설괘說卦』에서 말하는 8괘의 상징을 의미한다. 셋째 '호체互體' 는 별괘의 2효, 3효, 4효, 5효로 이루어지는 내호괘와 외호괘를 의미한다. 넷째 '효변爻變' 은 상수학 전통의 변괘설을 의미한다. 이처럼 정약용은 자신의 역학의 핵심을 『주역사전』의 첫머리에 분명하게 제시했다. 따라서 정약용 역학의 핵심 이론을 이 네 가지로 간주해도 무리가 없다. 특히 이 네 가지 이론 중 『주역』 해석 방법론에 해당하는 것은 '추이推移', '호체互體', '효변爻變' 이 세 가지가 된다. 정약용의 『주역』 해석 방법론의 핵심을 이 세 가지로 간주했을 때, 우리는 매우 시사적인 점을 발견할 수 있다. 즉 앞에서 살펴보았지만, 주진도 그의 대표적인 역학 저작인 『주역집전』의 서문에서 자신의 『주역』 해석 방법론을 정약용과 일치하는 '동효動爻', '괘변卦變', '호체互體' 로 제시하고 있다. 물론 정약용은 '추이推移' 를 첫 번째로 제시하고 있고 주진은 '동효動爻' 를 첫 번째로 제시하고 있는 점이 차이가 있지만, 위 세 가지를 함께 제시하고 있다는 점에서는 동일하다. 이렇게 본다면, 정약용의 역학

---

44) 「四箋小引」, 『周易四箋 I』, 『定本 與猶堂全書 15』, 다산학술문화재단, 2012, 34쪽, "一曰推移. ○朱子卦變圖, 卽此法也(與本義之言卦變不同), 唯中孚小過不入辟卦. 然推移者, 朱子之義也. 二曰物象. ○朱子於大壯以兌爲羊(見六五), 於旅卦以离爲雉(見六五). 物象之從說卦者, 朱子之義也. 三曰互體. ○朱子曰互體不可廢(見大傳雜物撰德之章). 又曰左傳分明用互體(指陳完之筮). 互體者, 朱子之義也. 四曰爻變. ○朱子曰遇一爻變, 以本卦之變爻辭占(見啓蒙). 占法旣然, 經旨宜同. 爻變者, 朱子之義也."

은 기본적으로 주진의 역학을 계승하고 있다고 할 수 있다. 물론 정약용과 주진의 이 세 가지 방법론에 대한 이해와 그리고 그 활용에 있어서 동이는 존재한다. 이와 관련하여 구체적인 내용을 살펴보기로 한다.

1) 정약용의 '추이推移'와 주진의 '괘변卦變'

정약용은 「사전소인」에서 '추이推移'를 주자의 「괘변도卦變圖」와 같다고 설명하고 있다. 물론 정확하게 살펴보면 정약용의 「추이표推移表」와 주자의 「괘변도卦變圖」는 차이점이 있지만, 본 논문은 정약용과 주진의 괘변을 비교하는 것이 주제이기 때문에 정약용의 「추이표」와 주자의 「괘변도」의 차이점에 대해서는 논하지 않기로 한다. 다만 정약용이 자신의 '추이推移'와 주자의 「괘변도」가 같다고 한 것은 양자가 기본적으로 벽괘에서 연괘로의 변화를 설명하고 있기 때문이다.

정약용의 추이설은 그의 「추이표」에 잘 나와 있다. 그런데 주진도 자신의 괘변설을 설명하기 위해서 이정지李挺之의 「육십사괘상생도六十四卦相生圖」를 자신의 역학 저서인 『주역괘도周易卦圖』에 소개하고 있다. 정약용의 「추이표」[45]와 이정지의 「육십사괘상생도」[46]를 비교하기 위해 각각 간략하게 도시해보면 다음과 같다.

「推移表」

一陽之卦四, 皆自復・剝而變

45) 「括例表上」, 『周易四箋 I』, 『定本 與猶堂全書 15』, 다산학술문화재단, 2012, 36-37쪽 참조.

46) 朱震 撰, 王婷, 王心田 点校, 『朱震集』, 長沙 : 岳麓書社, 2007, 「周易卦圖卷上」567-575쪽 참조.

一陰之卦四, 皆自姤・夬而變

二陽之卦十二, 皆自臨・觀・小過而變

二陰之卦十二, 皆自遯・大壯・中孚而變

三陽之卦九, 皆自泰而變

三陰之卦九, 皆自否而變

乾・坤爲生卦之原

「六十四卦相生圖」

乾坤者諸卦之祖

凡卦五陰一陽者皆自復卦而來復一爻五變而成五卦

凡卦五陽一陰者皆自姤卦而來姤一爻五變而成五卦

凡卦四陰二陽者皆自臨卦而來臨五復五變而成十四卦

凡卦四陽二陰者皆自遯卦而來遯五復五變而成十四卦

凡卦三陰三陽者皆自泰卦而來泰三復三變而成九卦

凡卦三陽三陰者皆自否卦而來否三復三變而成九卦

위 두 그림을 비교해보면, 우선 두 그림은 괘변의 분류에 있어서 6개의 분류를 취하고 있다는 점에서 같다. 즉 「추이표」는 ① 일양지괘一陽之卦, ② 일음지괘一陰之卦, ③ 이양지괘二陽之卦, ④ 이음지괘二陰之卦, ⑤ 삼양지괘三陽之卦, ⑥ 삼음지괘三陰之卦 등으로 괘변을 분류하고 있고, 「육십사괘상생도」는 ① 오음일양괘五陰一陽卦, ② 오양일음괘五陽一陰卦, ③ 사음이양괘四陰二陽卦, ④ 사양이음괘四陽二陰卦, ⑤ 삼음삼양괘三陰三陽卦, ⑥ 삼양삼음괘三陽三陰卦 등으로 괘변을 분류하고 있다. 그러나 두 그림은 차이점도 존재한다. 우선 벽괘에 대한 인식이 서로 다르다. 「추이표」는 건곤乾坤을 포함하여 14벽괘를 설정하고 있는 반면 「육십사괘상생도」는 건곤乾坤

을 포함하는 것은 같지만 벽괘의 수가 8개에 그친다. 즉 「추이표」는 乾·坤·復·剝·姤·夬·臨·觀·小過·遯·大壯·中孚·泰·否 등 14괘가 벽괘가 되고, 「육십사괘상생도」는 乾·坤·復·姤·臨·遯·泰·否 등 8괘가 벽괘가 된다. 큰 틀에서 보자면 「추이표」와 「육십사괘상생도」는 벽괘에서 연괘로의 변화 과정을 보여주고 있다는 점에서 괘변의 개념에 있어서 상통한다고 할 수 있다.

한편 정약용은 「추이표」에서 앞의 괘변도와 함께 ① 육괘위사시지본표六卦爲四時之本表, ② 감리위양윤지본표坎离爲兩閏之本表, ③ 십이벽괘진퇴소장표十二辟卦進退消長表 등 세 가지의 괘기설과 관련된 그림도 함께 제시했다.[47] 이는 정약용의 추이설이 괘변설과 함께 괘기설도 포함하고 있음을 나타낸다.[48] 그런데 앞 장에서 살펴보았지만 주진의 괘변설도 괘기설을 포함하고 있다. 이 점에 있어서 정약용과 주진은 서로 일치한다.

물론 정약용의 '추이推移'와 주진의 '괘변卦變'의 개념에 있어서 차이점도 존재한다. 주진은 정약용과 달리 '괘변卦變'의 개념에 '반反'의 내용을 포함하고 있다. 주진에 의하면 '반反'의 개념은 『잡괘전』에 나와 있는데, 즉 64괘의 각 짝이 되는 괘가 서로 반대의 관계에 있다는 것이다.[49] 예를 들어, 손괘와 익괘는 서로 반대의 관계에 있는데 왜냐하면 익괘는 손괘를 반대로 뒤집어서 만들어진 괘이기 때문이다. 주진은 이러한 반대의 관계에 있는 괘를 통해 괘효사를 해석하고 있으며, 이러한 '반'을 일종의 괘변으로 간주하고 있는 것이다.[50] 정약용도 '반'의 개념을 중요하게 인

---

47) 「括例表上」, 『周易四箋 I』, 『定本 與猶堂全書 15』, 다산학술문화재단, 2012, 36-37쪽 참조.

48) 보다 자세한 내용은 다음 논문을 참조할 것. 임재규, 「괘변설의 변천 과정에서 본 다산의 추이론」, 다산학 26호, 2015.

49) 朱震 撰, 王婷, 王心田 点校, 『朱震集』, 長沙 : 岳麓書社, 2007, 「周易集傳卷十一」「雜卦傳」 540-544쪽 참조.

50) 朱震 撰, 王婷, 王心田 点校, 『朱震集』, 長沙 : 岳麓書社, 2007, 「周易集傳卷三」「復卦第二

식하고 있지만 이를 괘변으로 간주하지 않고 삼역三易의 하나인 반역反易으로 설명하고 있다.[51]

2) 정약용의 '호체互體'와 주진의 '호체互體'

정약용의 '호체互體' 설과 주진의 '호체互體' 설의 경전적 근거는 서로 일치한다. 정약용은 「사전소인」에서 호체의 경전적 근거를 "『대전大傳』의 잡물찬덕雜物撰德장"으로 제시했고, 주진도 「주역집전서」에서 호체의 경전적 근거를 "『계사繫辭』의 잡물찬덕雜物撰德장"으로 제시하고 있다. 그리고 호체의 정의도 별괘의 중간 네 효로 구성되는 내호괘와 외호괘임을 서술하고 있다. 따라서 정약용과 주진의 호체에 대한 이해는 기본적으로 일치하고 있다고 볼 수 있다.

정약용과 주진의 호체설에 있어서 차이점은 정약용의 호체설의 내용이 주진의 호체설보다 광범위하다는 점에 있다. 주진의 호체설은 호체의 기본적인 정의에 충실한 편이고 이 외에 새로운 호체설을 제기하지 않았다. 반면에 정약용은 호체의 기본적인 정의뿐만 아니라 다양한 호체설을 제기하고 있다. 『주역사전』의 「괄례표括例表 上」 호체互體 조항을 살펴보면, 호체의 기본적인 의미를 담고 있는 「호체법互體表」 외에도 「대호표大互表」, 「겸호표兼互表」, 「도호표倒互表」, 「위복표位伏表」, 「반합표牉合表」, 「양호작괘표兩互作卦表」 등 여섯 가지의 호체와 관련된 방법이 나온다.[52] 이처럼 정약용이 다양한 호체설을 이용하고 있는 점이 주진의 호체설과

十四」 152-157쪽 참조.

51) 「括例表下」, 『周易四箋 I』, 『定本 與猶堂全書 15』, 다산학술문화재단, 2012, 331-336쪽 참조.

52) 「括例表上」, 『周易四箋 I』, 『定本 與猶堂全書 15』, 다산학술문화재단, 2012, 43-48쪽 참조.

다른 점이라 할 수 있다.

다음은 『주역사전』과 『주역집전』에 나오는 호체의 예를 통해 정약용과 주진의 호체설의 동이에 대해 살펴보기로 한다.

ⓐ 『주역사전』 태괘泰卦 육오六五 '제을귀매帝乙歸妹'

이는 태괘泰卦가 수괘需卦로 변동한 경우이다. 양호兩互가 귀매괘歸妹卦이다. (그 뜻은 위에 나온다.) 진震은 제을帝乙이 되고(제帝는 진震에서 나오고, 또 진震은 을방乙方이 된다.) 태兌는 누이가 되는데, (태兌는 소녀少女이다.) 괘를 거꾸로 뒤집어 만든 간艮을 반합牉合하면, (혼인의 괘는 본래 괘를 거꾸로 뒤집은 다음 합친다.) 그의 사위가 된다. 리离로 예禮를 행하고 감坎으로 돌아간다. (양호兩互의 상이다.) '제을帝乙이 누이를 시집보내다.' 는 이를 말함이다.[53)]

ⓑ 『주역집전』 태괘泰卦 육오六五 '제을귀매帝乙歸妹'

딸이 시집가는 것이 '귀歸' 이다. 진震은 장남長男이 되고, 태兌는 소녀少女가 되는데, 장남의 입장에서 소녀를 말하면 누이(妹)가 된다. 육오六五가 자신의 존귀한 자리를 낮추어 아래로 구이九二와 교감하니 '제을이 딸을 시집보내다.(帝乙歸妹)' 의 상이다.[54)]

태괘泰卦 육오六五 '제을귀매帝乙歸妹' 에 대해 정약용은 다양한 호체설을 활용해 해석하고 있다. '양호兩互가 귀매괘歸妹卦이다.' 는 양호작괘兩

53) 『周易四箋 I』, 『定本 與猶堂全書 15』, 다산학술문화재단, 2012, 198쪽, "六五, 帝乙歸妹. 此泰之需也. 兩互歸妹也.【義見上】震爲帝乙,【帝出乎震, 又震爲乙方】兌其妹也.【兌少女】倒艮牉合,【婚配之卦, 本倒合】是其壻也. 离以行禮, 坎以歸之,【兩互象】帝乙歸妹, 此之謂也."

54) 朱震 撰, 王婷, 王心田 点校, 『朱震集』, 長沙 : 岳麓書社, 2007, 「周易集傳卷二」 「泰卦第十一」 79쪽, "女以嫁爲歸. 震爲長男, 兌爲少女, 由長男言之妹也. 六五降其尊位, 下交九二, 帝乙歸妹之象也."

互作卦를 사용한 것이고 '괘를 거꾸로 뒤집어 만든 간艮' 은 도호倒互를 사용한 것이고, '혼인의 괘는 본래 괘를 거꾸로 뒤집은 다음 합친다.' 는 반합胖合을 사용한 것이고, '리离로 예禮를 행하고 감坎으로 돌아간다' 는 기본적 의미의 호체互體를 사용한 것이다. 이렇게 다산은 '제을귀매帝乙歸妹' 네 글자에 대한 해석에서 양호작괘兩互作卦, 도호倒互, 반합胖合, 호체互體의 네 가지 호체설을 활용하고 있다. 반면에 주진은 '제을귀매帝乙歸妹' 에 대해 '진震은 장남長男이 되고, 태兌는 소녀少女가 되는데' 에서 기본적인 의미의 호체만을 활용하고 있다. 즉 '진震' 은 태괘泰卦의 외호괘가 되고 '태兌' 는 태괘泰卦의 내호괘가 된다. 이를 통해 보면, 정약용과 주진의 호체설의 동이를 분명하게 이해할 수 있다. 물론 호체설의 적용에서 정약용과 주진이 일치하는 곳도 쉽게 찾아볼 수 있다. 예를 들면 곤괘 육사六四의 효사 해석에서 정약용과 주진은 똑같이 기본적인 의미의 호체설을 활용해 효사를 해석하고 있다.[55)]

3) 정약용의 '효변爻變' 과 주진의 '동효動爻'

「사전소인」에 나타난 정약용의 효변에 대한 이해는 기본적으로 점법占法에 기반하고 있다. 즉 주자의 『역학계몽』에 나오는 '하나의 효가 변동할 때 본괘本卦의 변한 효사爻辭로 점을 친다.' 라는 점법을 들어 자신의 효변설을 제시하고 있다. 『계사전』의 대연서법에 의하면 점법은 50개의 시책을 가지고 시행하며 4영 18변의 과정을 거쳐 하나의 괘를 얻게 되는데 기본적으로 6, 7, 8, 9의 여섯 개의 숫자로 구성되는 본괘를 얻게 된다. 7과 8은 소양과 소음으로 불변의 효가 되고 6과 9는 노음과 노양으로 변효

55) 『周易四箋 I』, 『定本 與猶堂全書 15』, 다산학술문화재단, 2012, 127-8쪽; 朱震 撰, 王婷, 王心田 点校, 『朱震集』, 長沙 : 岳麓書社, 2007, 「周易集傳卷一」「坤卦第二」 19쪽.

가 된다. 『주역』 384 효제와 용구, 용육의 6과 9는 바로 이 점법에 의해 생성된 결과를 나타낸다. 즉 효제의 6과 9, 용구, 용육의 9와 6은 변효를 나타낸다는 것이 정약용의 기본적인 인식이다. 따라서 정약용의 효변론에 따르면 『주역』 384효와 용구, 용육은 변효로 반드시 변동하게 되어 있다. 이러한 인식에 따라 정약용은 그의 역학 저서 『주역사전』의 384효와 용구, 용육의 해석에 있어서 먼저 변괘를 제시하고 있는 것이다.

주진도 위의 정약용의 효변에 대한 인식과 동일하다. 주진은 「주역집전서」에서 6, 7, 8, 9의 의미에 대해 정의를 하면서 정약용과 동일하게 7과 8은 불변효를 의미하고 6과 9는 변효를 의미한다고 서술하고 있다. "7과 8은 음양의 어린 것이고 6과 9는 음양의 지극한 것이다. 어린 것은 변하지 않고 지극한 것은 변한다." 그리고 7과 8은 『연산역連山易』과 『귀장역歸藏易』이고 6과 9는 『주역』임을 밝히고 있다. 이는 정약용의 인식과도 일치한다. "『주례周禮』에 '태복太卜이 세 가지 『역』을 관장한다.' 고 했다. 그러므로 『연산連山』·『귀장歸藏』과 『주역』을 혼용하는 경우가 있다. (『연산連山』·『귀장歸藏』) 두 『역易』은 도두 7과 8로 점을 친다."[56] 따라서 정약용과 주진의 효변에 대한 인식은 일치한다고 볼 수 있다. 다만 효변의 실제 적용에 있어서 정약용과 주진은 차이점이 있다. 구체적인 예를 들어 살펴보면 다음과 같다.

ⓐ 『주역사전』 곤괘坤卦 육사六四 '괄낭括囊'

이는 곤괘坤卦가 예괘豫卦로 변동한 경우이다.(4효가 변동) 괄括은 묶는다. 또는 닫는다는 뜻이다. (뜻은 아래에 보인다. 낭囊은 진震이 되고 곤坤은 포布가 되는데(〈설괘說卦〉의 글) 그 아래를 포로 막으니(진震의 아래가 연결되어 있

56) 『周易四箋 Ⅱ』, 『定本 與猶堂全書 16』, 다산학술문화재단, 2012, 229-230쪽, "『周禮』 '太卜掌三『易』', 然則雜用『連山』·『歸藏』二『易』, 皆以七八爲占."

다.) 그 상이 주머니이다. …… 예괘豫卦는 복괘復卦에서 왔다.(1효가 4효로 감) …… 추이하여 예괘豫卦가 되면(1효가 4효로 감) 간艮의 손을 늘어뜨려(지금의 호괘가 간艮이다.) 모두 묶으니 …… 이것이 괄낭括囊이다.[57]

ⓑ 『주역집전』 곤괘坤卦 육사六四 '괄낭括囊'

곤坤이 낭囊이 된다. 육사六四가 변동하면 간艮이 된다. 간艮은 손이 되니 괄낭括囊이다.[58]

위의 인용을 살펴보면, 정약용은 효변을 효사를 해석하는 일종의 축으로 간주하고 있음을 알 수 있다. 『주역사전』의 384효와 용구, 용육의 해석에는 모두 위의 '이는 곤괘坤卦가 예괘豫卦로 변동한 경우이다.' 라는 형식적 언설이 맨 처음 나온다. 정약용은 이 축에 기반하여 해석을 전개하고 있다. 따라서 정약용의 효사 해석에서 이 효변이 핵심적인 역할을 한다고 해도 과언이 아니다. 그리고 정약용은 효변을 변괘로 이해한다. 즉, 위 곤괘坤卦 육사六四는 효변하여 곤괘가 예괘로 이미 변동한 경우이다. 따라서 정약용은 이 예괘에 기초하여 해석을 전개하고 있는 것이다. '예괘豫卦는 복괘復卦에서 왔다.' 와 '추이하여 예괘豫卦가 되면' 이 이를 증명한다. 반면에 주진은 동효를 변괘로 이해하지 않고 효의 변동으로만 이해한다. 이러한 이유에서 곤괘坤卦 육사六四의 해석에 정약용과 달리 예괘가 등장하지 않는다. 단지 육사가 변동하여 호괘인 간艮을 생성하는 점이 중요할 뿐이다.

57) 『周易四箋 I』, 『定本 與猶堂全書 15』, 다산학술문화재단, 2012, 127-8쪽, "此坤之豫也. 【四爻動】 括者, 結也, 閉也. 【義見下】 囊者, 震也. 坤則爲布, 【〈說卦〉文】 布塞其底, 【震下連】 其象囊也. …… 豫自復來, 【一之四】…… 移之爲豫, 【一之四】 則垂其艮手, 【今互艮】 闔然收結, …… 是括囊也."

58) 朱震 撰, 王婷, 王心田 点校,『朱震集』, 長沙 : 岳麓書社, 2007, 「周易集傳卷一」「坤卦第二」 19쪽, "坤爲囊, 六四動成艮, 艮爲手, 括囊也."

4) 정약용의 '복체伏體'와 주진의 '복伏'

정약용의 '복체伏體'는 앞에서 살펴본 호체의 하나로 일명 '위복位伏'이라고도 한다. 「호체표직설互體表直說」에 의하면 '복체伏體'는 별괘의 효 위치에 근거한 이론이다. 즉 별괘는 6획괘로 아래에서부터 위로 1, 2, 3, 4, 5, 6이라는 위치를 가지고 있다. 그런데 1, 2, 3, 4, 5, 6은 천수天數와 지수地數에 따라 1, 3, 5는 천수이자 기수로 양이 되고 2, 4, 6은 지수이자 우수로 음이 된다. 따라서 64괘의 별괘는 모두 기본적으로 하괘는 양, 음, 양의 리离가 감추어져 있고 상괘는 음, 양, 음의 감坎이 감추어져 있다.

반면에 주진의 '복伏'은 앞에서도 살펴보았지만, 정약용의 '복체伏體'와는 다른 개념이다. 즉 건과 곤, 진과 손, 감과 리, 간과 태의 8괘가 각각 상대의 괘를 본래적으로 감추고 있다는 의미이다. 건은 본래적으로 곤을 감추고 있으며, 곤도 본래적으로 건을 감추고 있다는 것이다. 그러나 주진의 '복伏'은 경괘 차원의 이론이지 별괘 차원의 이론은 아니다. 별괘 차원의 복의 개념은 우번의 방통설로 볼 수 있다. 주진의 '복伏'은 정약용과 달리 『주역』 해석에 빈번하게 활용되고 있다.

정약용의 '복체伏體'와 주진의 '복伏'에 대해 구체적인 예를 들어 살펴보면 다음과 같다.

ⓐ 『주역사전』 함괘咸卦 구오九五 '咸其脢'

이는 함괘咸卦가 소과괘小過卦로 변동한 경우이다. '매脢'는 등뼈살이다. 『설문』에 말했다. 소과괘小過卦는 큰 감坎이다. (겸획하면 삼획괘가 된다.) 큰 감坎의 등뼈와 (북방괘로 가운데가 강剛이다.) 태兌가 교감하는 상이니, (호괘 태兌가 있다.) 등뼈살을 느낀다고 했다. 상괘의 위복이 감坎이고(4효, 5효, 6효) 오효는 그 등뼈가 된다.(감坎의 가운데가 강剛이다.)[59]

ⓑ『주역집전』 함괘咸卦 구오九五 '咸其脢'

구오九五에 복간伏艮이 있고 아래로 육이六二와 감응하니 간艮은 등뼈살이 된다. 정강성鄭康成이 말했다. "배背는 등뼈살이다."[60]

정약용은 '복체伏體'를 빈번하게 활용하지 않지만, 때로 이를 활용하기도 한다. 그 예 중의 하나가 위의 인용이다. 함괘咸卦 구오九五 '咸其脢'를 해석하면서 정약용은 '매脢'의 해석에 있어서 '복체伏體'인 상괘 감坎을 활용한다. 즉 상괘는 본래적으로 음, 양, 음으로 이루어진 감坎을 감추고 있다. 특히 구오효의 경우 강효이면서 동시에 복체인 감의 가운데이기도 하다. 따라서 자연스럽게 이 복체 감의 가운데 효에서 등뼈의 상징을 추출한다. 반면에 주진은 함괘咸卦 구오九五 '咸其脢' 해석에서 돌아가지 않고 바로 '복伏'을 활용한다. 즉 함괘咸卦는 상괘가 태兌이고 태의 복伏은 간艮이 된다. 그리고 간艮은 등뼈 살을 상징한다.

5. 결어

필자는 서론에서 정약용이 지은 「정헌묘지명貞軒墓誌銘」의 내용을 인용하면서 다산과 정헌의 역학에 관한 문답에 등장하는 중국 역학사의 주요 저작 네 가지, 즉 래의선의 『역주』, 오징의 『역찬언』, 주진의 『한상역』, 이정조의 『집해』를 언급했다. 이중에서 래의선의 『역주』, 오징의 『역찬언』,

59) 『周易四箋 I』, 『定本 與猶堂全書 15』, 다산학술문화재단, 2012, 357쪽, "此咸之小過也. 脢者, 脊肉也.【『說文』云】小過者, 大坎也.【兼畫三】大坎之脊,【北方卦中剛】兌以感之,【有互兌】咸其脢也. 上卦位坎,【四·五·六】五其脊也.【坎中剛】"

60) 朱震 撰, 王婷, 王心田 点校, 『朱震集』, 長沙 : 岳麓書社, 2007, 「周易集傳卷四」「咸卦第三十一」 195쪽, "九五有伏艮, 下感六二, 艮爲背脢. 鄭康成曰, 背脊肉也."

이정조의 『집해』는 다산의 역학 저작인 『역학서언』의 각각 「래씨역주박來氏易註駁」, 「오초려찬언론吳草廬纂言論」, 「이정조집해론李鼎祚集解論」에서 다산의 평가를 살펴볼 수 있다고 했지만 주진의 『한상역』에 대해서는 따로 논평이 없다고 지적한 바 있다. 이를 통해 다산의 역학에 미친 이 네 저작 중 『한상역』이 다른 세 저작에 비해 상대적으로 그 영향력이 적을 것으로 판단했다. 이는 형식적인 측면에서 부인할 수 없는 사실이지만, 내용적인 측면에서 볼 때 주진의 『한상역』이 다산 역학에 미친 영향력이 위의 세 저작에 비해 결코 작다고 할 수 없다. 본론에서 살펴보았지만 『주역』 해석 방법론에서 주진과 정약용은 놀라울 정도로 일치된 견해를 보이고 있다. 즉 정약용은 그의 역학의 총결이라 할 수 있는 「사전소인」에서 '추이推移', '호체互體', '효변爻變' 이 세 가지 방법을 『주역』 해석의 핵심적인 방법으로 제시하고 있고, 주진은 그의 역학을 총결한 「주역집전서」에서 '동효動爻, 괘변卦變, 호체互體'를 『주역』 해석의 핵심적인 방법으로 제시하고 있다. 따라서 본 논의를 통해 우리는 주진의 역학이 시대와 지역을 초월하여 정약용의 역학으로 계승되고 있음을 확인할 수 있다. 물론 본론에서도 살펴보았듯이 각론에서 정약용의 역학과 주진의 역학이 서로 다른 점이 노정되고 있지만, 이는 서로의 영향 관계를 논하는 데에 큰 영향을 미치지는 못할 것 같다.

본 연구는 다산 역학 연구에서 아직 연구되지 못했던 송대 주진 역학과 조선조 정약용 역학의 비교 연구라는 측면에서 일차적인 의의가 있다고 할 수 있다. 이를 통해 주진의 역학이 상당한 정도로 다산 역학의 형성에 기여하고 있음을 밝혔다. 참고로 지금까지 필자의 연구를 통해 다산 역학에 미친 중국 역학을 시대순으로 정리해보면, 우선 당대 이정조의 『주역집해』가 다산 역학에 중요한 영향을 미쳤고, 그다음으로 송대 주진의 『주역집전』이 의미 있는 영향을 미쳤으며, 그다음으로 원대 오징의

『역찬언』도 중대한 영향을 미쳤다고 볼 수 있다. 반면, 래의선의 『역주』는 『역학서언』의 「래씨역주박」에서 알 수 있듯이 다산이 래지덕의 역학을 비판하고 있으므로 다산 역학과 래지덕 역학의 계승 관계를 논하기는 어려울 것 같다.

(孔子學 36, 2018)

2부. 다산 정약용의 추이론

제3장 | 다산 정약용 추이론의 연원

제4장 | 괘변설의 변천 과정에서 본 다산의 추이설

제3장

다산 정약용 추이론의 연원

1. 서론

다산 정약용은 자신의 저작 중에서 『상례사전喪禮四箋』과 함께 『주역사전』이 후세에 전해지기를 원했다. 그만큼 다산은 『주역사전』을 자신의 대표작으로 평가했다. 이러한 이유로 다산 역학에 대한 연구는 주로 『주역사전』을 위주로 진행되었고, 이에 따라 상당한 분량의 연구 논문이 생산되었다. 지금까지 『주역사전』을 중심으로 다산 역학을 연구한 박사 논문만 하더라도 여러 편이 제출되었다.[1)]

이를 통해서도 알 수 있듯이 지금까지의 다산 역학의 연구 방향은 주로 『주역사전』에 대한 연구에 집중되었다 해도 과언이 아니다. 이러한 이유로 다산의 주역 해석 체계에 대한 연구는 상당한 수준에 이르렀다고 할

1) 김왕연, 「다산 역학의 연구」, 고려대학교 대학원 박사학위 논문, 1989; 김인철, 「다산의 『주역』 해석체계에 관한 연구」, 고려대학교 대학원 박사학위 논문, 1999; 김영우, 「정약용의 역학 사상 연구」, 서울대학교 대학원 박사학위 논문, 2000; 유문상, 「다산 역학의 특성과 윤리적 함의」, 한국교원대학교 대학원 박사학위 논문, 2002; 황병기, 「다산 정약용의 역상학」, 연세대학교 대학원 박사학위 논문, 2004.

수 있다. 이러한 결과의 하나로 2004년(이영희)과 2007년(방인 · 장정욱)에 『주역사전』에 대한 번역본이 나오게 되었다.

그러나 『주역사전』과 함께 다산이 지은 또 하나의 역작인 『역학서언』에 대한 연구는 아직 미흡한 것이 사실이다. 『역학서언』은 다산이 중국 역학사의 중요한 저작을 읽고 비평한 일종의 평론집으로 여기에는 이정조의 『주역집해周易集解』, 정현의 『주역정강성주周易鄭康成注』, 왕필의 『주역주周易注』, 공영달의 『주역정의周易正義』, 주자의 『주역본의周易本義』, 오징의 『역찬언易纂言』, 래지덕의 『주역집주周易集註』, 이광지의 『주역절중周易折中』 등 중국 역학사의 주요 저작이 모두 수록되어 있다. 따라서 이 『역학서언』에 대한 연구는 다산 역학 연구에 있어서 매우 중요한 위치를 차지하고 있음을 부정할 수 없다. 특히 다산 역학 연구에 있어서 다산 역학의 연원을 밝혀줄 수 있는 핵심적인 단서도 많이 발견되고 있는 것이 사실이다. 하지만 아직 『역학서언』에 대한 연구와 이를 바탕으로 한 다산 역학의 연원에 대한 연구는 미흡한 것이 사실이다. 필자가 조사한 바에 의하면, 현재까지 이루어진 다산 역학의 연원을 고찰한 논문은 대략 아래와 같다.

㉠ 정약용과 모기령의 역학에 대한 비교 연구

김승동, 「毛奇齡과 丁若鏞의 易卦 해석에 관한 비교연구」, 인문논총 第36집, 1990.

정해왕, 「한대의 역학이론과 정약용의 역학이론」, 동아시아 지역의식과 평화적 발전 국제학술대회, 한국민족문화 15, 2000.

신원봉, 「다산의 역학관 정립에 미친 청대 사상의 영향 - 모기령을 중심으로」, 다산학 3호, 2002.

방 인, 「茶山의 明清易學 批判」, 철학연구 第84집, 2002.

김영우, 「정약용과 모기령의 역학 사상 비교 연구」, 동방학지, 2004.

방　인, 「다산 역학의 방법론적 고찰 – 毛奇齡과 丁若鏞의 易學방법론의 비교」, 철학연구 제94집, 2005.

林忠軍, 毛奇齡"推移"說与清代漢易复興 – 兼論毛奇齡推移說与丁若鏞推移說之异同, 민족문화논총 제49집, 2011.

㉡ 정약용과 주희의 역학에 대한 비교 연구

방　인, 「정약용의 「주자본의발미」 연구」, 다산학 19호, 2011.

위의 연구 중에서 특히 신원봉의 논문은 다산 역학에 미친 모기령의 역학을 심층적으로 연구한 특색이 있다. 그에 의하면, 다산 역학의 핵심적인 네 가지 강령 중 효변론을 제외한 추이론, 호체론, 물상론이 모기령의 역학에 심대한 영향을 받았다고 결론을 맺고 있다. 하지만 다산은 『주역사전』 및 『역학서언』 어디에서도 자신의 역학과 모기령의 관련성을 언급한 바가 없다. 따라서 이러한 상황에서 다산 역학의 형성에 모기령의 역학이 심대한 영향을 끼쳤다고 단정할 만한 근거를 찾을 수 없는 것도 사실이다.

방인의 위 논문은 『역학서언』 중 「주자본의발미」편을 연구한 논문으로 『역학서언』을 본격적으로 연구한 논문으로 높이 평가할만하다. 특히 다산이 스스로 본인의 역학의 원류가 주자에 있음을 천명하였기 때문에 다산 역학의 연원을 주자에서 찾고자 하는 노력은 필수적인 작업임이 틀림없다. 하지만 방인의 연구에서도 알 수 있듯이 다산의 역학은 주자의 역학과 상이한 점이 많고 따라서 주자의 역학을 다산 역학의 연원으로 비정하기에는 논리적인 근거가 부족하다.

방인의 지적처럼 다산 역학과 주자 역학이 여러 가지 차원에서 상이하다면 우리는 다산 역학의 연원을 어디에서 찾아야 할까? 그렇다고 해서 신원봉의 지적처럼 다산 역학의 연원을 모기령에서 찾을 경우 다산은 왜 모기령을 언급하지 않았을까? 따라서 이러한 문제들을 해결하기 위해서 필자의 판단은 다산의 『역학서언』으로 돌아가야 한다는 것이다.

따라서 다산 역학이론의 연원을 연구하기 위해서는 『역학서언』에 대한 충분한 연구가 선행되어야 하며 이를 통해 나타난 중국 역학사의 주요 저작에 대한 심도 있는 연구가 필요하다. 본고에서는 다산 역학이론 중 추이론에 한정해 그 연원에 대해 고찰해보기로 한다.

2. 이정조의 『주역집해周易集解』를 통해 본 괘변론

다산이 지은 『역학서언』은 총 21편으로 이루어져 있는데, 그 첫 번째 평론이 바로 이정조의 『주역집해』[2]에 관한 논설이다. 그만큼 다산은 『주역집해』에 대해 높은 평가를 하고 있으며, 『주역집해』가 13경에 수록되지 못하고 왕필의 『주역주周易注』가 13경에 수록된 것에 대해 비판적 입장을 견지하고 있다. 다산의 이러한 인식은 「이정조집해론李鼎祚集解論」에도 잘 나와 있다. "오늘날의 학자들이 진실로 『주역』을 공부하고자 한다면, 오직 이정조의 『주역집해』 10권을 보배로 삼아야 할 것이다."[3]

이처럼 다산이 『주역집해』를 중요하게 생각하는 이유는 그의 역 해석 방법론이 모두 이 『주역집해』에 담겨있기 때문이다. 다산은 말하기를 "괘

2) 李鼎祚 撰, 『周易集解』, 『四庫全書』 文淵閣本, 驪江出版社 影印本, 1988. 이하 (李鼎祚 1988)으로 표기함.

3) 丁若鏞, 『易學緖言』, 『定本 與猶堂全書 17』, 다산학술문화재단, 2012, 53쪽. 이하 (丁若鏞 2012, 53)으로 표기함.

변卦變과 효변爻變의 법칙, 호체互體와 복체伏體의 예, 교역交易 · 변역變易 · 반대反對 · 반합牉合의 묘가 하나라도 갖추어 있지 않음이 없다."(丁若鏞 2012, 53)

특히, 괘변론의 원형도 이 『주역집해』에 잘 갖추어져 있다. 예를 들어, 다산의 「이정조집해론」에서 찾아볼 수 있는 괘변의 예는 다음과 같다.

1. 需. 有孚. ○ 虞翻曰: "大壯四之五." ○ 蜀才曰 : "此本大壯卦. 六五降四, 九四升五." ○ 案 九 · 六者, 老陽 · 老陰之名. 五降 · 四升, 不當言六 · 九. (丁若鏞 2012, 35; 李鼎祚 1988, 637)
2. 訟. 窒惕. ○ 虞翻曰: "遯三之二也." ○ 蜀才曰 : "此本遯卦. 三降居二." ○ 案 訟又自中孚來, 【四之一】故曰 '訟有孚'. (丁若鏞 2012, 35; 李鼎祚 1988, 641)
3. (師) 剛中. ○ 蜀才曰: "此本剝卦. 上降二, 二升上." ○ 案 不言復卦. (丁若鏞 2012, 35; 李鼎祚 1988, 645)
4. 比. 原筮. ○ 蜀才曰: "此本師卦. 九二升五." ○ 案 蜀才推移之法亦亂矣. 但云 '自剝', 不云 '自復', 又却云 '此本師卦', 可乎? (丁若鏞 2012, 35; 李鼎祚 1988, 649)
5. 同人. 柔得位得中. ○ 蜀才云 : "此本夬卦. 九二升上, 上六降二." ○ 案 但言夬卦, 不言姤卦. 范氏易學亦疏矣. (丁若鏞 2012, 36; 李鼎祚 1988, 663)
6. (同人) 同人于野. ○ 虞云: "乾爲野." ○ 侯果曰: "九二升上爲郊野, 是同人于野." ○ 案 侯果說是也. 卦自夬來. (丁若鏞 2012, 36; 李鼎祚 1988, 663)
7. 謙. 亨. ○ 虞云 : "彭城蔡景君說, 剝上來之三."(丁若鏞 2012, 37; 李鼎祚 1988, 667)
8. (謙) 地道卑而上行. ○ 侯云 : "此本剝卦. 乾之上九, 來居坤三, 是下濟也. 坤之六三, 上升乾位, 是上行也. ○ 案 下濟者, 剝上之三也. 上行者, 復一

之三也. (丁若鏞 2012, 37; 李鼎祚 1988, 668)

9. 隨. 剛來. ○ 虞云: "否乾上來之坤初."【蜀才同】(丁若鏞 2012, 37; 李鼎祚 1988, 674)

10. (蠱) 剛上. ○ 虞云 : "泰初之上, 故剛上. 坤上之初, 故柔下." (丁若鏞 2012, 37; 李鼎祚 1988, 677)

11. 噬嗑. 剛柔分. ○ 盧云 : "此本否卦." (丁若鏞 2012, 38; 李鼎祚 1988, 684)

12. 无妄. 剛自外來. ○ 蜀才云 : "此本遯卦." ○ 案 中孚 · 小過, 『集解』諸家絶無用之者, 蓋由再閏之義本不明也. (丁若鏞 2012, 39; 李鼎祚 1988, 695)

13. 大畜. 剛上而尙賢. ○ 蜀才云 : "此本大壯卦." ○ 案 不言中孚疏矣. 但剛上而尙賢者, 自大壯之象也. (丁若鏞 2012, 40; 李鼎祚 1988, 698)

14. 頤. 觀頤. ○ 侯云: "此本觀卦." ○ 案 不言臨卦, 惟逐文以求解. (丁若鏞 2012, 40; 李鼎祚 1988, 700)

15. 舍爾靈龜. ○ 虞云: "晉離爲龜, 四之初, 故舍爾靈龜." ○ 侯云: "初本五也. 艮爲山龜, 自五降初則爲頤." ○ 案 虞氏推移之法亂矣. 頤自晉來, 則衍卦皆辟卦也, 而可乎? (丁若鏞 2012, 40~41; 李鼎祚 1988, 701)

16. 咸. 柔上而剛下. ○ 蜀才云: "此本否卦." (丁若鏞 2012, 42; 李鼎祚 1988, 712)

17. 晉. 柔進而上行. ○ 蜀才云: "此本觀卦." (丁若鏞 2012, 42; 李鼎祚 1988, 721)

18. 明夷. 明入地中. ○ 蜀才云: "此本臨卦." (丁若鏞 2012, 42; 李鼎祚 1988, 723)

19. 家人. ○ 虞云: "遯初之四也." ○ 案 中孚 · 小過, 卒無用之者. (丁若鏞 2012, 42; 李鼎祚 1988, 726)

20. 睽. ○ 虞云: "大壯上之三, 無妄二之五也." ○ 又云: "無妄二之五, 故柔進而上行." ○ 案 柔進而上行者, 中孚四之五也. 虞氏謂 '無妄二之五', 其推移之法亂矣. (丁若鏞 2012, 42; 李鼎祚 1988, 728~9)

21. 蹇. 利西南. ○ 虞云: "觀上反三也." (丁若鏞 2012, 43; 李鼎祚 1988, 731)
22. 解. 利西南. ○ 虞云: "臨初之四." (丁若鏞 2012, 43; 李鼎祚 1988; 李鼎祚 1988, 734)
23. (損) 損下益上. ○ 蜀才云: "此本泰卦." (丁若鏞 2012, 43; 李鼎祚 1988, 737)
24. (損) 三人行. ○ 虞云: "泰乾三爻爲三人. 損初之上, 故損一人." (丁若鏞 2012, 43; 李鼎祚 1988, 738)
25. 益. 利有攸往. ○ 虞云: "否上之初也." (丁若鏞 2012, 43; 李鼎祚 1988, 739)
26. 井. 改邑. ○ 虞云: "泰初之五也. 坤爲邑." (丁若鏞 2012, 43; 李鼎祚 1988, 759)
27. 漸. 女歸. ○ 虞云: "否三之四." (丁若鏞 2012, 43; 李鼎祚 1988, 775)
28. 歸妹. ○ 虞云: "泰三之四." (丁若鏞 2012, 44; 李鼎祚 1988, 778)
29. 兌. ○ 虞云: "大壯五之三也." ○ 案 中孚則不言. (丁若鏞 2012, 44; 李鼎祚 1988, 790)
30. 渙. 剛來. ○ 盧云: "此本否卦." (丁若鏞 2012, 44; 李鼎祚 1988, 792)
31. 節. ○ 虞云: "泰三之五." (丁若鏞 2012, 794)
32. 小過. 飛鳥遺之音. ○ 虞云: "晉上之三, 離去晉在." (丁若鏞 2012, 45; 李鼎祚 1988, 799)
33. 旣濟 ○ 虞云: "泰五之三."[4] ○ 侯果云: "此本泰卦." (丁若鏞 2012, 45; 李鼎祚 1988, 802)

4) 『四庫全書』 文淵閣本에는 "泰五之二."로 되어 있다.(李鼎祚 撰, 『周易集解』, 『四庫全書』 文淵閣本, 驪江出版社 影印本, 1988, 802)

34. 未濟 ○ 虞云: "否二之五." (丁若鏞 2012, 45; 李鼎祚 1988, 804)

위의 인용에서 알 수 있듯이 이정조의 『주역집해』에는 당대唐代 이전 상수역학가들의 괘변설이 담겨 있다. 특히 우번, 촉재, 후과의 괘변설이 많이 포함되어 있다. 우번의 괘변설은 10벽괘에서 나머지 괘가 파생되어 나온다는 것으로 중국 역학사에서 괘변설의 원형을 제시하고 있다고 해도 과언이 아니다. 10벽괘는 復 · 姤 · 臨 · 遯 · 否 · 泰 · 大壯 · 觀 · 乾 · 坤이다. 여기에서 건괘와 곤괘는 괘를 생성하는 근원이 되며, 실제 괘변을 일으키는 과정에는 참여하지 않는다. 그리고 중부괘와 소과괘는 특수한 예에 속해 역시 괘변의 과정에 포함되지 않는다. 따라서 우번의 괘변설에서 실제 괘변을 일으키는 중심괘는 8괘라 할 수 있다. 우번의 괘변설을 정리해 보면 다음과 같다.[5)]

一陰一陽之卦各六, 皆自復 · 姤而變

二陰二陽之卦各九, 皆自臨 · 遯而變

三陰三陽之卦各十, 皆自否 · 泰而變

四陰四陽之卦各九, 皆自大壯 · 觀而變

中孚 · 小過爲變例之卦

乾 · 坤爲生卦之原

우번의 괘변설에서 특징적인 내용은 중부와 소과괘는 특수한 예에 속한다는 점이다. 이 점이 특히 중요한 것은 다산의 추이론과 다르기 때문이다. 다산의 추이론에서는 중부와 소과괘는 14벽괘에 속하는 중심괘로

5) 黃宗羲 撰, 鄭万耕 点校, 『易學象數論(外二种)』, 北京: 中華書局, 2010, 69쪽. 이하 (黃宗羲 2010, 69)으로 표기함.

벽괘에서 50연괘로 변화하는 과정에서 다른 벽괘와 마찬가지로 핵심적인 역할을 하고 있다. 다산은 자신만의 원칙에 따라 당대 이전의 상수학자의 괘변설을 비판하고 있다. 위에서 인용한 내용 중 2. 訟. 窒惕. ○ 虞翻曰: "遯三之二也." ○ 蜀才曰 : "此本遯卦. 三降居二." ○ 案 訟又自中孚來, 【四之一】故曰 '訟有孚' . 12. 无妄. 剛自外來. ○ 蜀才云 : "此本遯卦." ○ 案 中孚·小過, 『集解』諸家絶無用之者, 蓋由再閏之義本不明也. 13. 大畜. 剛上而尙賢. ○ 蜀才云 : "此本大壯卦." ○ 案 不言中孚疏矣. 但剛上而尙賢者, 自大壯之象也. 19. 家人. ○ 虞云: "遯初之四也." ○ 案 中孚·小過, 卒無用之者. 20. 睽. ○ 虞云: "大壯上之三, 無妄二之五也." ○ 又云: "無妄二之五, 故柔進而上行." ○ 案 柔進而上行者, 中孚四之五也. 虞氏謂 '無妄二之五' , 其推移之法亂矣. 29. 兌. ○ 虞云: "大壯五之三也." ○ 案 中孚則不言. 등 여섯 곳에서 중부괘와 소과괘가 벽괘가 되지 못한 점을 다산은 지적하고 있다. 즉 다산은 "『주역집해』에서 여러 역학자들이 중부괘와 소과괘를 쓰지 않은 것은 재윤再閏의 뜻을 몰랐기 때문일 것이다."(丁若鏞 2012, 39)라고 지적했다.

중부괘와 소과괘의 문제 외에 다산은 여러 역학자들의 괘변설에서 '벽괘辟卦와 연괘衍卦의 구분이 없음' 을 비판하고 있다. 괘변에 있어서 벽괘의 중요성은 말할 필요도 없지만, 『주역집해』에는 '벽괘에서 연괘로의 괘변' 뿐만 아니라 '연괘에서 연괘로의 괘변' 도 나타난다. 가령, 위에서 인용한 것 중 세 군데에서 그 예가 나타난다. 4. 比. 原筮. ○ 蜀才曰: "此本師卦. 九二升五." ○ 案 蜀才推移之法亦亂矣. 但云 '自剝' , 不云 '自復' , 又却云 '此本師卦' , 可乎? 15. 舍爾靈龜. ○ 虞云: "晉離爲龜, 四之初, 故舍爾靈龜." ○ 侯云: "初本五也. 艮爲山龜, 自五降初則爲頤." ○ 案 虞氏推移之法亂矣. 頤自晉來, 則衍卦皆辟卦也, 而可乎? 32. 小過. 飛鳥遺之音. ○ 虞云: "晉上之三, 離去晉在." 즉 다산은 4의 예에서 촉재蜀才가 말한 비比괘가 사師괘에서 유래되었다는 것에 대해 추이법에 조리가 없다고 비판하고, 15의 예에서는 우번虞翻이 말한 이頤괘가 진晉괘에서 유래했다는 것에 대해서도 역시 조리가 없다고 비판하고 있으며, 32의 예에서 우번이 말한 소과괘小過卦가 진괘晉卦에서 추이되어 나왔음에 대해서도 비판하고 있다. 만약 위의 예시처럼 '연괘에서 연괘로의 괘변' 이 용인된다면, 사실상 벽괘와 연괘의 구분이 필요 없고 따라서 모든 괘에서 괘변이 발생하는 문제점이 생긴다. 따라서 다산의 입장에서는 이러한 괘변설을 비판하지 않을 수 없는 것이다.

다산의 추이론과 비교했을 때, 『주역집해』에 나타나 있는 괘변설의 다른 특징 중의 하나는 다산의 추이설과 달리 '하나의 벽괘에서 하나의 연괘로만 추이가 가능' 하다는 점이다. 앞에서 열거한 「이정조집해론」 중 나타나는 괘변의 34가지 예시 중 대부분은 '하나의 벽괘에서 하나의 연괘로 추이' 한 경우이고 다산 추이론에서 볼 수 있는 것처럼 '2개의 벽괘에서 하나의 연괘로 추이' 하는 경우는 찾아볼 수 없다. 가령, 가인괘家人卦의 해석에서 우번은 (이는) 돈괘遯卦의 초획이 네 번째 효로 간 경우라고 말하고 있다. 반면에 다산은 일양지괘一陽之卦 중의 하나인 사괘師卦에 대해 복괘復卦의 초획이 위로 올라가 두 번째 효가 된 것이고, 동시에 박괘剝卦의 제일 윗 획이 아래로 내려가 두 번째 효가 된 것으로 본다.

이외에도 괘를 분류하는 명칭에 있어서도 차이가 있지만, 위에서 살펴본 세 가지가 『주역집해』에서 살펴볼 수 있는 괘변설의 주요한 특징이라 할 수 있다. 이는 동시에 다산의 추이론과 차별되는 중국 역학사의 초기 괘변설이기도 하다.

3. 황종희의 『역학상수론易學象數論』에 나타난 괘변론

황종희(黃宗羲, 1610~1695)는 자가 태충太沖으로 절강성 여요餘姚 사람이다. 명나라가 망하자 은거하며 저술에 전념하였으며 『역학상수론易學象數論』 등 많은 저서를 남겼다. 세상에서는 그를 이주선생梨洲先生으로 칭했다.

『여유당전서』를 살펴보면 다산이 황종희의 저술을 본 것은 분명하지만 『역학상수론』을 접했는지는 알 수 없다.[6] 다만 정약용 추이론의 연원을 살펴보기 위해서는 황종희의 『역학상수론』을 연구하는 것이 필수적이다. 왜냐하면 『역학상수론』에는 괘변론의 옛 법과 함께 황종희 이전까지의 괘변에 관한 학설이 정리되어 있기 때문이다.

『역학상수론』 권2를 보면, 괘변론과 관련해서 「卦變一」, 「卦變二」, 「卦變三」 등 세 항목이 나온다. 「卦變一」에서는 괘변설의 유래와 의미를 밝히고 있다. 특히 『단전彖傳』의 '강유왕래剛柔往來'의 의미에 대해 구체적으로 논설하고 있다. 「卦變二」에서는 괘변설의 역사적 전개에 대해 간략하게 서술하고 있다. 즉 괘변설의 시조라 할 수 있는 한대漢代의 우중상虞仲翔에서부터 송대의 이정지李挺之, 소자첨蘇子瞻의 괘변설을 정리하고 있다. 「卦變三」에서는 주자의 괘변도에 대해 비판적인 관점을 제시하고 있으며, 이어서 「고괘변도古卦變圖」, 「이정지변괘반대도李挺之變卦反對圖」, 「이정지육십사괘상생도李挺之六十四卦相生圖」, 「주자괘변도朱子卦變圖」, 「주풍림괘변도朱風林卦變圖」, 「래의선착종도來矣鮮錯綜圖」 등 당대까지 전해 내려오는 괘변도를 덧붙이고 있다.

이처럼 『역학상수론』에서는 괘변설의 역사적 전개와 괘변도를 제시하

6) 신원봉, 「다산의 역학관 정립에 미친 청대 사상의 영향 - 모기령을 중심으로」, 다산학 3호, 2002, 144-6쪽.

고 있기 때문에 괘변설이 역사적으로 어떻게 변천해왔으며 어떤 차이점이 있는지를 확인할 수 있다. 이를 바탕으로 『역학상수론』의 괘변설과 다산의 괘변론이 어떤 유사점과 상이점이 있는지를 확인할 수 있다.

여기에서는 다산의 추이론과 가장 유사한 「고괘변도」, 이정지의「이정지육십사괘상생도」에 대해서 분석해 보고자 한다. 우선 「고괘변도」를 도시하면 아래와 같다. (黃宗羲 2010, 74~77)

一陰一陽之卦各六, 皆自復・姤而變

復・師(初之二)・謙(初之三)・豫(初之四)・比(初之五)・剝(初之六)

姤・同人(初之二)・履(初之三)・小畜(初之四)・大有(初之五)・頤(初之六)

二陰二陽之卦各九, 皆自臨・遯而變

臨・升(初之三)・解(初之四)・坎(初之五)・蒙(初之上)・明夷(二之三)・震(二之四)・屯(二之五)・頤(二之上)

遯・无妄(初之三)・家人(初之四)・離(初之五)・革(初之上)・訟(二之三)・巽(二之四)・鼎(二之五)・大過(二之上)

三陰三陽之卦各十, 皆自否・泰而變

泰・恒(初之四)・井(初之五)・蠱(初之上)・豐(二之四)・既濟(二之五)・賁(二之上)・歸妹(三之四)・節(三之五)・損(三之上)

否・益(初之四)・噬嗑(初之五)・隨(初之上)・渙(二之四)・未濟(二之五)・困(二之上)・漸(三之四)・旅(三之五)・咸(三之上)

四陰四陽之卦各九, 皆自大壯・觀而變

大壯・重大過(初之五)・重鼎(初之上)・重革(二之五)・重離(二之上)・兌(三之五)・睽(三之上)・需(四之五)・大畜(四之上)

觀・重頤(初之五)・重屯(初之上)・重蒙(二之五)・重坎(二之上)・艮(三之五)・蹇(三之上)・晉(四之五)・萃(四之上)

變例之卦二

中孚 · 小過

凡變卦皆從乾坤來

乾 · 坤

위의 「고괘변도」는 괘변의 원형이 잘 보존된 도표라 할 수 있다. 벽괘에서 연괘로의 추이가 잘 나타나 있으며, 그 추이 과정도 논리적이다. 일음일양지괘一陰一陽之卦, 이음이양지괘二陰二陽之卦, 삼음삼양지괘三陰三陽之卦, 사음사양지괘四陰四陽之卦로 나누어 도표를 그렸으며, 중부中孚 · 소과小過는 특수한 예[變例]로 따로 분류했다. 그리고 논리적으로 추론이 가능한 오음오양지괘五陰五陽之卦는 일음일양지괘一陰一陽之卦와 완전히 중복되어 따로 표시하지 않았다. 사음사양지괘四陰四陽之卦도 필연적으로 이음이양지괘二陰二陽之卦와 중복될 수밖에 없지만, 그럼에도 불구하고 이음이양지괘二陰二陽之卦의 벽괘인 림괘臨卦와 돈괘遯卦에서 추이할 수 없는 괘를 표시하기 위해 만들 수밖에 없었던 것으로 보인다. 그렇다면 중복되는 여덟 괘는 림괘와 둔괘에서 추이된 것인지, 아니면 대장괘大壯卦와 관괘觀卦에서 추이된 것인지, 그것도 아니면 양쪽에 다 속하는 것으로 봐야 하는지 의문점이 남는다. 「고괘변도」는 앞에서 살펴본 우번의 괘변설을 정리한 것이기 때문에 다산의 추이론과의 비교는 여기서 따로 부연하지 않는다.

다음으로 이정지의 「이정지육십사괘상생도」를 분석해 보기로 한다. 우선 이정지의 그림을 도시하면 아래와 같다. (黃宗羲 2010, 80~83)

「李挺之六十四卦相生圖」

姤 乾一交而爲姤

復 坤一交而爲復

凡卦五陰一陽者皆自復卦而來復一爻五變而成五卦

師・謙・豫・比・剝

凡卦五陽一陰者皆自姤卦而來姤一爻五變而成五卦

同人・履・小畜・大有・夬

遯 乾再交而爲遯

臨 坤再交而爲臨

凡卦四陰二陽者皆自臨卦而來臨五復五變而成十四卦

第一四變　明夷・震・屯・頤

第二復四變　升・解・坎・蒙

第三復三變　小過・萃・觀

第四復二變　蹇・晉

第五一變　艮

凡卦四陽二陰者皆自遯卦而來遯五復五變而成十四卦

第一四變　訟・巽・鼎・大過

第二復四變　无妄・家人・離・革

第三復三變　中孚・大畜・大壯

第四復二變　睽・需

第五復一變　兌

否 乾三交而爲否

泰 坤三交而爲兌

凡卦三陰三陽者皆自泰卦而來泰三復三變而成九卦

第一三變　　歸妹・節・損

第二復三變　豐・旣濟・賁

第三復三變　恒・井・蠱

凡卦三陽三陰者皆自否卦而來否三復三變而成九卦

第一三變　　漸・旅・咸

第二復三變　渙・未濟・困

第三復三變　益・噬嗑・隨

이정지는 64괘의 변화를 여섯 가지의 분류로 정리한다. 1. 오음일양괘五陰一陽卦, 2. 오양일음괘五陽一陰卦, 3. 사음이양괘四陰二陽卦, 4. 사양이음괘四陽二陰卦, 5. 삼음삼양괘三陰三陽卦, 6. 삼양삼음괘三陽三陰卦 등이다. 앞에서 분석한 「古卦變圖」와 비교해 봤을 때, 가장 큰 차이점은 여섯 가지의 분류가 서로 중복되지 않는다는 것이다. 이는 「고괘변도」의 문제점을 해결하고 있다는 데서 그 가치를 평가할 수 있다. 하지만 이정지의 「李挺之六十四卦相生圖」는 사음이양괘四陰二陽卦와 사양이음괘四陽二陰卦의 제삼변第三變 이후 벽괘의 두 효가 모두 변한다는 문제점이 있다. 이것은 「고괘변도」의 한 효가 변동하는 원칙에 어긋나게 된다. 즉 이는 괘변설의 원칙에 위배되는 모순점이 있는 것이다.

「이정지육십사괘상생도」를 정약용의 추이표와 비교해 봤을 때, 64괘의 변화를 여섯 가지로 분류하고 있는 점에서 동일하다. 그러나 다산은 「이정지육십사괘상생도」가 가지고 있는 '두 효가 모두 변하는' 문제를 해결하고 있다. 이 점에서 다산의 추이표는 「이정지육십사괘상생도」의 발전적 계승이라고 표현해도 좋을 듯하다.

4. 결론

이상에서 다산이 지은 『역학서언』의 「이정조집해론」에 근거하여 다산 추이론의 연원으로 추정할 수 있는 우번의 괘변론을 중심으로 살펴보았다. 우번의 괘변론과 다산의 추이론을 비교하기 위해 황종희의 『역학상수론』에 나와 있는 우번의 괘변설을 다시 인용해 보면 다음과 같다.

一陰一陽之卦各六, 皆自復・姤而變
二陰二陽之卦各九, 皆自臨・遯而變
三陰三陽之卦各十, 皆自否・泰而變
四陰四陽之卦各九, 皆自大壯・觀而變
中孚・小過爲變例之卦
乾・坤爲生卦之原

그리고 이 우번의 괘변설과의 비교를 위해 다산의 추이론을 정리해보면 다음과 같다.

一陽之卦四, 皆自復・剝而變
一陰之卦四, 皆自姤・夬而變
二陽之卦十二, 皆自臨・觀・小過而變
二陰之卦十二, 皆自遯・大壯・中孚而變
三陽之卦九, 皆自泰而變
三陰之卦九, 皆自否而變
乾・坤爲生卦之原

위의 두 괘변표를 비교해보면, 두 괘변표가 기본적으로 괘변론의 핵심 이론인 벽괘에서 연괘로 추이하는 과정을 공통으로 보여주고 있다. 우번은 10벽괘에서 나머지 54연괘가 추이하는 것으로 보고 있으며, 다산은 14벽괘에서 나머지 50연괘가 추이하는 것으로 보고 있다. 우번은 벽괘를 復·姤·臨·遯·否·泰·大壯·觀·乾·坤으로 보고, 다산은 벽괘를 復·剝·姤·夬·臨·觀·小過·遯·大壯·中孚·泰·否·乾·坤으로 본다는 차이점이 있지만, 이는 벽괘 → 연괘라는 괘변론의 핵심적인 구조의 측면에서 서로 다른 것으로 보기는 어렵다.

그리고 두 괘변표에 속하는 괘를 비교해보면 우번과 다산의 괘변표가 서로 일치하고 있음을 확인할 수 있다. 즉 우번의 '一陰一陽之卦各六, 皆自復·姤而變'에 속하는 괘와 다산의 '一陽之卦四, 皆自復·剝而變와 一陰之卦四, 皆自姤·夬而變'에 속하는 괘는 서로 일치하고, 우번의 '二陰二陽之卦各九, 皆自臨·遯而變와 四陰四陽之卦各九, 皆自大壯·觀而變'에 속하는 괘와 다산의 '二陽之卦十二, 皆自臨·觀·小過而變와 二陰之卦十二, 皆自遯·大壯·中孚而變'에 속하는 괘는 서로 일치하고 있으며, 우번의 '三陰三陽之卦各十, 皆自否·泰而變'에 속하는 괘와 다산의 '三陽之卦九, 皆自泰而變와 三陰之卦九, 皆自否而變'에 속하는 괘는 서로 일치한다.

다산은 그의 「이정조집해론」에서 이정조의 『주역집해』에 나와 있는 괘변설의 예를 일일이 인용하고 있다. 앞의 본론에서 살펴본 『주역집해』에 나와 있는 34가지의 예는 다산의 추이론이 『주역집해』에 나와 있는 괘변론에 연원하고 있음을 증명하고 있으며, 이러한 증명을 통해 우리는 다산의 추이론의 연원이 이정조의 『주역집해』에 나와 있는 괘변설 즉 우번의 괘변설로 비정할 수 있는 가능성을 살펴볼 수 있다.

물론 다산의 추이론과 우번의 괘변설을 비교해 봤을 때, 앞에서 언급한 벽괘에 대한 인식에 차이가 있는 점 외에도 대략 두 가지 차이점이 존재하는 것도 사실이다. 우번의 경우에 '연괘에서 연괘로의 괘변' 이 가능한 것과 '하나의 벽괘에서 하나의 연괘' 로만 추이가 가능한 것은 분명 다산의 추이론과 다른 점이지만, 이러한 차이점은 괘변설의 역사적 변천에서 나타나는 다양성으로 이해할 수 있으며, 괘변설의 핵심 구조인 '벽괘에서 연괘로의 추이' 는 변함이 없다는 점에서 그 연관성을 고찰하는데 있어서 걸림돌이 되지는 않는다.

따라서 다산이 『역학서언』의 「이정조집해론」에서 우번의 괘변설을 일일이 사례를 들어 제시한 것은 분명 자신의 추이론이 어디에서 유래하고 있는지에 대한 충분한 설명으로 이해해도 큰 무리는 없을 것 같다.

제4장

괘변설의 변천 과정에서 본 다산의 추이론

1. 서론

다산 정약용의 역학이론은 역리사법易理四法으로 대표된다. 역리사법 중에서 다산 역학을 관통하는 하나의 이론을 들자면, 추이론推移論[1]이라 할 수 있다. 이 점은 다산의 대표적인 역학 저작인 『주역사전』의 「사전소인四箋小引」에서도 확인할 수 있다. "첫째가 추이推移이고, 둘째가 물상物象이며, 셋째가 호체互體이고, 넷째가 효변爻變이다."[2] 물론 다산의 효변설이 다산 역학의 가장 특색있는 이론이지만, 효변설은 다만 『주역』 64괘

1) 본 글에서 필자는 다산의 추이론을 괘기설과 괘변설 2가지 요소로 나누어 서술하고자 한다. 따라서 필자는 서술 과정에서 때로 추이론을 사용하기도 하고 때로는 괘변설을 사용하기도 한다. 즉 추이론은 괘기설과 괘변설을 모두 포괄하는 개념의 용어로 사용하고, 괘변설은 추이론보다 함의가 축소된 개념의 용어로 사용한다. 정리하면, 추이론=괘기설+괘변설이 된다.

2) 『周易四箋 I』, 『定本 與猶堂全書 15』, 다산학술문화재단, 2012. 31~32쪽. "一曰推移, 二曰物象, 三曰互體, 四曰爻變."

괘사 및 384효 효사 해석 중 64괘 괘사 해석에는 적용되지 않고 384효 효사 해석에만 적용되는 이론이기 때문에 『주역』 64괘 384효를 관통하는 이론이라 할 수 없다. 반면에 추이설은 384효 효사 해석뿐만 아니라 64괘 괘사 해석에도 적용되는 이론이라는 측면에서 다산 역학을 관통하는 이론이라 할 수 있다. 이런 점에서 다산이 자신의 대표적인 역학 저작인 『주역사전』의 첫머리에 「사전소인」을 제시하고 「사전소인」 중에서 추이를 첫 번째로 제시한 것이 아닌가 추측해볼 수 있다.[3]

다산의 추이설에 대한 선행 연구 중 다음의 두 편이 주목할 만하다. 방인은 2011년 「정약용의 「주자본의발미」 연구」를 발표하였는데, 여기에서 주희의 괘변설에 대한 다산의 이해가 어떠한지를 규명하였으며 그 결과 주희와 다산의 괘변설의 인식에 있어서 근본적인 차이가 존재함을 주장했다.[4] 신원봉은 2002년 「다산의 역학관 정립에 미친 청대 사상의 영향 - 모기령을 중심으로」를 발표하였는데, 여기에서 다산의 추이론이 모기령의 영향을 받았음을 주장했다.[5] 하지만 다산은 자신의 저작인 『주역사전』과 『역학서언』 어디에서도 자신의 추이설과 모기령의 이역설移易說 간의 연관성을 언급한 적이 없고, 오히려 다산은 모기령의 자모역괘설子母易卦說을 강하게 비판하고 있다.[6] 이를 통해 보면, 다산의 추이설과 모기

3) 『易學緖言』 「漢魏遺義論」에서 "『易』이 『易』이 되는 까닭은 첫째가 괘변, 둘째가 효변, 셋째가 교역, 넷째가 변역이다. 호체, 복체, 반대, 반합 등도 오직 변화를 따를 뿐이다."라는 다산의 언명도 같은 맥락에서 이해할 수 있다. 『易學緖言』, 『定本 與猶堂全書 17』, 다산학술문화재단, 2012, 79쪽. "論曰易之所以爲易者, 一曰卦變, 二曰爻變, 三曰交易, 四曰變易, 而互體伏體反對牉合之等, 唯變所適."

4) 방인, 「정약용의 「주자본의발미」 연구」, 다산학 19호, 2011.

5) 신원봉, 「다산의 역학관 정립에 미친 청대 사상의 영향 - 모기령을 중심으로」, 다산학 3호, 2002.

6) 「題毛大可子母易卦圖說」, 『文集 II』, 『定本 與猶堂全書 3』, 다산학술문화재단, 2012. 166~167쪽.

령의 이역설의 상관성을 논하기는 어려울 것 같다.[7] 따라서 본 글에서는 주희, 모기령의 괘변설과 다산 추이설의 상관성에 대해서는 논의하지 않기로 한다.

그렇다면, 다산의 추이설과 관련하여 순상(荀爽, 128~190)과 오징(吳澄, 1249~1333)의 괘변설을 주목할 필요가 있다.[8] 왜냐하면 다산은 그의 『역학서언』에서 「이정조집해론李鼎祚集解論」과 「오초려찬언론吳草廬纂言論」을 지어 순상과 오징의 역학에 대해 매우 긍정적인 관점을 나타내고 있기 때문이다. 다산은 이정조의 『주역집해』에 대해 "괘변卦變과 효변爻變의 법칙, 호체互體와 복체伏體의 예, 교역交易 · 변역變易 · 반대反對 · 반합牉合의 묘가 하나라도 갖추어 있지 않음이 없다."[9]라고 평가하고 있으

7) 다산의 推移說과 모기령의 推易說의 차이점을 정리해 보면 대략 다음과 같다. 1) 다산의 「推移表」와 모기령의 「文王演易繫辭圖」는 다산과 모기령의 64괘 분류에 대한 기본적인 차이점을 잘 보여준다. 다산의 「推移表」는 一陽之卦推移表, 一陰之卦推移表, 二陽之卦推移表, 二陰之卦推移表, 三陽之卦推移表, 三陰之卦推移表 등 6가지 분류로 구성되어 있으며, 모기령의 「文王演易繫辭圖」는 一陽五陰之卦, 二陽四陰之卦, 三陽三陰之卦, 四陽二陰之卦, 五陽一陰之卦 등 5가지 분류로 구성되어 있다. 2) 모기령의 子母易卦說은 다산이 강하게 비판하고 있는 내용인데, 왜냐하면 모기령의 子母易卦가 벽괘와 연괘의 성질을 모두 가지고 있기 때문이다. 다산은 벽괘와 연괘를 엄격하게 구분해야 한다고 주장한다. 참고로 모기령의 子母易卦는 다음과 같다. 頤, 萃, 升(此二陰之卦), 咸, 恒, 損, 益(此三陽之卦), 大過, 大畜, 无妄(此二陽之卦). 3) 다산의 再閏卦와 모기령의 半聚卦는 비슷한 측면이 있지만, 각각의 형성 과정을 고찰해 볼 때 각각 다른 이론적 배경을 가지고 있다. 즉 다산의 再閏卦는 그의 卦氣說에 연유하고 있다고 볼 수 있고, 모기령의 半聚卦는 그의 分聚說에 연유하고 있다고 볼 수 있다. 4) 다산은 二母說을 주장하지만 모기령은 四易卦說을 주장한다. 즉 다산의 二母說은 벽괘에서 연괘로의 추이를 一母卦와 二母卦로 나누어 보는 것이고, 모기령의 四易卦說은 취괘에서 분괘로의 추이를 一易卦, 二易卦 三易卦, 四易卦로 나누어 보는 것이다. 5) 다산의 衍卦數는 50이고 모기령의 分卦數는 40이다. 毛奇齡 撰, 『仲氏易』, 『(景印)文淵閣四庫全書(第41册)』, 驪江出版社 影印本, 1988; 毛奇齡 撰, 鄭萬耕 點校, 『毛奇齡易著四種』, 北京: 中華書局, 2010 참조.

8) 虞翻과 李挺之의 괘변설에 관해서는 「茶山 丁若鏞 推移論의 淵源에 대한 文獻學的 考察」(임재규, 2014년 추계한국종교학대회 발표 논문)을 참조.

며, 특히 순상과 우번의 학설에 대해서 호의적이다. “그중에 순상과 우번의 설이 대체로 경문의 뜻에 부합했다. 따라서 역학의 삼십여 가 중 집대성자는 구가九家이고, 구가 중 집대성자는 이가二家이다. 만약 이정조가 이가二家의 설을 널리 취해서 문호를 세우고, 나머지 제가의 옛 설을 보존하여 그 본원을 알게 했다면, 구가九家의 학설은 진실로 후세에 없어지지 않았을 것이다.”[10] 그리고 오징의 『역찬언易纂言』에 대해서도 “비록 그 본령은 소옹邵雍의 역학을 벗어나지 않지만, 간혹 명론名論이 옛 법에 합치하는 바가 있음”[11]을 인정하고 있다.

따라서 본 글은 다산의 역리사법 중 다산 역학을 관통하는 이론인 추이설에 대해 순상과 오징의 괘변설에 기반하여 새로운 관점을 제기하고자 한다. 우선 논의의 전개를 위해 괘변에 대해 중국 역학사에서 나타나는 다양한 관점을 정리할 필요가 있다.

2. 괘변卦變에 대한 몇 가지 관점

괘변의 의미는 기본적으로 괘의 변화를 말한다. 따라서 넓은 의미의 괘변은 괘의 변화를 의미하는 다양한 관점을 모두 포괄한다. 여기에는 중국 역학사에서 나타나는 다양한 괘변설이 포함되어 있는데, 이에 대해서 송

---

9) 『易學緖言』, 『定本 與猶堂全書 17』, 다산학술문화재단, 2012, 53쪽. “然卦變爻變之法, 互體伏體之例, 交易變易反對牉合之妙, 無一不露其豹斑.”

10) 『易學緖言』, 『定本 與猶堂全書 17』, 다산학술문화재단, 2012, 53쪽. “其中荀爽, 虞翻二家之說, 多合經旨. 蓋易學三十餘家, 其集大成者九家也, 九家之中, 其集大成者二家也. 若使李氏廣取二家之說, 以建門戶, 略存諸家之舊, 以知源本, 則九家之學, 眞得不亡於後世.”

11) 『易學緖言』, 『定本 與猶堂全書 17』, 다산학술문화재단, 2012, 190쪽. “吳澄, 字幼淸, 號草廬, 卽所云臨川吳氏也. 著『易纂言』, 雖其本領不出邵氏之範圍, 而間有名論合於古法.”

대 학자인 주진(朱震, 1072~1138)[12]은 그의 대표적인 역학 저작인 『한상역전漢上易傳』[13] 「叢說」에서 대략 여섯 가지로 설명하고 있다. 1) 경방의 팔궁괘설八宮卦說, 2) 우번의 방통설旁通說, 3) 『설괘전說卦傳』의 乾坤生六子說, 4) 좌씨의 지모괘설之某卦說, 5) 동효설動爻說, 6) 『단전彖傳』의 자모괘래自某卦來설 등이다.

1) 경방의 팔궁괘설八宮卦說은 광의의 괘변설에 포함되는 것으로 중국 역학사에서 가장 오래된 형태의 괘변설로 볼 수 있다. 경방의 팔궁괘를 이루는 괘는 乾, 震, 坎, 艮, 坤, 巽, 離, 兌이다. 『설괘전』 팔괘의 순서와는 약간 차이가 있지만, 나름의 논리가 있다. 즉 가족의 구성으로 봤을 때 남존여비의 사상적 흔적이 보이고 장유유서의 순서를 가지고 있다. 팔궁괘에 속하는 괘는 각 궁 純卦의 初爻가 변하면(제1변) 一世卦가 되고 二爻까지 변하면(제2변) 二世卦가 되고 三爻까지 변하면(제3변) 三世卦가 되고 四爻까지 변하면(제4변) 四世卦가 되고 五爻까지 변하면(제5변) 五世卦가 된다. 제6변은 괘의 끝남에 해당하므로 유혼괘遊魂卦라 하고 五世卦의 四爻가 효변하여 생성되는 괘이다. 제7변은 제6변에서 下卦가 다시 원래대로 회복하는 경우이고 이러한 이유로 귀혼괘歸魂卦라 한다. 왜냐하면 『주

12) 字는 子發, 湖北 荊門 사람으로 漢上先生으로 존숭되었다. (張善文, 『周易辭典』, 上海古籍出版社, 1992, 270쪽)

13) 다산이 지은 「정헌묘지명貞軒墓誌銘」을 보면 다산과 정헌의 『주역』에 관한 문답이 나온다. 여기에서 다산이 언급한 중국 역학사의 주요 저작 중의 하나가 바로 이 『한상역전漢上易傳』이다. (『文集 II』, 『定本 與猶堂全書 3』, 다산학술문화재단, 2012, 220~221쪽, "一日余問貞軒曰他經略可通,唯周易不可知,何以則知之?公曰我於周易,已判不知而死,勿以相問.余曰星翁疾書何如?公曰我家之書也.嘗所熟覽,而周易不可知也.余曰貞山心解何如?公曰我家之書也,嘗所熟覽,而周易不可知也.來矣鮮易註何如?曰周易不可知也.吳澄易纂言何如?曰不可知也.朱震漢上易何如?曰不可知也.曰李鼎祚集解何如?曰此小勝,猶不可知也.公乃自數數十家易說曰皆不可知也.且曰子莫意也.凡易學必濁者爲之,子是分明人,決不能爲易學.且曰窮鄕遠方,終身讀易,遂以爲號稱盧周易崔周易者,不可勝數.子將爲是乎?遂胡盧大笑.")

역』에서는 下卦가 '주인' 이 되므로 제7변을 통해 下卦가 다시 본체로 돌아오고 외부로 나간 영혼이 다시 내부로 돌아온 것에 해당하기 때문이다. 이처럼 경방의 팔궁괘설은 나름의 논리와 체계를 갖추고 있기 때문에 광의의 괘변설로 볼 수 있다. 하지만 이러한 경방의 팔궁괘설에 대해 다산은 비판적 관점을 취하고 있다. 비판의 핵심은 경전을 해석하는 데 무익하기 때문으로 요약할 수 있다. "이는 괘변과 효변의 뜻에 대해 밝지 못해 경문의 한 자도 해석할 수 없다."[14]라는 다산의 경방팔괘설에 대한 평가에서도 잘 드러난다.[15]

2) 우번의 방통설은 『주역』 64괘 중 乾卦와 坤卦의 관계에서 알 수 있듯이 한 괘의 여섯 효가 전부 음에서 양으로 양에서 음으로 변할 경우 생성되는 괘를 말한다.[16] 이러한 방통의 개념은 乾卦 『文言傳』의 "여섯 효를 발휘함으로써 사물의 뜻을 두루 통한다."[17]에 대한 해석에서 나왔다고 할 수 있다. 우번은 『주역』을 해석할 때, 방통을 널리 활용하고 있는데[18] 예를 들어 比卦를 해석하면서 "(이는) 大有卦와 방통이다."[19]라고 적고 있다. 다산도 우번의 방통설에 대해 긍정적인 입장을 취하고 있다. 다산은 『역학서언』의 「이정조집해론李鼎祚集解論」에서 臨卦의 '8월에 흉함이 있을 것이다.' 에 대한 우번의 주를 인용하면서 우번의 해석이 지극히 옳다

---

14) 『易學緒言』, 『定本 與猶堂全書 17』, 다산학술문화재단, 2012, 251쪽, "斯蓋卦變爻變之義,迷昧不明,卽經文一字解釋不得."

15) 자세한 내용은 『易學緒言』의 「陸德明釋文鈔」를 참조.(『易學緒言』, 『定本 與猶堂全書 17』, 다산학술문화재단, 2012, 250~252쪽)

16) 주진은 우번뿐만 아니라 蔡景君과 伏曼容도 방통설을 주장한 학자로 보고 있다. (朱震, 『漢上易傳』, 『四庫全書薈要』, 吉林人民出版社 影印本, 1997, 3-849 참조)

17) 朱熹 撰, 廖名春 點校, 『周易本義』, 北京: 中華書局, 2009, 40쪽, "六爻發揮,旁通情也."

18) 우번은 대략 20여 곳에서 방통을 활용하고 있다. (劉玉建 著, 『兩漢象數易學研究』, 南宁: 广西教育出版社, 1996, 721~722쪽 참조.)

19) 張文智, 『周易集解導讀』, 齊魯書社, 2005, 139쪽, "與大有旁通."

고 평가하고 있다. "우번이 말하기를 '(이는) 遯卦와 방통이다. 臨卦가 遯卦로 방통하면 6월괘가 된다. (遯卦는) 주나라 역법으로 보면 8월이다. 遯의 때에 임금과 아버지를 시해하는 상이 있으니 흉함이 있게 된다.' 고 했는데 내가 살펴볼 때 이러한 해석은 지극히 옳다. 오늘날 다시 어두워졌을 뿐이다."[20] 하지만 다산은 방통설을 괘변설로 보지 않고, 다산 역학의 三易 중의 하나인 變易으로 이해한다.[21] 이 점이 주진의 괘변에 대한 이해와 다산의 관점이 차이가 있는 부분이다. 참고로 명대의 저명한 역학자인 래지덕의 錯綜論에서 錯卦가 바로 이 방통설을 계승한 이론이라 할 수 있다.[22]

3) 『설괘전說卦傳』의 乾坤生六子說은 乾坤이 부모괘가 되고 乾坤으로부터 나머지 6자괘가 생성된다는 이론이다.[23] 이는 『설괘전』에 매우 분명하게 기록되어 있으며[24] 넓은 의미의 괘변설에 속한다. 주진은 『설괘전』에서 말하는 經卦의 괘변에서 나아가 別卦의 괘변으로 乾坤生六子說의 개념을 확장한다. "乾은 二爻와 五爻로 坤과 교감하여 震坎艮을 이루고, 坤은 二爻와 五爻로 乾과 교감하여 巽離兌를 이룬다. 그러므로 剛柔가 서로 교

---

20) 『易學緖言』, 『定本 與猶堂全書 17』, 다산학술문화재단, 2012, 38쪽, "臨,八月有凶. ○虞云: "與遯旁通, 臨消於遯, 六月卦也. 於周爲八月, 遯弑君父, 故有凶." ○案此解極是, 今復晦矣."

21) 『周易四箋 I』, 『定本 與猶堂全書 15』, 다산학술문화재단, 2012. 331쪽, "六位皆變, 厥德相反, 屯變爲鼎, 蒙變爲革, 此之謂變易也." 보다 자세한 내용은 같은 책 331~336쪽 참조.

22) 다산의 래지덕 역학에 대한 이해는 『易學緖言』의 「來氏易註駁」을 참고할 것. (『易學緖言』, 『定本 與猶堂全書 17』, 다산학술문화재단, 2012, 201~215쪽)

23) 陳恩林에 의하면 정이와 소식이 乾坤生六子의 괘변설을 주장하는 대표적인 학자이다. (陳恩林, 「略論周易的卦變」, 周易硏究, 1988年第2期(總第二期) 참조.)

24) 朱震, 『漢上易傳』, 『四庫全書薈要』, 吉林人民出版社 影印本, 1997, 3-849~850, "說卦曰: "乾, 天也, 故稱乎父; 坤, 地也, 故稱乎母; 震一索而得男, 故謂之長男; 巽一索而得女, 故謂之長女; 坎再索而得男, 故謂之中男; 離再索而得女, 故謂之中女; 艮三索而得男, 故謂之少男; 兌三索而得女, 故謂之少女."

감하면 乾坤이 坎離가 되니 이른바 괘변이라 한다. 팔괘가 서로 섞이면 坎離卦 가운데 震巽艮兌의 상이 있게 되니 이른바 호체라 한다."[25] 여기에서 주진은 괘변의 개념에 호체까지 포함하여 설명하고 있는데 호체도 넓은 의미의 괘변으로 볼 수 있다는 것이 주진의 견해로 이해할 수 있다. 다산은 乾坤生六子說에 대해 괘변설로 보지 않는데, 왜냐하면 다산의 괘변설은 기본적으로 14벽괘만이 다른 괘를 생성할 수 있다고 보기 때문이다.[26]

4) 좌씨의 지모괘설之某卦說은 『춘추좌씨전』에서 볼 수 있는 占筮例의 之卦를 말하는 것이다. 『춘추좌씨전』의 옛 점서례를 보면 대체로 '某卦之某卦' 의 형태로 제시되어 있다. 이는 『주역』의 서법과 관련이 있는 것으로, 『주역』에서 괘를 얻을 때 보통 변효를 얻게 되는데 변효가 있게 되면 본괘와 더불어 지괘가 발생하게 된다. 이러한 형태를 일러 '모괘지모괘'라 한다. 주진은 『한상역전漢上易傳』 「叢說」에서 이러한 지괘의 사례를 하나하나 기록하고 있다.[27] 주진은 이러한 지괘를 괘변설의 범주에 포함시키고 있다. 다산도 좌씨의 지모괘설之某卦說에 대해 『주역사전』의 「춘추관점보주」에서 체계적으로 정리하고 있다.[28] 하지만 다산은 좌씨의 지모괘

---

25) 朱震, 『漢上易傳』, 『四庫全書薈要』, 吉林人民出版社 影印本, 1997, 3-855, "乾以二五摩坤成震坎艮, 坤以二五摩乾成巽離兌, 故剛柔相摩, 則乾坤成坎離, 所謂卦變也. 八卦相盪, 則坎離卦中互有震巽艮巽兌之象, 所謂互體也."(밑줄친 巽은 문맥상 잘못 들어간 것으로 보인다.)

26) 『周易四箋 I』, 『定本 與猶堂全書 15』, 다산학술문화재단, 2012, 34~40쪽 참조.

27) 朱震, 『漢上易傳』, 『四庫全書薈要』, 吉林人民出版社 影印本, 1997, 3-849, "周易論變, 故古人言易雖不筮, 必以變言其義. 史墨論乾之初九曰在乾之姤, 九二曰其同人, 九五曰其大有, 上九曰其夬, 用九曰其坤, 坤之上六曰其剝, 以史墨之言推之, 則乾九三當曰其履, 九四曰其小畜. 伯廖擧豐上六曰其在周易豐之離, 知莊子擧師初六曰在師之臨, 至今占亦然. 崔武子遇困之大過, 六三變也; 莊叔遇明夷之謙, 初九變也; 孔成子遇屯之比, 初九變也; 南蒯遇坤之比, 六五變也;陽虎遇泰之需, 六五變也; 敬叔得觀之否; 賈逵曰觀爻在六四變而之否; 三國時關 羽敗, 孫權使虞翻筮之, 得兌下坎上, 節五爻變之臨. 凡所謂之某卦者, 皆變而之他卦也."

28) 『周易四箋 II』, 『定本 與猶堂全書 16』, 다산학술문화재단, 2012. 216~244쪽 참조.

설을 괘변설로 보지 않고 자신의 역리사법 중의 하나인 효변론으로 보고 있다.

5) 동효설動爻說은 우번의 지정설之正說에서 볼 수 있듯이 효가 변동하여 새로운 괘가 생성되는 경우를 포괄적으로 말한다. 이는 『잡괘전』의 "旣濟는 안정됨이다."라는 말에서 그 근거를 찾을 수 있는데, 기제괘의 경우 여섯 효가 모두 당위當位가 되어 안정되어 있으므로 괘의 변화에 있어서 하나의 표준이 된다.[29] 따라서 음양이 제자리를 잃게 되면 변동하여 제자리를 찾게 되는데, 예를 들어 否卦의 六二 · 九四 · 上九는 음이 양의 자리에 혹은 양이 음의 자리에 있어 失位가 되므로 변동하여 坎離의 상을 만든다.[30] 즉 우번은 음양효陰陽爻가 당위當位가 되어야 한다는 관점에서 失位의 모든 효를 변동시켜 當位로 만드는 이른바 '成旣濟定'의 지정설之正說을 제기하고 있고,[31] 주진은 이를 넓은 의미의 괘변설에 포함시키고 있다.

6) 『단전彖傳』의 자모괘래自某卦來설은 陽爻를 나타내는 剛과 陰爻를 나타내는 柔가 혹은 오기도 하고 혹은 나누어지기도 하고, 혹은 위아래로 이동하는 것을 설명하는 이론[32]으로 협의의 괘변설을 말한다.[33] 이는 虞翻, 蔡景君, 伏曼容, 蜀才, 李之才 등이 주장한 이론이다.[34] 주진은 이러한 『단전』의 자모괘래自某卦來설이 『주역』 경문에 합치하고 그 뜻이 통하는

---

29) 朱震, 『漢上易傳』, 『四庫全書薈要』, 吉林人民出版社 影印本, 1997, 3-850, "離卦曰旣濟定也, 旣濟六爻陰陽得位, 是以定也."

30) 朱震, 『漢上易傳』, 『四庫全書薈要』, 吉林人民出版社 影印本, 1997, 3-850, "陰陽失位則變得位, 則否九二九四上九陽居陰位, 故動而有坎離之象." (문맥상 六二가 되어야 된다.)

31) 李利, 「虞翻"卦變"說 · "成旣濟定"說管窺」, 中華文化論壇, 2011年第4期, 113쪽.

32) 朱震, 『漢上易傳』, 『四庫全書薈要』, 吉林人民出版社 影印本, 1997, 3-850, "剛者, 陽爻也, 柔者, 陰爻也. 剛柔之爻或謂之來, 或謂之分, 或謂之上下, 所謂惟變所適也."

33) 陳恩林에 의하면 우번, 이정지, 주진, 주희가 이러한 괘변설을 대표하는 학자이다.(陳恩林, 「略論周易的卦變」, 周易硏究, 1988年第2期(總第二期) 참조.)

34) 朱震, 『漢上易傳』, 『四庫全書薈要』, 吉林人民出版社 影印本, 1997, 3-850, "此虞氏蔡景君伏曼容蜀才李之才所謂自某卦來之說也."

것으로 보고 있으며 따라서 왕필이 괘변설을 배척한 것은 잘못이라고 평가하고 있다.[35] 다산도 주진과 마찬가지로 왕필이 괘변설을 배척하면서도 賁卦의 주에서는 갑자기 괘변설을 활용하여 해석하고 있는 모순을 비판하고 있다.[36] 다산의 괘변설은 주진이 정리한 6가지 괘변설 중 6) 『단전』의 자모괘래自某卦來설과 대체로 합치하는 이론이며, 이 괘변설에 기반하여 다산 자신만의 추이설을 발전시켰다고 할 수 있다.

이상 주진의 괘변에 대한 다양한 관점은 넓은 의미의 괘변설에 포함될 수 있으며, 다산의 역리사법과 비교해 봤을 때 주진의 괘변에 대한 6가지 관점과 다산의 역리사법은 서로 통하는 면이 없지 않다. 4) 좌씨의 지모괘설之某卦說은 다산의 효변설과 서로 일맥상통하며 3) 『설괘전說卦傳』의 乾坤生六子說은 다산의 호체설과 연결될 수 있으며 6) 『단전彖傳』의 자모괘래自某卦來설은 다산의 추이설과 서로 연관된다. 주진 괘변론의 관점에서 본다면 다산의 효변론도 광의의 괘변론에 포함될 수 있고, 다산의 호체론도 광의의 괘변론에 포함될 수 있다. 왜냐하면 효변으로 인해 생성되는 괘는 기존의 괘에서 변한 새로운 괘로 볼 수 있으며, 호체로 인해 생성되는 괘도 기존의 괘에서 변한 새로운 괘로 볼 수 있기 때문이다. 이렇게 본다면 주진의 괘변설과 다산의 역리사법이 서로 상통하는 면을 찾을 수 있다.[37]

---

35) 朱震, 『漢上易傳』, 『四庫全書薈要』, 吉林人民出版社 影印本, 1997, 3-850, "夫質之於經而合, 考之義而通, 則王弼折之亦可謂誤矣."

36) 『易學緒言』, 『定本 與猶堂全書 17』, 다산학술문화재단, 2012, 104쪽, "王弼雖不用卦變, 至賁卦之註, 忽用推移之法曰坤之上六來居二位, 乾之九二分居上位. 孔疏謂本泰卦, 則眞實無妄之義, 非私意之所能滅也."

37) 다산 역학과 주진 역학의 비교 연구는 다산 역학 연구에 있어서 또 하나의 과제라 할 수 있다.

3. 다산 추이론의 2가지 요소[38]

다산 역리사법의 第1義인 추이론은 사실상 중국 역학의 괘기설卦氣說과 괘변설卦變說 2가지 요소로 구성되어 있다. 괘기설은 한대漢代 맹희(孟喜, 기원전 약 90년~기원전 약 40년)와 경방(京房, 기원전 77년~기원전 37년) 등 『주역』 64괘를 12월에 배당하여 서점筮占에 이용하고자 한 것으로[39] 『주역』에 대한 역법적曆法的 해석이라 할 수 있다.[40] 괘변설은 『단전彖傳』 중 '강유왕래剛柔往來' 에 대한 해석에서 볼 수 있는 것으로 『주역』 해석 이론 중의 하나이며[41], 한대漢代 순상荀爽과 우번 등의 역설易說에서 그 원류를 찾아볼 수 있으며, 송대宋代 이지재(李之才, 980년~1045년)와 주희 등의 학자도 괘변설에 대해 자신의 이론을 제시하고 있다. 그러면, 다산의 추이론의 괘기설과 괘변설의 2가지 구성요소를 살펴보기 위해 우선 다산의 추이론의 정의를 살펴볼 필요가 있다.

> 추이란 무엇인가? 동지에 하나의 양이 처음으로 생겨나 그 괘는 復卦(즉 天根을 말한다)가 되고 臨卦가 되고 泰卦가 되고(大壯卦가 되고 夬卦가 된다), 乾卦에 이르러 여섯 양이 완성된다. 하지에 하나의 음이 생겨나 그 괘는 姤卦(즉 月窟을 말한다)가 되고 遯卦가 되고 否卦가 되고(또 觀卦가 되고 剝卦가 된다), 坤卦가 이르러 여섯 음이 완성된다. 이를 일러 사계절의 괘라 한다(하나의 괘

38) 본 장은 다산의 추이론이 괘기설과 괘변설의 2가지 요소로 구성되어 있다는 가설을 가지고 서술되었다. 이러한 분석에 이견이 있을 수 있지만, 다산의 추이론에 대한 새로운 관점이라는 측면에서 그 의의가 있겠다.

39) 張善文, 『周易辭典』, 上海古籍出版社, 1992, 399쪽 참조.

40) 다산은 괘기설 중 12벽괘설은 받아들이지만 분괘직일법은 취하지 않는다. 방인, 「경방의 벽괘설에 대한 정약용의 비판」, 서울대학교 철학사상연구소, 「철학사상」 54권, 2014, 참조.

41) 黃宗羲 撰, 『易學象數論(外二種)』, 中華書局, 2010, 66쪽.

가 한 달에 배당된다). 小過卦는 큰 坎이고(겸획하면 坎이다), 中孚卦는 큰 離이다(겸획하면 離이다). 坎은 달을 상징하고 離는 해를 상징하니(설괘전에 나온다), 그 나머지를 모아 윤달로 삼는다(月과 日의 운행 차이로 생기는 나머지를 모으면 윤달이 된다). 이를 일러 再閏의 괘라 한다. 사계절의 괘를 경방은 12벽괘라 하였는데 지금 乾坤 2괘를 제외하고 따로 재윤의 괘를 취하여 12벽괘로 삼아 이 12벽괘의 양효와 음효를 나누고 펼치면 50연괘가 되니(즉 群分의 괘를 말한다). 이를 일러 大衍의 수 50이라 한다. 이것이 추이이다.[42]

위의 인용은 다산의 『주역사전』의 「괄례표」에 나오는 것으로, 다산이 추이에 관해 직접 설명한 내용이다. 따라서 이 설명은 다산 추이론의 핵심을 가장 잘 보여주는 것이라 할 수 있다. 이 설명의 대부분은 12벽괘가 사계절의 괘를 나타내며, 小過卦와 中孚卦는 재윤의 괘를 나타낸다는 데에 할애하고 있다. 그리고 끝부분에 12벽괘에서 50연괘로의 추이를 덧붙이고 있다. 여기에서 12벽괘와 小過卦·中孚卦는 1년 12달에 해당하는 것으로 괘기설의 주요 내용이며, 12벽괘에서 50연괘로의 추이는 전통적인 괘변설에 해당한다. 이러한 점을 통해 볼 때 다산의 추이론은 분명히 괘기설과 괘변설의 2가지 요소가 결합되어 있다. 그런데 다산의 벽괘설에서 기존의 중국 역학사의 괘기설과 다른 측면이 존재한다. 이는 다름 아닌 小過卦·中孚卦에 대한 새로운 해석이다. 기존의 괘기설에는 12소식괘

42) 『周易四箋 I』, 『定本 與猶堂全書 15』, 다산학술문화재단, 2012. 34쪽. "推移者何也? 冬至一陽始生, 其卦爲復(卽天根), 爲臨,爲泰(爲大壯, 爲夬), 以至於乾, 則六陽乃成, 夏至一陰始生, 其卦爲姤(卽月窟), 爲遯, 爲否(又爲觀, 爲剝), 以至於坤, 則六陰乃成, 此所謂四時之卦也(一卦配一月). 小過者大坎也(兼畫坎), 中孚者大离也(兼畫离), 坎月离日(說卦文), 積奇爲閏(月與日取積分, 以爲閏), 此所謂再閏之卦也. 四時之卦, 京房謂之十二辟卦. 今擬除乾坤二卦, 別取再閏, 以充十二辟卦. 十二辟卦, 分其剛柔, 衍之爲五十衍卦(卽羣分之卦), 此所謂大衍之數五十. 此之謂推移也."

가 정설이었으며 小過卦와 中孚卦는 벽괘로 취급되지 않았다. 따라서 다산의 괘기설에 있어서 小過卦·中孚卦를 벽괘로 분류한 것은 역학사에 있어서 매우 독창적인 해석이라 하지 않을 수 없다. 다산이 이처럼 小過卦·中孚卦에 대해 독창적인 해석을 할 수 있었던 배경에는 다산의 철저한 경전 연구와 曆法에 대한 철저한 이해가 뒷받침되었다고 볼 수 있다. 다산은 『계사전』의 '閏'에 대해 기존의 해석과 다른 새로운 해석을 제시했다. 『계사전』의 "손가락 사이에 (시책을 4개씩 헤아리고 남은) 나머지를 끼워 윤달을 상징한다."[43]에 대해 다산은 "윤달은 中孚卦와 小過卦를 말한다. 12벽괘가 12월에 분배되면 윤달이 없을 수 없다. 中孚는 大离이고 离는 해를 상징하고 小過는 大坎이고 坎은 달을 상징한다. 해와 달의 운행에는 차이가 있고 이로 인해 윤달이 필요하니 이 두 괘가 윤달에 배정된다."[44]라고 주석을 달고 있다. 다산의 이러한 해석은 기존의 중국 역학사에서 찾아볼 수 없는 매우 독창적인 해석이라 할 수 있다. 이러한 해석을 통해 다산은 기존의 12벽괘에 재윤괘인 小過卦와 中孚卦를 추가함으로써 자신만의 독특한 14벽괘설을 완성했고 이는 중국의 저명한 상수역학자인 린쭝쥔 선생도 지적했듯이 중국 고대의 역법에 더욱 부합하게 되었다.[45] 그리고 기존의 12벽괘설에 재윤괘인 小過卦와 中孚卦가 벽괘에 편입됨으로써 다산의 추이설은 더욱 완정된 형태의 추이설이 될 수 있었다.[46]

---

43) 『周易四箋 Ⅱ』, 『定本 與猶堂全書 16』, 다산학술문화재단, 2012. 302쪽, "歸奇於扐, 以象閏."

44) 『周易四箋 Ⅱ』, 『定本 與猶堂全書 16』, 다산학술문화재단, 2012. 302~303쪽, "閏者, 中孚小過二卦之謂也. 十二辟卦分配於十二月, 則不可無閏月. 中孚者大离也(兼畫之离卦), 離者日也(說卦云). 小過者大坎也(兼畫之坎卦), 坎者月也(說卦云). 日月之有畸贏而閏月以成, 此二卦所以配之於閏月也."

45) 린쭝쥔, 「정약용의 추이설推移說과 한송漢宋역학易學: 주희, 모기령의 추이설이 정약용에 미친 영향」, 다산학술문화재단, 「다산학」 25권, 2014, 47쪽 참조.

46) 다산의 추이설 중 二陽之卦와 二陰之卦의 추이에 있어서 소과괘가 중부괘가 벽괘에

한편 다산은 「괄례표括例表」에서 推移에 대한 정의에 이어 추이표를 만들었는데, 추이표의 구성도 괘기설과 괘변설의 2가지로 나누어 볼 수 있다. 즉 1) 六卦爲四時之本表, 2) 坎离爲兩閏之本表, 3) 十二辟卦進退消長表는 괘기설에 해당하는 내용이며, 4) 一陽之卦推移表, 5) 一陰之卦推移表, 6) 二陽之卦推移表, 7) 二陰之卦推移表, 8) 三陽之卦推移表, 9) 三陰之卦推移表는 괘변설에 해당하는 내용이다. 괘기설에 해당하는 내용 1) 六卦爲四時之本表는 12벽괘의 근원을 소성괘인 8괘 중 坎離를 제외한 6괘로 설명하는 표이며, 2) 坎离爲兩閏之本表는 다산의 독특한 이론인 14벽괘 중 小過卦와 中孚卦의 형성에 관한 이론이라 할 수 있다.[47] 그런데 다산의 추이표 중에서 이전의 연구에서 소홀히 다루었던 부분이 있는데 세 번째 십이벽괘진퇴소장표十二辟卦進退消長表이다. 이는 괘기설의 12벽괘를 설명하는 표이지만 단지 12벽괘가 앞에서 설명한 1년 12달을 나타내고자 하는 것이 아니라 '벽괘와 벽괘 사이의 추이'를 보여주고 있다는 점에서 중요하다. 왜냐하면 기존의 괘변설에서는 벽괘에서 연괘로의 추이가 중요한 문제이었고 '벽괘에서 벽괘로의 추이'는 거의 다루지 못했던 부분이기 때문이다.[48] 다산 역학에서 '벽괘에서 벽괘로의 추이'는 매우 중요한데, 그 이유는 다산의 『주역』 64괘 384효 역사 해석에 있어서 벽괘 해석의 경우 '벽괘에서 벽괘로의 추이'가 중요한 기능을 하고 있기 때문이다. 예를 들어 벽괘의 하나인 복괘復卦의 괘사인 '그 도를 반복하여 7일 만에 復에 이른다.'[49]라

편입됨으로써 二母로부터의 추이가 가능하게 되었다.

47) 이러한 표를 통해 다산 추이설의 再閏卦와 모기령의 半聚卦가 서로 다른 이론에서 나왔다는 것을 알 수 있다.

48) 필자의 이러한 관점에 대해 이견이 있을 수 있다. 다만 다산 역학에 대한 새로운 분석과 해석이 다산 역학의 논의를 풍성하게 해 줄 수 있다는 측면에서 그 의미를 찾을 수도 있겠다.

49) 『周易四箋 I』, 『定本 與猶堂全書 15』, 다산학술문화재단, 2012. 281쪽. "反復其道, 七日來復."

는 역사易詞를 해석할 때, 다산은 '벽괘에서 벽괘로의 추이'를 이용한다. "'그 도를 반복한다'는 것은 사계절의 추이이다. 姤의 단계에서 하나의 음이 처음 생겨나 初位에는 양이 없다가 (추이하여) 遯이 되고 否가 되고 (初位가 여전히 음이다), 剝이 되고 坤이 되니(초위가 여전히 음이다), 初位에 양이 없는 때가 오래되었다. 오늘에 이르러 다시 (양이) 돌아오니 7일이 되는 것이다(매 1괘가 1일에 해당한다)."[50] 즉 다산은 벽괘인 복괘復卦의 괘사를 해석할 때 벽괘인 구괘姤卦 둔괘遯卦 비괘否卦 박괘剝卦 곤괘坤卦의 추이를 이용해 해석하고 있다. 하나의 예를 더 들면 벽괘인 곤괘坤卦의 괘사인 '처음에는 혼미할 것이지만 나중에 주인이 될 것이다.'[51]라는 말을 해석할 때, 다산은 역시 '벽괘에서 벽괘로의 추이'를 이용한다." 坤의 앞 단계는 剝이다. 剝은 상괘가 艮(山地剝이다)이고 艮은 좁은 길(『설괘전』에 나온다)이 된다. 좁은 길은 갈래가 여럿이므로(그래서 혼미하게 된다) '처음에는 혼미하여 길을 잃을 것이다'라고 했다(復卦 上六에서도 역시 艮이 혼미한 뜻이 된다). 坤 다음에 復이 온다. 復은 하괘가 震(地雷復이다)이고 震은 큰 길(『설괘전』에 나온다)이 되고 또 사람의 주인(임금은 震에서 나온다)이 된다. 그래서 '나중에 주인이 될 것이다'라고 했다."[52] 즉 다산은 벽괘인 곤괘坤卦의 괘사를 해석할 때 벽괘인 박괘剝卦와 복괘復卦를 이용해 해석하고 있다. 이처럼 다산은 『주역』 괘효사 해석에 있어서 기존의 괘변설에서 주장하는 '벽괘에서 연괘로의 추이' 뿐만 아니라 '벽

---

50) 『周易四箋 I』, 『定本 與猶堂全書 15』, 다산학술문화재단, 2012. 282쪽. "反復其道者, 四時之推遷也. 姤一陰始生, 而初位無陽(巽下絶), 爲遯, 爲否(初仍柔), 爲剝, 爲坤(初仍柔), 初位之不見陽久矣. 今而後反之, 已七日也(每以一卦當一日)."

51) 『周易四箋 I』, 『定本 與猶堂全書 15』, 다산학술문화재단, 2012. 119쪽. "先迷後得主"

52) 『周易四箋 I』, 『定本 與猶堂全書 15』, 다산학술문화재단, 2012. 120쪽. "坤之先剝也. 剝則上艮(山地剝), 艮爲徑路(說卦文), 徑路多岐(所以迷), 是先迷以失道也(復上九亦艮爲迷). 後於坤者復也. 復則下震(地雷復), 震爲大道(說卦文), 又爲人主(帝出震), 是後順以得主也."

괘에서 벽괘로의 추이' 라는 자신만의 독특한 추이론을 제기하고 있다.

이러한 '벽괘에서 벽괘로의 추이' 는 다산의 「추이표직설推移表直說」에서도 분명하게 서술되어 있다. '그 體를 논할 것 같으면 64괘는 각각 형체를 이루었지만, 그 象을 말할 것 같으면 64괘는 다른 괘에서 변화를 받지 않음이 없다(乾卦는 坤卦로부터 변화했고, 坤卦는 乾卦로부터 변화했다). 이를 일러 『역』이라고 한다."[53] 즉 다산은 그의 추이론에서 64괘가 14벽괘와 50연괘로 구성되어 있음을 주장했고 50연괘는 14벽괘로부터 추이되어 나왔음을 주장했다. 그러나 다산은 또한 64괘 각각이 다른 괘로부터 추이됨도 동시에 주장하고 있는 것이다. 즉 '벽괘도 또한 자체로 추이함'을 밝히고 있는 것이다. '乾卦는 坤卦로부터 변화했고, 坤卦는 乾卦로부터 변화했다.' 는 분명히 이를 말하고 있다.

다산이 그의 추이론에서 기존의 괘변설의 주장을 뛰어넘어 '벽괘에서 벽괘로의 추이' 라는 자신만의 독특한 사상을 제시한 것은 그의 투철한 역학관에서 유래한다고 볼 수 있다. 다산 역학관의 핵심은 한 마디로 '變' 에 있다고 할 수 있다. 세상의 모든 존재가 변하듯이 자연을 반영하고 있는 『주역』도 그 변화를 핵심으로 하고 있다고 다산은 인식하고 있다. 따라서 『주역』에서는 卦도 변화하고 爻도 변동하며 陰陽과 剛柔가 서로 끊임없이 변화한다. "卦가 추이하지 않고 爻도 변동하지 않으면 易이 아니고 죽은 법이다."[54] 그래서 『계사전』에서도 "『주역』은 고정된 것이 아니라 오직 변화를 따를 뿐이다."[55]라고 언명하고 있다.

---

53) 『周易四箋 I』, 『定本 與猶堂全書 15』, 다산학술문화재단, 2012. 39~40쪽. "論其體則六十四卦, 各自成形, 語其象則六十四卦無不受變於他卦(乾由坤變,坤由乾變), 此之謂易."

54) 『周易四箋 II』, 『定本 與猶堂全書 16』, 다산학술문화재단, 2012. 294쪽. "卦不推移, 爻不變動者, 非易也, 死法也."

55) 『周易四箋 II』, 『定本 與猶堂全書 16』, 다산학술문화재단, 2012. 294쪽. "易之爲書也不可遠.爲道也屢遷,變動不居,周流六虛,上下無常,剛柔相易,不可爲典要,唯變所適."

4. 괘변설의 내용적 분류[56)]

다산은 『주역사전』 「사전소인」에서 자신의 추이론의 원류로 주자의 괘변도를 지목하고 있다. "첫째가 추이이다. 주자의 「괘변도」가 바로 이 법이다.(『주역본의』의 注文에서 얘기하고 있는 괘변과는 같지 않다.)[57)] 오직 중부괘와 소과괘가 벽괘에 들어가지 않지만, 추이는 주자의 뜻이다."[58)] 그런데 『주역본의』의 「괘변도」에 대한 주자의 설명을 보면, "「단전」에서 때로 괘변으로 설명하고 있어 지금 이 그림을 그려 밝혔다. 대략 易의 한 뜻일 것이며 卦를 긋고 易을 지은 본지는 아닐 것이다."[59)]라고 적고 있다. 물론 주자는 이 설명에서 '蓋' 자를 써서 확정적인 의미로 적은 것은 아니지만 주자의 정직한 학문 태도를 통해 볼 때 이는 주자의 괘변에 대한 결론에 가깝다고 할 수 있다. 따라서 괘변에 대한 주자의 의견은 괘변이 『주

---

56) 본 장은 괘변설의 분류를 '易中之一義'와 '畫卦作易之本指'라는 내용적 기준에 따라 나누어 서술하고 있다. 따라서 이러한 분류는 기존의 괘변설에 대한 분류와 다르며 새로운 분류라 할 수 있다. 필자가 이러한 분류 기준을 가지고 서술하고자 한 것은 다산의 괘변설의 특징을 명확하게 설명해 줄 수 있는 기준이라고 보았기 때문이다. 이러한 점에서 정이의 괘변설을 '畫卦作易之本指'라는 기준으로 설명할 수 있으며, 다산의 괘변설과 상통하는 측면이 있다. 물론 괘변설의 형식적인 측면만을 고려했을 때 다산의 괘변설은 주희의 괘변설과 서로 가깝지만, '畫卦作易之本指'라는 기준을 가지고 봤을 때는 다산의 괘변설과 정이의 괘변설은 서로 일치하는 면이 존재한다.

57) 왕펑은 주희의 『주역본의』의 注文과 『주역본의』 권수의 괘변도는 서로 일치한다고 주장한다. 그에 의하면 황종희, 호위, 모기령, 왕무굉, 백수이 등의 학자들이 『주역본의』의 注文과 『주역본의』 권수의 괘변도가 서로 일치하지 않는다고 주장한 것은 『주역본의』 권수의 괘변도를 오독했기 때문으로 보고 있다. 자세한 내용은 왕평의 논문을 참조할 것. (王風, 「論本義注文与卷首卦變圖之相合」, 周易硏究, 2004年 第2期(總第六十四期))

58) 『周易四箋 I』, 『定本 與猶堂全書 15』, 다산학술문화재단, 2012. 31쪽. "一曰推移. ○朱子卦變圖, 卽此法也(與本義之言卦變不同). 唯中孚小過不入辟卦. 然推移者, 朱子之義也."

59) (宋) 朱熹 撰, 『朱子全書』, 上海: 上海古籍出版社; 合肥: 安徽教育出版社, 2002, 23쪽, "朱子曰彖傳或以卦變爲說, 今作此圖以明之. 蓋易中之一義, 非畫卦作易之本指也."

역』 괘효사를 지은 본지는 아니라는 것이며, 64괘의 상호관계를 통해 볼 때 괘의 변화를 설명할 수 있는 하나의 뜻일 뿐이라고 보는 것이다. 다산 역학에서 이러한 주자의 의견은 매우 중요한데, 왜냐하면 다산의 추이론과 완전히 상반되는 의견이기 대문이다. 다산은 분명히 『주역』의 괘효사가 모두 추이를 통해 형성되었다고 인식하고 있다.[60] 이러한 연유로 다산은 주자의 이러한 의견에 대해 비판적 관점을 취하고 있다. "괘변은 실제 역을 지은 대의이며, 주자가 이를 (易 중) 하나의 뜻으로 여긴 것은 아마 (괘변에 대해) 일일이 조사하고 증험해보지 않았기 때문일 것이다."[61]

괘변이 '易中之一義' 인지 아니면 '畫卦作易之本指' 인지는 다산 추이설에서 매우 중요한 문제이다. 이러한 문제는 다산 추이론의 연원과 밀접히 연관되어 있으며, 다산 추이론의 연원과 다산 추이론의 독창성을 규명하는데 핵심적인 준거가 될 수 있기 때문이다. 따라서 필자는 괘변설의 분류를 '易中之一義' 와 '畫卦作易之本指' 라는 두 가지 내용적 측면의 분류로 나누어 고찰해보고자 한다.

한대 역학가인 순상은 중국 역학사에서 괘변설을 제기한 거의 최초의 인물이라 할 수 있다.[62] 순상의 괘변설은 이른바 '건승곤강설乾升坤降說' 로 64괘 모든 괘가 건곤乾坤에서 비롯되었다고 하는 점을 주요 내용으로 삼고 있다. 건乾은 양을 상징하므로 그 기운이 상승하고 곤坤은 음을 상징하므로 그 기운이 하강한다는 즉 건곤乾坤의 승강으로 인해 다른 괘를 생성한다는 이론이다. 구체적인 생성과정은 첫째, 건곤이 6자괘를 낳고 6자괘는 다시 나머지 56괘를 낳는 것이고, 둘째, 건곤이 12소식괘를 낳고 12

60) 『易學緒言』, 『定本 與猶堂全書 17』, 다산학술문화재단, 2012, 129쪽. "易詞取象總用推移."

61) 『易學緒言』, 『定本 與猶堂全書 17』, 다산학술문화재단, 2012, 129쪽. "此實作易之大義. 朱子以爲一義, 蓋未及逐一查驗故也."

62) 劉玉建 著, 『兩漢象數易學研究(下)』, 南宁: 广西教育出版社, 1996, 567쪽.

소식괘가 다시 나머지 50괘를 낳는 것이다.[63] 순상의 괘변설은 이정조의 『주역집해周易集解』에서 그 대략적인 면모를 살펴볼 수 있다.[64] 6자괘가 나머지 56괘를 낳는다는 설은 준괘屯卦 『단전』에 대한 순상의 주석인 "사물의 어려움은 처음 생겨나는 데에 있다. 이는 감괘坎卦에 근본하고 있다."[65]라는 것과 몽괘蒙卦 『단전』에 대한 순상의 주석인 "이는 간괘艮卦에 근본하고 있다."[66]라는 것에서 알 수 있다. 그리고 12소식괘가 나머지 50괘를 낳는다는 설은 곤괘困卦 『단전』에 대한 순상의 주석인 "이는 비괘否卦에 근본하고 있다."[67]라는 것과 정괘井卦 『단전』에 대한 순상의 주석인 "이는 태괘泰卦에 근본하고 있다."[68]라는 것에서 알 수 있다.

순상은 괘변설을 제기하는 동시에 괘변이 '畫卦作易之本指'를 나타낸다고 보았다.[69] 즉 주자 괘변설의 '易中之一義'와는 다른 해석이다. 순상 괘변설의 '畫卦作易之本指'를 나타내는 예는 다음과 같다. 정괘井卦 괘사인 "가고 옴에 우물의 상이 중복하여 있게 된다."[70]에 대해 순상은 다음과 같이 해석하고 있다. "이는 泰卦에 근본하고 있다. 陽이 가서 오위五位에 거하여 坎을 얻으니 우물의 상이 된다; 陰이 와서 아래에 있으니 또 우물

---

63) 劉玉建 著, 『兩漢象數易學研究(下)』, 南宁: 广西教育出版社, 1996, 563쪽.

64) 주희의 『주역본의周易本義』 권수에 나오는 괘변도와 같은 그림은 존재하지 않는다. (張文智, 『周易集解導讀』, 齊魯書社, 2005, 71쪽)

65) (淸) 馬國翰 輯, 『周易荀氏注』, 『玉函山房輯佚書(壹)』, 揚州: 廣陵書社, 2005, 138쪽; 張文智, 『周易集解導讀』, 齊魯書社, 2005, 118쪽, "荀爽曰物難在始生,此本坎卦也."

66) (淸) 馬國翰 輯, 『周易荀氏注』, 『玉函山房輯佚書(壹)』, 揚州: 廣陵書社, 2005, 138쪽; 張文智, 『周易集解導讀』, 齊魯書社, 2005, 123쪽, "荀爽曰此本艮卦也. 案, 二進居三, 三降居二, 剛柔得中, 故能通."

67) (淸) 馬國翰 輯, 『周易荀氏注』, 『玉函山房輯佚書(壹)』, 揚州: 廣陵書社, 2005, 153쪽; 張文智, 『周易集解導讀』, 齊魯書社, 2005, 262쪽, "荀爽曰此本否卦."

68) (淸) 馬國翰 輯, 『周易荀氏注』, 『玉函山房輯佚書(壹)』, 揚州: 廣陵書社, 2005, 153쪽; 張文智, 『周易集解導讀』, 齊魯書社, 2005, 289쪽, "荀爽曰此本泰卦."

69) 劉玉建 著, 『兩漢象數易學研究(下)』, 南宁: 广西教育出版社, 1996, 563쪽 참조.

70) 張文智, 『周易集解導讀』, 齊魯書社, 2005, 289쪽, "往來井井"

의 상이 된다. 그러므로 '가고 옴에 우물의 상이 중복하여 있게 된다.' 고 했다."[71] 여기서 순상은 정괘井卦의 괘사를 해석할 때, 정괘井卦가 12소식괘의 하나인 태괘泰卦에서 유래되었음을 근거로 하여 해석하고 있다. 즉 태괘泰卦의 初爻가 오위의 자리로 가고 동시에 五爻가 초위의 자리로 오게 되면 정괘井卦가 생성됨을 근거로 하여 괘사를 해석하고 있는 것이다. 이것은 분명히 순상의 괘변설이 '畫卦作易之本指' 의 성격을 가지고 있음을 증명하는 예가 된다.

괘변설의 역사적 변천에서 괘변의 기본적인 성격을 '畫卦作易之本指' 라고 인식하고 있는 학자 중에 정이(程頤, 1033~1107)가 있다. 정이는 그의 스승인 호원(胡瑗, 993~1059)과 함께 유학적 의리로 『주역』 괘효사를 해석하고 있는 대표적인 학자이다. 『사고전서총목제요四庫全書總目提要』에 의하면, 정이 역학의 연원은 왕필로 거슬러 올라가며[72] 왕필의 역학은 또 그 연원이 순상의 역학에까지 거슬러 올라가니[73], 정이의 역학과 순상의 역학은 서로 연관성이 존재한다고 할 수 있다. 정이와 순상의 역학 중 서로 연관되는 학설 중 하나는 괘변설이다. 순상과 마찬가지로 정이도 괘변의 의미를 '畫卦作易之本指' 라고 인식하고 있다. 중국의 저명한 역학자 주백곤朱伯崑은 그의 『역학철학사易學哲學史』에서 순상과 정이의 역학 관계에 대해 다음과 같이 설명하고 있다. "정이는 괘변설을 제기하여 괘효

71) (淸) 馬國翰 輯, 『周易荀氏注』, 『玉函山房輯佚書(壹)』, 揚州: 廣陵書社, 2005, 153쪽; 張文智, 『周易集解導讀』, 齊魯書社, 2005, 289쪽, "荀爽曰此本泰卦. 陽往居五, 得坎爲井;陰來在下, 亦爲井, 故往來井井也."

72) 王雲五主持, 『合印四庫全書總目提要及四庫未收書目禁燬書目(一)』(臺灣商務印書館, 1978), 「四庫全書總目提要」, 一, 經部, 易類二, 15쪽, "今考程子與金堂謝湜書, 謂易當先讀王弼胡瑗王安石三家,謂程子有取於弼,不爲無據."

73) 王雲五主持, 『合印四庫全書總目提要及四庫未收書目禁燬書目(一)』(臺灣商務印書館, 1978), 「四庫全書總目提要」, 一, 經部, 易類一, 6쪽, "弼之說易, 源出費直, 直易今不可見, 然荀爽易卽費氏學, 李鼎祚書尙頗載其遺說."

사의 내용을 해석했다. 왕필은 『주역주』 중에 일찍이 순상의 건승곤강설에 의거하여 『단전』의 강유왕래설을 해석하였는데 賁卦의 해석에서 그 예를 찾아볼 수 있다. 정이는 이 관점을 흡수하여 괘변설을 제기했다." [74] 즉 정이는 순상의 건승곤강설을 흡수하여 자신의 괘변설을 제시하고, '괘변설을 통해 괘효사의 내용을 해석' 하는 점에서 순상의 괘변설과 일맥상통하는 점이 있다. 물론 순상과 정이의 괘변설은 구체적인 내용에서 차이가 있지만[75] 괘변을 '畫卦作易之本指' 라고 보는 관점에서는 서로 일치한다고 할 수 있다.[76]

정이 괘변설의 핵심은 이른바 '건곤괘변설乾坤卦變說' 이다. 정이의 '건곤괘변설' 은 건곤이 6자괘를 생성한다는 점을 기본적 내용으로 하고 있다. 그리고 이렇게 형성된 8괘를 중첩하여 64괘를 형성한다고 보고 있다. 따라서 정이의 괘변에 있어서 괘 생성의 근거는 오직 乾坤일 뿐이며, 乾坤 이외의 괘는 다른 괘를 생성할 수 없다. 정이의 『易傳』 중 비괘賁卦 단전에 대한 해석에서 정이의 이러한 관점이 가장 잘 드러난다. "괘의 변화는 모두 乾坤에서 비롯된다. 先儒는 (이를) 이해하지 못해서 비괘賁卦는 본래 태괘泰卦에서 유래했다라고 여겼다. 乾坤이 중첩되어 태괘泰卦가 되었는데 어찌 또 태괘泰卦에서 변하여 (賁卦가) 될 수 있겠는가? 하괘 離는 본래 건괘乾卦의 중효中爻가 변하여 이루어진 것이고 상괘 艮은 본래 곤괘坤卦의 상효上爻가 변하여 이루어진 것이다. 離는 內에 있어 柔가 왔다고 했고, 艮

74) 朱伯崑, 『易學哲學史(第二卷)』, 北京: 華夏出版社, 1995, 184~185쪽.

75) 앞 장에서 언급한 주진의 괘변설의 분류를 기준으로 했을 때, 순상의 괘변설은 『설괘전說卦傳』의 乾坤生六子說과 『단전彖傳』의 자모괘래自某卦來설을 모두 포괄하지만 정이는 『설괘전說卦傳』의 乾坤生六子說만 괘변설로 보고 있다.

76) 정이의 괘변설은 이른바 건곤괘변설로 설괘전에 근거한 것이고 우번 등의 전통적인 괘변설을 부정하는 입장에 서 있는 반면, 다산의 괘변설은 우번, 이정지 등의 전통적인 괘변설을 계승하고 있다는 점에서 서로 다르다. 그러나 괘변을 '畫卦作易之本指' 라는 측면에서 볼 때 서로 일치한다고 할 수 있다.

은 위에 있어 剛이 올라갔다고 한 것이니, 하체에서 위로 올라간 것이 아니다. 乾坤이 변화하여 6자괘가 되고, 8괘가 중첩하여 64괘가 되는 것은 모두 건곤의 변화에 연유한다."[77)]

정이의 '건곤괘변설'은 기본적으로 '畫卦作易之本指'를 의미하고 있다. 예를 들면, 정이는 『주역정씨전周易程氏傳』 점괘漸卦 괘사의 注文에서 "乾坤이 변하여 巽艮이 되고, 巽艮이 중첩되어 漸이 되었다."[78)]라고 했는데, 이는 분명히 괘변을 괘를 긋고 역을 지은 본지라고 본 것이다. 수괘隨卦 注文에서도 이러한 점을 분명히 확인할 수 있다. "괘변으로 말하자면, 乾의 상효가 坤의 아래에 와서 거하고 坤의 초효가 乾의 위에 가서 거하니 陽이 와서 陰의 아래에 거처하는 상이다. 陽이 陰의 아래에 있으니 陰은 반드시 기뻐하며 따를 것이니, 隨의 의미가 있게 된다. 무릇 괘를 형성하는 데에는 上下 二體의 뜻을 취하는 경우도 있고 爻의 의미를 취하는 경우도 있으며 괘변의 뜻을 취하는 경우도 있다."[79)] 즉 정이는 수괘隨卦가 형성된 이유를 乾坤의 괘변으로 해석하고 있는 것이다. 정이의 '건곤괘변설'은 '畫卦作易之本指'를 뜻하기 때문에 이 隨卦의 뜻도 괘변을 통해서 만들어진 것으로 설명하고 있다.

---

77) 程頤 撰, 王孝魚 點校, 『周易程氏傳』, 北京: 中華書局, 2011, 124쪽, "卦之變皆自乾坤. 先儒不達, 故謂賁本是泰卦. 豈有乾坤重而爲泰, 又由泰而變之理? 下離本乾中爻變而成離; 上艮本坤上爻變而成艮. 離在內, 故云柔來; 艮在上, 故云剛上, 非自下體而上也. 乾坤變而爲六子, 八卦重而爲六十四, 皆由乾坤之變也."

78) 程頤 撰, 王孝魚 點校, 『周易程氏傳』, 北京: 中華書局, 2011, 304쪽, "乾坤之變爲巽艮, 巽艮重而爲漸."

79) 程頤 撰, 王孝魚 點校, 『周易程氏傳』, 北京: 中華書局, 2011, 96쪽, "以卦變言之, 乾之上來居坤之下, 坤之初往居乾之上, 陽來下於陰也. 以陽下陰, 陰必說隨, 爲隨之義. 凡成卦, 既取二體之義, 又有取爻義者, 復有更取卦變之義者."

5. 다산 괘변설의 형식적 특징

다산은 『역학서언』의 「오초려찬언론吳草廬纂言論」에서 원대 학자 오징의 역학 저작인 『역찬언』에 대해 논평하고 있다. 다산의 오징 역학에 대한 인식은 대체로 긍정적이라 할 수 있다.[80] 다산은 「오초려찬언론」에서 오징의 괘변설에 대해서도 언급하고 있는데, 수괘需卦와 송괘訟卦의 괘변에 대한 다산의 언급은 다음과 같다. "需卦와 訟卦는 모두 二陰之卦이다. 易例에서는 희소한 것이 주인이 된다. 二陰之卦는 본래 二母가 존재하니 (需卦와 訟卦에서) 각각 一母만 취한 것은 소략함이 없지 않다. 이는 漢儒 이래 그 잘못이 이와 같다."[81] 이를 통해 보면, 다산은 오징의 괘변설에 대해 대략 2가지 면에서 비판적인 입장을 제기하고 있다. 첫째, 다산은 64괘의 분류에서 四陰之卦, 五陰之卦, 四陽之卦, 五陽之卦 등의 분류를 허용하지 않는다. 이는 『계사전』의 "陽卦는 陰이 많고, 陰卦는 陽이 많다."[82]는 관점에 근거한 것이다. 둘째, 다산은 三陰三陽之卦를 제외한 나머지는 二母로부터 추이한다고 보고 있다. 따라서 一母로부터의 괘변만 인정하는 오징과는 괘변의 관점이 다르다.

오징이 64괘를 분류하면서 一陽之卦, 一陰之卦, 二陽之卦, 二陰之卦, 三陽之卦, 三陰之卦 외에 四陽之卦, 四陰之卦, 五陽之卦, 五陰之卦 등의 분류법[83]을 취하고 있는 것은 오징이 주자의 괘변설을 받아들이고 있기 때문

---

80) 물론 「오초려찬언론吳草廬纂言論」에는 오징의 역해석에 대한 다산의 비판도 등장한다. 그럼에도 다산이 소강절이나 래지덕 역학에 대한 부정적 태도와는 달리 오징에 대해서는 비교적 긍정적인 태도를 유지하고 있다.

81) 『易學緖言』, 『定本 與猶堂全書 17』, 다산학술문화재단, 2012, 193쪽, "需曰: "緯, 四陽, 大壯變.", 訟曰: "緯, 二陰, 臨遯變." 需 · 訟均是二陽之卦, 易例少者爲主也. 二陽之卦本具二母, 各取一母亦疎矣. 此自漢儒以來, 沿誤如此.

82) 『易學緖言』, 『定本 與猶堂全書 17』, 다산학술문화재단, 2012, 193쪽, "大傳云: "陽卦多陰, 陰卦多陽."

으로 보인다. 왜냐하면 주자의 『주역본의』 권수의 「괘변도」가 오징의 64괘 분류법과 일치하고 있기 때문이다.[84] 주자와 오징이 괘변에 있어서 四陽之卦, 四陰之卦, 五陽之卦, 五陰之卦 등의 분류법을 쓰고 있는 것은 다산과 달리 大成卦의 下卦가 그 괘의 주인이 됨을 인식하고 있기 때문이다. 大成卦에 있어서 下卦는 주인이 되고 上卦는 손님이 되기 때문에 괘변의 분류에 있어서 四陽之卦, 四陰之卦, 五陽之卦, 五陰之卦가 등장하는 것은 자연스러운 현상이라 할 수 있다. 따라서 주자와 오징의 64괘 분류법과 다산의 분류법은 서로 다른 관점을 가지고 있다고 봐야지 어느 한쪽이 옳고 어느 한쪽이 그르다고 봐서는 안 될 것 같다. 그리고 괘변에 있어서 二母로부터 추이가 옳은지 一母로부터 추이가 옳은지도 서로 다른 관점에 기인하는 것으로 봐야 한다. 오징은 괘변에 있어서 一母로부터의 추이만 인정하고 있는 반면에 다산은 二母로부터의 추이를 주장하고 있다. 예를 들어, 오징은 一陽之卦인 師卦는 벽괘인 復卦로부터의 추이만 인정하고 있는 반면에[85] 다산은 復卦와 剝卦 二母로부터 추이하고 있음을 주장한다. 다산에 의하면 復卦의 初爻가 二爻로 추이하면 師卦가 되고 또 剝卦의 上爻가 二爻로 추이해도 師卦가 된다고 본 것이다.[86] 이처럼 괘변에 있어 二母로부터 추이와 一母로부터 추이라는 차이는 앞에서 언급한 64괘의 분류법에 의한 차이에 기인하는 것으로 볼 수 있다. 왜냐하면 오징처럼 一陽之卦, 一陰之卦, 二陽之卦, 二陰之卦, 三陽之卦, 三陰之卦, 四陽之卦, 四陰之卦, 五陽之卦, 五陰之卦 등으로 분류할 경우 각각 一母로부터의 추이로 설명할 수 있지만, 다산처럼 一陽之卦, 一陰之卦, 二陽之卦, 二陰之卦, 三陽

83) 吳澄, 『易纂言』, 『四庫全書薈要』, 吉林人民出版社 影印本, 1997, 10-346~429 참조.

84) 朱熹 撰, 廖名春 點校, 『周易本義』, 北京: 中華書局, 2009, 18~28 참조.

85) 吳澄, 『易纂言』, 『四庫全書薈要』, 吉林人民出版社 影印本, 1997, 10-353 참조.

86) 『周易四箋 I』, 『定本 與猶堂全書 15』, 다산학술문화재단, 2012, 36쪽 참조.

之卦, 三陰之卦 등으로 분류할 경우에는 一陽之卦가 五陰之卦를 一陰之卦는 五陽之卦를, 二陽之卦는 四陰之卦를, 二陰之卦는 四陽之卦를 포함하게 되어 二母로부터의 추이로도 설명이 가능할 수 있기 때문이다.

한편 오징의 『역찬언외익易纂言外翼』이라는 책에는 오징의 『주역』 해석 방법론과 관련하여 12가지 원칙이 제시되어 있는데, 그중의 하나가 괘변卦變이다. 그런데 아쉽게도 이 부분은 망실되어 현재 전해지지 않아 오징의 괘변설의 전모를 알 수 없다. 다만 「易纂言外翼十二篇原序」에 괘변설의 기록이 남아있어 그 대강은 알 수 있다. "복희씨가 괘를 만들 때 奇偶의 위에 奇偶를 더했을 뿐이지만, 卦體가 이미 형성되었다면 그 쓰임은 무궁할 것이다. 乾坤이 변하여 六子卦와 十辟卦가 되고 六子卦와 十辟卦가 변하여 46괘가 된다."[87] 즉 오징 괘변설의 대강은 乾坤이 괘변의 근원이 되고 이 乾坤이 변하여 六子卦와 十辟卦가 되고 六子卦와 十辟卦가 변하여 46괘가 되는 구조이다.[88]

오징의 괘변설과 관련하여 짚고 넘어가야 할 부분은 오징의 괘변설과 주승(朱升, 1299~1370)의 괘변설과의 관계이다. 주승은 원말명초의 학자로 오경에 조예가 깊었으며 『주역방주周易旁注』라는 역학 저서를 남겼다.[89] 그런데 『송원학안宋元學案』「초려학안草廬學案」을 보면 전조망全祖望의 말을 인용하면서 주승의 괘변도가 오징에 근원을 두고 있다고 서술하고 있다.[90] 이러한 이유로 최근 오징의 괘변설에 대한 선행 연구에서는 대

---

87) 吳澄, 『易纂言外翼』, 「易纂言外翼十二篇原序」, 1~3(『四庫全書』 文淵閣本, 驪江出版社 影印本, 1988, 22-597~8). "羲皇生卦奇偶之上生奇偶而已, 卦體既成, 而推其用, 則無窮焉. 乾坤變而爲六子十辟, 六子十辟變而爲四十六卦, 述卦變第三."

88) 이는 앞에서 살펴본 순상의 괘변설에 있어서 육자괘설과 12벽괘설과 유사하다.

89) 朱升 撰, 『周易旁注』, 『續修四庫全書(第4册)』, 上海: 上海古籍出版社 影印本, 1995, 참조.

90) 黃宗羲 撰, 全祖望 續修, 王梓材 校補, 『宋元學案(下)』, 河洛圖書出版社, 中華民國 64年, 二十三 「草廬學案」 十八, "世所傳朱楓林卦變圖以十辟六子爲例,實則本諸草廬云."

부분의 연구자들이 주승의 괘변도를 오징의 괘변도로 받아들이고 논의를 전개하고 있다.[91] 『송원학안』의 주장에 근거하여 주승의 괘변도를 오징의 괘변도로 본다면, 오징의 괘변설 중 벽괘에서 연괘로의 추이十辟卦所變는 다음과 같이 정리될 수 있다.[92]

凡一陽之卦, 自復 · 剝變

一陽在內體, 自復變 : 師, 謙

一陽在外體, 自剝變 : 豫, 比

凡一陰之卦, 自姤 · 夬變

一陰在內體, 自姤變 : 同人, 履

一陰在外體, 自夬變 : 小畜, 大有

凡二陽之卦, 自臨 · 觀變

二陽在內體, 自臨變 : 升, 明夷

二陽在外體, 自觀變 : 晉, 萃

凡二陰之卦, 自遯 · 大壯變

二陰在內體, 自遯變 : 无妄, 訟

二陰在外體, 自大壯變 : 需, 大畜

凡三陽三陰之卦, 自泰否變

二陽在內體一陽在外體, 自泰變 : 恒, 井, 蠱, 豊, 旣濟, 賁, 歸妹, 節, 損

二陰在內體一陰在外體, 自否變 : 益, 噬嗑, 隨, 渙, 未濟, 困, 漸, 旅, 咸

91) 張國洪, 「吳澄的象數義理之學」, 山東大學博士學位論文, 2006; 楊效雷, 「吳澄的卦統卦主卦變說」, 周易硏究, 2012(5); 王新春 · 呂穎 · 周玉鳳, 『易纂言導讀』, 齊魯書社, 2006 참조.

92) 朱升 撰, 『周易旁注』, 『續修四庫全書(第4册)』, 上海: 上海古籍出版社 影印本, 1995, 223~226쪽 참조.

위의 주승의 괘변도는 오징의 『역찬언』에 나오는 64괘의 분류법과 차이가 있다. 앞에서도 언급했지만, 『역찬언』의 64괘 분류법은 一陽之卦, 一陰之卦, 二陽之卦, 二陰之卦, 三陽之卦, 三陰之卦, 四陽之卦, 四陰之卦, 五陽之卦, 五陰之卦 등이다. 하지만 三陽之卦를 二陽在內體一陽在外體卦로, 三陰之卦를 二陰在內體一陰在外體卦로, 四陽之卦를 二陰在外體卦로, 四陰之卦를 二陽在外體卦로, 五陽之卦를 一陰在外體卦로, 五陰之卦를 一陽在外體卦로 환치한다면, 『역찬언』의 64괘 분류법과 주승의 괘변도는 서로 일치한다.[93] 나아가 중국의 역학자인 왕신춘王新春, 여영呂潁, 주옥붕周玉鳳은 『역찬언도독易纂言導讀』에서 오징의 괘변설을 좀 더 세분화시켜 다음과 같이 분류하고 있다.[94]

凡一陽之卦, 皆自復・剝而變

凡一陰之卦, 皆自姤・夬而變

凡二陽之卦, 皆自臨・觀而變

凡二陰之卦, 皆自遯・大壯而變

凡三陽之卦, 皆自泰而變

凡三陰之卦, 皆自否而變

이렇게 정리했을 때, 오징의 괘변설은 다산의 추이설 64괘 분류법과 거의 일치하게 된다. 아래는 다산의 추이설을 위의 오징의 괘변설에 맞추어 도시한 것이다.[95]

93) 오징의 64괘 분류법과 주승의 분류법이 일치한다고 해서 오징의 괘변설과 주승의 괘변설이 일치한다고 볼 수 없지만, 최소한 주승이 오징의 괘변설을 통해서 자신의 괘변설을 발전시켰다고 보는 것은 가능한 추론이다.

94) 王新春・呂潁・周玉鳳, 『易纂言導讀』, 齊魯書社, 2006, 47~48쪽 참조.

95) 『周易四箋 I』, 『定本 與猶堂全書 15』, 다산학술문화재단, 2012. 36~37쪽 참조.

一陽之卦推移表

一陰之卦推移表

二陽之卦推移表

二陰之卦推移表

三陽之卦推移表

三陰之卦推移表

물론 앞에서도 지적했지만, 오징의 괘변설과 다산의 추이설은 '一母說'과 '二母說'이라는 차이점이 존재하고 오징의 괘변설은 十辟卦 추이와 더불어 六子卦 추이를 함께 제시하고 있는 분명한 차이점은 존재한다.

6. 다산 추이론의 독창성

앞 장에서도 언급했지만, 협의의 괘변설의 기원은 『단전彖傳』이다. 호위胡渭의 『역도명변易圖明辨』 「卦變」편을 보면, "『단전』의 剛柔往來, 上下內外는 모두 卦變을 주로 하여 말한 것임을 알 수 있다."[96]라고 서술되어 있고, 황종희黃宗羲의 『역학상수론易學象數論』 「卦變」편에도 같은 맥락으로 서술되어 있다.[97] 『단전』은 『십익』의 하나로 공자가 지은 것으로 알려져 있다. 『단전』은 『주역』의 彖辭 즉 卦辭를 해석한 것이다. 따라서 괘변설은 기본적으로 64괘의 변화를 설명하는 것으로 이해할 수 있다. 중국 역학사에서 괘변설을 주장한 순상, 우번, 주희, 오징 등의 괘변설도 모두

96) 胡渭 撰, 鄭萬耕 點校, 『易圖明辨』, 北京: 中華書局, 2008, 194쪽, "凡彖傳之剛柔往來,上下內外,皆主卦變而言,可知矣."

97) 黃宗羲 撰, 『易學象數論(外二種)』, 中華書局, 2010, 66쪽 참조.

64괘의 변화를 설명하고 있다. 물론 괘변설을 앞에서도 언급한 바 있는 '易中之一義' 설과 '畫卦作易之本指' 설로 분류할 수 있지만, 그럼에도 불구하고 이들은 모두 64괘의 변화를 설명하는 것이지 384효의 변화를 설명하는 것은 아니다. 당연한 얘기이지만 '畫卦作易之本指' 설을 주장하는 괘변론자도 자신의 괘변설을 괘사를 해석할 때 적용하지 효사를 해석할 때 적용하는 것은 아니다. 그러므로 중국 역학사에서 나타나는 괘변설은 모두 64괘의 변화와 그 괘사의 해석과 관련된 이론이라 할 수 있다. 앞 장에서 설명한 오징의 경우 괘변설을 주장하면서 동시에 '畫卦作易之本指' 설을 주장하고 있다. 오징도 중국 역학사의 괘변론자와 마찬가지로 64괘의 변화와 그 괘사의 해석에 자신의 괘변설을 적용하고 있다. 예를 들어, 需卦 괘사의 '큰 내를 건너는 것이 이롭다.(利涉大川)' 를 다음과 같이 해석한다. "占에 해당한다. 需卦는 大壯卦로부터 변한 것이다. 四爻가 올라가 五位에 거하면 3, 4, 5효가 호체 離가 되니 배의 상이 된다."[98] 다른 예를 들면, 无妄卦를 해석하면서 "괘는 遯卦로부터 변한 것이다. 遯卦의 삼효가 초위로 내려오면 陽剛의 바름으로 陰柔의 不正을 바꾸는 것이니 망령됨을 제거하고 진실함을 보존하는 뜻이 된다. 그래서 '무망' 이라 했다."[99] 오징은 이외에도 여러 괘에서 괘변설을 이용해 괘사를 해석하고 있다. 이처럼 중국 역학사의 괘변설은 64괘의 변화와 그 괘사의 해석에 적용되고 있다.

반면에 다산은 기존의 괘변설을 받아들임과 동시에 자신만의 독특한 해석을 전개하고 있다. 즉 다산은 『주역』 64괘 괘사의 해석뿐만 아니라

98) 吳澄, 『易纂言』, 『四庫全書薈要』, 吉林人民出版社 影印本, 1997. 10-351~352, "利涉大川, 占也. 需自大壯而變, 四往居五, 三四五互離成舟象."

99) 吳澄, 『易纂言』, 『四庫全書薈要』, 吉林人民出版社 影印本, 1997. 10-376, "卦自遯變.遯三來初,以陽剛之正易去陰柔之不正,爲去妄存誠之義,故曰无妄."

384효 효사의 해석에서도 자신의 추이설을 적용하고 있다. 이 점은 분명 중국 역학사에서 찾아볼 수 없는 매우 독창적인 해석으로 평가할 수 있다. 몇 가지 예증을 들면 다음과 같다.

㉮ 謙卦 : 내가 살펴보건대, 謙卦는 剝卦에서 추이해왔다. 艮의 山이 아래로 떨어져(상효가 三位로 내려옴) 坤의 땅 아래에 거하니(지금 상괘가 坤이다) 이것이 군자가 아랫사람에게 겸손한 상이다. 그러므로 '謙' 이라 했다. 또 謙卦는 復卦에서 추이해왔다. 震의 군자는 본래 겸손한데(剛이 五陰의 아래에 있다) 추이해서 올라가도(초효가 三位로 올라감) 끝내 자신의 자리를 벗어나지 않고(여전히 內卦에 존재한다) 아래의 자리를 달게 여기니 군자의 겸손이다.[100]

㉯ 大壯卦 初九, 壯于趾 : 이는 大壯卦가 恒卦로 변한 것이다. 恒卦는 泰卦에서 추이해왔다. 剛이 아래에서 올라가니 震의 발이 마침내 강해졌다. 그래서 '발의 기운이 왕성하다' 라고 했다.[101]

㉰ 巽卦 初六, 進退 : 이는 巽卦가 小畜卦로 변한 것이다. 小畜卦는 姤卦에서 추이해 올 경우 柔가 아래에서 나아가고 (小畜卦가) 夬卦에서 추이해 올 경우 柔가 위에서 물러난다.[102]

㉮의 예는 다산의 추이설이 괘명 해석에 적용된 예이고, ㉯와 ㉰의 예는 다산의 추이설이 효사 해석에 적용된 경우이다. 이처럼 다산은 『주역』

---

100) 『周易四箋 I』, 『定本 與猶堂全書 15』, 다산학술문화재단, 2012. 220쪽. "鏞案, 卦自剝來, 艮山下頹(上之三), 下於坤地(今上坤), 此君子謙卑下人之象也. 故曰謙也. 又自復來, 震之君子本自謙卑(剛在五陰下), 移而升之(一之三), 終不出位(止於內), 甘於在下(不升于上卦), 君子之謙也."

101) 『周易四箋 I』, 『定本 與猶堂全書 15』, 다산학술문화재단, 2012, 372쪽. "此大壯之恒也. 恒自泰來(一之四), 剛自下升(一之四), 震足遂壯(上爲震), 壯于趾也."

102) 『周易四箋 II』, 『定本 與猶堂全書 16』, 다산학술문화재단, 2012. 164쪽. "此巽之小畜也. 小畜之卦, 一自姤來(一之四), 柔自下進也. 一自夬來(上之四), 柔自上退也."

64괘 괘사와 384효 효사 해석에 있어서 자신의 추이설을 적용해서 매우 효과적으로 易詞 해석을 하고 있다. 이 점이 바로 다산 추이설의 독창적인 일면으로 평가할 수 있는 부분이다.

그렇다면 다산의 추이설이 효사 해석에 적용될 수 있었던 이유는 어디에 있는가? 장구한 역학사에 있어서 거의 찾아볼 수 없는 이러한 독창적인 해석은 어떻게 가능하게 된 것인가? 이러한 물음에 대한 답변은 다산 역리사법 중의 하나인 효변론에서 찾을 수 있을 것 같다. 다산에 의하면 384효의 '爻'는 기존의 일반적인 해석이라 할 수 있는 변하지 않는 의미의 '畫'이 아니다. '畫'의 의미는 변하지 않는다는 것이고 따라서 변동한다는 의미를 지니는 爻와는 다르다고 다산은 주장한다.[103] 爻가 변한다는 의미가 있게 되면 하나의 爻는 각각 음에서 양으로 양에서 음으로 변하게 된다. 예를 들어 坤卦 初六은 坤之復이 되고 坤卦 六二는 坤之師가 된다.[104] 결국 여섯 효는 각각 하나의 괘가 되고, 384효는 384괘가 된다.[105] 그러므로 다산의 역학에서 효는 하나의 독립적인 괘가 된다. 이러한 이유로 다산의 추이설이 효사 해석에 적용될 수 있는 논리적인 근거가 마련되게 된 것이다. 다산의 추이설은 이렇게 다산의 효변론을 전제로 효사 해석에 적용될 수 있었고 장구한 역학사에서 매우 독창적인 해석이 가능하게 되었다.[106]

103) 『周易四箋 I』, 『定本 與猶堂全書 15』, 다산학술문화재단, 2012. 49쪽, "爻者, 變也. 不變, 非爻也."

104) 『周易四箋 I』, 『定本 與猶堂全書 15』, 다산학술문화재단, 2012. 123~124쪽 참조.

105) 『周易四箋 I』, 『定本 與猶堂全書 15』, 다산학술문화재단, 2012. 49쪽, "六爻各成一卦, 故三百八十四爻, 其實三百八十四卦也."

106) 다산은 이러한 맥락에서 "효가 변하지 않으면 추이의 법칙도 또한 통할 수 없다."고 보고 있다. (『周易四箋 I』, 『定本 與猶堂全書 15』, 다산학술문화재단, 2012. 51쪽 참조)

7. 결론

지금까지의 논의를 정리해보면 대략 다음과 같다. 필자는 다산 추이설의 특징을 논의하기 위해 세 가지의 기준을 제시했다. 첫째는 '벽괘에서 벽괘로의 추이' 이고, 둘째는 '畫卦作易之本指' 이고, 셋째는 '二母로부터의 추이' 이다. '벽괘에서 벽괘로의 추이' 는 기존의 괘변설에서 나타나는 '벽괘에서 연괘로의 추이' 와 다른 점이다. '벽괘에서 벽괘로의 추이' 는 주희의 '연괘에서 연괘로의 추이' 와도 다르다.[107] 다산이 이러한 '벽괘에서 벽괘로의 추이' 를 주장하게 된 이유는 그의 괘기설에 대한 철저한 이해에서 비롯되었다고 할 수 있다. 둘째 다산의 괘변설에서 볼 수 있는 '畫卦作易之本指' 는 멀리는 순상의 괘변설에서 가까이는 오징의 괘변설에서 그 원류를 찾아볼 수 있다. 하지만 다산은 순상과 오징과 달리 '畫卦作易之本指' 를 64괘 괘사뿐만 아니라 384효 효사 해석 전체에 걸쳐 매우 철저하게 적용하고 있다. 셋째 다산의 '二母로부터의 추이' 는 오징의 괘변설과의 비교에서 도출된 결론으로 이러한 결론은 오징 뿐만 아니라 순상, 우번, 주희 등의 학설에서 찾아볼 수 없는 다산의 독자적인 이론이라 할 수 있다. 물론 다산 14벽괘설도 다산 추이설의 매우 창조적인 측면이라 할 수 있지만, 이에 대해서는 선행 연구에서 이미 여러 번 언급한 바가 있기 때문에 본 결론에서는 언급하지 않기로 한다. 다만 14벽괘설을 형성하는 小過卦와 中孚卦가 모기령의 半聚卦로부터 영향을 받은 것인지에 대해서는 생각해볼 여지가 있다.[108] 왜냐하면 다산의 再閏卦說은 다산의 추이표에서도 명확하게 확인할 수 있지만 다산의 괘기설에 대한 창조적인 해

107) 王風, 「論『本義』注文与卷首「卦變圖」之相合」, 周易研究, 2004(2), 참조.

108) 신원봉, 「다산의 역학관 정립에 미친 청대 사상의 영향 - 모기령을 중심으로」, 다산학 3호, 2002, 169쪽 참조.

석에서 비롯한 것으로 볼 수 있기 때문이다.[109] 이에 비해 모기령의 半聚卦說은 괘의 형식적인 측면에 주목하여 도출한 것이라 할 수 있다.[110] 모기령의 반취괘설에서 다산의 재윤괘설의 의미를 찾아볼 수 없는 것도 같은 이유 때문이라 할 수 있다.

결론적으로, 다산 추이설의 특징을 다음과 같이 정리할 수 있다. 첫째, 다산은 기존의 괘변설의 주된 내용인 '벽괘에서 연괘로의 추이'에 더하여 자신의 독자적인 해석인 '벽괘에서 벽괘로의 추이'를 제기하고 있다. 둘째, 다산은 순상과 오징의 괘변설을 계승하여 주희의 괘변설인 '易中之一義' 설을 받아들이지 않고 '畫卦作易之本指' 설을 제기하고 있다. 셋째 '一母로부터의 추이'만 인정하는 오징과는 달리 자신의 독창적인 이론인 '二母로부터의 추이' 설을 제기하고 있다.

그리고 다산은 이러한 자신의 독창적인 추이설을 기존의 괘변론자와 달리 『주역』 64괘의 괘사 해석뿐만 아니라 384효의 효사의 해석에도 적용하고 있다. 이처럼 易詞 해석에 있어서 독창성은 기존의 괘변설에서 거의 찾아볼 수 없는 매우 혁신적인 것임이 틀림없다. 다산은 자신의 추이설을 384효의 효사의 해석까지 확대하여 적용함으로써 기존의 괘변론자들이 명쾌하게 해석하지 못했던 수많은 易詞 해석의 난제를 해결하고 있다. 바로 이 점이 다산 추이설이 역학사에서 독보적인 위치를 점할 수 있게 된 중요한 이유라 할 수 있다. 따라서 다산의 추이설은 다산 역학을 관통하는 하나의 이론이라 할 수 있으며, 역학사에서 그 유례를 찾아보기 힘든 전인미답의 새로운 경지를 개척한 이론으로 평가할 수 있다.

(다산학 26, 2015)

---

109) 다산의 추이설을 괘기설과 괘변설의 2가지 구성요소로 나누어 볼 수 있는 것도 같은 맥락에서 이해할 수 있다.

110) 毛奇齡 撰, 『仲氏易』, 『(景印)文淵閣四庫全書(第41冊)』, 驪江出版社 影印本, 1988, 41-196~197 참조.

3부. 다산 정약용의 효변론

제5장

정약용 효변론爻變論의 연원

1. 문제제기

다산 정약용의 『주역』 해석 이론은 이른바 '역리사법易理四法'이다. 첫째가 추이론推移論이고 둘째가 물상론物象論이고 셋째가 호체론互體論이고 넷째가 효변론爻變論이다. 다산은 이 네 가지 이론 중에서 가장 핵심적인 이론으로 넷째인 효변론을 들고 있다. 다산은 그의 『주역사전』에서 다음과 같이 효변론의 중요성을 말하고 있다.

> 한대漢代 이후 효변설은 전승되지 않았다. 이것이 『주역』의 이치가 어두워진 이유이다. 효爻가 변하지 않으면 추이의 방법도 통할 수 없다. 이것이 추이의 방법이 폐기된 이유이다. 효爻가 변하지 않으면 『설괘전』의 물상도 모두 부합하지 않게 된다. 이것이 『설괘전』의 용도가 폐기된 이유이다. 효爻가 변하지 않으면 호체의 물상도 모두 부합하지 않게 된다. 이것이 호체가 폐기된 이유이다.[1)]

이처럼 다산 역학에서 효변론은 매우 중요한 위치를 차지하고 있다.[2] 하지만 다산의 언명에서도 알 수 있듯이 효변설은 한대 이후 전승되지 않았다고 한다. 그런데 우리가 주목해야 할 점은 『주역사전』과 함께 다산의 또 다른 역학 저작인 『역학서언』의 「다산문답茶山問答」 편에서는 이와 상반된 언명이 나온다는 점이다.

> 문: 한대漢代 이후 유학자들이 효변의 의미에 대해서 정말 몰랐습니까?
>
> 답: 천하가 지극히 넓은데, 어찌 이러한 이치가 있겠느냐? 『문헌통고文獻通考』의 「경적고經籍考」에 보면 『주역변체周易變體』 16권이 실려 있다. 송나라 도결都潔이 지은 책으로, 채묵이 말한 건괘乾卦 육효六爻의 예를 이용해 지괘之卦를 위주로 『주역』을 논하고 있다고 하는데, 안타깝게도 이 책을 구해 보지 못했다.[3]

이 문답을 통해 보면, 다산이 송대의 역학자 도결이 효변을 이용해 『주역』을 해석하고 있음을 『문헌통고』의 「경적고」에서 확인했음을 알 수 있다.[4] 그리고 다산이 『주역변체』라는 책을 구해보지 못했다 하더라도 이 책의 내용이 효변을 이용해 『주역』을 해석하고 있음을 알았다는 점은 분

---

1) 『周易四箋』(『與全』 2集, 1卷, 13). "自漢以來, 爻變之說, 絶無師承. 此易之所以晦盲也. 爻不變, 則推移之法, 亦不可通. 此推移之所以廢. 爻不變, 則說卦物象, 亦皆不合. 此說卦之所以廢. 爻不變, 則互體之物, 亦皆不合. 此互體之所以廢."

2) 필자가 확인한 바로는 다산 효변론의 연원을 주제로 한 논문은 아직 발표된 바가 없다.

3) 『易學緖言』(『與全』 2集, 4卷, 35). "問: 漢儒以降, 爻變之義竟無知者耶? 答: 天下至廣, 豈有是也. 文獻通考經籍考載周易變體十六卷, 宋都潔所撰, 用蔡墨言乾六爻之例, 專論之卦爲主. 恨未得此書見之也."

4) 『文獻通考』, 176권, 28(『四庫全書』 文淵閣본, 614-58), "周易變體十六卷. 陳氏曰:吏部郎中都潔聖與撰. 用蔡墨言乾六爻之例專論之卦爲主." 다산이 『文獻通考』를 보았다는 것은 『易學緖言』(『與全』 2集, 4卷, 9). "已上見文獻通考" 에서도 확인할 수 있다.

명하다.

따라서 필자는 다산의 이러한 언명이 다산 효변론의 연원을 밝혀주는데 있어서 매우 중요한 단서가 될 수 있음에 주의하고자 한다. 이에 도결의 『주역변체』 원문[5]을 통해 도결의 효변론이 어떠한지를 살펴보고, 다산 효변론과의 관련성을 고찰하겠다.[6] 그리고 그 연장선상에서 도결과 함께 송대의 대표적인 효변론자로 평가받고 있는 심해의 『역소전』도 함께 살펴볼 것이다.

그럼 우선 다산 효변론의 구체적인 내용을 살펴보는 것이 논지의 전개에 있어서 필요할 것 같다.

2. 정약용의 효변론

정약용 효변론의 핵심은 '효爻' 에 대한 새로운 해석에서 그 근거를 찾을 수 있다. 다산은 『주역사전』의 「효변표직설爻變表直說」에서 "효爻는 변함을 의미하니 변하지 않음은 효爻가 아니다."[7]라고 분명하게 해석하고 있다. 이러한 해석의 경전적 근거는 『계사전』의 "효爻라는 것은 변함을 말하는 것이다."[8]라는 구절에 있다. 다산은 『주역』 해석에 있어서 이른바 '이경증경以經證經' 의 태도를 고수하고 있는데, 이는 경전에 근거하지 않고서는 어떤 해석도 용납하지 않겠다는 매우 합리적인 태도를 보여준다.

---

5) 다행히 오늘날 『四庫全書』 文淵閣본에 도결의 『주역변체周易變體』가 수록되어 있어 그 전모를 알 수 있다.

6) 다산 효변론의 연원에 대한 고찰은 다산 역학의 이론적 배경에 대한 연구라는 측면에서 그 의의를 찾을 수 있겠다.

7) 『周易四箋』(『與全』 2集, 1卷, 13). "爻者, 變也. 不變, 非爻也."

8) 『周易四箋』(『與全』 2集, 8卷, 「繫辭上傳」, 4). "爻者, 言乎變者也."

이러한 '효爻'에 대한 새로운 해석은 기존의 '효爻'에 대한 잘못된 해석을 고려한 것이다. 다산에 의하면 '효爻'와 '획畫'은 서로 다른 개념이다. '효爻'는 변함을 의미하지만 '획'은 변하지 않음을 의미한다. 예를 들면, 건괘乾卦의 초구初九는 변함을 의미하는 효爻이지 변하지 않음을 의미하는 획이 아니다. 따라서 건괘乾卦의 초구를 변하지 않음을 의미하는 획으로 인식하는 것은 잘못된 것이다. 그래서 다산은 『주역사전』의 「효변표爻變表」에서 건괘乾卦 초구를 건지구乾之姤로 표현하고 있다. 건괘乾卦 구이九二는 건지동인乾之同人이 되고, 건괘乾卦 구삼九三은 건지이乾之履가 되고, 건괘乾卦 구사九四는 건지소축乾之小畜이 되고, 건괘乾卦 구오九五는 건지대유乾之大有가 되고, 건괘乾卦 상구上九는 건지쾌乾之夬가 된다. 이처럼 『주역』의 64괘 384효는 모두 모지모某之某의 형태로 이해해야 하는 것이다. 다산의 이러한 효변에 대한 이해를 돕기 위해 『주역사전』의 「효변표爻變表」를 인용하면 다음과 같다.

爻變表

䷫
乾初九爲乾之姤

䷌
九二爲乾之同人

䷉
九三爲乾之履

䷈
九四爲乾之小畜

䷍
九五爲乾之大有

䷪
上九爲乾之夬

䷁
用九爲乾之坤

爻變表下

䷇
屯初九爲屯之比

䷻
六二爲屯之節

䷾
六三爲屯之旣濟

䷐
六四爲屯之隨

䷗
九五爲屯之復

䷩
上六爲屯之益

諸卦六爻之變, 皆倣此. 用九, 用六, 唯乾, 坤有之.	右六爻, 各成一卦. 故三百八十四爻. 其實三百八十四卦也.

위의 표의 설명에 나와 있듯이 각 효爻는 각각 하나의 괘가 되고 따라서 384효는 결과적으로 384괘가 된다. 효爻에 대한 이러한 해석은 기존의 『주역』 해석과는 다른 해석이어서 역학사에 있어서 새로운 면모임에 틀림이 없다.

다산의 효爻에 대한 이러한 인식은 시괘법蓍卦法과 직접적인 연관이 있다. 주지하듯이 각 효爻는 자리를 나타내는 초初, 이二, 삼三, 사四, 오五, 상上과 구九와 육六이라는 숫자가 합쳐져 있다. 그래서 건괘乾卦의 각 효爻는 초구, 구이, 구삼, 구사, 구오, 상육으로 표현한다. 그런데 여기에서 숫자 구와 육이 무엇을 의미하는지가 중요하다. 왜냐하면 시괘법에 의하면 구와 육뿐만 아니라 칠과 팔이라는 숫자도 얻을 수 있기 때문이다. 시괘법에 의해 자연스럽게 얻을 수 있는 칠과 팔은 효爻를 나타내는 숫자가 되지 못하고, 구와 육이 효爻를 나타내는 숫자가 되었을까? 이러한 의문에 대한 해답이 바로 다산의 효爻에 대한 인식과 직결되어 있는 것이다. 『주역』의 효爻를 나타내는 숫자가 칠과 팔이 아니고 구와 육이 된 것은 '변함'을 나타내기 위함이라는 것이 다산의 인식이다. 효爻를 나타내는 숫자 구와 육에 대해 다산은 다음과 같이 설명하고 있다.

> 구는 노양老陽이고 육은 노음老陰이다. '노'의 개념에는 변하지 않음이 없으니, 구와 육은 이미 변했음을 나타내는 명칭이고, 변하지 않으면 구와 육이 아니다. 시괘법에 따라 세 번 모두 홀수(1, 3, 5, 7, 9)를 얻으면 그 수는 구가 된다. 세 번 모두 짝수(2, 4, 6, 8, 10)를 얻으면 그 수는 육이 된다. …… '초구初九'라고 한 것은 초획이 변동하여 음이 된 것을 말하며, '초육初六'이라고 한 것은 초획이 변동하여 양이 된 것을 말하는 것이다. 그러한 즉, 주공이 효사의

글을 지을 때부터 이미 변한 것을 위주로 하여 그 물상을 이용한 것이니, 효변을 알지 못하면 주공의 효사를 읽을 수 없는 것이다.[9)]

이처럼 다산은 시괘법에 나오는 숫자 구와 육을 효爻와 연결하여 설명하고 있다. 시괘법에 따라 숫자 구와 육은 이미 변했음을 나타내는 명칭이며, 효爻도 이에 따라 이미 변했음을 나타내는 것으로 이해하고 있는 것이다. 따라서 다산의 설명에 의하면 건괘乾卦의 초구에 나오는 '잠룡潛龍'은 건乾의 하괘인 건乾이 이미 손巽으로 변했을 때의 물상을 나타내며, 곤괘坤卦의 초육에 나오는 '이상履霜'은 곤坤의 하괘인 곤坤이 이미 진震으로 변했을 때의 물상을 나타낸다. 만약 효爻를 나타내는 숫자가 칠이나 팔이었으면, 효爻는 변하지 않게 되어 건괘乾卦의 초구에 나오는 '잠룡潛龍'은 건乾의 하괘인 건乾의 물상을 나타내고, 곤괘坤卦의 초육에 나오는 '이상履霜'은 곤坤의 하괘인 곤坤의 물상을 나타내게 된다. 위와 같은 다산의 효변론을 이해하기 위해서 구체적인 예를 들어보는 것이 필요하다. 『주역사전』을 보면, 건괘乾卦 초구인 '잠룡이니 쓰지 말라'에 대한 해석은 다음과 같다.

이는 건괘乾卦가 구괘姤卦로 변했음을 나타낸다. 시괘법에 따라 제1획이 세 번 모두 홀수를 얻으면 초구라고 한다. 건괘乾卦는 진震으로 이루어진 것이니, 본래는 모두 용이다. 변하여 손巽이 되니 손은 곧 숨음이 되고, 엎드림이 되고, 들어감이 되니 이것이 '잠룡'이다. 들어가 나오지 않고, 때에 따라 쓰지 못하

9) 『周易四箋』(『與全』 2集, 1卷, 12). "九者, 老陽也. 六者, 老陰也. 老無不變, 則九六者, 旣變之名. 不變, 非九六也. 筮法三揲皆得天數, 則其數爲九. 三揲皆得地數, 則其數爲六. …… 其曰初九者, 謂初畫動而爲陰也, 其曰初六者, 謂初畫動而爲陽也, 則周公撰詞之初, 原主旣變之體, 而用其物象. 不知爻變, 則不可以讀周公之詞也."

므로 '잠룡이니 쓰지 말라' 라고 한 것이다.[10)]

이 인용문에서 특히 중요한 것은 처음에 나오는 '이는 건괘乾卦가 구괘姤卦로 변했음을 나타낸다.' 이다. 원문은 '此乾之姤也' 이다. 이러한 표현은 『주역사전』의 384효에 대한 설명에서 빠지지 않고 나오는 대목이다. 이러한 표현은 다산의 효변론을 가장 핵심적으로 보여주는 것으로 이해할 수 있다. 다산의 『주역』 해석은 그 시작이 바로 이 효변론이라 할 수 있는 것이다. 즉 효변론은 다산 역학의 시작이요 전제이다. 그만큼 다산 역학에서 효변론의 중요성은 아무리 강조해도 지나치지 않다. 이러한 전제가 있기 때문에 위의 인용문에서 알 수 있듯이, 건괘乾卦 초구의 '잠룡' 이라는 말을 해석할 수 있다. 건괘乾卦 초구는 건괘乾卦가 구괘姤卦로 변했음을 나타내기 때문에 하괘인 건乾이 아닌 손巽으로 해석해야 하는 것이다. 손巽의 상징인 숨음이나 엎드림이나 들어감을 알아야 비로소 '잠룡' 이라는 말을 해석할 수 있게 된다.

그렇다면 이처럼 다산 역학이론의 핵심이자 역학사의 일대 전환이라 평가받고 있는 효변론의 경전적 근거는 무엇일까? 라는 의구심이 들지 않을 수 없다. '이경증경以經證經' 의 태도를 고수하고 있는 다산이 아무런 근거 없이 이러한 이론을 제기할 까닭은 없다. 이에 대해 다산은 유교 13경 중의 하나인 『춘추좌씨전春秋左氏傳』에서 그 이론적 근거를 제시한다. 특히 다산은 『춘추좌씨전』 중에서 『주역』의 점법과 관련된 내용을 뽑아 「춘추관점보주春秋官占補註」라는 편을 따로 만들어 놓았다. 이 편을 살펴보면, 다산은 『춘추좌씨전』 중에서 『주역』의 점법과 관련된 17조항의 사

10) 『周易四箋』(『與全』 2集, 1卷, 38). "此乾之姤也. 蓍卦第一畫三掛之策, 皆得天數, 曰初九也. 卦以震成, 本皆龍也. 變而爲巽, 巽則爲隱, 爲伏, 爲入, 是潛龍也. 入而不出, 不爲時用, 潛龍勿用也."

례를 정리해 놓고 있다.[11] 이 17조항의 사례 중에서 다산은 특히 소공昭公 29년(기원전 513년)에 실린 채묵蔡墨의 사례를 핵심적인 근거로 제시한다.

> 가을에 용이 강絳이라는 땅의 교외에 나타났다. (이 일에 대해) 위헌자가 채묵에게 물었다. 채묵이 대답하기를, "『주역』에도 있습니다. 건지구乾之姤의 효사에는 '잠룡이니 쓰지 말라' 라고 되어 있고, 건지동인乾之同人의 효사에는 '용이 밭에 나타나다' 라고 되어 있고, 건지대유乾之大有의 효사에는 '용이 하늘을 날다' 라고 되어 있고, 건지쾌乾之夬의 효사에는 '항룡이니 후회함이 있을 것이다' 라고 되어 있고, 건지곤乾之坤의 효사에는 '나타난 여러 마리의 용이 머리가 없으니 길하다' 라고 되어 있고, 곤지박坤之剝의 효사에는 '용이 들에서 싸운다' 라고 되어 있습니다. 만약 용이 빈번하게 나타나지 않았다면 누가 그것을 사물로 지칭했겠습니까?[12]

여기에서 채묵은 위헌자의 용에 대한 물음과 관련하여 『주역』의 효사를 인용하고 있다. 그런데 주의할 점은 채묵이 『주역』의 효사를 인용하면서 이른바 오늘날 통용되는 지칭이 아닌 건지구乾之姤, 건지동인乾之同人, 건지대유乾之大有, 건지쾌乾之夬, 건지곤乾之坤, 곤지박坤之剝 등의 효변과 관련된 명칭을 사용하고 있다는 점이다. 즉 건괘乾卦 초구初九, 건괘 구이九二, 건괘 구오九五, 건괘 상구上九, 건괘 용구用九, 곤괘坤卦 상육上六 등의 일반적인 명칭을 사용하지 않은 점이다.

---

11) 「春秋官占補註」에는 이 17조항의 『춘추좌씨전』의 사례와 『국어』 중에서 뽑은 3조항이 함께 정리되어 있다.

12) 『周易四箋』(『與全』 2集, 7卷, 28). "秋, 龍見于絳郊. 晉魏獻子問於蔡墨. 墨對曰: "周易有之. 在乾之姤曰: '潛龍勿用', 其同人曰: '見龍在田', 其大有曰: '飛龍在天', 其夬曰: '亢龍有悔', 其坤曰: '見群龍無首吉', 坤之剝曰: '龍戰于野'. 若不朝夕見, 誰能物之.""

채묵의 사례가 특히 중요한 것은 채묵이 이른바 『주역』의 점괘를 뽑지 않은 상태에서 『주역』의 경문을 제시하고 있다는 점이다. 『주역』의 점법을 살펴보면, 괘를 뽑는 과정에서 변효가 있게 되면 자연스럽게 본괘와 지괘를 함께 제시할 수 있다. 이는 『주역』의 점법에서 매우 자연스러운 것이다. 그러나 채묵의 사례는 실제 점을 치는 과정에서 나온 것이 아니라 점서를 하지 않고 다만 『주역』의 경문을 인용하여 자기의 의견을 제시하고 있다.

이를 통해서 다산은 문왕과 주공이 『주역』의 괘효사를 지을 때부터 효변을 고려하여 괘효사를 지은 것으로 확신하게 된다. 그래서 다산은 『주역사전』의 「효변표직설爻變表直說」에서 "『춘추좌씨전』에 나오는 채묵의 대답이 (효변의) 확실한 증거"[13]라고 명확하게 얘기하고 있다. 채묵의 예처럼 점서를 하지 않고 『주역』의 경문을 인용한 사례가 『춘추좌씨전』 선공宣公 12년(기원전 597년)에도 나온다.

> 지장자知莊子가 말했다. "이 군대는 위태로울 것입니다. 『주역』의 사지림師之臨에 '군대의 출병은 군율을 따라야 하는데, 그 군율을 따르지 않으면 흉할 것이다' 라는 말이 있습니다.[14]

『춘추좌씨전』 양공襄公 28년(기원전 545년)에도 점서를 하지 않고 『주역』의 경문을 인용한 사례가 있다.

> 정나라 군주가 유길遊吉로 하여금 초나라에 가도록 하였는데 …… 초나라

13) 『周易四箋』(『與全』 2集, 1卷, 12). "左傳蔡墨之對旣是確證"

14) 『周易四箋』(『與全』 2集, 7卷, 22). "知莊子曰: "此師殆哉. 周易有之. 在師之臨, '師出以律, 否臧, 凶.' "

사람이 그를 돌려보냈다. (정나라 군주가 직접 오기를 원했던 것이다.) …… 유길이 돌아와 아뢰다. "초나라 군주는 장차 죽을 것입니다. 그 자신의 정치를 돌아보지 않고 제후에게 자신이 원하는 것을 강요하니, 그것이 가능하겠습니까? 『주역』의 복지이復之頤에 "되돌아갈 곳이 없으니, 흉하다."라는 말이 있습니다. 초나라 군주가 바로 이에 해당한다고 할 수 있습니다. 원하는 것을 회복하고자 하나 근본을 잊었으니, 되돌아갈 곳이 없습니다."[15]

이처럼 지장자의 말과 유길의 말은 점서를 하지 않고 단지 『주역』의 경문을 인용한 사례로 다산 효변론의 또 다른 증거라 할 수 있다.[16]

3. 도결의 효변론

『사고전서四庫全書』 문연각文淵閣본을 보면, 경부經部 역류易類에 『역변체의易變體義』가 수록되어 있다.[17] 다산이 언급한 『문헌통고文獻通考』의 「경적고經籍考」에 나오는 『주역변체周易變體』와는 서명이 약간 다르다.[18] 『사고전서』 제요에 따르면, 『역변체의』는 사고관신이 『영락대전永樂大典』에 수록된 것을 저본으로 하여 청나라 건륭乾隆 46년(1781)에 편찬한 것으로 되어 있다.[19] 당시에는 이미 16권 중에서 적지 않은 부분이 결손나 12

15) 『周易四箋』(『與全』 2集, 7卷, 25). "鄭伯使游吉如楚. 楚人還之. (欲鄭君之親來朝) 吉歸曰: "楚子將死矣. 不脩其政德, 而貪昧於諸侯. 以逞其願, 欲久得乎? 周易有之. 在復之頤曰; '迷復, 凶' 其楚子之謂乎? 欲復其願, 而棄其本, 復歸無所.""

16) 『周易四箋』(『與全』 2集, 1卷, 12). "春秋官占之引經爲義者, 又皆可證."

17) 『易變體義』, (宋)都絜撰, 『四庫全書』 文淵閣본, 經部一, 易類, 11-627.

18) 이것은 『四庫全書』를 편찬할 때 사고관신이 그때까지 전해 내려오는 여러 판본을 종합하여 명칭을 정한 것으로 생각된다. 『玉海』, 36권, 28쪽에는 『易變體』라고 되어 있다. (『四庫全書』 文淵閣본, 944-42)

권으로 편찬되었다. 결손난 부분은 다음과 같다. 예괘豫卦, 수괘隨卦, 대축괘大畜卦, 대장괘大壯卦, 규괘睽卦, 건괘蹇卦, 중부괘中孚卦 등 7괘와 진괘晉卦의 육삼, 구사, 육오, 상구 부분이다.[20]

도결(都絜, 생졸년 미상)[21]은 자가 성여聖與이고 단양丹陽[22] 사람이다.[23] 송나라 선화宣和 6년(1124)에 진사가 되었고[24] 관직은 소흥 연간에 이부낭중吏部郎中 지덕경부知德慶府, 태부소경太府少卿, 회서총령淮西總領 등을 역임했다.[25] 그의 부친은 도욱都郁으로 자는 자문子文이고 혜주교관惠州教官을 지냈고 평생 역학을 공부했다.[26] 도결은 부친한테서 들은 바에 기초해서 『역변체의易變體義』을 지었다. 저서에는 『주역설의周易說義』, 『역변체의易變體義』, 『주역체재周易體裁』 등이 있다.[27]

앞에서도 언급했지만 문연각본의 『사고전서』에는 『역변체의』 16권 중에서 12권만이 전해진다. 『역변체의』는 384효의 뜻을 밝히는 것을 위주로 했기 때문에, 64괘의 괘사뿐만 아니라 『단전彖傳』이나 『상전象傳』은 언급되어 있지 않다. 따라서 『주역』의 경문조차도 온전히 수록되어 있지 않다.

도결이 효변에 주목한 것은 다산과 마찬가지로 『춘추좌씨전』의 『주역』과 관련된 내용을 통해서이다. 도결이 소흥 28년(1158) 4월 5일 조정에 올린 글에 다음과 같은 언급이 나온다.

---

19) 『永樂大典』 목록에는 『易變體義』 十二卷으로 나온다.
20) 『易變體義』, 「提要」 1~4(『四庫全書』 文淵閣본, 11-627~629)
21) 『四庫全書』 文淵閣본에는 이 결絜자로 되어 있다.
22) 지금의 江蘇省 丹陽市.
23) 『易變體義』, 「提要」 1(『四庫全書』 文淵閣본, 11-627)
24) 『四庫提要辨證』, 1권, 經部1, 19.(余嘉錫 저, 國立北平圖書館, 1935)
25) 『經學辭典』, 520쪽. (黃開國 主編, 四川人民出版社, 1993)
26) 『易變體義』, 「提要」 1(『四庫全書』 文淵閣본, 11-627)
27) 『經學辭典』, 520쪽. (黃開國 主編, 四川人民出版社, 1993)

옛사람들이 괘효의 변체에 입각해 효사를 인용한 것이 좌구명의 『춘추지전春秋之傳』에 나옵니다. 가령, 진나라의 채묵은 건지구乾之姤나 건지동인乾之同人, 건지대유乾之大有, 건지쾌乾之夬 등을 말하면서 각각의 효사를 인용하고 있습니다. 정나라의 유길 등도 복지이復之頤, 사지림師之臨, 풍지리豐之離 등을 말하면서 각각 그 효사의 뜻을 언급하고 있습니다. (『주역』 경문을 보면, 초구나 상륙 등과 같이 위치를 나타내는) 초初, 상上 등에 구九와 육六이 합쳐져 있는데, (채묵과 유길 등이 이에 대해서는) 한마디도 언급하지 않은 것을 볼 때, 효사는 분명 변체의 뜻을 고려하여 지은 것입니다. 이에 모괘某卦의 모괘某卦라는 형식을 빌려, 효사의 뜻이 그 변체를 고려하여 지어졌음을 보였습니다. (그래서 『주역』은) 각 효가 각각 한 편이 되어, 전체 384편이 됩니다. 역易에는 이러한 일가의 학學이 있다고 할 수 있는데, 이것은 채묵 등의 언급에서 아이디어를 얻은 것입니다.[28]

위의 인용에서 알 수 있듯이, 도결은 좌구명이 지은 『춘추좌씨전』에 나오는 채묵 등의 언급에서 효변에 대한 아이디어를 얻게 된다. 이러한 인식은 그의 「자서自序」 에서도 분명하게 알 수 있다.

'잠룡' 이라는 말은 구괘姤卦의 정체正體가 아니지만, 건괘乾卦 초구初九가 변하여 구괘姤卦에 속하게 된 것이 건지구乾之姤이다. '황상黃裳' 이라는 말은 비괘比卦의 정체가 아니지만, 곤괘坤卦 육오六五가 변하여 비괘(『사고전서』 문연

28) 『易變體義』, 「篘子」 1(『四庫全書』 文淵閣본, 11-631). "竊謂古人卽卦爻之變體而引用爻辭者, 見於左丘明春秋之傳, 如晉史蔡墨卽乾之姤與其同人其大有其夬, 引潛見飛亢之辭. 以至鄭遊吉等引復之頤師之臨豐之離, 而各指其爻辭之意. 若夫初上中爻, 九六所居, 則未嘗一言及之. 臣乃妄意爻辭所繫必協變體之義, 於是試以某卦之某卦之爻而推其所繫之辭, 見其辭旨與變體協,因演其義, 爻爲一篇, 凡三百八十有四. 蓋謂易宜有是一家之學, 寔蔡墨等啓之也."

각文淵閣본에는 곤坤으로 되어 있는데, 이는 문맥상으로 볼 때 비比자의 오자이므로 수정)에 속하게 된 것이 곤지비坤之比이다. 건괘乾卦와 곤괘坤卦부터 (시작해서) 이와 같지 않은 것이 없다. 그렇지 않다면 건괘乾卦 구이九二가 변한 것을 어찌해서 건지동인乾之同人이라 하고, 건괘乾卦 구오九五가 변한 것을 어찌해서 건지대유乾之大有라 하겠는가? 그리고 (『國語 · 晉語』에 나오는) 동인董因이 진문공晉文公을 위한 점서에 육사六四가 변하지 않은 것을 어찌해서 태지팔泰之八이라 하고, 『춘추좌씨전春秋左氏傳』의 기사에 보이는 목강穆姜의 점서에 육이六二가 변하지 않은 것을 어찌해서 간지팔艮之八이라 하겠는가? 건지구乾之姤에서 미제지해未濟之解에 이르기까지 모두 이와 같다.[29]

『춘추좌씨전』 중 『주역』의 점서와 관련된 조항을 보면 모두 '건지구乾之姤'나 '곤지비坤之比', '건지동인乾之同人', '건지대유乾之大有' 등의 명칭으로 나와 있고, '건괘乾卦 초구初九', '곤괘坤卦 육오六五', '건괘乾卦 구이九二', '건괘乾卦 구오九五' 등의 일반적인 명칭으로 쓰여 있지 않은 것에 도결이 효변에 대한 아이디어를 얻었음을 밝히고 있다. 그리고 위의 인용에서 언급한 '태지팔泰之八'과 '간지팔艮之八'은 『주역』의 점법이 아닌 연산역이나 귀장역의 점법으로 '건지구乾之姤' 등의 변함을 나타내는 표현이 아닌 숫자 7이나 8을 사용해서 변하지 않음을 나타낸 것이다. '태지팔泰之八'과 '간지팔艮之八'을 연산역이나 귀장역의 점법으로 이해하는 것은 다산의 인식이기도 하다.[30]

---

29) 『易變體義』, 「自序」 1(『四庫全書』 文淵閣본, 11-631)," 潛龍之辭非姤之正體也, 乾初九所變而屬于姤, 是乾之姤而已. 黃裳之辭非比之正體也, 坤六五所變而屬于坤, 是坤之比而已. 自乾坤而下莫不如此. 不然則乾九二所變, 何以謂之其同人, 九五所變, 何以謂之其大有, 而董因之筮晉文六四不變, 何以言得泰之八, 魯史之筮穆姜六二不變, 何以言遇艮之八乎? 夫自乾之姤以至未濟之解宜皆若此."

30) 『周易四箋』(『與全』 2集, 7卷, 23). "周禮太卜掌三易. 然則雜用連山歸藏二易, 皆以七八爲

『역변체의易變體義』「제요提要」를 지은 사고관신의 평가도 도결의 생각과 다르지 않다.

『좌전左傳』에 실려 있는 『주역』의 여러 점서에 관한 언급을 보면 이른바 '모괘지모괘某卦之某卦' 라는 표현이 대략 십여 곳 있는데, 변효(動爻와 變爻는 같은 의미임)에 의해 뜻을 취한 것 같고 괘획의 본뜻만을 위주로 한 것 같지는 않다. 가령 왕자 백료가 정공자鄭公子 만만曼滿을 논할 때 "풍지리豐之離"라 했고, 유길이 초나라 군주를 논할 때 "『주역』의 복지이復之頤에 '되돌아갈 곳이 없으니, 흉하다.' 라는 말이 있다."라고 했고, 순수가 필 지역의 전쟁을 논할 때 "『주역』의 사지림師之臨에 '군대의 출병은 군율을 따라야 하는데, 그 군율을 따르지 않으면 흉할 것이다' 라는 말이 있다."라고 했고, 채묵이 용이 강絳이라는 땅의 교외에 나타난 것을 논할 때, "『주역』에도 있습니다. 건지구乾之姤의 효사는 '잠룡이니 쓰지 말라', 건지동인乾之同人의 효사는 '용이 밭에 나타나다', 건지대유乾之大有의 효사는 '용이 하늘을 날다', 건지쾌乾之夬의 효사는 '항룡이니 후회함이 있을 것이다', 건지곤乾之坤의 효사는 '나타난 여러 마리의 용이 머리가 없으니 길하다', 곤지박坤之剝의 효사는 '용이 들에서 싸운다' "라고 했는데, 이러한 것들은 모두 점서를 하지 않고 그 변체變體를 얘기하고 있으니, 원래부터 『주역』에 이러한 뜻이 있었음을 알 수 있다. 그러나 고서들이 산실되어 그 설이 전해지지 않았는데, 도결이 의리로 그 대략적인 뜻을 찾아보고자 했다.[31]

占. 故言遇艮之八."

31) 『易變體義』, 「提要」 1~2(『四庫全書』 文淵閣본, 11-627~628), "今考左傳載周易諸占所謂某卦之某卦者凡十事, 似乎因其動爻隨機斷義, 不必盡易之本旨. 然王子伯廖論鄭公子曼滿稱其在周易 '豐之離', 遊吉論楚子稱周易有之, 在復之頤曰: '迷復,凶', 荀首論邲之戰稱周易有之, 在師之臨, '師出以律, 否臧, 凶'. 蔡墨論龍見于絳郊稱周易有之, 在乾之姤曰: '潛龍勿用', 其同人曰: '見龍在田', 其大有曰: '飛龍在天', 其夬曰: '亢龍有悔', 其坤曰: '見群

도결과 마찬가지로 사고관신도 『좌전左傳』에 실려 있는 『주역』과 관련된 언급을 통해 효변설이 원래부터 『주역』에 있었음을 강조하고 있다. 사고관신이 예를 든 유길의 말, 순수의 말, 그리고 채묵의 말 등은 이미 앞에서도 언급했지만 다산이 효변론의 확실한 증거라고 제시한 것이다.

그렇다면 다산과 똑같이 효변론에 대한 인식을 공유하고 있는 도결의 『주역』에 대한 해석은 어떠한 내용을 담고 있을까? 이를 위해서 도결의 곤괘坤卦 초육初六에 대한 해석을 살펴보자.

> 초육: 서리를 밟으면 단단한 얼음이 이를 것이다.
>
> 이는 곤괘가 복괘로 변함을 나타낸다. 효사에서 말한 서리는 음의 기운이 비로소 응결되기 시작하는 것을 상징하고, 얼음은 음의 기운이 지극히 성함을 상징한다. 복괘는 한겨울에 해당하는 달을 나타낸다. 「월령」에서 "맹동孟冬에 물이 얼기 시작하고 중동仲冬에 얼음이 더욱더 단단해진다."라고 했는데, 처음에는 얇게 얼고 단단하지 않지만, (겨울의 기운이) 왕성할 때는 얼음이 단단해져 잘 녹지 않는다. 그러한즉슨, '서리를 밟다'는 곤괘坤卦의 초육을 나타내고, '단단한 얼음이 이를 것이다'는 복괘復卦의 변체를 나타낸다. 그리고 불은 양의 기운이고 물은 음의 기운이니, 얼음과 서리는 모두 물이고 음을 상징한다. (음력) 5월에 시작해서 (음력) 9월에 이르러 다섯 개의 음이 생긴 후 서리가 비로소 응결하기 시작한다. 여섯 개의 음이 생긴 후 물이 비로소 얼기 시작한다. 따라서 변체가 복괘復卦가 된 후 단단한 얼음의 상이 있게 된다.[32]

龍無首吉', 坤之剝曰: '龍戰于野' 云云, 皆未嘗卜筮而咸稱變體. 知古來周易原有此一義矣. 但古書散佚, 其說不傳, 而絜以義理揣摩求其崖畧."

32) 『易變體義』, 1권, 7(『四庫全書』 文淵閣본, 11-635), "初六, 履霜, 堅氷至. 此坤之復也, 而爻辭云爾者, 盖霜象陰之始凝, 氷象陰之極盛, 而復之爲卦仲冬之月也. 月令孟冬則曰水始氷, 而仲冬則曰氷益壯, 始則薄而未堅, 壯則堅而難泮矣. 然則履霜言坤之初六, 而堅氷至者言復之變體也. 且火爲陽, 水爲陰, 氷霜皆水, 盖陰象也. 自午至戌五陰而後霜乃凝焉, 六陰

위의 인용에서 형식적인 측면을 고려했을 때, 가장 특징적인 것은 시작하는 부분의 '이는 곤괘坤卦가 복괘復卦로 변함을 나타낸다.' 이다. 원문은 '此坤之復也' 이다. 이 원문을 보았을 때, 우리는 다산의 『주역사전』을 떠올리지 않을 수 없다. 『주역사전』의 384효를 설명하는 모든 부분이 이와 똑같기 때문이다. 물론 다산이 『역변체의易變體義』를 구해 보지 못했기 때문에 『주역사전』과 『역변체의』의 직접적인 관련성을 논의하는 것은 무의미하지만, 그렇다고 하더라도 『역변체의』의 형식적인 특징과 구체적인 내용을 살펴보는 것은 다산 효변론의 연원을 살펴본다는 차원에서는 유의미한 작업이라 할 수 있다.

『역변체의』 384효의 모든 부분이 다산의 『주역사전』처럼 '此某之某也' 라는 시작하는 것은 도결이 효변에 대해서 충분히 인식하고 있었음을 보여준다. 앞에서도 언급했지만 도결은 『좌전』의 채묵의 말, 유길의 말, 지장자의 말 등을 통해서 『주역』의 효사가 본괘와 지괘를 고려해서 지어졌음을 인식했다. 따라서 그의 이러한 효변에 대한 인식이 『주역』 경문에 대한 해석에 적용되는 것은 너무나 당연한 결과이다. 그래서 도결은 『역변체의』의 384효에 대한 설명에서 기존의 학설과는 다른 자신만의 독특한 효변론을 적용하게 된 것이다.

내용적인 측면에서도 도결은 본괘와 지괘를 적절히 활용해 효사를 설명한다. 그 대표적인 예가 위에서 인용한 곤괘坤卦 초육初六에 대한 그의 설명이다. 도결에 의하면 곤괘 초육의 효사인 '서리를 밟으면 단단한 얼음이 이를 것이다.' 에 대한 해석은 본괘인 곤괘만으로는 해석이 어렵고 지괘인 복괘를 함께 활용해야 정확한 해석에 이를 수 있다고 했다. 즉 '서리를 밟다' 는 본괘인 곤괘 초육을 통해 해석할 수 있고, '단단한 얼음이

而後水始氷焉. 然必變體爲復而後有堅氷之象者."

이를 것이다.' 는 지괘인 복괘를 통해 해석할 수 있다. 곤괘는 (음력) 10월 괘에 해당하고 복괘는 (음력) 11월 괘에 해당하기 때문이다. 「월령」에 의하면 음력 10월 초겨울에 비로소 얼음이 얼고, 음력 11월 한겨울에 얼음이 단단하게 언다. 청대 사고관신도 곤괘 초육에 대한 설명이 가장 이치에 잘 부합하는 예로 들고 있다.[33]

가인괘家人卦 상구上九도 도결의 효변론을 이해하기 위한 좋은 예이다.

상구: 믿음이 있고 위엄도 있으니 끝내 길할 것이다.

이는 가인괘家人卦가 기제괘既濟卦로 변함을 나타낸다. 효사에서 이렇게 말한 것은 '기既' 자의 의미를 '다함' 으로 해석했기 때문이다. '기제既濟' 는 (어떤 어려움을) 구제하지 않음이 없음을 말하고, 구제하지 않음이 없으면 천하는 태평하고 안정될 것이다. 그러므로 『잡괘전雜卦傳』에서 '기제의 뜻은 정해짐이다.' 라고 했고, 가인괘 『단전彖傳』에서 '가정을 바르게 하면 천하가 안정될 것이다.' 라고 했다. 천하의 근본은 나라에 있고, 나라의 근본은 가정에 있고, 가정의 근본은 자신에게 있으니, 자신을 돌이켜 반성하여 마음을 진실하게 하고 언행을 착하게 한다면 누가 감히 따르지 않겠는가? 어버이는 어버이답고 자식은 자식답고 형은 형답고 동생은 동생답고 남편은 남편답고 아내는 아내다워야 가정의 도리가 바르게 되고, 가정을 바르게 하면 천하가 안정될 것이니, 가인괘 상구上九에 이르러야 가정의 도가 완성되는 것이고 천하가 안정되는 것이다. 부자와 형제, 부부에 이르기까지 자신의 직분에 만족하고 순리를 따를 때, 천하는 태평하고 안정된다. 그러므로 변체가 기제괘가 되고 가인괘 『상전象傳』에서 상구 효사 '믿음이 있음' 에 대해 '자신을 돌이켜 반성함을 말

33) 『易變體義』, 「提要」 2(『四庫全書』 文淵閣본, 11-628), "其中巧相符合者, 如坤之初六 '履霜, 堅氷至', 則曰此坤之復也. 月令孟冬水始氷, 仲冬氷益壯, 始則薄而未堅, 壯則堅而難泮. 故爻曰 '履霜' 以坤爲十月之卦, 又曰 '堅氷至' 者則變體爲復乃十一月之卦也."

함' 이라고 했다. 언행에 믿음이 있고 자신을 돌이켜 반성하여 진실하게 실천한다면 성공에 이르게 되고 (어떤 어려움을) 구제하지 않음이 없게 되니, 구제하지 않음이 없으면 천하가 안정된다.[34]

도결에 의하면 가인괘 상구는 가인괘가 기제괘로 변하는 경우를 나타낸다. 그래서 가인괘 상구는 가인괘뿐만 아니라 상구가 효변하여 생성되는 기제괘도 동시에 고려해서 상구 효사를 설명해야 한다. 『잡괘전雜卦傳』에 의하면 '기제의 뜻은 정해짐이다.' 따라서 이 '정해짐' 의 의미를 통해 가인괘 상구 효사를 해석할 수 있는 것이다.

위의 인용에서 알 수 있듯이 도결은 기제괘의 '정해짐' 이라는 의미가 가인괘 『단전』의 '가정을 바르게 하면 천하가 안정될 것이다.' 라는 구절과 연결되고, 또 가인괘 상구의 효사를 풀이한 『상전』의 '자신을 돌이켜 반성함을 말함' 이라는 구절과도 서로 연결된다고 보았다. 즉 천하의 근본은 나라에 있고 나라의 근본은 가정에 있고 가정의 근본은 자신에 있기 때문에, 자신을 돌이켜 반성한다면 가정이 안정되고 나라도 안정되고 천하도 안정되는 것이다. 따라서 (모든 일의) 근본이라 할 수 있는 자기 자신을 돌이켜 보고 반성하는 자세가 무엇보다 중요하다. 그래서 변체가 기제괘가 되고 가인괘 상구 『상전』에서 '자신을 돌이켜 반성함을 말함' 이라고 한 것이다.[35]

---

34) 『易變體義』, 8권, 6(『四庫全書』 文淵閣본, 11-718), "上九, 有孚威如, 終吉. 此家人之旣濟也, 而爻辭云爾者旣之爲言盡也. 旣濟言無不濟, 無不濟則無事而天下定. 故雜卦曰: '旣濟定也', 而家人彖曰: '正家而天下定.' 夫天下之本在國, 國之本在家, 家之本在身, 反身而誠, 而善其言行以率之, 則孰敢不聽, 而'父父子子兄兄弟弟夫夫婦婦, 而家道正, 正家而天下定.' 至于上九則家道成矣, 天下定矣. 父子兄弟夫婦莫不安分循理而天下化之無事而定矣. 故變體爲旣濟而曰'有孚威如, 反身之謂.' 盖始於言有物行有恒, 反身而誠以率之, 至是功成而莫不濟, 莫不濟而天下定矣."

35) 『易變體義』, 「提要」, 2(『四庫全書』 文淵閣본, 11-628), "家人上九, 有孚威如, 終吉, 則曰

이상 곤괘 초육과 가인괘 상구의 두 예를 통해서 도결이 효변론을 이용해 『주역』 384효에 대한 새로운 해석을 시도하고 있음을 알 수 있다. 이러한 점에 있어서 도결의 효변론은 다산 효변론의 선하先河라고 할 수 있다. 하지만 도결의 효변론과 다산의 효변론은 약간 차이가 있는 것도 사실이다. 도결의 효변론에서 있어서 핵심적인 구조라고 한다면 본체+변체라는 틀로 설명할 수 있다. 즉 효변을 통해서 생성된 새로운 괘는 변체이며, 이 변체는 본체와 함께 효사를 해석하는 중요한 요소이지만, 본체와 비교해 본다면 글자 그대로 부차적인 역할을 수행하고 있다고 볼 수 있다. 도결의 『주역』 384효에 대한 해석에 있어서 여전히 중요한 요소는 본체이며 변체는 본체와 유기적인 관계를 맺으면서 본체를 도와주는 기능을 하는 것이다. 이와 달리 다산의 효변론에 있어서 효변으로 인해 새로이 생성되는 변괘는 『주역』 384효를 해석하는 중심적인 요소가 된다. 이러한 의미에서 필자는 효변을 의미하는 '모괘지모괘某卦之某卦' 를 해석할 때, 도결의 경우에는 '모괘가 모괘로 변함' 이라고 풀이했고, 다산의 경우는 '모괘가 모괘로 변했음' 이라고 풀이했다. 이러한 차이점은 다산의 효에 대한 해석을 살펴보면 쉽게 알 수 있다. 도결의 효변론과 비교하기 위해 앞에서 예를 든 곤괘 초육에 대한 다산의 해석을 살펴보자.

> 초효가 이미 변했기 때문에, 음의 기운이 응결된다. 음의 기운이 비로소 응결하니 그 상이 서리이다. 마침내 진震의 발로써 이 응결된 음을 밟으니, 이것이 '서리를 밟다' 이다.[36)]

'此家人之旣濟也,' 雜卦曰: '旣濟定也.' 彖曰: '正家而天下定.' 天下之本在國, 國之本在家, 家之本在身, 反身而誠, 孰敢不聽, 父子兄弟夫婦莫不安分循理而天下化之無事而定矣. 故變體爲旣濟而曰 '有孚威如, 反身之謂也.' "

36) 『周易四箋』(『與全』 2集, 1卷, 46). "初之旣動, 陰乃凝合, 陰之始凝, 其象霜也. 遂以震足, 踐此凝陰, 是履霜也."

여기서 다산은 곤괘 초육이 효변하여 이미 복괘가 되었음을 가정하고 해석하고 있다. 즉 곤괘 초육의 효사인 '서리를 밟으면 단단한 얼음이 이를 것이다' 에서 '서리' 는 곤괘가 아니라 복괘에서 그 상을 찾은 것이다. 도결이 곤괘에서 '서리' 의 상을 찾은 것과는 다른 차원의 해석인 셈이다. 이러한 점을 보면, 다산의 효변론은 도결의 효변론과 비교했을 때, 효변이라는 이론적인 측면에서는 같다고 할 수 있지만, 그 내용적인 측면에서는 새로운 해석이라 할 수 있겠다.

4. 심해의 효변론

『문헌통고文獻通考』「경적고經籍考」를 보면, 도결의 『주역변체周易變體』 十六卷과 함께 효변론의 연원을 알 수 있는 또 다른 중요한 역학 저작인 심해沈該의 『주역소전周易小傳』 六卷이 있다.[37]

> 심해주역소전육권沈該周易小傳六卷
>
> 진씨[38]가 말했다. "육효를 해석함에 변괘를 함께 논했는데 대부분 『춘추좌씨전』의 점법에 그 뿌리를 두고 있다. ……"

여기서 말한 변괘變卦가 바로 효변을 뜻한다. 즉 중국 역학사에서는 '효변' 이라는 용어와 함께 '변괘' 라는 용어를 많이 사용하며, 또한 도결

---

37) 『文獻通考』, 176권, 24(『四庫全書』 文淵閣본, 614-56), "沈該周易小傳六卷. 陳氏曰:釋六爻兼論變卦, 多本春秋左氏傳占法卦爲一論. 又有繫辭補註十餘則,附之卷末."

38) 『直齋書錄解題』를 지은 송나라의 陳振孫을 가리킨다. 『直齋書錄解題』 1권, 23을 참조.(『四庫全書』 文淵閣본, 674-539)

의 효변론에서 살펴본 '변체'라는 용어도 많이 사용한다. 그리고 진진손은 심해의 효변론이 대부분 『춘추좌씨전』의 점법에 그 뿌리를 두고 있다고 보았다.

심해(沈該, 생졸년 미상)는 자가 수약守約이며 오흥吳興[39] 사람이다.[40] 송나라 휘종徽宗 선화宣和 원년(1119)에 진사가 되었고,[41] 예부시랑禮部侍郞, 기주[42]지주夔州知州, 참지정사參知政事, 좌복야左僕射, 평장사平章事 등을 역임했고,[43] 소흥 26년(1156)에 재상이 되었다.[44] 고종 임금에게 자신의 저서 『주역소전』을 올려 고종 임금으로부터 칭찬을 들었다. 이를 계기로 그의 저서 『주역소전』은 당시 상당히 유행했었다고 전해진다.[45] 저서에 『주역소전周易小傳』 6권과 『계사보주繫辭補注』 1권이 있다. 『계사보주』 1권은 『사고전서』에는 수록되지 않았지만, 오흥吳興 유씨劉氏 가업당嘉業堂 간본이 남아 있다.[46]

『역소전易小傳』[47] 6권은 주로 384효를 해석하는 데 중점을 두었으며, 괘사에 대한 해석이 없고, 『대상전』, 『단전』, 『계사전』, 『문언전』, 『서괘전』, 『잡괘전』 등도 실려 있지 않다. 매 괘 끝에는 '논왈論曰'으로 시작하는 그 괘에 대한 통론이 제시되어 있다.

『역소전』의 형식적 특징은 매 효의 처음에 지괘之卦를 표시한 것이다. 건괘 초구에는 '지구之姤'(巽下乾上)라고 표시했고, 건괘 구이에 '지동인

39) 지금의 절강성 湖州市.
40) 『易小傳』, 「提要」 1(『四庫全書薈要』, 4-363).
41) 『讀易提要』, 147~8쪽. (潘雨廷, 上海古籍出版社, 2006)
42) 지금의 중경시 奉節縣.
43) 『經學辭典』, 269쪽. (黃開國 主編, 四川人民出版社, 1993)
44) 『讀易提要』, 147~8쪽. (潘雨廷, 上海古籍出版社, 2006)
45) 『讀易提要』, 148쪽. (潘雨廷, 上海古籍出版社, 2006)
46) 『讀易提要』, 148쪽. (潘雨廷, 上海古籍出版社, 2006)
47) 『四庫全書薈要』에는 서명이 『易小傳』으로 되어 있다.

之同人'(離下乾上), 건괘 구삼에 '지리之履'(兌下乾上), 건괘 구사에 '지소축之小畜'(乾下巽上), 건괘 구오에 '지대유之大有'(乾下離上), 건괘 상구에 '지쾌之夬'(乾下兌上)라고 표시했다. 이는 다산과 도결의 '모괘지모괘某卦之某卦'라는 표현과 같다고 할 수 있다. 즉 다산과 도결, 심해는 모두 효변을 중심으로 효사를 해석하고 있다.

심해의 효변론도 다산 및 도결과 마찬가지로 『춘추좌씨전』의 점법에서 그 이론적 근거를 찾고 있다.

사상四象이 무엇인가? 육六, 칠七, 팔八, 구九이다. 칠은 소양少陽이고, 구는 노양老陽으로 양의 기운이 가득하다. 팔은 소음少陰이고, 육은 노음老陰으로 음의 기운이 가득하다. 사물이 지극하면 가득하게 되고, 가득함이 지극하면 변하는데, 이는 자연스러운 이치이다. 그러므로 칠과 팔은 음양의 고요함이요 구와 육은 음양의 움직임이다. 길흉吉凶과 회린悔吝은 움직임에서 생겨나는데, 반드시 움직임이 있어야 점서가 있게 되고 움직임이 없다면 조짐도 없게 된다. 그러므로 성인이 『역』을 지을 때, 점서는 반드시 효변으로 길흉을 정했으니, 이른바 '움직이면 그 변화를 관찰하여 점을 살핀다'고 했다. 가령 진나라 여공厲公이 경중敬仲을 낳았을 때 점서하여 관지비觀之否를 얻었는데, 주나라 태사가 "땅 위에서 바람이 하늘로 변하고 (또 땅 위에) 산이 있습니다. 산에는 재목이 있어 하늘의 빛으로 비추니, 이에 땅 위에 거처하고 있는 것입니다. (그러므로 관괘觀卦 육사六四의 효사에서) 왕의 손님이 되는 것이 이롭다."고 했다. 또 진나라 군주가 장차 천자를 모시려 하였을 때, (진나라 군주인 중이重耳가 그 일을 자신이 하고자 복언卜偃으로 하여금) 점치게 했는데, 대유지규大有之睽[48]를 얻었다. 이에 복언이 "하늘이 못으로 변하여 해와 짝하고 있는 상이므로, 천자로

48) 『四庫全書薈要』에는 暌로 되어 있는데, 睽의 오자이다.

부터 마음을 얻어 전쟁에서 이기고 또 천자가 잔치를 베풀 것이니, 길함이 이보다 더 좋을 수가 없습니다."라고 했다. 이와 비슷한 예들이 『좌씨전』에 많이 수록되어 있는데, 모두 효변을 이용해 길흉을 말하고 있다.[49]

위의 인용에서 심해는 육, 칠, 팔, 구 사상四象 중에서 변동을 의미하는 육六이나 구九로 효爻를 표시하는 것이 성인이 『주역』을 지을 때 처음부터 효변을 고려했음을 직접 보여주는 증거라 보았다. 이것은 『춘추좌씨전』의 관지비觀之否나 대유지규大有之睽 등의 여러 예를 통해서도 증명이 된다.

이처럼 심해는 『춘추좌씨전』의 여러 점례에 기초하여 효변론을 주장하게 되었고, 그의 『주역』 384효에 대한 해석에서도 구체적으로 적용하고 있다. 예를 들어 곤괘 초육의 효사에 대한 해석을 살펴보면 다음과 같다.

초육: 서리를 밟으면 단단한 얼음이 이를 것이다. 『상전象傳』: '서리를 밟으면 단단한 얼음이 이를 것이다' 라고 한 것은 음의 기운이 처음으로 응결하기 시작하여 그 이치를 따라 단단한 얼음에 이르게 됨을 말한 것이다.

복괘復卦로 변하는 경우이다. 초육은 신하로서 지켜야 할 덕의 첫 단계를 의미하고, '서리를 밟으면 단단한 얼음이 이를 것이다' 고 한 것은 그 처음을 경계한 것이다. 임금으로서 지켜야 할 덕의 첫 단계에서는 '잠룡이니 쓰지 말라'

49) 『易小傳』, 「原序」 1(『四庫全書薈要』, 4-364). "四象者何也? 六七八九是也. 七爲少陽, 九爲老陽, 陽盈也, 八爲少陰, 六爲老陰, 陰盈也. 物極則盈, 盈極則變, 理之常也. 故七八者陰陽之靜也, 九六者陰陽之動也. 吉凶悔吝生乎動者也. 惟動則有占, 不動則無兆, 故聖人作易, 筮者亦必以爻變定吉凶, 所謂動則觀其變以玩其占也. 如陳厲公生敬仲, 筮之遇觀之否, 周史以謂 '風爲天於土上山也, 有山之材而照之以天光, 於是乎居土上, 利用賓于王.' 秦伯將納王, 筮之遇大有之睽, 卜偃以謂 '天爲澤以當日, 天子降心以逆公, 戰克而王饗之, 吉孰甚焉.' 如此之類左氏載之甚多, 皆用爻變以言吉凶."

> 라고 했고, 신하로서 지켜야 할 덕의 첫 단계에서는 그 처음을 경계한 것이다. …… 곤괘坤卦는 음력 10월괘로 서리를 밟게 되는 때이다. 곤괘의 초효가 변동하여 진震이 되면, 괘는 복괘가 된다. 즉, 양의 기운이 아래에서 생기게 되면 음의 기운이 그 영향을 받게 되어 응결하기 시작하니, 음의 기운이 비로소 응결하기 시작함을 상징한다. (하괘인) 진震은 단단함을 나타내니 단단한 얼음을 상징한다.[50]

심해는 곤괘 초육 효사를 설명할 때, 맨 처음에 이 효는 '복괘로 변하는 경우' 라고 명시하고 있다. 이는 심해가 『역소전』을 지은 이유이기도 하다. 즉 심해는 『역소전』 384효 전체에서 이러한 효변을 명시하여 『역소전』이 다름 아닌 효변을 주장하기 위한 책임을 분명히 했다. 이에 따라 위에서 인용한 곤괘 초육의 효사를 해석할 때도 본괘本卦인 곤괘와 지괘之卦인 복괘를 함께 이용하고 있는 것이다. 곤괘 초육의 효사 '서리를 밟다' 는 본괘인 곤괘로 해석하고 있고, '단단한 얼음이 이를 것이다' 는 지괘인 복괘로 해석하고 있다.

가인괘家人卦 상구上九에서도 효변을 통한 해석이 잘 나타나 있다.

> 상구: 믿음이 있고 위엄도 있으니 끝내 길할 것이다.
>
> 기제괘旣濟卦로 변하는 경우이다. '믿음이 있고 위엄도 있다' 는 것은 가인괘 상효가 양으로 끝났기 때문이다. 가정의 도리는 위엄과 믿음이 근본이 된다. …… (상괘인) 손巽이 변동하여 감坎이 되면 감은 믿음을 상징한다. 또 강효剛爻

50) 『易小傳』, 1권 上, 12(『四庫全書薈要』, 4-372). "初六, 履霜, 堅氷至. 象曰: '履霜, 堅氷' 陰始凝也, 馴致其道, 至堅氷也. 之復(震下坤上). 初六臣德之始也, '履霜, 堅氷至' 戒其漸也. 君德之初在藏其用, 臣德之始在戒其漸. …… 蓋坤十月卦, 履霜之時也. 居坤之始爻變爲震, 卦變爲復, 陽復於下陰受之而凝, 陰始凝之象也."

가 위에 있으니 위엄을 상징한다. 괘가 변해 기제괘가 되면 강효剛爻와 유효柔爻가 정당한 위치를 얻게 되니 가정의 도리가 마침내 바르게 되는 것이다.[51)]

가인괘 상구의 효사에서 '믿음이 있고 위엄도 있다'는 본괘인 가인괘 상구가 강효인 점을 통해 해석한 것이고, '끝내 길할 것이다'는 지괘인 기제괘 육효가 양효는 양의 위치에 음효는 음의 위치에 있어 모두 정당한 자리를 얻었다는 점을 통해 해석한 것이다.

5. 결어

서론에서 필자는 다산 효변론의 연원에 대한 연구가 거의 이루어지지 않았다고 지적했다. 그 이유 중의 하나는 다산이 그의 대표적인 역학 저작인 『주역사전』에서 "한대漢代 이후 효변론이 전승되지 않았다."고 언명한 것에 기인할 수도 있다. 그리고 다산 스스로 효변론의 독창성과 중요성을 강조하였기 때문일 수 있다. 그럼에도 불구하고 우리는 다산의 또 다른 역학 저작인 『역학서언』의 「다산문답」에 나오는 효변론에 대한 다산의 언급을 주목하지 않을 수 없다. 왜냐하면, 「다산문답」에서 다산이 분명하게 효변론의 연원을 밝히고 있기 때문이다. 물론 다산이 송나라 도결의 『주역변체』라는 책을 구해 보지 못했기 때문에 다산과 도결의 직접적인 연관성을 비교하는 것은 어렵지만, 그렇다 하더라도 최소한 다산 역학의 핵심이라 할 수 있는 효변론이 중국 역학사에서 어떻게 전개되고 있

51) 『易小傳』, 4권 下, 3~4(『四庫全書薈要』, 4-477). "上九, 有孚威如, 終吉. 象曰:威如之吉, 反身之謂也. 之旣濟(離下坎上). 有孚威如,剛得終也. 家人之道威信爲本. …… 蓋巽而爲坎, 坎爲信, 有孚之象也. 剛居上, 威如之象也. 卦變旣濟, 剛柔正而當位, 家道之所以終濟也."

는지에 대해서는 고찰할 필요가 있다. 따라서 다산이 직접 제시한 효변론의 단서를 찾아 살펴보는 것은 다산 역학의 이론적 배경을 살펴보는 데 있어서 중요한 과제이기도 하다.

이러한 문제의식에 따라 필자는 다산이 송나라 도결의 역학 저작인 『역변체의』, 그리고 도결과 동시대의 역학자인 심해의 『역소전』을 통해 다산 효변론의 연원에 대해 시론적인 고찰을 시도하였다.

도결의 『역변체의』는 다산과 마찬가지로 『춘추좌씨전』의 '모괘지모괘' 라는 효변의 형식에 근거해 384효를 해석하고 있다. 이를 통해서 우리는 다산의 효변론과 도결의 효변론이 역 해석 방법론에 있어서는 동일하다는 결과를 얻을 수 있다. 도결과 동시대의 역학자인 심해의 『역소전』도 『춘추좌씨전』의 '모괘지모괘' 라는 효변의 형식에 근거해 384효를 해석하고 있다.

이러한 고찰을 통해 다산의 효변론이 송나라 때 이미 보편적인 역 해석 방법론 중의 하나였음을 알 수 있었다. 이것은 송말원초의 역학자인 정역동丁易東[52]의 『역상의易象義』 중 「역통론易統論」에서도 확인할 수 있다. 정역동은 한대 이후 송대까지의 역학사를 12유파로 총결하였는데, 그중 세 번째 유파가 바로 이 효변을 통해 『주역』을 해석한 유파이다. 정역동이 분류한 12유파는 다음과 같다. 1. 의리로 『역』을 해석한 유파(以理論易)[53]: 호안정胡安定[54], 정이천程伊川, 장횡거張橫渠, 2. 상象으로 『역』을

52) 丁易東(생졸년 미상) 자는 漢臣 호는 石壇 武陵(지금의 湖南省 常德) 사람이다. 咸淳 연간에 진사가 되었고 관직은 朝奉大夫, 大府寺簿, 樞密院編修官을 역임했다. 元나라가 성립한 후에는 관직에 나가지 않고 石潭精舍를 지어 후학 양성에 힘썼다. 역학 저서에 『易象義』 『大衍索隱』 등이 있다. 『中華易學大辭典』編輯委員會 編, 『中華易學大辭典』, 上海古籍出版社, 2008, 769쪽 참조.

53) 『四庫全書總目提要』를 편찬한 사고관신이 분류한 양파육종 중의 하나인 '호원과 정자의 유학의 의리로 역을 해석하는 전통' 과 일치한다. 王雲五主持, 『合印四庫全書總

해석한 유파(以象論易): 이정조李鼎祚, 주자발朱子發[55], 정소매鄭少梅[56], 3. 효변으로 『역』을 해석한 유파(以變論易): 심해沈該, 도결都潔, 4. 점으로 『역』을 해석한 유파(以占論易): 주자朱子, 채백정蔡伯靜[57], 풍의지馮儀之[58], 5. 수數로 『역』을 해석한 유파(以數論易): 소강절邵康節, 장문요張文饒[59], 유지행劉志行, 6. 악율로 『역』을 해석한 유파(以律論易): 정강성鄭康成[60], 7. 역법으로 『역』을 해석한 유파(以曆論易): 경방京房[61], 8. 술수로 『역』을 해석한 유파(以術論易): 『역림易林』[62], 『궤혁軌革』[63], 9. 역사적 사실로 『역』을 해석한 유파(以事論易)[64]: 간보干寶[65], 조자지晁子止[66], 양정수楊廷秀[67], 10.

目提要及四庫未收書目禁燬書目(一)』(臺灣商務印書館, 1978), 「四庫全書總目提要」, 一, 經部, 易類一, 2쪽 참조.

54) 胡瑗(993~1059) 자는 翼之, 江蘇 泰縣 사람으로 북송 초의 저명한 학자. 安定先生으로 존숭되었다. 역학 저작에 『周易口義』 12권이 있다. 張善文, 『周易辭典』, 上海古籍出版社, 1992, 563쪽 참조.

55) 朱震(1072~1138) 자는 子發, 湖北 荊門 사람으로 漢上先生으로 존숭되었다. 역학 저작에 『漢上易傳』이 있다. 張善文, 『周易辭典』, 上海古籍出版社, 1992, 270쪽 참조.

56) 鄭東卿(생졸년 미상) 자는 少梅이고 三山(지금의 福州市) 사람으로 송대의 저명 역학자. 저서에 『周易疑難圖解』 25권이 있다. 王鐵, 『宋代易學』, 上海古籍出版社, 2005, 184쪽 참조.

57) 蔡淵(생졸년 미상) 자는 伯靜, 호는 節齋, 福建 建陽 사람으로 남송의 역학자. 蔡元定(1135~1198)의 아들로 역학 저서에 『周易卦爻經傳訓解』 2권, 『易象義言』 1권이 있다. 張善文, 『周易辭典』, 上海古籍出版社, 1992, 787쪽 참조.

58) 馮椅(생졸년 미상) 자는 儀之, 호는 厚齋, 江西 都昌 사람으로 남송의 저명한 학자. 역학 저서에 『厚齋易學』 50권 등이 있다. 張善文, 『周易辭典』, 上海古籍出版社, 1992, 228쪽 참조.

59) 張行成(생졸년 미상) 자는 文饒 남송 臨邛 사람으로 觀物先生으로 존숭되었다. 역학 저서에 『易通變』 40권, 『翼玄』 12권, 『元包數總義』 2권, 『皇極經世索隱』 2권, 『皇極經世觀物外篇衍義』 9권 등이 있다. 張善文, 『周易辭典』, 上海古籍出版社, 1992, 375~376쪽 참조.

60) 鄭康成의 『周禮』 律呂說이 이에 해당한다.

61) 京房의 卦氣說이 이에 해당한다.

62) 西漢 焦贛의 易書.

63) 중국 고대 술수의 하나로 그림으로 길흉을 점친다.

심心으로 『역』을 해석한 유파(以心論易): 양경중楊敬仲[68], 전자시錢子是[69], 황경원黃景元, 11. 노장으로 『역』을 해석한 유파(以老論易)[70]: 왕보사王輔嗣, 한강백韓康伯, 정태지程泰之[71], 12. 불교로 『역』을 해석한 유파(以釋論易): 이통현李通玄[72] 등이다.[73] 이를 통해서도 우리는 효변을 이용해 『주

64) 『四庫全書總目提要』를 편찬한 사고관신이 분류한 양파육종 중의 하나인 '이광과 양만리의 역사적 사실로 역을 증명하는 전통' 과 일치한다. 王雲五主持, 『合印四庫全書總目提要及四庫未收書目禁燬書目(一)』(臺灣商務印書館, 1978), 「四庫全書總目提要」, 一, 經部, 易類一, 2쪽 참조.

65) 干寶(생졸년 미상) 자는 令升, 東晉 新蔡 사람이다. 역학 저서에 『周易注』 1권 등이 있다. 張善文, 『周易辭典』, 上海古籍出版社, 1992, 26~27쪽 참조.

66) 晁公武(생졸년 미상) 자는 子止 남송 鉅野 사람으로 昭德先生으로 존숭되었다. 송대의 저명한 類書인 『郡齋讀書志』를 편찬했고, 역학 저서에 『易詁訓傳』 18권이 있었으나 지금은 전하지 않는다. 『中華易學大辭典』編輯委員會 編, 『中華易學大辭典』, 上海古籍出版社, 2008, 754쪽 참조.

67) 楊萬里(1124~1206) 자는 廷秀 호는 誠齋 남송 吉水(지금의 江西) 사람이다. 역학 저서에 『誠齋易傳』 20권이 있다. 張善文, 『周易辭典』, 上海古籍出版社, 1992, 334쪽 참조.

68) 楊簡(1141~1225) 자는 敬仲으로 남송 慈湖 사람이다. 역학 저서에 『楊氏易傳』 20권이 있다. 張善文, 『周易辭典』, 上海古籍出版社, 1992, 333~334쪽 참조.

69) 錢時(생졸년 미상) 자는 子是이고 淳安 사람으로 楊簡의 제자이다. 역학 저서에 『周易釋傳』이 있다. 黃宗羲 撰, 全祖望 續修, 王梓材 校補, 『宋元學案』, 河洛圖書出版社, 中華民國 64年, 「慈湖學案」 74~75쪽 참조; 「靜明寶峯學案」 62쪽 참조.

70) 『四庫全書總目提要』를 편찬한 사고관신이 분류한 양파육종 중의 하나인 '왕필이 제창한 노장으로 역을 해석하는 전통' 과 일치한다. 王雲五主持, 『合印四庫全書總目提要及四庫未收書目禁燬書目(一)』(臺灣商務印書館, 1978), 「四庫全書總目提要」, 一, 經部, 易類一, 2쪽 참조.

71) 程大昌(1123~1195) 자는 泰之 남송 休寧 사람이다. 역학 저서에 『易原』 8권이 있다. 張善文, 『周易辭典』, 上海古籍出版社, 1992, 741쪽 참조.

72) 李通玄(634~730) 자는 長者 唐代 滄州 사람으로 佛教사상가. 불교와 유교에 모두 정통했으며 특히 역학에 조예가 깊었다고 전해진다. 역학 사상으로 화엄을 해석한 『華嚴新論』을 지었다. 『中華易學大辭典』編輯委員會 編, 『中華易學大辭典』, 上海古籍出版社, 2008, 748쪽 참조.

73) 『易象義』, 「統論」, 1~4(『四庫全書』 文淵閣본, 21-479~481), "易之爲書, 由漢以來解者甚衆, 各是其是爲說紛然, 以其所主不同故也. 余嘗類而別之. 大抵其義例十有二. 一曰以理論易, 二曰以象論易, 三曰以變論易, 四曰以占論易, 五曰以數論易, 六曰以律論易, 七曰以曆

역』을 해석한 흐름이 역 해석 방법론에 있어서 주요한 흐름이었다는 것을 알 수 있다.

정역동丁易東은 위의 분류에서 효변으로 『역』을 해석한 유파를 대표하는 학자로 심해와 도결을 들고 있는데, 이는 다산이 『역학서언』의 「다산문답」에서 자신의 효변론의 연원을 도결로 지목한 것과 관련해 봤을 때, 다산과 정역동의 인식이 서로 일치하고 있음을 말해준다.

한편 다산은 『주역사전』 「사전소인」에서 '효변은 주자의 뜻'[74]이라고 적고 있지만, 이는 주자의 효변론이 다산 효변론의 연원임을 밝히는 언설이 아니라 주자에 대한 존숭의 의미로 읽는 것이 타당하리라 본다. 실제로 주자는 그의 대표적인 역학 저서인 『주역본의』 중 효사에 대한 해석에서 효변을 이용한 경우가 거의 없다. 주자의 시대와 가장 가까이 있었던 송대의 역학자 정역동이 주자를 '효변으로 『역』을 해석한 유파'에 포함시키지 않고, '점으로 『역』을 해석한 유파'에 포함시킨 이유가 여기에 있다.

송대의 도결과 심해는 효변을 통해 전면적으로 『주역』을 해석한 대표적인 인물이었으며,[75] 이러한 전통은 중국 역학사를 통해 면면히 이어져 왔다. 원대의 진응윤陳應潤[76], 명대의 황도주黃道周[77], 청대의 포의包儀[78]

論易, 八曰以術論易, 九曰以事論易, 十曰以心論易, 十一曰以老論易, 十二曰以釋論易."

74) 『周易四箋』(『與全』 2集, 1卷, 1). "爻變者, 朱子之義也."

75) 『易象義』, 「統論」, 1(『四庫全書』 文淵閣본, 21-479), "以變論易者, 若沈氏該都氏潔是也."

76) 陳應潤(생졸년 미상) 元代의 경학가로 자는 澤雲이고 天台 사람이다. 역학 저서에 『周易爻變易縕』 4권이 있다. 이 책은 『春秋傳』의 '某卦之某卦'의 예에 근거해서 384효를 해석하고 있다. 陳應潤, 『周易爻變易縕』, 「提要」, 1~2(『四庫全書』, 文淵閣본, 27-1~2) 참조.

77) 黃道周(1585~1646) 자는 幼元 또는 螭若이고 漳浦 사람이다. 명대의 학자로 대표적인 역학 저서에 『易象正』 16권이 있다. 이 책은 본괘의 괘사와 지괘의 괘사를 활용해 384효를 해석하고 있다. 黃道周, 『易象正』, 「提要」, 1~3(『四庫全書』, 文淵閣본, 35-101~102) 참조.

78) 包儀(생졸년 미상) 자가 羽修이고 邢臺 사람이다. 청대의 학자로 역학 저서에 『易原就

등이 이러한 역 해석 전통의 대표자라 할 수 있다.

(다산학 22, 2013)

正』 12권이 있다. 이 책은 효변을 이용해 384효를 해석하고 있으며 특히 다양한 취상 방법을 통해 易象을 밝히고 있다. 包儀, 『易原就正』, 「提要」, 1~2(『四庫全書』, 文淵閣본, 43-349~350) 참조.

제6장

중국 역학사에 나타난 효변론爻變論

1. 여는 말

주지하듯이 『주역』은 64괘로 이루어져 있다. 64괘 각 괘는 다시 괘사와 여섯 효의 효사로 이루어진다. 그래서 『주역』 원문은 64괘 괘사와 384효의 효사로 구성된다. 여섯 효는 아래에서부터 초효, 이효, 삼효, 사효, 오효 상효라는 명칭이 붙어 있다. 여기에다 노양을 뜻하는 '구九' 와 노음을 뜻하는 '육六' 이 더해져 각 효는 '초구初九', '구이九二', 혹은 '초육初六', '상구上九' 등으로 불린다. 효의 위치를 나타내는 초, 이, 삼, 사, 오, 상 등은 변하지 않지만, '구' 나 '육' 은 노양이나 노음이므로 변함을 나타낸다. 이러한 변화에 착안해서 '효爻' 의 개념을 새롭게 정의한 것이 효변론爻變論의 특색이라 할 수 있다.

물론 '구' 와 '육' 은 서법筮法과 관련이 있다. 서법을 통해 얻게 되는 수는 6, 7, 8, 9이다. 서법에서 7, 8을 변하지 않는 수로 보지만 6, 9는 변하는 수로 본다. 따라서 서법에서는 매우 자연스럽게 본괘本卦와 지괘之卦를 얻게 된다.

기존의 역설에서는 서법에서 나타나는 지괘 혹은 변괘가 서법에 한정되는 것으로 보는 경향이 대부분이었다. 즉 『주역』 원문의 '구'와 '육'을 서법과 연결시키지 않은 채, 각 효를 변하지 않은 상태의 정적인 것으로 간주하는 것이 일반적인 인식이었다. 그래서 효를 획畫으로 인식하는 경우가 많았다.

조선의 정약용은 효에 대한 이러한 견해가 잘못되었음을 지적하고, 효는 획과 구별되어야 함을 강조했다. 다산에 의하면 획은 변하지 않는 개념이지만 효는 변하는 것을 나타낸다. 이러한 이유로 건괘乾卦 초구는 단지 변하지 않는 상태의 건괘 제1획을 의미하는 것이 아니라 초효가 변동하여 양이 음으로 변했음을 나타낸다고 보았다. 그러므로 건괘 초구는 '건지구乾之姤'로 보는 것이 올바른 인식임을 강조한다. 즉 건괘 초구는 건괘가 구괘姤卦로 변했음을 나타내는 것으로 보아야 한다. 이러한 논리에 따라 『주역』 384효 전체를 새롭게 재해석한 것이 다산 역학의 핵심이라 할 수 있다.

다산 효변론의 경전적 근거는 『춘추좌씨전』에 있다. 소공昭公 29년(기원전 513년)조에 있는 채묵의 말(乾之姤), 宣公 12년(기원전 597년)조에 있는 지장자의 말(師之臨), 양공襄公 28년(기원전 545년)조에 있는 유길의 말(復之頤) 등에서 다산은 효변론의 증거를 확인한다.[1)]

다산은 효에 대한 새로운 인식을 통해 384효 효사도 주공이 이미 이러한 효변을 고려하여 지었음을 강조했다. 따라서 주공의 효사를 정확하게 해석하기 위해서는 반드시 효변을 고려해야 한다고 역설한다. 기존의 역학이론은 이러한 효변을 고려하지 않았기 때문에 효사를 해석하는 데 있어서 난점을 노출할 수밖에 없었음을 지적한다.

---

1) 丁若鏞, 『周易四箋』, 卷1, 12(『與猶堂全書』 3, 경인문화사 영인본, 1970, 306면).

그런데 이처럼 다산 역학의 핵심이라 할 수 있는 효변론이 다산의 독창적인 해석인지에 대해서는 새로운 논의가 필요할 것으로 보인다. 이러한 문제 제기에 대한 출발점을 우리는 다음의 문답에서 그 단서를 찾을 수 있다. 다산의 역학 저작인 『역학서언』의 「다산문답」 편에 "한대 이후 유학자들이 효변의 의미에 대해 정말 몰랐습니까?"라는 물음에 다산은 다음과 같이 대답한다.

> 천하가 지극히 넓은데, 어찌 이러한 이치가 있겠느냐? 『문헌통고文獻通考』의 「경적고經籍考」에 보면 『주역변체』 16권이 실려 있다. 송나라 도결都潔이 지은 책으로, 채묵이 말한 건괘 육효의 예를 이용해 지괘를 위주로 『주역』을 논하고 있다고 하는데, 안타깝게도 이 책을 구해 보지 못했다.[2)]

다산의 이와 같은 답변을 통해 우리는 중국 역학사에서 이미 효변론이 존재하고 있었음을 추측할 수 있다. 이러한 단서에 따라 필자는 이전에 발표한 논문에서 송나라 도결都絜과 심해沈該의 효변론을 논의한 바가 있다.[3)] 그리고 이 논문은 그에 이어 원대의 진응윤陳應潤, 명대의 황도주黃道周, 청대의 포의包儀 등의 효변론에 대한 연구를 통해 중국 역학사에서 효변론이 어떻게 전개되고 있는지에 대해 사례적 고찰을 시도했다.[4)]

---

2) 丁若鏞, 『易學緖言』, 卷4, 35『與猶堂全書』 3, 경인문화사 영인본, 1970, 562면), "問: 漢儒以降, 爻變之義竟無知者耶? 答: 天下至廣, 豈有是也. 文獻通考經籍考載周易變體十六卷, 宋都潔所撰, 用蔡墨言乾六爻之例, 專論之卦爲主. 恨未得此書見之也."

3) 林在圭, 「丁若鏞 爻變論의 淵源에 대한 시론적 고찰」, 茶山學 22, 다산학술문화재단, 2013, 331~ 365면 참조.

4) 丁若鏞 爻變論의 구체적인 내용과 중국 효변론자와의 비교 연구는 앞의 논문 林在圭, 「丁若鏞 爻變論의 淵源에 대한 시론적 고찰」, 茶山學 22, 다산학술문화재단, 2013, 331~365면 참조.

2. 진응윤陳應潤의 효변론爻變論

진응윤(陳應潤, 생졸년 미상)은 원대元代의 경학가로 자는 택운澤雲이고 천태天台[5] 사람이다. 관직은 동강빈막桐江賓幕을 지냈고, 경학에 조예가 깊었으며 특히 역학에 밝았다.[6] 저서에 『주역효변역온周易爻變易縕』 4권이 있다.

『주역효변역온』은 서명에서 '효변'을 사용하고 있는데, 『사고전서』 경부經部 역류易類 전체 서목 중에서 '효변'이라는 명칭을 서명으로 삼은 책은 이 책이 유일하다. 진응윤은 서명을 통해 자신의 역학이론인 '효변론'을 강하게 주창하고 있는 것이다. 청대의 사고관신은 『주역효변역온』「제요」에서 서명에 '효변'이라는 명칭을 사용한 이유를 다음과 같이 설명하고 있다.

> 상하경 육십사괘를 『춘추전』의 '某卦之某卦'의 예에 근거해서 해석하고 있다. 가령 '乾之姤'는 '잠룡이니 쓰지 말라'를 가리키고, '乾之坤'은 '나타난 여러 마리의 용이 머리가 없으니 길하다'를 가리킨다. 이러한 이유로 '효변'이라고 이름한 것이다.[7]

『춘추좌씨전』의 점법을 보면, 지금과 다른 측면이 있다. 다름 아닌 '건지구乾之姤'니 '건지곤乾之坤'이니 하는 명칭이다. 오늘날 『주역』 경문에서는 '초구初九', '초육初六', '구이九二', '육이六二' 등의 명칭을 사용하지

---

5) 지금의 浙江省 台州市 天台縣.

6) 黃開國 主編, 『經學辭典』, 四川人民出版社, 1993, 288면

7) 陳應潤, 『周易爻變易縕』, 「提要」 2(『(景印)文淵閣四庫全書』, 여강출판사, 1988, 27-2), "惟有上下經六十四卦據春秋傳某卦之某卦例, 如乾之姤曰: '潛龍勿用', 乾之坤曰: '見群龍无首, 吉' 之類. 故名曰爻變."

'건지구乾之姤' 나 '건지곤乾之坤' 등의 명칭을 사용하지 않는다. 『춘추좌씨전』에서 '건지구乾之姤' 나 '건지곤乾之坤' 의 명칭을 사용한 것은 '효변'을 나타내기 위한 것이다. 즉 '건지구乾之姤' 는 건괘乾卦 초효가 변하여 구괘姤卦가 됨을 가리키고, '건지곤乾之坤' 은 건괘乾卦의 여섯 효가 모두 변하여 곤괘坤卦가 됨을 가리킨다. 즉 건괘乾卦 초구初九의 효사인 '잠룡이니 쓰지 말라' 는 본괘本卦인 건괘乾卦가 지괘之卦인 구괘姤卦로 변하는 경우를 가리키고, 건괘乾卦 용구用九의 효사인 '나타난 여러 마리의 용이 머리가 없으니 길하다' 는 본괘本卦인 건괘乾卦가 지괘之卦인 곤괘坤卦로 변하는 경우를 가리킨다. 따라서 건괘乾卦 초구初九의 효사를 해석할 때는 본괘本卦인 건괘乾卦와 지괘之卦인 구괘姤卦를 함께 고려하여 해석해야 하고, 건괘乾卦 용구用九의 효사를 해석할 때는 본괘本卦인 건괘乾卦와 지괘之卦인 곤괘坤卦를 함께 고려하여 해석해야 한다. 이것이 효변론의 기본적인 의미이다.

진응윤은 나아가 『주역』 경문과 『십익』에서도 효변론의 근거를 찾고 있다. 『주역』 경문을 보면 건괘乾卦에는 '용구用九' 가 있고, 곤괘坤卦에는 '용육用六' 이 있다. 이 '용구用九' 와 '용육用六' 은 『주역』이 효변을 이용하여 지었음을 보여주는 명백한 사례이다. '용구用九' 는 건괘乾卦 여섯 효가 모두 양에서 음으로 변하는 경우를 가리키고, '용육用六' 은 곤괘坤卦 여섯 효가 모두 음에서 양으로 변하는 경우를 가리킨다. 이처럼 『주역』 경문에서 효변의 예가 명백하기 때문에 '효변' 을 의심할 수 없는 것이다. 그리고 『십익』의 『상전象傳』에서도 효변론의 증거를 찾을 수 있는데, 특히 곤괘坤卦 육이六二의 상전인 "육이六二가 변동하니 곧고 바르게 된다." 에서 '육이六二가 변동하니' 가 바로 효변爻變을 의미한다고 보았다. 그리고 『문언전文言傳』의 "곤坤은 지극히 유순하나 (그것이) 변동하면 강건하게 된다." 에서도 효변의 증거를 찾을 수 있고, 『계사전繫辭傳』의 "효爻라

는 것은 변동을 의미한다."라는 구절에서도 효변의 증거를 찾을 수 있다고 보았다.[8)]

진응윤은 이러한 효변론에 근거해서 『주역』 384효를 해석하고 있다. 건괘乾卦 구이九二에 대한 진응윤의 해석은 다음과 같다.

> 구이九二: 용이 밭에 나타난 상이니 대인을 만남이 이로울 것이다.
>
> 건乾은 하늘이 되니, 용이 하늘에 나타나는 것이 마땅할 것 같은데, 어찌 (용이) 밭에 있다고 했습니까? 구이九二가 변하여 음이 되니 하괘가 리離가 된다. 리離의 가운데 효가 곤坤의 제2효를 얻고, 곤坤은 땅을 상징하므로 '밭에 있다' 라고 했다. 변괘變卦는 동인괘同人卦가 되고, 동인괘同人卦의 괘사에 '들에 여러 사람이 있다.' 라고 했으니, 또 '밭에 있다' 의 상이 된다.[9)]

건괘乾卦 구이九二 본괘本卦만을 본다면, '밭에 있다' 라는 상을 찾을 수 없다. 본괘本卦인 건은 하늘을 상징하므로 '용이 하늘에 나타나는 것' 이 이치에 맞다. 효변爻變을 전제하지 않으면 건괘乾卦 구이九二 본괘本卦에서 '밭에 있다' 라는 상을 찾을 수 없게 된다. 즉 『주역』 경문과 『설괘전』의 물상이 서로 맞지 않게 된다. 하지만 효변을 적용한다면, 이러한 모순이 해결된다. 구이九二가 변하여 음이 되는 경우 하괘는 리離가 되고 리離의 가운데 효가 곤坤에서 왔으므로 '밭에 있다' 라는 상을 찾을 수 있다. 또한 변괘變卦인 동인괘同人卦의 괘사에서도 '밭에 있다' 라는 상을 찾을 수 있

---

8) 陳應潤, 『周易爻變易縕』, 「自序」 1(『(景印)文淵閣四庫全書』, 여강출판사, 1988, 27-4), "乾之用九 坤之用六, 爻變之縕也. 坤之象彐: '六二之動直以方也.' 文言曰: '坤至柔而動也剛.' 又曰: '六爻之動三極之道也. 爻者言乎變者也.' "

9) 陳應潤, 『周易爻變易縕』, 권1, 4(『(景印)文淵閣四庫全書』, 여강출판사, 1988, 27-14), "九二, 見龍在田, 利見大人. 乾爲天, 龍當見于天, 豈有在田之象? 九二變陰, 下卦爲離. 離之中爻得坤之二爻, 坤爲地, 故曰在田."

는데, 왜냐하면 동인괘同人卦의 괘사에 '들판' 즉 땅의 상징이 있기 때문이다.

곤괘坤卦 육이六二 효사에서도 효변론의 적절한 예를 찾을 수 있다.

> 육이六二: 곧고 바르고 크니 익히지(학습하지) 않더라도 불리할 것이 없다.
>
> 곤坤의 형체는 바르고 곤坤의 세력은 크니, 바르고 큰 덕은 곤坤의 도이다. 곤괘坤卦의 육이六二는 음 중의 음이고 유순함 중의 유순함인데, 어찌 강직함의 뜻이 있습니까? 『문언전』에서 말하기를 "곤坤은 지극히 유순하나 (그것이) 변동하면 강건하게 된다."라고 했습니다. 그러므로 육이六二가 변동하여 양이 되면 강건함의 뜻이 생기는 것입니다.[10]

곤괘坤卦 육이六二의 효사 중 '바르고 크다'는 곤坤의 상징 즉 땅의 형세에서 쉽게 유추할 수 있다. 하지만 '곧음'이라는 말은 땅의 형세에서 찾기 어렵다. 왜냐하면 『주역』에서 '곧음'은 곤坤의 상징이 아니기 때문이다. 이 문제를 해결하기 위해서 '효변론'이 필요하게 된다. 진응윤陳應潤의 해석에 따르면, 곤괘坤卦 육이六二의 효사 중 '곧음' 즉 '강건함'이라는 말은 곤괘坤卦 육이六二가 효변하여 양으로 변하는 경우에 얻을 수 있다. '곧음'은 양의 상징이기 때문이다. 진응윤은 이처럼 『주역』 384효 전체를 이 효변론에 따라 해석한다.

10) 陳應潤, 『周易爻變易縕』, 권1, 4(『(景印)文淵閣四庫全書』, 여강출판사, 1988, 27-29~30), "六二, 直方大, 不習, 无不利. …… 坤之形方, 坤之勢大, 方大之德坤之道也. 坤之六二陰中之陰柔中之柔者也. 安有剛直之義? 文言曰: '坤之柔而動也剛.' 六二變陽動而剛健."

3. 황도주黃道周의 효변론爻變論

황도주(黃道周, 1585~1646)는 명말의 대학자로 자는 유현幼玄, 또는 리약螭若이고, 호는 석재石齋이며 장포漳浦[11] 사람이다. 명나라 천계天啓 2년(1622) 진사가 되었고, 숭정崇禎 연간에 한림원편수翰林院編修, 소첨사少詹事를 지냈으며, 명나라가 멸망한 후, 복왕福王 때 예부상서, 당왕唐王 때 무영전대학사武英殿大學士를 역임했으며, 군사를 이끌고 무원婺源[12]에 이르러 청나라 군대에 패하여 포로가 되었지만, 청나라에 굴복하지 않고 죽음을 택했다. 서화에 능했으며, 문장이 뛰어나 당대 최고의 문장가로 일컬어졌다. 또한, 인품이 고상하고 엄격해 세속에 휩쓸리지 않았다고 한다. 경학에 조예가 깊었으며, 특히 역학易學과 관련해 중요한 저작을 많이 남겼다. 그의 대표적인 역학 저작은 『역상정易象正』이며, 이외에도 『역본상易本象』, 『삼역동기三易洞璣』 등이 있다.

『역상정』 16권은 황도주가 숭정 13년(1640) 감옥에 있을 때 짓기 시작하여 그 다음 해에 초고를 완성하였으며, 숭정 15년(1642)에 수정 보완하여 현재의 정본을 만든 것으로 알려져 있다. 현재 전해지는 판본 중 가장 오래된 것은 숭정 16년(1643)에 발간된 숭정십육년각본崇禎十六年刻本이고, 그다음으로 강희 32년(1693)에 발간된 강희삼십이년각본康熙三十二年刻本, 그리고 『사고전서四庫全書』본이 있다.[13] 『역상정』 16권은 권수에 목차 및 범례가 있고, 권초 2권에 『대상십이도大象十二圖』 및 『역년십이도歷年十二圖』가 있고, 권말 2권에 『역도삼십오폭易圖三十五幅』이 있다. 그 중간

11) 지금의 福建省 漳州市 漳浦縣.

12) 지금의 江西省 婺源.

13) 숭정십육년각본은 최근 길림대학도서관고적부에서 발견되었다. 자세한 내용은 자이퀘이펑의 다음 논문을 참조. 翟奎風, 〈黃道周『易象正』的成書, 版本及崇禎本的發現〉, 吉林大學社會科學學報 2010年 第4期, 2010.

에 이 책의 중심이라 할 수 있는 『육십사상정六十四象正』 12권이 있다. 『사고전서』 「제요」에 의하면 권초의 『이십사도二十四圖』는 황도주가 서고西庫에 수감되어 있을 때 지었으며, 『육십사상정六十四象正』 12권은 북사北寺로 이감된 후 지었다고 한다.[14)]

『역상정』은 효변에 입각하여 『주역』을 전면적으로 해석한 역학 저작이라 할 수 있다. 이와 관련하여 황도주는 이 책을 지은 취지를 다음과 같이 밝힌 바 있다.

> 무릇 『주역』은 춘추시대의 『좌전』과 『국어』에서부터 양한의 명유名儒에 이르기까지 모두 효변을 논했는데, 우번과 왕필 이후로 비로소 본괘本卦 각 효의 위치와 대응 관계에 근거해 단지 음양과 강유만을 논하게 되었고, (효변과 관련하여) 칠, 팔, 구, 육을 구분하지 않게 되었다. 비록 『주역』에 강유가 서로 섞여 있다 하더라도, 효가 변하지 않으면 점을 완상하는 이치가 존재하지 않게 된다. (이에) 이 책에서는 오로지 효변에 입각하여 (『주역』의 뜻을) 밝히고자 한다.[15)]

즉 황도주는 『주역』이 성립한 이후 춘추시대와 양한에 이르기까지 주로 효변설을 논했는데, 우번과 왕필이 등장한 이후 효변설이 전해지지 않게 되었다고 보았다. 이러한 인식은 효변설을 제기한 송대宋代의 심해와

---

14) 黃道周, 『易象正』, 「提要」, 1(『(景印)文淵閣四庫全書』, 여강출판사, 1988, 35-101), "此書孟應春謂: '崇禎庚辰道周在西庫始創爲之成二十四圖, 逮過北寺毒痛之下指節初續, 又爲六十四象正.'"

15) 黃道周, 『易象正』, 「提要」, 1(『(景印)文淵閣四庫全書』, 여강출판사, 1988, 35-101~102), "其自敍曰: 凡易自春秋左國暨兩漢名儒皆就動爻以論之. 虞王而下始就本卦正應以觀攻取, 只論陰陽剛柔不分七八九六. 雖易有剛柔雜居之文而卦無不動玩占之理. 象正專就動爻以明之. 此其述作之大旨."

도결都絜과도 연결된다. 심해와 도결도 모두 『춘추좌씨전春秋左氏傳』의 여러 점례에 근거해 효변설을 제기하였다. 황도주의 효변론도 그 경전적 근거는 『춘추좌씨전』과 『국어國語』에 있다.[16] 특히 황도주는 그의 『역상정』 범례에 「춘추설상범례십팔조春秋說象凡例十八條」를 두어 자신의 효변론의 근거가 『춘추좌씨전』과 『국어』에 있음을 분명히 했다.[17] 「춘추설상범례십팔조春秋說象凡例十八條」는 모두 효변설을 의미하는 '모지모某之某'의 형식으로 정리되어 있다.[18] 1) 관지비觀之否(莊公二十二年[기원전 672년], 陳敬仲之筮), 2) 준지비屯之比(閔公元年[기원전 661년], 畢萬之筮), 3) 대유지건大有之乾(閔公二年[기원전 660년], 成季之筮), 4) 귀매지규歸妹之睽(僖公十五年[기원전 645년], 伯姬嫁秦之筮), 5) 대유지규大有之睽(僖公二十五年[기원전 635년], 晉侯納王之筮), 6) 풍지리豐之離(宣公六年[기원전 603년], 王子伯廖之語), 7) 사지림師之臨(宣公十二年[기원전 597년], 知莊子之語), 8) 간지수艮之隨(襄公九年[기원전 564년], 穆姜東宮之筮), 9) 곤지대과困之大過(襄公二十五年[기원전 548년], 崔杼取姜之筮), 10) 복지이復之頤(襄公二十八年[기원전 545년], 遊吉如楚之語), 11) 명이지겸明夷之謙(昭公五年[기원전 537년], 叔孫豹之筮), 12) 준지비屯之比(昭公七年[기원전 535년], 衛靈公之筮), 13) 곤지비坤之比(昭公十二年[기원전 530년], 南蒯之筮), 14) 건지곤乾之坤(昭公二十九年[기원전 513년], 蔡墨對龍之言), 15) 태지수泰之需(哀公九年[기원전 486년], 陽虎救鄭之筮), 16) 건지비乾之否(簡王十二年[기원전 574년], 成公歸晉

16) 黃道周, 『易象正』, 「提要」, 1(『(景印)文淵閣四庫全書』, 여강출판사, 1988, 35-101), "是編則於每卦六爻皆卽之卦以觀其變. 盖卬左氏內外傳所列古占法也."

17) 이는 丁若鏞이 그의 易學 저작인 『周易四箋』에 「春秋官占補註」를 두어 爻變論의 경전적 근거를 제시한 것과 유사하다.

18) 黃道周, 『易象正』, 「凡例」, 1~6(『(景印)文淵閣四庫全書』, 여강출판사, 1988, 35-110~113), 丁若鏞의 「春秋官占補註」와 비교했을 때, 僖公 15년(기원전 645년)의 秦伯伐晉之筮와 成公 16년(기원전 575년)의 晉侯鄢陵之筮 2조가 빠져 있다.

之筮), 17) 준예지곤屯豫之坤(僖公二十四年[기원전 636년], 重耳反國之筮), 18) 태지곤泰之坤(董因迎公之筮).[19]

『역상정易象正』의 중심 내용이라 할 수 있는 『육십사상정六十四象正』은 이전의 심해, 도결, 진응윤 등의 효변설과 비교했을 때, 매우 특징적인 형식을 갖추고 있다. 즉, 매 효마다 먼저 본괘本卦의 괘사 및 지괘之卦의 괘사를 나란히 배열했으며, 그 다음으로 그 효의 효사와 상사象辭를 배열하고, 그 다음에 '정왈正曰' 로 시작하는 황도주의 해석이 붙어 있다. 이러한 형식은 황도주가 말하고자 하는 효변론의 핵심을 잘 드러내고 있다. 다시 말하면, 황도주는 본괘本卦의 괘사와 지괘之卦의 괘사를 결합하여 각각의 효사를 해석해야 한다고 본 것이다. 예를 들어, 건괘乾卦 초구初九에 대한 황도주의 해석은 다음과 같다.

> 초구初九(이것은 건괘乾卦가 구괘姤卦로 변하는 경우이다. 건괘乾卦의 괘사와 구괘姤卦의 괘사를 결합하여 초구初九의 효사를 해석한다.)
>
> 건乾: 크게 형통하니 일을 함에 이로울 것이다.
>
> 구姤: 여자가 강하니 취하지 말라.
>
> 잠룡이니 쓰지 말라.
>
> 상전에서 말했다. "'잠룡이니 쓰지 말라' 라고 한 것은 양陽이 아래에 있기 때문이다."
>
> 정왈正曰: 건괘乾卦 초효가 구九를 얻었는데 구괘姤卦를 취함은 무엇 때문인가? 구괘姤卦는 건괘乾卦가 곤괘坤卦로부터 처음 음陰을 얻은 것이기 때문이다. 초구初九라 함은 점서하여 36을 얻었다는 것으로 건괘乾卦 초효가 변동하면 구괘姤卦가 되니, 건괘乾卦 괘사와 구괘姤卦 괘사를 함께 취하여 '잠룡이니 쓰지

19) 18조 각 괄호 안의 내용은 필자가 다산의 「春秋官占補註」를 참고하여 정리한 것임.

말라' 라고 했다.[20]

황도주는 우선 '구' 라는 숫자는 시괘법의 과정에서 얻게 되는 숫자인 36에서 나온 것으로 보았으며, 시괘법에서 '구' 는 노양으로 변효가 된다는 점을 통해 변괘變卦를 설명하고 있다. 이러한 이유로 건괘乾卦 초구初九의 효사는 본괘本卦와 지괘之卦를 결합하여 해석해야 한다고 했다. 이에 따라 황도주黃道周는 건괘乾卦 초구初九의 효사인 '잠룡이니 쓰지 말라' 에서 '쓰지 말라' 는 지괘之卦인 구괘姤卦의 괘사에서 온 것으로 해석한다.

또 다른 예로 곤괘坤卦 초육初六에 대한 황도주의 해석을 살펴보면 다음과 같다.

> 초육初六(이것은 곤괘坤卦가 복괘復卦로 변한 경우이다. 곤괘坤卦의 괘사와 복괘復卦의 괘사를 결합하여 초육初六의 효사를 해석한다.)
>
> 곤坤: 크게 형통하니 암말의 일에 이롭다. 군자는 나아갈 바가 있을 것이다. 처음에는 혼미하지만, 나중에는 주인이 될 것이니 이롭다. 서남쪽에서 친구를 얻고 동북쪽에서는 친구를 잃을 것이다. 안정된 일을 하면 길할 것이다.
>
> 복復: 형통하다. 나아가고 들어옴에 질병이 없고, 친구가 옴에 허물이 없을 것이다. 천지 운행의 도를 반복하여 7일 후 다시 회복하니, 나아갈 바에 이로움이 있을 것이다.
>
> 서리를 밟으면 단단한 얼음이 이를 것이다.
>
> 상전에서 말했다. "'서리를 밟으면 단단한 얼음이 이를 것이다' 라고 한 것

---

20) 黃道周, 『易象正』, 권1, 2~3(『(景印)文淵閣四庫全書』, 여강출판사, 1988, 35-167), "初九(是爲乾之姤, 以乾象合姤象而命爻辭). 乾, 元亨, 利貞. 姤, 女壯, 勿用取女. 潛龍, 勿用. 象曰: "'潛龍, 勿用,' 陽在下也." 正曰: 乾初得九而取諸姤何也? 曰: 姤者乾之始交於坤者也. 乾初得九過揲三十六則乾初動, 動而交於姤, 以乾之體合姤之辭, 兩義兼取爲之象曰: 潛龍, 勿用."

은 음의 기운이 처음으로 응결하기 시작하여 그 이치를 따라 단단한 얼음에 이르게 됨을 말한 것이다.

정왈正曰: 곤괘坤卦 초효가 육을 얻었는데 복괘復卦를 취함은 무엇 때문인가? 복괘復卦는 곤괘坤卦가 건괘乾卦로부터 처음 양을 얻은 것이기 때문이다. 곤괘坤卦가 건괘乾卦로부터 처음 양을 얻을 때 양의 기운은 매우 미약하지만, 음의 기운이 비로소 응결하기 시작하니, 서리가 쌓이고 얼음은 단단하여 만물이 회복되는 것이다.[21]

황도주에 의하면 곤괘坤卦의 초육初六은 음의 기운을 나타내지만 단단한 얼음을 나타낼 수는 없다. 왜냐하면 단단한 얼음은 음의 기운이 응결할 때 나타나는 현상이기 때문이다. 이러한 난점을 해결하기 위해서 황도주는 효변을 이용한다. 곤괘坤卦 초육初六이 효변하면 지괘之卦는 복괘復卦가 된다. 복괘復卦는 양의 기운이 비로소 나타나기 시작하는 때를 가리킨다. 따라서 이 복괘復卦에서 '단단한 얼음'의 상을 얻을 수 있게 된다. 단단한 얼음이 생기는 때는 바야흐로 만물이 회복하는 때이기도 하다. 따라서 지괘之卦인 복괘復卦의 괘사 중 '천지 운행의 도를 반복하여 7일 후 다시 회복함'이라는 뜻과 자연스럽게 연결된다.

이처럼 황도주는 『주역』 384효 전체를 본괘本卦와 지괘之卦의 괘사를 결합해 해석하고 있다. 이는 효변으로 『주역』을 해석하는 전통에 있어서 이전에는 찾아볼 수 없었던 특별한 예이기도 하다. 물론 송대宋代의 도결

---

21) 黃道周, 『易象正』, 권1, 20(『(景印)文淵閣四庫全書』, 여강출판사, 1988, 35-176), "初六(是爲坤之復. 以坤彖合復彖而命爻辭). 坤, 元亨, 利牝馬之貞. 君子有攸往. 先迷, 後得主, 利. 西南得朋, 東北喪朋. 安貞吉. 復, 亨. 出入無疾, 朋來, 无咎. 反復其道, 七日來復. 利有攸往. 履霜堅冰至. 象曰: "'履霜, 堅冰' 陰始凝也. 馴致其道, 至堅冰也. 正曰: 坤初得六而取諸復何也? 曰: 復者坤之交於乾者也. 坤交於乾之初陽氣甚柔而陰氣始凝, 霜積而冰堅, 萬物之所復也."

都絜과 심해沈該, 원대元代의 진응윤陳應潤도 경우에 따라 본괘本卦와 지괘之卦의 괘사를 이용하기도 했지만 황도주처럼 『주역』 384효 전체에 전면적으로 적용하여 해석하지는 않았다. 황도주의 이러한 해석 방법론은 청대清代의 역학자 포의包儀에게 큰 영향을 주게 된다.

4. 포의包儀의 효변론爻變論

포의(包儀, 생졸년 미상)는 자가 우수羽修이고 형대邢臺[22] 사람이다.[23] 자서에 보면, 그는 매우 가빈한 선비였고, 일찍이 『황극경세서皇極經世書』에 대해 들은 바가 있었지만, 그 책을 구해보지 못했다고 한다. 순치 신묘년(1651)부터 강희 기유년(1669)까지 일곱 번이나 과거에 낙방하였고, 이후 호북성 마성麻城에 들렀다가 다침내 『황극경세서』를 얻게 되었다고 적혀 있다.[24] 이후 20여 년 역학을 공부하여 마침내 『역원취정易原就正』 12권을 지었다. 이를 통해 포의包儀의 역학이 소옹邵雍의 『황극경세서』에 종지를 두고 있음을 알 수 있다.

『역원취정易原就正』 권수에는 「하도河圖」, 「낙서洛書」, 「복희팔괘차서伏羲八卦次序」, 「복희팔괘방위伏羲八卦方位」, 「복희육십사괘차서伏羲六十四卦次序」, 「복희육십사괘방위伏羲六十四卦方位」, 「문왕팔괘차서文王八卦次序」, 「문왕팔괘방위文王八卦方位」, 「문왕원도부여文王圓圖附餘」, 「괘변도卦變圖」 등이 있는데, 이는 주희의 『주역본의』 권수에 실려 있는 역도易圖 체재와

---

22) 지금의 河北省 邢臺市

23) 包儀, 『易原就正』, 「提要」, 1(『(景印)文淵閣四庫全書』, 여강출판사, 1988, 43-349).

24) 包儀, 『易原就正』, 「原序」, 1~3(『(景印)文淵閣四庫全書』, 여강출판사, 1988, 43-350~351) 참조.

유사하다.

포의 역학의 핵심은 역상易象을 밝히는 데 있다. 포의에 의하면 역의 이치가 어두워진 이유는 역상이 밝혀지지 않았기 때문이다.[25] 따라서 포의는 다양한 취상을 통해 역상을 밝히는 데 주력하고 있다. 그 취상의 방법에는 대략 7가지가 있다. 첫째가 본상本象, 둘째가 변상變象, 셋째가 착상錯象, 넷째가 종상綜象, 다섯째가 약상約象, 여섯째가 호상互象, 일곱째가 구상究象이다. 본상은 본괘本卦이고, 변상은 지괘之卦이고, 착상[26]은 상괘가 하괘가 되고 하괘가 상괘가 되어 새롭게 생성되는 상이고, 종상[27]은 반역反易으로 인해 생기는 상이고, 약상은 괘의 가운데 4효를 위에서부터 아래로 호괘를 취하는 것이고, 호상은 괘의 가운데 4효를 아래에서부터 위로 호괘를 취하는 것이고, 구상[28]은 여섯 효가 모두 변해 생기는 상이다.[29] 특히 이 중에서 포의는 384효 효사를 해석함에 있어 본괘本卦와 함께 효변에 의해 생성되는 지괘之卦를 중심으로 하여 효사를 해석하고 있다. 이는 그가 384효 매효마다 '지괘之卦'를 표시하고 있는 데서도 알 수 있다. 이는 포의가 효변론으로 효사를 해석하는 전통에 서 있음을 말해준다.

소옹, 주희와 함께 포의의 역학에 영향을 준 인물은 앞에서도 언급한

---

25) 包儀, 『易原就正』, 「凡例」, 3(『(景印)文淵閣四庫全書』, 여강출판사, 1988, 43-352). "易道不明, 非不明於理之故, 不明於象之故也. 聖人立象以盡意, 固已通神明之德, 類萬物之情矣. 而又設卦以盡情僞, 繫辭焉以盡其言, 是無一非象也. 豈特廣八卦而已哉. 若不明其象, 雖滿口說理, 都是隔靴撓癢."

26) 潘雨廷, 『讀易提要』, 上海古籍出版社, 2006, 338면, "錯者同虞氏之八卦相蕩."

27) 潘雨廷, 『讀易提要』, 上海古籍出版社, 2006, 338면, "綜則与來知德同."

28) 潘雨廷, 『讀易提要』, 上海古籍出版社, 2006, 338면, "若來氏之錯象, 包氏以究象當之."

29) 包儀, 『易原就正』, 「凡例」, 2~3(『(景印)文淵閣四庫全書』, 여강출판사, 1988, 43-352~353). "卦有正, 有變, 有錯, 有綜, 有約, 有互, 有究. 正者, 本卦也. 變者, 之卦也. 錯者, 三畫上卦卽以三畫下卦, 加之以成六畫也. 綜者, 卦之反易而一卦便成兩卦也. 約者, 卦中四爻自上而下互之也. 互者, 卦中四爻自下而上錯之也. 究者, 六爻皆變, 陽極而陰, 陰極而陽也."

명대의 황도주이다. 특히 황도주 역 해석 방법론의 특색이라 할 수 있는 본괘本卦의 괘사와 지괘之卦의 괘사를 함께 활용하는 방법론이 포의의 역 해석에서도 그대로 드러난다.[30)]

그럼, 포의의 효변론을 이해하기 위해 건괘乾卦 초구初九의 예를 들어 보자.

> 초구初九: 잠룡이니 쓰지 말라. (지괘之卦는 구괘姤卦이다)
>
> 순수한 양이면서 지극히 강건하고 변화무쌍하여 예측할 수 없는 것은 용만 한 것이 없다. 그러므로 건괘乾卦 여섯 효는 모두 용을 상징하고 있다. 초효는 태극이 양의를 낳는 단계에 있어서 제1획이다. 하늘의 도는 어진 마음에서 드러나는 데 쓰임에 앞서 감추어져 있다. 대연의 수 50에서 49를 사용하고 1을 보존하여 사용하지 않는 것은 1이 쓰임의 근본이 되기 때문이다. 그리고 (효변爻變하여) 하괘 건乾이 손巽이 되면 들어감이요 엎드림이니 잠룡이 아니겠는가? 네 가지 덕을 갖추고 있지만 (효변爻變하여) 구괘姤卦가 되면 '여자가 강한 까닭에 취하지 말라' 라고 했으니, 잠룡을 어찌 쓸 수 있겠는가?[31)]

위의 인용에서 포의는 효변을 적절히 활용하여 건괘乾卦 초구初九 효사를 설명하고 있다. 먼저 용의 상징은 본괘本卦인 건괘乾卦에서 취했고, '잠

---

30) 包儀, 『易原就正』, 「凡例」, 2(『(景印)文淵閣四庫全書』, 여강출판사, 1988, 43-352). "彖言一卦之材, 體德象變, 皆材也. 爻合兩彖之義, 所謂各指其所之也. 玆易原就正特於逐爻下註明之卦, 可以知兩彖之體德象變, 或爲主爲賓, 或應取應舍, 一字不可增減者, 皆非聖人私意之所爲."

31) 包儀, 『易原就正』, 권1, 2~3(『(景印)文淵閣四庫全書』, 여강출판사, 1988, 43-359~360), "初九, 潛龍, 勿用. (之姤) 物之純陽而至健變化而不測者, 莫如龍. 故乾六爻皆取象於龍. 初則太極生兩儀之第一畫也. 天道顯諸仁, 必先藏諸龍. 大衍之數五十, 其用四十有九, 存一不用, 所以爲用之本也. 玆以乾爲巽入也伏也, 非潛龍乎? 備四德而 '姤, 女壯, 勿用取女, 潛龍寧可用乎?"

겨 있다(潛)' 와 '쓰지 말라(勿用)' 는 지괘之卦인 구괘姤卦에서 취했다. 특히 지괘之卦인 구괘姤卦의 괘사에 '쓰지 말라(勿用)' 라는 말이 등장하니 효변을 통한 효사 해석이 절묘하다고 할 수 있다.

곤괘坤卦 초육初六도 포의包儀의 효변론을 이해하기 위한 좋은 예이다.

> 초육初六: 서리를 밟으면 단단한 얼음이 이를 것이다. (지괘之卦는 복괘復卦이다)
>
> 『주역』은 양을 높이고 음을 낮추는 데 왜 그렇습니까? 양은 존귀하지만 음은 비천하고, 양은 선하지만 음은 악하기 때문이다. 그러므로 초기에 예방하지 않으면 끝이 혼란할 것이다. 곤괘坤卦의 초효는 태극이 양의를 낳는 단계에 있어서 제1음이다. 하나의 음은 매우 미약하다고 할 수 없지만 여섯 음은 이로부터 왕성하게 된다. (효변하면) 지괘之卦는 복괘復卦가 되는데 복괘復卦는 (음력) 11월 괘이다. 이때 얼음과 서리가 땅에 가득하게 된다. 오늘 서리를 밟게 되면 오늘 당장은 아니더라도 단단한 얼음이 반드시 이를 것임을 알게 된다.[32]

포의는 곤괘坤卦 초육初六의 효사가 뜻하는 의미를 먼저 제시한다. 즉 곤괘坤卦는 순수한 음으로 구성된 괘이고 그 첫 번째 음에 해당하는 초육初六의 단계에서 악한 기운이 번성하지 않도록 미리 방지해야 함을 강조하고 있다. 이것은 곤괘坤卦 초육初六의 본괘本卦에서 그 뜻을 취한 것이다. 그리고 곤괘坤卦 초육初六의 지괘之卦인 복괘復卦를 통해 (음력) 11월이 얼음이 단단하게 얼게 되는 시기임을 설명하고 있다.

---

32) 包儀, 『易原就正』, 권1, 32(『(景印)文淵閣四庫全書』, 여강출판사, 1988, 43-374), "初六, 履霜, 堅氷至. (之復) 易尊陽而抑陰, 何也? 陽貴而陰賤, 陽善而陰惡也. 始不防之終將亂焉. 坤之初, 則太極生兩儀之第一陰也. 一陰無謂其甚微, 六陰由此而旋盛. 卽之復而觀之, 復十一月之卦也. 是時氷霜滿地, 霜自今日履, 氷不自今日, 而知其堅之必至乎?"

5. 맺는 말

이상 원대의 진응윤, 명대의 황도주, 청대의 포의의 효변론을 살펴보았다. 이들은 모두 '모괘지모괘'라는 효변에 근거해 효사를 해석하고 있다. 이러한 점에서 이 세 역학자들은 송대宋代의 도결都絜, 심해沈該와 함께 중국 역학사에서 효변론을 대표하는 학자라 할 수 있다.

이러한 효변론의 경전적 근거는 『춘추좌씨전』이다. 『춘추좌씨전』에는 이러한 효변을 이용해 점서한 사례가 많이 등장한다. 예를 들어, 진陳나라 경중敬仲의 '관지비觀之否', 진晉나라 백희伯姬의 '귀매지규歸妹之睽' 등이다. 중국 역학사의 많은 학자들이 이 『춘추좌씨전』의 점례에 주목하여 옛 점법을 고찰하였고, 이에 근거해 효변으로 효사를 해석하는 전통이 형성되었다.

청대의 사고관신은 『사고전서』 중 경부經部 역류易類 158부, 역류존목易類存目 317부를 총괄하여 다음과 같이 역 해석 전통을 분류한 바 있다.

> 『춘추좌씨전』의 여러 점법은 대략 태복太卜의 유법遺法과 같을 것이다. 한대의 유학자들이 상수象數를 말하였는데, 『주역』의 시대와 멀지 않아서 옛 전통을 보존하고 있었다고 할 수 있다. 일변하여 경방京房과 초연수焦延壽에 이르러 기상과 재이에 빠졌고, 다시 일변하여 진단陳摶과 소옹邵雍에 이르러 조화造化를 궁구하는 데 힘써, 『주역』은 마침내 백성들의 실용에 절실하지 않게 되었다. (한편) 왕필은 상수를 일소하여 노장으로 『주역』을 해석했다. 일변하여 호원胡瑗과 정자程子에 이르러 비로소 유학의 이치를 천명했고, 다시 일변하여 이광李光과 양만리楊萬里에 이르러 역사적 사실로 『주역』을 증명했다.[33]

사고관신의 이른바 '양파육종兩派六宗'의 분류법을 정리해 보면, 우선

역 해석 전통은 상수파와 의리파의 양파로 분류할 수 있다. 상수파에는 한대 상수로 역을 해석한 전통, 경방과 초연수의 재이설에 입각하여 역을 해석한 전통, 진단과 소옹의 도서학圖書學에 근거하여 역을 해석한 전통이 있다. 의리파에는 왕필이 제창한 노장으로 역을 해석하는 전통, 호원과 정자의 유학의 의리로 역을 해석하는 전통, 이광과 양만리의 역사적 사실로 역을 증명하는 전통이 있다. 이 '양파육종' 중에서 효변론과 관련이 있는 유파는 『춘추좌씨전』의 옛 점법에 입각하여 상수로 역을 해석한 전통이라 할 수 있다.[34]

이를 통해서 우리는 효변을 통해서 역을 해석하는 전통이 중국 역학사에서 주요한 흐름으로 자리매김했음을 알 수 있다. 정약용의 효변론도 이러한 전통의 하나로 보는 것이 타당할 듯하다.

(대동문화연구 82, 2013)

---

33) 王雲五 主持, 『合印四庫全書總目提要及四庫未收書目禁燬書目(一)』(臺灣商務印書館, 1978), 「四庫全書總目提要」, 一, 經部, 易類一, 2. "左傳所記諸占, 蓋猶太卜之遺法, 漢儒言象數, 去古未遠也. 一變而爲京焦, 入於禨祥. 再變而爲陳邵, 務窮造化, 易遂不切於民用. 王弼盡黜象數, 說以老莊. 一變而胡瑗程子始闡明儒理. 再變而李光楊萬里又參證史事."

34) 필자는 한나라 초기 象數로 易을 해석한 학자들이 『春秋左氏傳』의 옛 占法에 기반한 것으로 파악했다. 이는 명대 역학자 황도주의 견해에 근거를 둔 것이기도 하다. 각주 13 참조. 물론 한나라 초기 象數로 易을 해석한 것과 『春秋左氏傳』의 옛 占法을 서로 관련이 없는 독립된 문장으로 보는 견해도 있다.

제7장

정약용丁若鏞과 오징吳澄의 효변론爻變論에 내포된 상관관계와 원류 문제

1. 문제제기

'북허남오北許南吳' 로 대표되는 원대의 대학자 오징(吳澄, 1249~1333)은 조선조의 사상에 많은 영향을 끼쳤고, 조선 역학사에 그 영향이 적다고 할 수 없다. 현전하는 우리나라 최고最古의 주역 관련 저작으로 평가받고 있는 조선 초의 학자 권근이 지은 『주역천견록周易淺見錄』을 보면, 정이천의 『역전易傳』, 주희의 『주역본의周易本義』와 함께 오징의 『역찬언易纂言』의 영향을 쉽게 찾아볼 수 있다.[1)]

조선 후기의 대학자 다산 정약용도 역학 관련 저서에서 오징의 견해를 많이 채택하고 있다. 정약용의 대표적인 역학 저작인 『주역사전』을 살펴보더라도 대략 9곳에서 오징의 견해를 인용하고 있어, 오징의 『역易』 해석에 대한 다산의 평가가 어떠한지 미루어 짐작할 수 있다.[2)]

1) 이기훈, 「권근 역학과 원대 오징 역학의 관련성 연구」, 哲學硏究 제92집, 2004; 김재갑, 「『주역천견록』의 『역찬언』 수용과 비판」, 白岳論叢 제2집, 2009 참조.

본 글은 오징의 『역易』 해석 방법론 중 하나인 효변론이 다산의 효변론과 어떠한 관련성이 있는지에 대해 고찰한 것이다. 특히 다산은 『역학서언』 중 「오초려찬언론吳草廬纂言論」을 지어 오징의 『역찬언』에 나타난 여러 역설易說에 대해 나름의 평론을 제시하고 있다. 따라서 오징의 『역』 해석 방법론과 다산의 『역』 해석 방법론 사이의 상관관계를 규명할 이론적 근거는 마련되었다고 할 수 있다.[3)]

최근까지 다산의 역학이론에 대한 연구는 상당한 수준으로 이루어졌지만, 다산 역학의 이론적 배경에 대한 연구는 아직 미흡한 것이 사실이다.[4)] 특히 정약용 효변론의 연원에 대한 연구는 다산 역학의 핵심적 이론

---

2) 1. 此以輻·輹同字也.【項平菴·吳草廬皆從鄭義】(I-181쪽); 2. 吳澄云: "屨謂著於其足, 如納屨然. 校足械也."(I-262쪽); 3. 案, 遯與無妄, 巽·離爲牛.【吳澄云: "离一陰, 坤之中畫也. 故象牝牛."】(I-322쪽); 4. 『說文』曰: "莧, 山羊."【吳澄從】(Ⅱ-62쪽); 5. 吳澄曰: "萃以觀之四往上爲主,【三陰聚於下】升以臨之三來初爲主.【三陰升於上】升上爲往,降下爲來. 不來謂升而不降也.(Ⅱ-78쪽); 6. 朱子曰: "先儒解此, 多以爲互體." 又曰: "互體說, 漢儒多用之, 亦不可廢."【胡炳文·洪邁·吳澄, 竝解之爲互體.】(Ⅱ-295쪽); 7. 若鵠與鸛, 『易』詞之所無也.【吳澄云: "鵠當爲鶴, 鸛當爲鴻.】(Ⅱ-330쪽); 8. 玄黃者, 坤帛之體, 而染之以天玄也.【吳澄云: "得乾初畫爲玄."】(Ⅱ-336쪽); 9. 爲赤者, 得乾之中陽也.【吳澄云】(Ⅱ-341쪽) (『周易四箋 Ⅰ·Ⅱ』, 『定本 與猶堂全書 15·16』, 다산학술문화재단, 2012). 다산의 또 다른 역학 저작인 『易學緖言』에도 오징의 역설에 대한 전문적인 평론을 모은 「吳草廬纂言論」 외에 6곳에서 오징의 견해를 인용하고 있다. 1. 吳澄曰: "巽爲雞."【中孚上九】(142쪽); 2. 吳澄曰: "泰之互體成歸妹, 故以歸妹爲辭."(144쪽); 3. 吳澄曰: "羲皇之易有畫而已. 三畫之卦, 雖有名, 而六畫之卦, 未有名. 文王始名六畫之卦."(231쪽); 4. 吳澄曰: "坤交於乾, 求取乾之初畫·中畫·上畫, 而得長·中·少三男. 乾交於坤, 求取坤之初畫·中畫·上畫, 而得長·中·少三女."(235쪽); 5. 吳草廬云: "互體, 則三爲內卦之中, 四爲外卦之中."(143쪽); 6. 吳草廬云: "外柔內剛者, 羊也." 蔡節齋云: "內狠外說, 故爲羊. 又羊上小下大."(310쪽)(『易學緖言』, 『定本 與猶堂全書 17』, 다산학술문화재단, 2012)

3) 필자가 확인한 바로는 정약용과 오징의 역학이론을 비교 연구한 논문은 아직 발표된 바가 없다.

4) 정약용 역학의 이론적 배경에 대한 비교 연구는 다음을 참조할 것. 김승동, 「毛奇齡과 丁若鏞의 易卦 해석에 관한 비교연구」, 인문논총 제36집, 1990; 신원봉, 「다산의 역학관 정립에 미친 청대 사상의 영향 - 모기령을 중심으로」, 다산학 3호, 2002; 김영우, 「정약용과 모기령의 역학 사상 비교 연구」, 동방학지, 2004; 정해왕, 「한대의 역학이론

에 대한 원류를 탐구하는 측면에서 매우 중요한 의의가 있다.[5)]

2. 정약용의 「오초려찬언론吳草廬纂言論」을 통해 본 다산의 효변론

1808년 다산은 자신의 최대 역작인 『주역사전』 무진본戊辰本을 완성하였으며, 대략 1821년과 1822년 사이에 또 다른 역학 저작인 『역학서언』을 완성하게 된다.[6)] 『역학서언』은 총 21개의 논설로 이루어져 있으며,[7)] 그중

과 정약용의 역학이론」, 동아시아 지역의식과 평화적 발전 국제학술대회, 한국민족문화 15, 2000; 林忠軍, 「毛奇齡"推移"說与清代漢易复興 - 兼論毛奇齡推移說与丁若鏞推移說之异同」, 민족문화논총 제49집, 2011.

5) 林在圭, 「丁若鏞 爻變論의 淵源에 대한 시론적 고찰」, 茶山學 22, 다산학술문화재단, 2013, 331~ 365쪽 참조.

6) 『易學緖言』의 21개 논설 중 성립 연도가 기록되어 있는 것은 다음과 같다. 「이정조집해론(李鼎祚集解論)」은 嘉慶庚辰季夏之月(1820년), 「정강성역주론(鄭康成易注論)」은 嘉慶庚辰夏(1820년), 「래씨역주박(來氏易註駁)」은 道光元年冬(1821년), 「이씨절중초(李氏折中鈔)」는 道光元年辛巳冬(1821년). 한편 『俟菴先生年譜』에 의하면 『易學緖言』에 해당하는 『周易緖言』 12卷이 1808년에 지어졌다고 쓰여 있다.(丁奎英 編, 『俟菴先生年譜』, 『丁茶山全書(完)』, 文獻編纂委員會, 1960, p. 158, "又取諸家註說, 次第疏論, 名之曰周易緖言, 凡十二卷.") 따라서 『易學緖言』의 초고는 1808년에 이미 완성되었으며, 개고를 거쳐 1821년과 1822년 사이에 최종 완성된 것으로 추론할 수 있다.(「自撰墓誌銘(集中本)」, 『文集 Ⅱ』, 『定本 與猶堂全書 3』, 다산학술문화재단, 2012, p. 269. "『周易心箋』二十四卷, 『易學緖言』十二卷")

7) 『易學緖言』의 총목록은 다음과 같다. 「이정조집해론李鼎祚集解論」, 「정강성역주론鄭康成易注論」, 「반고예문지론班固藝文志論」, 「한위유의론漢魏遺義論」, 「왕보사역주론王輔嗣易注論」, 「한강백현담고韓康伯玄談考」, 「공소백일평孔疏百一評」, 「당서괘기론唐書卦氣論」, 「주자본의발미朱子本義發微」, 「소자선천론邵子先天論」, 「사수고점박沙隨古占駁」, 「오초려찬언론吳草廬纂言論」, 「래씨역주박來氏易註駁」, 「이씨절중초李氏折中鈔」, 「육덕명석문초陸德明釋文鈔」, 「곽씨거정박의郭氏擧正駁義」, 「왕채호이평王蔡胡李評」, 「복서통의卜筮通義」, 「주역답객난周易答客難」, 「현산역간玆山易柬」, 「다산문답茶山問答」(『易學緖言』, 『定本 與猶堂全書 17』, 다산학술문화재단, 2012)

에서 12번째 논설이 바로 「오초려찬언론」이다. 다산은 오징의 『역찬언易纂言』이 비록 그 본령은 소옹邵雍의 역학을 벗어나지 않지만, 간혹 명론名論이 옛 법에 합치하는 바가 있음을 인정하고 있다.[8] 「오초려찬언론」은 그 합치하는 바를 채록하고 이에 대해 다산의 평론을 적어둔 것이다.[9]

다산은 「오초려찬언론」에서 오징의 효변론과 관련하여 중요한 몇 가지 평론을 제시한다. 이를 통해서 우리는 다산의 효변에 대한 인식을 파악할 수 있다. 「오초려찬언론」에는 대략 다섯 곳에 다산의 효변에 관한 평론을 찾아볼 수 있다. 우선 건괘乾卦 초구初九와 구이九二에 관한 오징의 설명과 이에 대한 다산의 평론은 다음과 같다.

> "초구: '초획이 구九를 얻어 건지구乾之姤가 된다.' 구이: '구九가 제2획에 자리해 건지동인乾之同人이 된다.'"[10] 이에 대해 다산은 다음과 같이 말하고 있다. "384효의 효사에 모두 이와 같은 문장이 있다. 평왈評曰: 구九자의 뜻에 대해 분명하게 밝힌 바가 없다. 단지 강획剛畫을 구九로 여겼으니 어찌 해석이 되겠는가? 여섯 개의 획이 모두 칠七이면 그 괘는 변하지 않고 단사로 점을 친다. 구九를 얻을 경우 그 괘는 변하게 된다. 변괘를 가리켜 효라고 하니, 효는 획이 아니다."[11]

8) 『易學緖言』, 『定本 與猶堂全書 17』, 다산학술문화재단, 2012, p. 190. "吳澄, 字幼淸, 號草廬, 卽所云臨川吳氏也. 著『易纂言』, 雖其本領不出邵氏之範圍, 而間有名論合於古法."

9) 『易學緖言』, 『定本 與猶堂全書 17』, 다산학술문화재단, 2012, p. 190. "玆用采錄其百一, 以爲『易』家之聲援."

10) 『易學緖言』, 『定本 與猶堂全書 17』, 다산학술문화재단, 2012, p. 194. "初九曰: '初之畫得九, 爲乾之姤.' 九二曰: '九居第二畫, 爲乾之同人.'"

11) 『易學緖言』, 『定本 與猶堂全書 17』, 다산학술문화재단, 2012, p. 194. "三百八十四爻, 皆有此文. ○ 評曰: '九字之義, 無所建明. 唯以剛畫爲九, 何以解矣? 六畫皆七者, 其卦不變, 占之以彖詞. 其或得九者, 其卦遂變. 變卦謂之爻, 爻非畫也.'"

다산은 우선 오징의 『역찬언』 384효 효사에 효변을 의미하는 '모지모某之某'가 존재함을 확인하고 있다. 즉 오징의 『역찬언』 건괘乾卦 초구初九에는 '건지구乾之姤'가 표시되어 있고, 건괘乾卦 구이九二에는 '건지동인乾之同人'이 표시되어 있다. 이러한 효변의 형식이 『역찬언』 384효 전체에 표시되어 있다. 따라서 다산도 오징이 이미 효변에 대해 충분히 인지하고 있음을 확인하였음이 틀림없다. 다만 다산은 오징이 '획畫'과 '효爻'의 개념에 대해 명확하게 인식하지 못하고 있음을 지적하고 있다. 다산에 의하면 '획'은 변하지 않은 상태를 말하며, '효'는 변한 상태를 말한다고 보았다. 따라서 초구와 구이 등은 변하지 않은 상태인 '획'을 가리키는 말이 아니라 이미 변한 상태인 '효'를 가리키는 말이다.[12] 다산은 이러한 인식에 근거해서 초구를 초획으로 인식한 오징의 한계를 지적한 것이다.

하지만 오징의 건괘乾卦 초구와 구이의 설명에 대한 다산의 비판과 다른 해석도 가능할 것 같다. 우선 큰 틀에서 보면 오징도 초구를 다산과 같이 변괘變卦로 보고 있다. 건괘 초구에 대한 오징의 최종적인 해석은 '건지구乾之姤'이기 때문이다. 다산도 『주역사전』 건괘 초구에 대한 설명에서 "이는 건지구乾之姤이다."라고 풀이하고 있다.[13] 다만 좀 더 세부적인 측면에서 보면 약간의 차이가 있지만, 이는 근본적인 차이라고 할 수는 없다.

다음으로 건괘乾卦 구삼九三에 대한 오징의 설명과 이에 대한 다산의 평론은 다음과 같다.

12) 다산의 이러한 인식과 달리 일반적인 의미에서 효爻의 개념은 음에서 양 또는 양에서 음으로 반대 성질을 가진 획으로 막 변하려고 하는 상태를 말한다.

13) 『周易四箋 I』, 『定本 與猶堂全書 15』, 다산학술문화재단, 2012, p. 106.

> 건괘 (구삼) '날이 저물도록' 에 대하여 오징은 다음과 같이 해석했다. "삼효가 변동하면 2효 · 3효 · 4효 즉 내호괘內互卦가 리离가 된다."[14]

> 다산이 이에 대해 논평하여 말하기를, "『주역』을 읽는 방법에 있어서 '날이 저물도록' 의 뜻에 대해 알고자 한다면, (『주역』) 상 · 하편을 통틀어서 '날이 저물도록' · '한낮' · '해가 넘어갈 즈음' 등의 글자에 대해 여러 방면으로 연구하여 하나의 뜻으로 모든 경우에 적용하여 하나라도 막히는 바가 없어야 바른 해석이라 할 수 있는 것이다. 삼효가 변하여 리离가 된다는 것이 어찌 모든 경우에 통하는 해석이겠는가?[15]

위의 인용에서 특히 중요한 것은 오징과 다산이 똑같이 효변을 이용하여 효사를 해석하고 있지만, 그 구체적인 방법론은 이처럼 다르다는 점이다. 오징은 건괘乾卦 구삼九三이 효변하여 내호괘가 리離가 된다는 점을 이용하여 효사인 '날이 저물도록' 을 해석하고 있다. 다산은 이와 다르게 건괘 구삼이 효변하여 '건지리乾之履' 임을 전제하고 있지만, '날이 저물도록' 에 대한 해석은 복체伏體를 이용해 해석하고 있다.[16] 즉 "건괘 하괘下卦의 위치는 리离에 해당한다. 리离는 태양을 상징한다. 그러므로 초효는 해가 떠오름이 되고, 제2효는 해가 중천에 있음이 되고, 제3효는 해가 저뭄이 된다. 『주역』의 예가 다 그러하다."[17] 다산의 설명처럼 '해' 와 관련

---

14) 『易學緖言』, 『定本 與猶堂全書 17』, 다산학술문화재단, 2012, p. 194. "終日. 解曰: '三變, 二三四成離.' "

15) 『易學緖言』, 『定本 與猶堂全書 17』, 다산학술문화재단, 2012, p. 194. "評曰: '讀『易』之法, 欲知終日之義, 則盡將二篇中, 終日 · 日中 · 日昃等字, 玩究硏慮, 必有一說能盡通諸句而無一凝滯, 然後方是正解. 三變成離, 豈通例乎?"

16) 『周易四箋 I』, 『定本 與猶堂全書 15』, 다산학술문화재단, 2012, p. 110.

17) 『周易四箋 I』, 『定本 與猶堂全書 15』, 다산학술문화재단, 2012, p. 110. "下卦位离也. 离則爲日, 故初爲日出, 二爲日中, 三爲日夕. 易例然也."

된 효사는 건괘 외에도 리괘離卦와 풍괘豐卦에서도 나온다. 따라서 이러한 괘에 모두 적용될 수 있는 해석이 더 보편적인 해석이라 할 수 있다.

다음으로 비괘否卦 구오九五의 효사에 대한 오징의 설명과 이에 대한 다산의 평론은 다음과 같다.

> (비괘否卦 구오九五의 효사인) '없어질까 없어질까 하여 뽕나무 뿌리에 매어 두었다.' 에 대해 오징은 다음과 같이 해석했다. "없어진다는 것은 잃어버린다는 뜻이고, '한 마리의 말이 없어진다' 와 『장자』에 나오는 '양을 잃어버린다' 의 잃어버린다와 뜻이 같다. 대인은 편안할 때 위기를 잊지 않는다. 만약 한 마리의 동물이 있는데, 그것이 없어질까 두려워하면서 '없어질까 없어질까 하여 뽕나무 뿌리에 매어 두었다.' 라고 하는데, 매어 둔 것이 공고하지 않아서 혹시 잃어버릴까 두려워하는 것이므로 신중함의 극치라 할 수 있다."[18)]
>
> 다산이 이에 대해 논평하여 말하기를 "이 해석은 매우 옳다. 비괘否卦에는 원래 건乾의 말과 곤坤의 소가 있는데, 효변하여 진괘晉卦가 되면 손巽의 나무와 리離의 그루가 뽕나무 뿌리가 되니, 매어 둘 수가 있다. 간艮의 열매와 비교해 볼 때, (이 해석이) 이치에 더 맞을 것 같다."[19)]

위의 인용에서 다산은 비괘否卦 구오九五의 효사에 대한 오징의 해석이 매우 옳다고 긍정하고 있고, 그러한 해석의 근거가 다름 아닌 효변에 있

18) 『易學緖言』, 『定本 與猶堂全書 17』, 다산학술문화재단, 2012, p. 198. "其亡其亡, 繫于苞桑. 解曰: '亡失也, 與' 馬匹亡' 及『莊子』' 亡羊' 之亡同. 大人者安不忘危. 如有一動物, 恐其亡曰: '其亡矣, 其亡矣, 繫于苞桑.' 唯恐繫之不固, 而或至走逸, 愼之至也.' "

19) 『易學緖言』, 『定本 與猶堂全書 17』, 다산학술문화재단, 2012, p. 198. "案, 此解極是. 否卦元有乾馬 · 坤牛, 爻變爲晉, 則巽木 · 離科, 卽爲苞桑, 是可繫也. 比之艮瓜之義, 却似理順."

다고 보았다. 즉 비괘否卦 구오九五가 효변하면 진괘晉卦가 되므로 뽕나무 뿌리라는 상이 생기게 된다. 본괘인 비괘否卦의 상호괘가 손巽이어서 나무의 상이 있고, 효변하여 진괘晉卦가 되면 상괘가 리離이어서 그루의 상이 있게 된다. 따라서 나무와 그루의 상이 합쳐져 뽕나무 뿌리라는 상이 도출된다. 이를 통해서도 알 수 있듯이 다산은 오징의 역학에 대해 대체로 긍정적인 평가를 하고 있다. 물론 다산은 오징 역학이 소옹의 역학의 범위를 벗어나지 못하고 있는 한계는 지적하고 있다.

다음으로 관괘觀卦 육사六四의 효사에 대한 오징의 해석과 이에 대한 다산의 평론을 살펴보면 다음과 같다.

> 관괘觀卦 육사六四의 효사 '왕에게 빈객이 됨이 이롭다.' 에 대하여 오징은 다음과 같이 해석했다. "육사가 변하면 건乾이 되고, 건乾은 빈객을 상징한다."[20]
>
> 다산은 이에 대해 논평하여 말하기를, "건乾이 빈객이 되고, 손巽이 주인이 된다는 설은 한漢나라와 위魏나라의 구가역九家易에서는 찾아볼 수 없는데, (반면에) 오공吳公은 이 설을 채용했다."[21]

관괘觀卦 육사六四의 효사에 대한 해석은 효변론의 시원이라 할 수 있는 『춘추좌씨전』에서도 나타난다. 『춘추좌씨전』은 관괘 육사에 대한 해석을 효변인 '관지비觀之否' 라는 틀로 해석하고 있다. 만약 관괘 육사에 대한 해석에서 효변을 적용하지 않으면, '빈객' 이라는 효사를 해석하는 데 있어서 난점이 생길 수밖에 없다. 따라서 효사인 '빈객' 을 해석하기 위해서

---

20) 『易學緖言』, 『定本 與猶堂全書 17』, 다산학술문화재단, 2012, p. 198. "觀六四, 利用賓于王. 解曰: '六四變, 則成乾. 乾爲賓.' "

21) 『易學緖言』, 『定本 與猶堂全書 17』, 다산학술문화재단, 2012, p. 198. "評曰: '乾爲賓, 巽爲主人, 不見於漢 · 魏九家, 吳公乃用之.' "

효변이 필요하게 된 것이다.

그리고 위의 인용은 다산의 오징 효변론에 대한 가장 적극적인 평가를 반영하고 있다. 상수학의 가장 전성기라 할 수 있는 한나라 시기에서도 찾아볼 수 없는 해석을 오징이 자신의 역학서인 『역찬언』에서 채용하고 있음을 높이 평가하고 있다.

다음으로 복괘復卦 상육上六의 효사에 대한 오징의 해석과 이에 대한 다산의 평가는 다음과 같다.

> 복괘復卦 상육上六의 끝에 (오징이) 말하기를, "『주역』은 비록 효변을 이용하여 점을 쳤지만, 효사는 대부분 불변효에 기반하여 뜻을 지었고, 효변을 취한 것은 간간이 보일 뿐이다. 복괘의 여섯 효 중 오직 초구의 일양一陽만이 이미 회복한 것이 됨으로 효의 뜻은 불변효로 말한 것이다. 그 나머지 다섯 음은 아직 회복하지 않은 것인데 효사에 각각 회복이라는 글자가 있는 것은 모두 효변을 취하여 말하였기 때문이다. 만약 효변하여 양陽이 되지 않는다면 복復이라고 말할 수 없다."[22]

> 다산은 이에 대해 논평하기를, "삼백수십여 효 모두가 효변의 상징을 취했고, 때로 불변효의 상징을 취한 예는 오직 괘주卦主일 경우뿐이다. 그러므로 오징의 이 설은 자물쇠를 열어 깊숙한 곳에 들어간 것에 가깝다. 그가 좀 더 깊이 연구하지 못했음이 애석하다."[23]

---

22) 『易學緖言』, 『定本 與猶堂全書 17』, 다산학술문화재단, 2012, p. 199. "復上六之末云: '案, 『周易』雖用爻變爲占, 而爻辭多只就不變起義, 其取變者間見耳. 復之六爻, 唯初九一陽爲已復者. 故爻義以不變者言, 其餘五陰乃未復者, 而爻辭各有復者, 皆取變者言也. 蓋不變爲陽, 則不可謂之復.' "

위의 인용은 다산의 「오초려찬언론」 중 효변론과 관련된 마지막 부분이다. 특히 이 부분은 다산의 오징 효변론에 대한 결론적인 평가라는 점에서 중요하다. 오징에 의하면, "『주역』은 비록 효변을 이용하여 점을 쳤지만, 효사는 대부분 불변효에 기반하여 뜻을 지었고, 효변을 취한 것은 간간이 보일 뿐이다." 즉 오징은 『주역』이 효변을 이용하여 점을 친 것은 분명하지만 그렇다고 해서 모든 효사가 효변에 기반하여 만들어진 것은 아니라고 선언하고 있다. 대부분의 효사는 불변효에 기반하여 만들어진 것일 뿐인 점을 지적하고 있는 것이다. 하지만 다산은 이러한 관점을 수용하지 않는다. 다산은 이와 반대로 대부분의 효사가 효변에 기반하여 지어진 것이라고 주장하고 있으며, 예외적으로 괘주일 경우에만 불변효에 기반하여 효사가 지어졌음을 강조하고 있다. 따라서 다산은 효변의 원칙적인 입장에서 오징의 효변론을 긍정하고 있지만, 대부분의 효사에서 효변이 적용되지 않고 있는 점을 아쉬워하고 있는 것이다. 다산의 입장에서는 오징이 효변의 세계를 여는 열쇠를 가지고 자물쇠를 열어 깊숙한 곳까지 탐구했지만, 『주역』 384효 전체에 대해 전면적으로 연구하지 못했다고 본 것이다.

3. 오징의 『역찬언易纂言』에 나타난 효변론

오징吳澄은 자가 유청幼淸이고 무주撫州 숭인崇仁[24] 사람이다.[25] 남송의

23) 『易學緖言』, 『定本 與猶堂全書 17』, 다산학술문화재단, 2012, p. 199. "案, 三百數十爻, 皆取既變之象, 其或取不變之象者, 唯卦主之留動耳. 然草廬此說, 幾乎破扃鎖而入宧奧. 惜乎! 其不加硏也."

24) 지금의 강서성江西省 숭인현崇仁縣

이종理宗 순우淳祐 9년에 태어나서 원나라 순제順帝 원통元統 원년에 졸했다. 관직은 한림학사翰林學士에 이르렀으며, 시호는 문정文正이고, 학자들에 의해 초려선생草廬先生으로 존숭되었다.[26] 원대의 저명한 이학가理學家이자 역학가易學家이며 경학가經學家이다. 방대한 저술을 남겼으며, 그중에 『오경찬언五經纂言』이 유명하고, 『오경찬언』 중에서도 『역찬언易纂言』이 후세에 가장 높이 평가받고 있다. 오징은 일찍이 『역찬언』에 대해 다음과 같이 말했다. "나는 『서書』에 공이 있다고 생각하지만, 『역』에 비하면 오히려 작다. 나는 『역易』에 공을 세움이 매우 크다고 생각한다."[27]

오징은 여러 번의 개고를 거쳐 거의 40년에 가까운 시간을 공들여 『역찬언』을 완성하였으며, 이때가 대략 원나라 지치至治 2년(1322) 즉 임술년 가을이었다고 기록되어 있다.[28] 『역찬언』의 구성은 통행본 『주역』과도 사뭇 다르다. 오징은 『주역』 고본古本을 경經과 전傳으로 나누었으며, 경문經文의 매 괘 · 매 효마다 그 변동을 상세히 기록했으며, 상象과 점占을 구분했다. 전문傳文에서는 각 장을 구분하고 구절마다 그 뜻을 해석했고, 각 장의 끝에 그 장의 글자 수와 음석音釋 고증을 덧붙였다.[29] 『역찬언』 12권의 차례는 다음과 같다. 易纂言卷首, 易經纂言卷一上經, 易經纂言卷二下經, 易傳纂言卷一彖上傳, 易傳纂言卷二彖下傳, 易傳纂言卷三象上傳, 易傳纂言卷四象下傳, 易傳纂言卷五繫辭上傳, 易傳纂言卷六繫辭下傳, 易傳纂言卷七文言傳, 易傳纂言卷八說卦傳, 易傳纂言卷九序卦傳, 易傳纂言卷十雜卦傳.[30]

---

25) 黃宗羲 撰, 全祖望 續修, 王梓材 校補, 『宋元學案(下)』, 河洛圖書出版社, 中華民國 64年, 二十三 草廬學案 참조.

26) 吳澄, 『易纂言』, 「提要」 1(『四庫全書薈要』, 吉林人民出版社 影印本, 1997, 10-335).

27) 吳澄, 『易纂言』, 「提要」 1(『四庫全書薈要』, 吉林人民出版社 影印本, 1997, 10-335). "吾於書有功於世, 視易爲尤小. 於易有功於世爲甚大."

28) 吳澄, 『易纂言』, 券10, 4(『四庫全書薈要』, 吉林人民出版社 影印本, 1997, 10-534). "先生著是書, 幾四十年. 其間稿成改易者凡數四. 壬戌秋, 書成, 然未嘗以示人."

29) 吳澄, 『易纂言』, 「提要」 1(『四庫全書薈要』, 吉林人民出版社 影印本, 1997, 10-335).

특히, 오징은 「계사하전繫辭下傳」 중의 십유팔괘十有八卦 부분을 착간으로 여겨 「문언전文言傳」 끝으로 옮겼다.[31] 즉 통행본 「계사하전繫辭下傳」의 제5장을 분리하여 「문언전文言傳」에 통합했다. 통행본의 「문언전文言傳」이 건괘乾卦와 곤괘坤卦에 대한 공자의 해석이고, 「계사하전繫辭下傳」의 제5장도 『주역』 경문 중 16괘 18효에 대한 공자의 해석이기 때문에 「문언전文言傳」으로 통합하는 것이 합리적인 면이 있다.[32]

오징의 『주역』 해석 방법론은 또 다른 역학 저작인 『역찬언외익易纂言外翼』의 「원서原序」에 잘 나타나 있다. 「원서」에는 오징의 역학사 전반에 관한 통찰을 통해 얻은 12가지 방법론이 요약되어 있다. 이 12가지 『역』 해석 방법론은 다음과 같다. 1. 괘통卦統, 2. 괘대卦對, 3. 괘변卦變, 4. 괘주卦主, 5. 변괘變卦, 6. 호괘互卦, 7. 상례象例, 8. 점례占例, 9. 사례辭例, 10. 변례變例, 11. 역원易原, 12. 역류易流 등이다. 괘통卦統은 64괘를 소성괘 팔괘八卦의 순체純體[33]와 합체合體[34]로 구성된 16경괘經卦와 나머지 48위괘緯卦로 나눈 것이고, 괘대卦對는 64괘를 반역反易으로 설명한 것이고, 괘변卦變은 건괘乾卦와 곤괘坤卦에서 10벽괘辟卦가 변화되어 나오고, 10벽괘에서 다시 46연괘衍卦가 변화되어 나오는 과정을 설명한 것이고, 괘주卦主는 하나의 획이 그 괘의 주인이 됨을 설명한 것으로 무망괘无妄卦의 단전에서 말하는 '강剛이 바깥에서 와서 안에서 주인이 된다.'[35]는 것을 말하고, 변

30) 吳澄, 『易纂言』(『四庫全書薈要』, 吉林人民出版社 影印本, 1997, 10-335~535) 참조.

31) 吳澄, 『易纂言』, 「提要」 1(『四庫全書薈要』, 吉林人民出版社 影印本, 1997, 10-335). "繫辭中十有八卦之釋指爲錯簡, 移之文言傳末."

32) 吳澄, 『易纂言』, 「易傳纂言卷七文言傳」(『四庫全書薈要』, 吉林人民出版社 影印本, 1997, 10-508~520) 참조.

33) 乾 · 坤 · 坎 · 離 · 震 · 艮 · 巽 · 兌를 말함. 吳澄, 『易纂言外翼』, 권1, 1~5(『四庫全書』 文淵閣本, 驪江出版社 影印本, 1988, 22-598~600)

34) 泰 · 否 · 咸 · 恒 · 損 · 益 · 旣濟 · 未濟를 말함. 吳澄, 『易纂言外翼』, 권1, 1~5(『四庫全書』 文淵閣本, 驪江出版社 影印本, 1988, 22-598~600)

괘變卦는 역易의 강획剛畫이 변하여 유획柔畫이 되고, 유획이 변하여 강획이 됨을 말한 것이고, 호괘互卦는 한 괘의 2, 3, 4효가 하체가 되고 3, 4, 5효가 상체가 되어 또 하나의 괘를 만든다는 것이고, 상례象例는 복희가 그린 팔괘, 문왕이 이름한 괘명, 그리고 괘사와 효사가 묘사한 사물 등이 모두 상象임을 말한 것이고, 점례占例는 『주역』의 괘사와 효사가 점치기 위해 만들어진 것임을 말한 것이고, 사례辭例는 사辭에 상사象辭와 점사占辭가 있음을 말한 것이고, 변례變例는 설시揲蓍하여 얻은 괘는 그 변동하는 효로 점을 침을 말한 것이고, 역원易原은 하도와 낙서가 역의 근원임을 말한 것이고, 역류易流는 소옹邵雍의 선천학이 역학의 주류이고 양웅揚雄·사마씨司馬氏[36]·채씨蔡氏[37]는 역학의 지류임을 천명한 것이다.[38]

---

35) 吳澄, 『易纂言外翼』, 「易纂言外翼十二篇原序」(『四庫全書』 文淵閣本, 驪江出版社 影印本, 1988, 22-597), "剛自外來, 而爲主於內."

36) 『潛虛』를 지은 송나라 司馬光을 말함. 吳澄, 『易纂言外翼』, 「易纂言外翼十二篇原序」(『四庫全書』 文淵閣本, 驪江出版社 影印本, 1988, 22-597).

37) 『洪範皇極內篇』을 지은 송나라 蔡沈을 말함. 吳澄, 『易纂言外翼』, 「易纂言外翼十二篇原序」(『四庫全書』 文淵閣本, 驪江出版社 影印本, 1988, 22-597).

38) 吳澄, 『易纂言外翼』, 「易纂言外翼十二篇原序」(『四庫全書』 文淵閣本, 驪江出版社 影印本, 1988, 22-597~8). "羲皇卦畫, 先後一定, 自然而然, 文王分八卦爲上下篇, 改移其次, 八經卦之純體合體者爲之經, 四十八卦之雜體者爲之緯. 述卦統第一. 六畫卦之不反易者八, 其反易者二十八爲五十六卦, 奇陽偶陰無獨必有對, 或上下二篇相對, 或上下各篇自對, 二體之互易者亦然. 述卦對第二. 羲皇生卦奇偶之上生奇偶而已, 卦體旣成, 而推其用, 則無窮焉. 乾坤變而爲六子十辟, 六子十辟變而爲四十六卦, 述卦變第三. 每卦以一畫爲主, 无妄之傳所謂'剛自外來而爲主於內'也. 述卦主第四. 易以剛柔相推而生變化, 剛畫變則化柔, 柔畫變則化剛, 而一卦可爲六十四卦. 述變卦第五. 重卦有上下二體, 又以卦中四畫交互取之, 二三四成下體, 三四五成上體. 述互卦第六. 羲皇所畫之卦畫謂之象, 文王所名之卦名謂之象, 彖辭爻辭汎取所肖之物亦謂之象. 述象例第七. 聖人畫卦以明天道, 生蓍以前民用, 彖爻之辭爲占設也. 述占例第八. 辭有象辭有占辭, 象之中亦有占, 占之中亦有象, 旣互見矣. 猶有遺者復掇拾之通謂之辭. 述辭例第九. 揲蓍十八變而成一卦, 以動者尙其變謂蓍之變也. 述變例第十. 羲皇心契天地自然之易將畫八卦而有龍馬負圖出於河, 此易之原也. 洛書後出神禹因之敍九疇, 其河圖之配與. 述易原第十一. 邵子著書立言, 無一不本於羲皇之卦圖. 揚氏自三才之三起數而撰太玄, 司馬氏自五行之十起數而撰潛虛, 蔡氏自九疇之九起數而撰

이 12가지 방법론 중에서 본 글과 관련된 것은 다섯 번째 변괘變卦이다. 중국 역학사에서 변괘는 효변과 동의어로 쓰이고 있으며, 『주역』의 384효는 모두 효변을 전제로 하고 있음을 말한 것이다. 즉 384효의 모든 효는 강剛이면 유柔로 변하고 유柔이면 강剛으로 변한다는 것이다. 물론 이러한 효변론은 오징이 창조한 것이 아니며, 『춘추좌씨전』 이후 여러 역학자들의 효변설를 연구한 끝에 오징이 자신의 『역易』 해석 방법론 중의 하나로 받아들인 것이라 할 수 있다. 다만 오징의 효변론은 『역찬언외익易纂言外翼』 중 효변론에 해당하는 「變卦第五」 부분이 결여되어 있어 보다 구체적인 내용은 알 수가 없다.[39] 따라서 오징의 효변에 관한 설명은 앞에서 언급한 「易纂言外翼十二篇原序」에 근거해 그 대강만 알 수 있을 뿐이다.

아래에서는 오징의 『역찬언』 경문에 나타난 효변론을 구체적으로 분석해 보고자 한다. 우선 『역찬언』 경문에 나타난 오징의 효변론의 형식적인 특색을 살펴보면 다음과 같다.

乾 初九 初之畫得九, 爲乾之姤

九二 九居第二畫, 爲乾之同人

九三 九居第三畫, 爲乾之履

九四 九居第四畫, 爲乾之小畜

九五 九居第五畫, 爲乾之大有

上九 九居第二畫, 爲乾之夬

用九 六畫俱得九, 爲乾之坤

洪範皇極內篇, 皆易之派也. 然邵子從容乎羲畫之內, 三家則奔迸乎羲畫之外矣. 邵其經流之派, 揚馬蔡其支流之派與. 述易流第十二."

39) 吳澄, 『易纂言外翼』, 권1, 14(『四庫全書』 文淵閣本, 驪江出版社 影印本, 1988, 22-605).

坤 初六 初之畫得六, 爲坤之復
六二 六居第二畫, 爲坤之師
六三 六居第三畫, 爲坤之謙
六四 六居第四畫, 爲坤之豫
六五 六居第五畫, 爲坤之比
上六 上之畫得六, 爲坤之剝
用六 六畫俱得六, 爲坤之乾

屯 初九 初之畫得九, 爲屯之否
六二 六居第二畫, 爲屯之節
六三 六居第三畫, 爲屯之旣濟
六四 六居第四畫, 爲屯之隨
九五 九居第五畫, 爲屯之復
上六 上之畫得六, 爲屯之益
六畫俱九·六, 爲屯之鼎

위의 표는 오징의 『역찬언』의 형식적인 특징을 잘 보여준다. 즉, 오징은 효변론에 대한 명확한 인식이 있었기 때문에 64괘 384효의 전체에 효변을 표시하고 있다. 나아가 다산의 효변론과 달리 64괘 각 괘마다 말미에 여섯 효가 모두 변할 경우의 효변도 표시하고 있다. 가령, 위의 표에서 준괘의 끝에 "여섯 획이 모두 구와 육이 되면 준괘屯卦가 정괘鼎卦로 변한다."(六畫俱九·六, 爲屯之鼎)라고 표시한 것이다. 사실 현재 통용되는 『주역』에는 64괘 중 건괘와 곤괘에만 여섯 효가 모두 변한 경우인 용구用九와 용육用六을 표시하고 있고, 나머지 62괘에는 여섯 효가 변한 경우가 존재하지 않는다. 하지만 효변론의 원칙에서 봤을 때, 건괘와 곤괘뿐만 아니라 나머지 62괘에서도 여섯 효가 변하는 경우가 생길 수 있기 때문에 오징의 『역찬언』 체제는 오히려 효변설에 더 부합하는 형식이라 할 수 있다.

『역찬언』에 나타난 효변의 형식적인 특징 외에 효사 해석에 있어서 어떤 특징이 있을까? 이 문제를 해결하기 위해 우선 『역찬언』에서 효변을 이용한 효사 해석의 예를 살펴볼 필요가 있을 것 같다.

> (건괘 구삼) 세 번째 획이 변해서 유柔가 되면 두 번째 · 세 번째 · 네 번째 획은 (팔괘 중) 리离가 된다. 리离는 태양을 상징하고, 세 번째 획은 인간을 상징하고, 두 번째 획은 지상地上을 상징하니, 태양이 인간 세상을 비추며 장차 땅에 이르는 상이 되어 즉 일몰의 때가 되는 것이다. 그래서 '날이 저물도록' 이라고 했다.[40]

위의 인용에서 오징이 효변을 이용하여 효사를 해석하는 예가 잘 나타난다. 즉, 건괘乾卦 구삼九三의 효사인 '날이 저물도록' 이라는 말을 해석하면서 효변을 이용하고 있다. 효변을 이용하지 않을 경우, 건괘 자체에는 '태양' 을 상징하는 리离가 존재하지 않는다. 왜냐하면 건괘는 하괘도 건乾이고 상괘도 건乾이기 때문이다. 호체互體를 이용한다 해도 리离를 도출해낼 수 없다. 따라서 효변을 이용하지 않을 경우 '날이 저물도록' 이라는 효사를 해석해낼 수 없는 난점이 생기는 것이다. 하나의 예를 더 들어보면 다음과 같다.

> (곤괘 육사) 곤坤의 체가 비어 있어 물건을 담을 수 있으니 '주머니' 의 상이

---

40) 吳澄, 『易纂言』, 권1, 2(『四庫全書薈要』, 吉林人民出版社 影印本, 1997). "(乾卦 九三) 三變爲柔, 二 · 三 · 四成離, 離爲日, 三爲人間, 二爲地上, 日照人間, 將至于地, 日將終之時也, 故曰" 終日."; 王新春 · 呂穎 · 周玉鳳, 『易纂言導讀』, 齊魯書社, 2006, p. 80.

다. 네 번째 획이 변해서 양陽이 되면 위쪽을 막는 상象이 되니 주머니의 위쪽 입구를 묶는 것과 같다. 사람들이 입을 막고 말을 하지 않는 것이 또한 이와 같다.[41]

위의 인용은 곤괘 구사의 효사인 '주머니를 묶다'에 대한 오징의 해석이다. 우선 오징은 곤괘에서 주머니의 상을 찾았고, 이어서 곤괘 육사가 효변하여 양陽으로 된 경우에서 (주머니를) 묶는 상을 찾았다. 음획이 양획이 되면, 주머니의 위쪽을 막는 상징이 생기기 때문이다. 이처럼 오징은 『주역』의 384효 효사 해석에 있어서 효변을 적절히 활용하여 성공적으로 효사를 해석해내고 있다. 물론 오징이 384효 모든 효사에 대해 효변을 적용하고 있는 것은 아니다. 이 점에 있어서 오징의 효변론은 다산의 효변론과 차이점이 있다.

4. 정약용과 오징의 효변론에 내포된 상관관계

정약용 효변론의 내용은 그의 역학 저작인 『주역사전』 중 「효변표직설爻變表直說」에 잘 나타나 있다. 우선 「효변표직설」에 나오는 효변표爻變表를 인용하면 다음과 같다.[42]

41) 吳澄, 『易纂言』, 권1, 5(『四庫全書薈要』, 吉林人民出版社 影印本, 1997). "(坤卦 六四) 坤體虛而容物, "囊"之象也. 四變爲奇, 塞壓其上, 猶括結囊之上口. 人之謹閉其口而不言, 亦猶是也."; 王新春 · 呂穎 · 周玉鳳, 『易纂言導讀』, 齊魯書社, 2006, p. 84.

42) 『周易四箋 I』, 『定本 與猶堂全書 15』, 다산학술문화재단, 2012, p. 49.

爻變表

乾	初九	䷫	爲乾之姤
	九二	䷌	爲乾之同人
	九三	䷉	爲乾之履
	九四	䷈	爲乾之小畜
	九五	䷍	爲乾之大有
	上九	䷪	爲乾之夬
	用九	䷁	爲乾之坤

위의 효변표를 보면 알 수 있듯이 다산은 건괘乾卦 초구初九가 불변효가 아니라 변효이므로 '건지구乾之姤' 즉 '건괘乾卦가 구괘姤卦로 변한 경우'로 보아야 한다고 했다. 건괘 초구뿐만 아니라 건괘 구이, 구삼, 구사, 구오, 상구, 용구 나아가 『주역』 384효 전체를 변효로 해석해야 한다고 주장한다. 따라서 다산에 의하면 『주역』 384효는 실제로는 384괘가 되는 것이다.

오징의 효변론은 앞 장에서도 살펴보았지만, 다산의 효변론과 거의 일치한다고 할 수 있다. 앞 장에서 제시한 오징의 효변표를 다시 인용해보면 이를 분명하게 알 수 있다.

乾 初九 初之畫得九, 爲乾之姤

九二 九居第二畫, 爲乾之同人

九三 九居第三畫, 爲乾之履

九四 九居第四畫, 爲乾之小畜

九五 九居第五畫, 爲乾之大有

上九 九居第二畫, 爲乾之夬

用九 六畫俱得九, 爲乾之坤

이 오징의 효변표는 필자가 오징의 『역찬언』에 나오는 내용을 분석하여 만든 것이지만, 이 표와 다산의 효변표를 비교해보면 한눈에 보아도 거의 같음을 알 수 있다. 다만 다산은 오징과 달리 '획畫' 과 '효爻' 의 개념에 대해 보다 정확하게 구별해야 함을 강조하고 있을 뿐이다. 따라서 결과적으로 본다면 다산과 오징의 효변론은 일치한다고 말할 수 있다.

다산과 오징의 효변론은 큰 틀에서는 일치하지만, 그 구체적인 적용에서는 차이가 있다. 가장 큰 차이점에 대해서는 「오초려찬언론」에서 이미 언급된 바가 있다. 오징은 효변론의 구체적인 적용에 있어 제한적인 태도를 취하여 "『주역』은 비록 효변을 이용하여 점을 쳤지만, 효사는 대부분 불변효에 기반하여 뜻을 지었고, 효변을 취한 것은 간간이 보일 뿐이다."[43] 반면에 다산은 효변론을 자신의 역학이론 중 핵심 이론으로 제시하면서 전면적인 적용을 강조했다. "삼백수십여 효 모두가 효변의 상징을 취했고, 때로 불변효의 상징을 취한 예는 오직 괘주卦主일 경우뿐이다."[44] 즉 다산은 64괘 대부분의 효에 효변을 적용하여 효사를 해석하고 있으며, 다만 괘주일 경우에만 예외적으로 효변을 적용하지 않을 뿐이다.[45]

오징은 『역찬언외익易纂言外翼』의 「원서原序」에서 『역』 해석 방법론으로 12가지의 이론을 제시했다. 그중에 하나가 효변론이다. 따라서 오징은 실제적인 『역』 해석에 있어서 12가지 방법론을 적절하게 적용하여 합리적인 해석을 찾고자 했다. 반면에 다산은 이른바 '역리사법易理四法' 이라

43) 『易學緒言』, 『定本 與猶堂全書 17』, 다산학술문화재단, 2012, p. 199. "『周易』雖用爻變爲占, 而爻辭多只就不變起義, 其取變者間見耳."

44) 『易學緒言』, 『定本 與猶堂全書 17』, 다산학술문화재단, 2012, p. 199. "三百數十爻, 皆取旣變之象, 其或取不變之象者, 唯卦主之留動耳."

45) 『周易四箋 I』, 『定本 與猶堂全書 15』, 다산학술문화재단, 2012, pp. 55~6 참조.

는 네 가지의 『역』 해석 방법론을 제시했고 그중에서도 가장 핵심적인 이론으로 효변론을 거론했다. 따라서 다산에 있어서 효변론은 없어서는 안 될 불가결한 요소이지만, 오징에 있어서 효변론은 경우에 따라 간간이 적용된 『역』 해석 방법론 중의 하나일 뿐이었다.

그리고 다산과 오징의 효변을 이용한 구체적인 역사 해석에서도 차이가 존재한다. 예를 들어, 사괘師卦 상육上六의 효사 중 '가업을 잇다'[46]에 대한 다산과 오징의 해석은 다음과 같다.

다산의 해석: "감坎의 집하괘가 원래 坎을 간艮의 손(효변하여 상괘가 지금 艮이 됨)으로 잇는 상이 있기 때문에 '가업을 잇다' 라고 했다."[47]

오징의 해석: "상효가 효변하면 이 · 삼 · 사 · 오 · 상효가 이离가 되므로 '집' 을 상징한다. 이 · 삼 · 사 하호괘인 진震은 장자長子를 상징함으로 '가업을 잇다' 라고 했다."[48]

사괘師卦는 감하곤상坎下坤上의 괘로 땅 아래에 물이 있음을 상징한다. 사괘師卦의 상육효에 대한 일반적인 해석은 감하곤상坎下坤上의 상으로 해석하는 것이 통례였지만, 효변론에 의하면 사괘 상육효는 '사지몽師之蒙' 이 된다. 따라서 다산과 오징은 사괘 상육효 효사를 감하곤상坎下坤上의 상으로 해석하는 것이 아니라 감하간상坎下艮上의 상으로 해석한다. 즉 사괘의 상괘上卦가 곤坤에서 간艮으로 변한 것으로 상정하여 해석하고 있다.

46) 『周易四箋 I』, 『定本 與猶堂全書 15』, 다산학술문화재단, 2012, p. 169. "上六, 大君有命, 開國承家, 小人勿用."

47) 『周易四箋 I』, 『定本 與猶堂全書 15』, 다산학술문화재단, 2012, p. 169. "坎之家室【下本坎】, 承以艮手【上今艮】, 是承家也【承從手】."

48) 吳澄, 『易纂言』, 권1, 18(『四庫全書薈要』, 吉林人民出版社 影印本, 1997). "上變, 則二三四五上成离象家, 震爲長子, 承家也."

이처럼 다산과 오징의 효변론은 큰 틀에서는 일치하고 있다. 하지만 구체적인 역사 해석에서는 차이가 존재한다. 다산은 효변하여 생성된 '간艮'에서 손의 상징을 찾아 '가업을 잇는다' 는 효사를 해석하고 있는 반면에 오징은 효변하여 이루어진 몽괘蒙卦 괘상의 호체인 '리離' 에서 집의 상징을 찾아 '가업을 잇는다' 는 효사를 해석하고 있다. 사괘 상육효 뿐만 아니라 다른 괘의 효사 해석에서도 다산과 오징은 자신의 논리에 입각하여 각각 다르게 해석하고 있다.

5. 결어

본 글은 다산 정약용 역학이론 중의 하나인 효변론의 연원을 고찰한 것이다. 다산의 네 가지 『역』 해석 방법론 즉 추이론, 물상론, 호체론, 효변론 중의 하나인 효변론은 다산 역학이론의 핵심이라 할 수 있다. 따라서 다산 역학을 연구하는 데 있어서 효변론의 연원을 고찰하는 것은 다산 역학의 이론적 배경을 탐구한다는 측면에서 그 의의가 있다.

다산의 효변론의 연원을 고찰하는 데 있어서 중요한 자료는 다산의 『역학서언』이다. 『역학서언』은 중국 역학사의 중요한 인물과 저서에 대한 다산의 연구 결과물이라 할 수 있다. 『역학서언』에는 이정조의 『주역집해周易集解』, 정현의 『주역정강성주周易鄭康成注』, 왕필의 『주역주周易注』, 공영달의 『주역정의周易正義』, 주자의 『주역본의周易本義』, 오징의 『역찬언易纂言』, 래지덕의 『周易集註』, 이광지의 『주역절중周易折中』 등등 중국 역학사의 주요 저작들이 모두 수록되어 있다. 『역학서언』 중에서 「오초려찬언론」은 다산이 오징의 『역찬언』을 읽고 자신의 견해를 제시한 것으로 다산의 효변론과 관련하여 특히 중요한 논설이다. 「오초려찬언론」

에는 대략 다섯 곳에서 다산이 오징의 『역찬언』 내용 중 효변론과 관련한 내용을 인용하고 그에 대한 다산의 평가가 들어있다.

오징의 『역찬언』은 효변론을 적용해 『주역』 경문을 해석하고 있는 역학 저서 중의 하나이다. 『역찬언』에 대한 오징 자신의 보충 설명서라 할 수 있는 『역찬언외익』을 보면, 오징은 자신의 『역』 해석 방법론으로 12가지를 들고 있다. 즉 1. 괘통卦統, 2. 괘대卦對, 3. 괘변卦變, 4. 괘주卦主, 5. 변괘變卦, 6. 호괘互卦, 7. 상례象例, 8. 점례占例, 9. 사례辭例, 10. 변례變例, 11. 역원易原, 12. 역류易流 등이다. 오징의 『역찬언』은 이러한 12가지 『역』 해석 방법론을 적용하여 『주역』 경전을 해석하고 있다.

다산의 효변론과 오징의 효변론을 비교해 봤을 때, 효변론의 큰 틀에서는 양자가 일치하고 있음을 확인할 수 있다. 다산도 『주역』 384효 전체에 '此某之某也' 라는 효변을 표시하고 있고, 오징도 『주역』 384효 전체에 '某之某' 라는 효변을 표시하고 있기 때문이다. 물론 효변론의 구체적인 적용에서는 차이가 있다. 다산은 괘주를 제외한 대부분의 효사에 효변을 적용하여 해석하고 있지만, 오징은 대부분의 효사에 대해서 불변효에 기반하여 해석하고 그 나머지 몇몇 효사에 대해서만 변효에 기반하여 해석하고 있다.

이러한 효변론의 구체적인 적용에서의 차이점은 중국 역학사를 통해 볼 때 자연스러운 현상이라 할 수 있다. 중국 역학사에서 효변론을 이용하여 『주역』을 해석한 송대의 도결이나 심해, 원대의 진응윤, 명대의 황도주, 청대의 포의 등의 효변론자들도 효사 해석에 있어서 그 구체적인 방법론은 각각 상이하기 때문이다.

따라서 다산의 효변론의 연원을 오징의 효변론으로 비정하는 데 있어서 논리적인 무리는 없을 것 같다.

(종교와 문화 25, 2013)

제8장

정약용과 래지덕來知德의 효변설 비교

1. 서론

『사고전서총목제요四庫全書總目提要』의 경부經部 역류易類 첫머리에서 청대 사고관신은 방대한 중국 역학사를 총괄하면서 중국 역학사의 흐름을 '양파육종兩派六宗'으로 정리했다. '양파'는 상수파象數派와 의리파義理派이며, '육종'은 한대漢代 상수로 역을 해석한 전통, 경방과 초연수의 재이설災異說에 근거하여 역을 해석한 전통, 진단과 소옹邵雍의 도서학圖書學에 근거하여 역을 해석한 전통, 왕필이 제창한 노장으로 역을 해석하는 전통, 호원과 정자의 유학의 의리로 역을 해석하는 전통, 이광과 양만리의 역사적 사실로 역을 증명하는 전통 등이다.[1)]

중국 역학사에 대한 사고관신의 이러한 관점은 매우 유의미한 통찰로

1) 王雲五主持, 『合印四庫全書總目提要及四庫未收書目禁燬書目(一)』(臺灣商務印書館, 1978), 「四庫全書總目提要」, 一, 經部, 易類一, 2쪽. "左傳所記諸占, 蓋猶太卜之遺法. 漢儒言象數, 去古未遠也. 一變而爲京, 焦, 入於禨祥, 再變而爲陳, 邵,務窮造化, 易遂不切於民用. 王弼盡黜象數, 說以老莊. 一變而胡瑗, 程子, 始闡明儒理, 再變而李光, 楊萬里, 又參證史事, 易遂日啓其論端. 此兩派六宗, 已互相攻駁."

받아들여지고 있다. 다산 정약용도 『사고전서총목제요』의 형성과 비슷한 시대를 살았고, 또 『사고전서』에 수록된 역학 저작 중 주요한 저작을 거의 읽었거나 혹은 그 책의 개요를 이미 파악하고 있었다. 다산의 『역학서언』은 다산의 중국 역학사에 대한 이러한 연구의 결과라 할 수 있다.[2] 따라서 『역학서언』에 나타나 있는 다산의 중국 역학사 인식을 통해 다산 역학의 역학사적 위치를 『사고전서총목제요』의 양파육종과 연관해 고찰해 볼 수 있으며, 이러한 고찰에 기반해 볼 때 다산 역학은 양파 중 상수파에 속하며, 육종 중 한대漢代 상수학에 속한다고 할 수 있다. 왜냐하면, 다산은 『역학서언』에서 이정조의 『주역집해周易集解』에 대해 "괘변卦變과 효변爻變의 법칙, 호체互體와 복체伏體의 예, 교역交易·변역變易·반대反對·반합胖合의 묘가 하나라도 갖추어 있지 않음이 없다."[3]라고 했으며, 또 "오늘날의 학자들이 진실로 『주역』을 공부하고자 한다면, 오직 이정조의 『주역집해』 10권을 보배로 삼아야 할 것이다."[4]라고 주장하고 있기 때문이다. 다산의 이러한 인식은 이정조의 『주역집해』에 다산 역학의 핵심 이론인 역리사법의 원형이 모두 담겨 있는 것과 관련이 있다.[5]

---

2) 『易學緖言』의 총목록은 다음과 같다. 「이정조집해론李鼎祚集解論」, 「정강성역주론鄭康成易注論」, 「반고예문지론班固藝文志論」, 「한위유의론漢魏遺義論」, 「왕보사역주론王輔嗣易注論」, 「한강백현담고韓康伯玄談考」, 「공소백일평孔疏百一評」, 「당서괘기론唐書卦氣論」, 「주자본의발미朱子本義發微」, 「소자선천론邵子先天論」, 「사수고점박沙隨古占駁」, 「오초려찬언론吳草廬纂言論」, 「래씨역주박來氏易註駁」, 「이씨절중초李氏折中鈔」, 「육덕명석문초陸德明釋文鈔」, 「곽씨거정박의郭氏擧正駁義」, 「왕채호이평王蔡胡李評」, 「복서통의卜筮通義」, 「주역답객난周易答客難」, 「현산역간玆山易柬」, 「다산문답茶山問答」(『易學緖言』, 『定本 與猶堂全書 17』, 다산학술문화재단, 2012)

3) 『易學緖言』, 『定本 與猶堂全書 17』, 다산학술문화재단, 2012, 53쪽. "然卦變爻變之法, 互體伏體之例, 交易變易反對胖合之妙, 無一不露其豹斑."

4) 『易學緖言』, 『定本 與猶堂全書 17』, 다산학술문화재단, 2012, 53쪽. "今之學者誠欲學易, 唯取李鼎祚集解十卷, 以爲拱璧."

5) 임재규, 「다산 정약용의 中國 易學史 인식 - 『易學緖言』을 중심으로」, 규장각한국학연구원 신진학자 연구발표회, 2015 참조.

양파육종에서 의리파는 기본적으로 『주역』 괘효사의 형성보다는 이미 형성된 괘효사에 어떤 의리가 담겨있느냐에 관심을 두고 있으며, 상수파는 기본적으로 『주역』 괘효사가 어떻게 형성되었느냐에 관심을 두고 있다. 따라서 의리파와 상수파는 근본적인 지향점이 다르고, 다산 역학은 상수파의 지향점을 가장 잘 구현하고 있다는 점에서 의리파에 속할 수 없다.

본 글은 다산의 이러한 상수학적 성격을 잘 보여주는 역리사법 중 핵심이라 할 수 있는 효변론과 명대의 대표적인 상수학자인 래지덕의 효변설의 비교를 통해서 다산의 효변론이 어떤 독창적 의미가 있는지 고찰해보고자 한다.[6] 이를 통해 다산의 『주역』 이해에 있어서 어떤 특색을 가졌는지도 파악할 수 있을 것으로 기대한다. 우선 논지의 전개를 위해 다산 역학이론의 핵심이라 할 수 있는 역리사법의 상수학적 특징에 대해 살펴보겠다.

『주역』의 원문은 약 4,919자로 구성되어 있다.[7] 5,000자도 채 안 되는 『주역』에 대해 약 3,000여 년 동안 완전한 해석이 존재하지 못했던 것은 『주역』이 다른 경전과 달리 난해한 상징체계로 구성되어 있기 때문이라 할 수 있다.[8] 물론 『주역』을 상징체계가 아니라 단순히 점친 기록일 뿐이라는 견해도 존재한다. 하지만 『주역』을 단순히 점친 기록으로 인식할 경우 우리가 『주역』을 연구하고 해석해야 할 필요성이 없어진다. 예를 들어, 갑골 복사는 분명 점친 기록이며 따라서 갑골 복사의 해석에 있어서 그 문자가 해독되면 해석의 문제는 거의 존재하지 않는다. 점친 기록은

6) 필자가 확인한 바로는 정약용과 래지덕의 효변설을 비교 연구한 논문은 아직 발표된 바가 없다.

7) 한글 2010의 문서 정보에 의한 글자 수이다.

8) 朱熹 撰, 廖名春 點校, 『周易本義』, 北京: 中華書局, 2009, 248쪽. "是故易者,象也;象也者,像也."

점친 기록일 뿐 점친 기록에 그 어떤 상징적 의미나 철학적 의미를 부여할 필요는 없기 때문이다. 만약 『주역』을 점친 기록으로 인식한다면, 더 이상의 논의는 무의미해지며 약 3,000여 년의 역학사가 존재하게 된 이유를 설명할 수 없게 된다. 따라서 『주역』이 점친 기록이 아니라[9] 상징체계라고 인식하는 것은 역학사 연구의 기본 전제이자 출발점이라 할 수 있다.

그렇다면 '『주역』은 상징체계이다' 라는 명제는 구체적으로 어떤 의미가 있는가? 이는 두 가지 요소로 설명할 수 있다. 하나는 『주역』의 64괘가 8괘의 조합으로 구성되어 있다는 것이고, 다른 하나는 『주역』 64괘 괘사와 384효 효사가 이러한 8괘의 조합으로 이루어진 64괘에 대한 상징적 해석이라는 점이다. 전자의 의미를 이해하기 위해서는 다시 8괘가 세계를 구성하는 8가지 상징이라는 점을 이해할 필요가 있다. 『계사전』에 의하면, 복희씨는 하늘을 우러러보고 또 땅을 굽어살펴서 세계의 존재를 8개의 상징으로[10] 설명하고자 했다.[11] 주나라의 문왕은 이러한 8괘를 조합하여 64괘를 만들었고, 따라서 8괘의 조합인 64괘를 상징체계로 이해할 수 있다. 후자의 의미를 이해하기 위해서는 『주역』 괘효사가 점친 기록이 아니라 문왕과 주공으로 대표되는 서주 초기 주나라 지식인에 의한 64괘의 상징적 해석이라는 점을 이해할 필요가 있다. 즉, 64괘가 이미 존재하고 나서, 이미 존재하고 있는 64괘를 관찰하고 해석한 결과가 바로 『주역』 괘효사라는 점을 이해해야 한다. 64괘가 상징체계이기 때문에 64괘에 대

9) 鄭吉雄,「論《易經》非占筮記彔」,『周易硏究』 2012年 第2期 참조.

10) 朱熹 撰, 廖名春 點校,『周易本義』, 北京: 中華書局, 2009, 246쪽. "古者包犧氏之王天下也, 仰則觀象於天, 俯則觀法於地, 觀鳥獸之文與地之宜, 近取諸身, 遠取諸物. 於是始作八卦, 以通神明之德, 以類萬物之情."

11) 이는 불교에서 지수화풍地水火風을 세계 존재를 구성하는 4가지 요소라고 하는 것과 같은 맥락의 설명이라 할 수 있다. 지수화풍이 불교의 세계 존재를 설명하는 주요한 요소이듯이 8괘도 중국 고대의 세계 존재를 설명하는 8가지 요소가 된다.

한 해석도 자연스럽게 상징적 해석이 될 수밖에 없다. 이러한 괘효사와 상징체계의 상관관계는 『계사전』에서도 잘 나타난다. "군자는 평소에는 상징을 관찰하여 그 역사易詞를 완미하고, 행동할 때는 변화를 관찰하여 그 점을 완미한다."[12] 여기서 '상징'과 '역사易詞'의 관계가 앞에서 언급한 상징체계와 괘효사의 관계에 대응한다. 이것은 『계사전』의 『주역』에 대한 관점과 일치하며, 동시에 상수학의 일반적 지향점과도 일치한다. 이는 『사고전서총목제요』의 '양파' 중 상수파의 지향점과 일치하며, '육종' 중 한대의 상수학과도 일치한다.

한대 상수학은 『주역』이 형성된 시기와 비교적 가깝기 때문에 『주역』의 원형을 잘 보존하고 있었다고 추측할 수 있다. 이는 청대 사고관신의 한대 상수학에 대한 관점이기도 하다. 한대 상수학의 기본적인 특징은 『주역』의 괘효사를 상수의 방법으로 해석하고자 하는 것이며, 상수의 방법에는 호체론, 괘변론, 효변론, 괘기론, 납갑론 등등 다양한 방법론이 포함된다. 다산의 역리사법도 결국 한대 상수학의 계승과 창조적 변용에 다름 아니다. 역리사법의 추이론, 물상론, 호체론, 효변론이 모두 한대 상수학에서 그 원형을 찾아볼 수 있기 때문이다. 다산의 역리사법 중 물상론은 다산 역학이 지향하는 목표에 해당하며, 나머지 추이론, 호체론, 효변론은 이 물상을 찾기 위한 방법론에 지나지 않는다. 따라서 다산 역학의 성격을 '상수학'으로 규정하는 데에 있어서 무리는 없어 보인다. 다산에 의하면, 『주역』의 괘효사는 상징으로 이루어져 있으며, 이러한 이유로 『주역』 해석은 결국 괘효사가 나타내고 있는 상징을 찾아가는 과정에 다름 아니다. 그 상징을 찾아가는 과정에서 필요한 방법이 추이이고, 호체이고, 효변이다.

---

12) 朱熹 撰, 廖名春 點校, 『周易本義』, 北京: 中華書局, 2009, 225쪽. "君子居則觀其象而玩其辭,動則觀其變而玩其占."

추이推移는 64괘가 어떻게 형성되었는지에 대한 설명이며, 그 핵심은 14벽괘에서 50연괘로의 추이이며, 따라서 50연괘는 모괘母卦에 해당하는 벽괘가 반드시 존재하며 그 모괘에서 자괘子卦인 연괘로 추이되는 과정을 거치게 된다. 다산은 이러한 형성과정을 통해서 역사易詞가 어떻게 형성되었는지를 추적해간다. 그리고 벽괘는 14벽괘 그 자체로 추이의 과정을 통해 형성되므로 이를 통해서 벽괘의 역사易詞도 추적해낼 수 있다.[13] 호체는 소성괘인 8괘에서 대성괘인 64괘로 형성됨에 있어서 이미 형성된 대성괘에 대한 새로운 해석이라 할 수 있다. 대성괘는 기본적으로 상괘와 하괘로 구성되지만, 이미 형성된 대성괘를 관찰했을 때, 대성괘 내에는 새로운 소성괘가 자연스럽게 나타나게 된다. 즉, 기존의 상괘와 하괘 외에 2, 3, 4효로 구성된 소성괘가 나타나고, 3, 4, 5효로 구성된 소성괘도 나타나게 된다. 이 2, 3, 4효와 3, 4, 5효로 구성된 새로운 괘를 호체라 한다.[14] 이렇게 되면, 하나의 대성괘는 기존의 존재에 새로운 존재가 더해져 다양한 해석이 가능하게 된다. 이러한 괘의 확장을 호체로 이해할 수 있다. 다산은 이러한 기본적인 호체뿐만 아니라, 네 효, 다섯 효, 여섯 효로 구성된 대호大互, 1, 2효와 3, 4효, 그리고 5, 6효를 묶어서 보는 겸호兼互, 괘를 아래에서 위가 아니라 위에서 아래로 반대로 볼 때 생성되는 호체인 도호倒互, 상괘와 하괘의 자리에 기반해서 숨어있는 괘를 일컫는 위복位伏, 상호上互와 하호下互 중 하나만 거꾸로 뒤집어 보는 반합牉合, 상호上互

13) 『周易四箋 I』, 『定本 與猶堂全書 15』, 다산학술문화재단, 2012. 34쪽. "推移者何也? 冬至一陽始生, 其卦爲復, 爲臨爲泰, 以至於乾, 則六陽乃成. 夏至一陰始生, 其卦爲姤, 爲遯爲否, 以至於坤, 則六陰乃成, 此所謂四時之卦也. 小過者大坎也, 中孚者大离也. 坎月离日, 積奇爲閏, 此所謂再閏之卦也. 四時之卦, 京房謂之十二辟卦, 今擬除乾坤二卦, 別取再閏, 以充十二辟卦. 十二辟卦, 分其剛柔, 衍之爲五十衍卦, 此所謂大衍之數五十. 此之謂推移也."

14) 『周易四箋 I』, 『定本 與猶堂全書 15』, 다산학술문화재단, 2012. 34쪽. "互體者何也? 重卦既作, 六體相連, 自二至四, 自三至五, 各成一卦, 此之謂互體也."

와 하호下互를 이용해 새롭게 괘를 만드는 양호작괘兩互作卦까지 다양한 방법을 이용한다.[15] 추이, 호체에 이어 효변은 역리사법 중 가장 독특한 방법이라 할 수 있다. 효변爻變의 의미는 효가 변한다는 것으로 양효는 음효로 음효는 양효로 변함을 나타낸다.[16] 다산은 '효爻'라는 개념에 그 자체로 '변화'를 내포하고 있다고 본다.[17] 그리고 효제의 '구九'와 '육六'도 각각 노양과 노음을 나타내므로 그 자체로 변화를 내포하고 있다고 본다.[18] 따라서 다산의 효변론에 의하면, 건괘乾卦의 초구初九는 건괘乾卦가 구괘姤卦로 변한 것을 의미하게 된다. 다산의 이러한 효변론은 역학사에 나타나는 기존의 해석과 매우 다른 측면을 가지고 있다. 기존의 해석은 건괘乾卦 초구初九는 건괘를 구성하는 여섯 효 중의 하나로 여섯 효 중 제일 아래에 위치해 있다는 표시였다. 즉 효의 위치를 나타내는 초, 2, 3, 4, 5, 상이라는 글자와 음, 양을 나타내는 육六과 구九라는 글자가 조합해 이루어진 것으로, 특히 기존의 해석에서 육六과 구九는 다산의 해석과 달리 음과 양을 나타내는 표지일뿐 음효가 양효로 변하고 양효가 음효로 변하

15) 『周易四箋 I』, 『定本 與猶堂全書 15』, 다산학술문화재단, 2012. 45~48쪽. "重卦旣成, 六畫相連, 於是乎互卦起焉. 大體者, 互體之大者也, 唯坎离取焉. 兼體者, 通一卦而取互者也. 重卦旣成, 位分三等, 兼三位而兩之, 亦八卦也. 倒體者, 卦才欲全用也. 伏體者, 筮主於數, 據其位而考其數, 坎离之形, 雖不現於其外, 坎离之數, 實伏其中. 牉合者, 婚媾之象也. 故凡婚媾之卦, 其少男少女, 多一倒而一正. 兩互作卦者, 旣取互體, 自然成卦, 非苟爲是工巧也."

16) 다산 효변론에 있어서 爻와 畫의 개념은 매우 중요하다. 다산은 『周易四箋』에서 384爻를 해석하면서 모두 爻가 변한다고 표현하고 있으며 畫이 변한다고 표현하지 않았다. 예를 들어 건괘 초구에서 다산은 "比乾之姤也. 初爻變"라고 쓰고 있다.(『周易四箋 I』, 『定本 與猶堂全書 15』, 다산학술문화재단, 2012, 106쪽) 즉 "건괘 초구는 '初爻'가 변한 것이다"라고 적고 있지, "'初畫'이 변한 것이다"라고 적지 않았다. 건괘 초구뿐만 아니라 384爻 전체에서 이렇게 적고 있다.

17) 『周易四箋 I』, 『定本 與猶堂全書 15』, 다산학술문화재단, 2012. 49쪽. "爻者,變也,不變, 非爻也."

18) 『周易四箋 I』, 『定本 與猶堂全書 15』, 다산학술문화재단, 2012. 49쪽. "九者老陽也,六者老陰也.老無不變,則九六者旣變之名.不變非九六也."

는 것을 뜻하지는 않았다. 따라서 다산의 효변론은 매우 독창적인 해석으로 볼 여지가 있다. 그런데 다산은 자신의 대표작이라 할 수 있는 『주역사전』과 다산의 중국 역학사 비평서라 할 수 있는 『역학서언』에서 가장 독창적인 해석으로 평가받고 있는 효변론의 연원에 대해 다르게 얘기하고 있다. 따라서 다음 장에서는 우선 『주역사전』에 나타나는 효변론을 통해 다산의 효변론의 연원에 대한 기본적 인식을 고찰해보고자 한다.

2. 다산과 래지덕 효변설의 동이점 비교 분석

1) 효변에 대한 다산의 인식

다산에 의하면 효변爻變은 서법筮法과 밀접한 관련이 있다. 서법은 『주역』의 점치는 법을 의미한다. 서법은 『계사전』에 그 원형이 나오는데 그 핵심은 '4영18변四營十有八變' 이다.[19] '4영18변' 을 거치면 하나의 괘를 얻게 된다. 이 하나의 괘는 본괘本卦가 되고, 본괘의 6효 중 변효變爻가 있게 되면 변괘變卦인 지괘之卦를 얻게 된다. 변효가 없을 경우에는 본괘로 점을 치게 되지만, 변효가 있을 경우는 그 변효의 수에 따라 본괘와 지괘를 함께 고려하여 점을 치게 된다. 이와 관련된 구체적인 점법은 『역학계몽』에 자세히 나온다.[20] 그런데 '4영18변' 을 거쳐 얻게 되는 괘는 확률적으

19) 朱熹 撰, 廖名春 點校, 『周易本義』, 北京: 中華書局, 2009, 234~236쪽. "大衍之數五十, 其用四十有九. 分而爲二以象兩, 掛一以象三, 揲之以四以象四時, 歸奇於扐以象閏, 五歲再閏, 故再扐而後掛. 天數五, 地數五, 五位相得而各有合, 天數二十有五, 地數三十, 凡天地之數五十有五, 此所以成變化而行鬼神也. 乾之策二百一十有六, 坤之策百四十有四,凡三百有六十, 當期之日, 二篇之策, 萬有一千五百二十, 當萬物之數也. 是故四營而成易, 十有八變而成卦."

로 변효가 존재하게 될 가능성이 큰데, 이렇게 변효가 생기게 되는 경우가 바로 효변이라 할 수 있다. '4영18변' 을 거쳐 얻게 되는 결과는 6·7·8·9가 되며, 7·8은 불변효이고 6·9는 변효이다. 왜냐하면 『주역』에서 6은 노음이고, 9는 노양이기 때문이다. 예를 들어, '4영18변' 을 통해서 얻게 되는 숫자가 초효가 9, 2효가 7, 3효가 7, 4효가 7, 5효가 7, 상효가 7이면, 이 괘는 본괘가 건괘乾卦가 되며 지괘가 구괘姤卦가 된다. 즉 초효인 9가 변효가 되어 양은 음으로 변하기 때문에 지괘는 구괘姤卦가 되는 것이다. 『역학계몽』에 의하면, 이처럼 변효가 하나일 경우에는 본괘의 해당 효사로 점을 치게 된다.[21] 즉 건괘乾卦 초구인 '잠겨 있는 용이니 쓰지 말라' 라는 효사로 점을 치게 되는 것이다.

이렇게 서법에서 유래된 효변은 본래 점을 치는 과정에서 생기는 것으로 점을 쳐 괘를 얻었을 때 이를 어떻게 해석해야 하는지에 대한 물음과 관련이 있다. 이처럼 점을 친 후 그 결과에 대한 해석과 관련하여 『춘추좌씨전』과 『국어』에 그 기록이 남아있다. 『춘추좌씨전』과 『국어』에는 대략 20조항의 점례가 기록되어 있는데, 그중에서 가장 대표적인 예로 진경중陳敬仲의 예가 있다. 다산의 「춘추관점보주春秋官占補註」의 글을 인용해보면 다음과 같다.

> 진나라 여공이 경중을 낳았다. 경중이 어릴 때, 주나라 태사가 『주역』을 가지고 여공을 뵈었는데 여공이 그로 하여금 (경중의 장래에 대해) 점을 치게 했다. 점친 결과는 관지비觀之否이었으며, 태사가 말하기를 "이는 『주역』의 '나라의 빛을 볼 것이며 왕을 만나봄이 이롭다.' 에 해당하는 것으로, (그 의미는) 진나라를 대신해 나라를 세울 것이며 이 땅이 아니라 다른 나라에서이며 자신

20) 胡方平, 『易學啓蒙通釋』, 『四庫全書薈要』, 吉林人民出版社 影印本, 1997, 9-88~92쪽 참조.
21) 胡方平, 『易學啓蒙通釋』, 『四庫全書薈要』, 吉林人民出版社 影印本, 1997, 9-89쪽 참조.

이 아니라 그의 후손일 것입니다. 빛은 멀리 있지만 그로부터 빛남이 있을 것입니다."[22]

이 인용에서 주의할 점은 주나라 태사가 『주역』을 가지고 점을 쳤는데, 그 결과가 관지비觀之否라는 것이다. 관지비觀之否는 관괘觀卦의 육사효六四爻가 변한 것으로 효변을 나타내고 있다. 이 말은 곧 '4영18변'을 거쳐 얻은 괘의 6효 중 하나의 효가 변했을 때는 본괘의 변효에 해당하는 효사로 점을 쳐야 한다는 것을 뜻한다. 주나라 태사는 관괘觀卦의 육사효六四爻의 효사인 '나라의 빛을 볼 것이며 왕을 만나봄이 이롭다.'를 가지고 경중의 장래를 점친 것이다. 물론 이 효사가 구체적으로 경중의 장래와 어떻게 연관되는지는 해석자의 판단에 달려있지만, 그 해석의 근본은 『주역』의 해당 효사임은 분명하다.

『춘추좌씨전』과 『국어』에는 이러한 '관지비觀之否'라는 형식의 점례가 여러 곳에서 등장한다. 민공閔公 원년(기원전 661년) 필만지서畢萬之筮에 준지비屯之比가 등장하고,[23] 희공僖公 15년(기원전 645년) 백희가진지서伯姬嫁秦之筮에 귀매지규歸妹之睽가 등장한다.[24] 이를 통해 보면, 춘추시대에 『주역』의 점서법에서 효변은 매우 일반적인 현상임을 알 수 있다. 그런데 다산은 춘추시대의 이러한 효변에 대해 매우 독특한 문제의식을 가지게 되었는데, 그것은 이러한 효변이 서법과 관련이 있지만, 나아가 『주역』 역사易詞의 형성과도 밀접한 관련이 있지 않을까하는 문제의식을 가진 것이다. 즉 다산은 춘추시대의 효변에 대해 기존의 일반적인 해석과 다른

---

22) 『周易四箋 Ⅱ』, 『定本 與猶堂全書 16』, 다산학술문화재단, 2012, 216쪽. "陳厲公生敬仲. 其少也,周史有以周易見陳侯者.陳侯使筮之,遇觀之否,曰是謂觀國之光,利用賓于王.此易詞此其代陳有國乎?不在此,其在異國.非在其身,在其子孫,光遠而自他有耀者也."

23) 『周易四箋 Ⅱ』, 『定本 與猶堂全書 16』, 다산학술문화재단, 2012, 218~219쪽 참조.

24) 『周易四箋 Ⅱ』, 『定本 與猶堂全書 16』, 다산학술문화재단, 2012, 221~224쪽 참조.

문제를 제기하게 되었고, 이러한 문제의식은 다산의 독특한 효변설 형성의 결정적 계기가 된다. 결론적으로, 다산에 의하면 춘추시대의 효변은 서법과 관련이 있지만 동시에 『주역』 역사易詞도 이러한 효변에 근거하여 만들어졌다고 보았다.[25] 그 근거는 이러한 효변이 『주역』의 서법과 관련이 없는 경우에도 쓰인다는 점에 있다. 『춘추좌씨전』에는 위에서 예로 든 서법에 나타나는 효변과 함께 서법과 관련이 없이 『주역』의 경문을 인용할 때도 이러한 효변을 쓰고 있다. 소공昭公 29년(기원전 513년)에 실린 채묵蔡墨의 사례,[26] 선공宣公 12년(기원전 597년) 지장자知莊子의 말,[27] 양공襄公 28년(기원전 545년)에 유길遊吉의 말[28]이 그 예이다. 이러한 용례는 실제 점을 친 경우가 아니고, 단지 자신의 의견을 개진하는 과정에 『주역』의 경문을 인용하고 있는 경우이다. 다산의 효변설에 의거하면, 준괘屯卦 초구는 결과적으로 준지비屯之比라는 괘를 의미하고, 따라서 『주역』 384효는 결과적으로 384괘를 의미하게 된다.[29]

---

25) 『周易四箋 I』, 『定本 與猶堂全書 15』, 다산학술문화재단, 2012. 49~50쪽. "九者, 老陽也. 六者, 老陰也. 老無不變, 則九六者, 旣變之名. 不變, 非九六也. 筮法三掛皆得天數, 則其數爲九. 三掛皆得地數, 則其數爲六. …… 其曰初九者, 謂初畫動而爲陰也, 其曰初六者, 謂初畫動而爲陽也, 則周公撰詞之初, 原主旣變之體, 而用其物象. 不知爻變, 則不可以讀周公之詞也."

26) 『周易四箋 II』, 『定本 與猶堂全書 16』, 다산학술문화재단, 2012, 239쪽. "秋, 龍見于絳郊. 晉魏獻子問於蔡墨. 墨對曰:" 周易有之. 在乾之姤曰: '潛龍勿用', 其同人曰: '見龍在田', 其大有曰: '飛龍在天', 其夬曰: '亢龍有悔', 其坤曰: '見群龍無首吉', 坤之剝曰: '龍戰于野'. 若不朝夕見, 誰能物之.""

27) 『周易四箋 II』, 『定本 與猶堂全書 16』, 다산학술문화재단, 2012, 227쪽. "知莊子曰: "此師殆哉. 周易有之. 在師之臨, '師出以律, 否臧, 凶.'"

28) 『周易四箋 II』, 『定本 與猶堂全書 16』, 다산학술문화재단, 2012, 233쪽. "鄭伯使游吉如楚. 楚人還之. [欲鄭君之親來朝] 吉歸曰: "楚子將死矣. 不脩其政德, 而貪昧於諸侯. 以逞其願, 欲久得乎? 周易有之. 在復之頤曰; '迷復, 凶' 其楚子之謂乎? 欲復其願, 而棄其本, 復歸無所."

29) 효변에 대한 이러한 다산의 인식은 역학사의 주류적 해석과 다른 것이어서 논란의

다산은 춘추시대의 이러한 '모지모某之某'의 효변에 기반해서 자신의 효변론을 주장한다. 다산의 효변에 대한 인식은 확고해서 자신의 역학이론의 핵심으로 제시한다. 그리고 이러한 효변설이 한대漢代 이후로 전승이 되지 않았기 때문에 『주역』의 경문을 해석할 수 없었다고 보았다.

> 한대 이후 효변설은 전승되지 않았다. 이것이 『주역』의 이치가 어두워진 이유이다. 효爻가 변하지 않으면 추이의 방법도 통할 수 없다. 이것이 추이의 방법이 폐기된 이유이다. 효爻가 변하지 않으면 『설괘전』의 물상도 모두 부합하지 않게 된다. 이것이 『설괘전』의 용도가 폐기된 이유이다. 효爻가 변하지 않으면 호체의 물상도 모두 부합하지 않게 된다. 이것이 호체가 폐기된 이유이다.[30]

다산은 이러한 효변설이 전승되지 않았기 때문에 추이, 물상, 호체 등도 폐기될 수밖에 없었다고 판단했다. 따라서 효변설은 다산 역학의 핵심이라 하지 않을 수 없다.

2) 『역경집주易經集註』에 나타난 래지덕의 효변설

래지덕은 명대의 대표적인 역학가로 다산이 주목한 중국 역학사의 주요 인물 중의 하나이다. 다산은 그의 『역학서언』에서 「래씨역주박來氏易註駁」을 지어 래지덕의 역학에 대해서 전문적인 비평을 가하고 있다. 다산은 「래씨역주박」에서 다음과 같이 말하고 있다.

소지가 존재한다.

30) 『周易四箋 I』, 『定本 與猶堂全書 15』, 다산학술문화재단, 2012. 51~52쪽. "自漢以來, 爻變之說, 絶無師承. 此易之所以晦盲也. 爻不變, 則推移之法, 亦不可通. 此推移之所以廢. 爻不變, 則說卦物象, 亦皆不合. 此說卦之所以廢. 爻不變, 則互體之物, 亦皆不合. 此互體之所以廢."

구당瞿壙 래지덕(來知德, 1525~1604)의 자는 의선矣鮮이다. 『역경집주易經集註』 16권이 있다. 『대전大傳』[31] 중에서 오로지 '착錯' 과 '종綜' 두 글자[32]에 집중하여 스스로 자구 해석의 표준[33]을 세웠다. 음과 양이 변하여 바뀜을 착錯이라고 하고, 위와 아래가 뒤바뀜을 종綜이라고 하는데, 이 두 가지 방법으로 경의 뜻을 해석했다. (그러나) 추이推移와 괘변卦變의 설을 엄격히 배척하여, 단사와 효사의 뜻이 한 글자나 한 구절도 맞는 것이 없다. 특히 스스로 자랑하고 스스로 과시하며, 깊이 연구해서 홀로 깨달은 척하여, 얕은 배움과 몽매한 지식을 가진 자들이 (그가 말한 것을) 참된 지식으로 생각하고 때때로 그를 추종하여 정학正學으로 여겼으니, 이 또한 역가易家의 큰 폐단이다. 그가 상수象數의 근본을 논함에서는 소강절의 선천先天의 뜻을 그대로 따랐으나, (이에 그치지 않고) 그 설을 조금 변화시켜 정자와 주자를 뛰어넘으려 했고, 또 순상荀爽[34]과 우번虞翻[35]을 모두 없애버리고자 했으니, (이는) 실로 역가易家의 하승下乘이다. (래지덕은) 융경(隆慶, 1567~1573)과 만력(萬曆, 1573~1620) 사이에 주로 활동한 인물로서, 그의 생이 비록 늦은 시기라 할 수 있지만, (세상을) 미혹시키고 혼란스럽게 한 것이 자못 광범위했다. 이제 그의 자서自序와 몇 가지 예문을 취

31) 『繫辭傳』을 말한다.(張善文, 『周易辭典』, 上海古籍出版社, 1992, 414쪽 참조)

32) 朱熹 撰, 廖名春 點校, 『周易本義』, 中華書局, 2010, 237쪽, "參伍以變, 錯綜其數."

33) 『周易』 해석 방법론을 뜻한다.

34) 荀爽(128~190)은 이름은 諝이고, 후한 潁川 潁陰(지금의 하남성 許昌市) 사람이다. 자는 慈明이고, 荀淑의 아들이다. 費直의 古文易學을 연구하고, 『十翼』으로 경의 뜻을 해설하여 '乾坤乘降說' 을 주장하였다. 청나라 馬國翰의 『玉函山房輯佚書』에 『周易荀氏注』 3권이 남아 있으며, 孫堂의 『漢魏二十一家易注』에 『荀爽周易注』 1권이 남아 있다. (張善文, 『周易辭典』, 上海古籍出版社, 1992, 542쪽 참조)

35) 虞翻(164~233)은 삼국 시대 오나라 會稽 餘姚 사람으로 자는 仲翔이다. 鄭玄, 荀爽과 더불어 易學三家로 일컬어진다. 『經典釋文 · 序錄』에 보면 『周易注』 10권이 있지만 지금은 전하지 않는다, 당나라 李鼎祚의 『周易集解』에 채록된 것과 청나라 黃奭의 『漢學堂叢書』 및 孫堂의 『漢魏二十一家易注』에 집록된 것이 있다. (張善文, 『周易辭典』, 上海古籍出版社, 1992, 770쪽 참조)

하여 소략하게나마 (그가 말한) 이치를 검토해 보고자 한다. 그리고 그 경구經句의 해석한 바는 이미 한 군데도 옳은 곳이 없어 그 수많은 오류는 일일이 거론하기조차 힘들기 때문에, 이에 대해서는 생략하고자 한다. [도광道光 원년(1821년) 겨울][36]

위의 인용에서도 알 수 있듯이 다산은 래지덕의 역학에 대해 분명한 반대 입장을 표시하고 있다. 특히 래지덕이 괘변설을 엄격하게 배척한 데 대해 강한 비판을 가하고 있다.

그럼에도 불구하고 래지덕의 『역경집주』를 살펴보면, 래지덕이 괘변설을 부정하고 있지만, 반면에 다산 역학의 네 가지 강령 중 하나인 효변론에 대해서 긍정적인 입장이고 실제 효사 해석에서 효변론을 적극적으로 활용하고 있다. 따라서 『역경집주』에 나타난 래지덕의 효변론을 분석해 보고 나아가 다산의 효변론과 어떠한 관련성이 있는지를 살펴볼 필요가 있다.

래지덕은 『역경집주』의 「래지덕역경자의來知德易經字義」에서 효변의 개념에 대해 다음과 같이 말하고 있다.

> 효변이라는 것은 양이 음으로 변하고 음이 양으로 변하는 것을 말한다. 가령, 건괘乾卦의 초효가 변하면 즉 구姤가 되는데, 이는 본괘에서 변한 것이다.

---

36) 『易學緖言』, 『定本 與猶堂全書 17』, 다산학술문화재단, 2012, 201쪽. "瞿塘來知德, 【字矣鮮】有 易經集註 十六卷, 專執《大傳》中 '錯綜' 二字, 自立詁訓, 陰陽變換曰錯, 上下顚倒曰綜. 以此兩義解釋經旨, 而推移卦變之說, 嚴詞斥黜, 其于彖詞爻詞之旨, 一字一句不能偶合. 特其自贊自夸, 有若深究而獨悟者, 故淺學蒙識, 疑有眞諦, 往往宗之爲正學, 亦易家之大蔀也. 其論象數之本, 仍遵邵子先天之義, 而稍變其說, 乃欲跨越程・朱, 掃蕩荀・虞, 實易 家之下乘也. 本係隆慶・萬曆間人, 其生雖晩, 而惑亂頗廣. 今取其序說法例, 略行疏理. 若其經句所釋, 旣無一是, 難擧衆非, 今竝略之.【道光元年冬】"

송나라의 유학자들은 문왕의 괘서卦序를 알지 못했다. 가령 준괘屯卦와 몽괘蒙卦는 서로 종綜이 되는 괘로 본래 하나의 괘이어서, 아래에서 위로 볼 때 하나의 괘가 되고 위에서 아래로 볼 때 (또) 하나의 괘가 된다. 자세한 내용은 앞의 「복희문왕착종도伏羲文王錯綜圖」에 나와 있다. 예를 들어 송괘訟卦의 '강剛이 와서 중中을 얻었다.' 라는 말은 곧 괘종卦綜이지 괘변은 아니다. 이것을 둔괘遯卦에서 변해온 것으로 여기는 것은 잘못이다. 따라서 (앞에서 예를 든) 구괘姤卦는 변괘가 된다. 효변은 매우 현묘한 이치를 담고 있으니, 효가 변하는 것이 곧 효변이다. 점괘漸卦의 구삼에서 세 번째 효는 지아비를 상징하고 (2, 3, 4로 이루어진 호괘인) 감坎은 가운데가 가득 차 있으니 아이를 밴 부녀자를 상징하는데, 세 번째 효가 변하면 양이 없어져 곤坤이 되어 지아비의 위치와는 단절되는 까닭에 (효사에서) '지아비가 정벌에 나서지만 돌아오지 못하는 상이 있게 된다.' 고 했다. 이미 곤坤이 되었으므로 감坎의 가운데가 가득 차 있는 상도 볼 수 없게 된다. (그래서 효사에서) '아이를 밴 부녀자가 아이를 낳아 기르지 못하는 상이 있다.' 고 했다. 또 귀매괘의 구사에는 호체互體인 감월坎月과 리일離日이 있어 기일期日의 상이 있는데, 구사효九四爻가 변하면 순곤純坤이 되어 달과 해의 상을 볼 수 없게 된다. 따라서 (효사)에서 '기일을 어기다.' 라고 했다. 이 어찌 현묘하지 않은가?[37]

이처럼 래지덕은 효가 변하는 변괘變卦를 효변으로 인식하고 있다. 따

37) 來知德, 『周易集註』, 『四庫全書』 文淵閣本, 驪江出版社 影印本, 1988, 32-9~10쪽; 周立升, 『易經集注導讀』, 齊魯書社, 2009, 81쪽. "變者, 陽變陰·陰變陽也. 如乾卦初變卽爲姤, 是就于本卦變之. 宋儒不知文王序卦, 如屯蒙相綜之卦本是一卦, 向上成一卦, 向下成一卦. 詳見前伏羲文王錯綜圖. 如訟之剛來而得中, 乃卦綜也, 非卦變也. 以爲自遯卦變來, 非矣. 如姤方是變卦, 變玄之又玄, 妙之又妙, 蓋爻一動卽變. 如漸卦九三以三爲夫, 以坎中漫爲婦孕, 及三爻一變, 則陽死成坤, 離絶夫位, 故有夫征不復之象. 旣成坤, 則幷坎中滿通不見矣, 故有婦孕不育之象. 又如歸妹九四, 互爻坎月離日, 期之象也. 四一變則純坤, 而日月不見矣, 故愆期. 豈不玄妙?"

라서 효사 해석에서도 이 변괘를 적절하게 이용하면 합리적인 해석이 가능하다고 보았다. 래지덕은 점괘漸卦 구삼九三과 귀매괘歸妹卦 구사九四의 예를 들어 효변을 설명하고 있다. 한편, 래지덕은 효변은 인정하지만 괘변은 인정하지 않는다. 그에 의하면, 송대의 괘변론자들은 문왕이 지은 64괘의 순서에 대해 이해하지 못했기 때문에 괘변설을 만들어냈다고 보았다. 즉 래지덕은 「단전」에 나오는 '강유왕래설剛柔往來說' 이 벽괘에서 연괘로의 추이나 연괘에서 연괘로의 추이가 아니라 종綜을 이루는 두 괘 사이의 관계를 설명하는 것으로 이해하고 있다. 위의 인용에서 예를 든 송괘訟卦의 「단전」에 나오는' 강剛이 와서 중中을 얻었다.' 는 표현은 이른바 괘변론자들이 말하는 12벽괘의 하나인 둔괘遯卦의 구삼九三이 제2효의 자리로 와서 송괘訟卦가 되었다는 뜻이 아니다. 이 표현은 "수괘需卦와 송괘訟卦가 서로 종綜의 관계가 되기 때문에, 수괘의 상괘인 감坎이 송괘 하괘의 자리로 왔다."[38]는 의미이다. "이전의 유학자들은 「서괘」와 「잡괘」의 뜻을 몰라서 우번의 괘변설에 의지해 강剛이 유柔의 자리에 왔다는 식으로 잘못 해석했다는 것이다."[39] 래지덕의 괘변에 대한 이와 같은 비판은 다산의 추이설과 비교했을 때 여러 가지 시사점을 제공해 준다. 이에 대해서는 따로 논의할 필요가 있다.

래지덕은 효변에 대한 확고한 인식에 기반해서 『주역』 경문의 효사를 해석하고 있다. 특히 래지덕은 『역경집주』의 「역학육십사괘계몽易學六十四卦啓蒙」편에 64괘 384효의 전체 효변표를 따로 만들어 놓았다. 예를 들어 건괘乾卦의 효변표을 간략하게 정리하면 다음과 같다.[40]

---

38) 來知德, 『周易集註』, 『四庫全書』 文淵閣本, 驪江出版社 影印本, 1988, 32-101쪽; 周立升, 『易經集注導讀』, 齊魯書社, 2009, 160쪽. "需訟相綜,需上卦之坎來居訟之下卦."

39) 來知德, 『周易集註』, 『四庫全書』 文淵閣本, 驪江出版社 影印本, 1988, 32-101쪽; 周立升, 『易經集注導讀』, 齊魯書社, 2009, 160쪽. "前儒不知序卦雜卦,所以依虞翻以爲卦變,剛來居柔地."

乾

六爻變

初爻變巽 成姤

二爻變離 成同人

三爻變兌 成履

四爻變巽 成小畜

五爻變離 成大有

六爻變兌 成夬

래지덕은 64괘 전체에 이와 같은 표를 만들었다. 이를 통해 래지덕의 역학에서 효변의 위상이 차지하는 비중이 얼마나 높은지를 이해할 수 있다. 다만 위의 표를 보면 래지덕의 효변에 대한 이해와 일반적인 효변론이 약간 차이가 있음을 알 수 있다. 즉 중국 역학사에 나타나는 효변론은 본괘+지괘의 구성을 통해 괘의 전체적인 변화에 초점을 맞추고 있는 반면, 래지덕은 본괘+지괘라는 큰 틀의 변화보다 384효의 효변에 따른 팔괘(小成卦)의 변화에 더 중점을 두고 있다. 이는 효변에 따른 변상變象을 통해 효사 해석의 가능성을 높이려는 의도라고 추측할 수 있다.

다음으로 『역경집주』에 나타난 구체적인 효변의 사례를 정리해보면 다음과 같다.

1. 준괘屯卦 육사六四의 "혼인을 구하는" 효사에 대해 래지덕은 "본래의 효가 변하면 가운데의 효는 손巽이 되니 장녀가 되고 진震은 장남이 되니, 혼인의 상" 이라고 풀이했다.[41]

40) 來知德, 『周易集註』, 『四庫全書』 文淵閣本, 驪江出版社 影印本, 1988, 32-31~32쪽; 周立升, 『易經集注導讀』, 齊魯書社, 2009, 85쪽.

2. 몽괘蒙卦 초육初六의 "족쇄와 수갑을 벗고 나아가지만 약간 어려움이 있을 것이다."라는 효사에 대해 래지덕은 "효변하면 태兌가 되니 훼절의 의미가 있고, (따라서) '벗다'의 상이 있다."라고 풀이했다.[42]
3. 몽괘蒙卦 육삼六三의 "여자를 취하지 말라."라는 효사에 대해 래지덕은 "효변하면 손巽이 되니 여자의 상이 있다."라고 풀이했다.[43]
4. 수괘需卦 상육上六의 "구멍에 들어가다."라는 효사에 대해 래지덕은 "효변하면 손이 되어 들어감의 의미가 있으니 들어감의 상이다."라고 풀이했다.[44]
5. 송괘訟卦 초육初六의 "약간의 구설이 있을 것이다."라는 효사에 대해 래지덕은 "효변하면 태兌가 되어 구설의 의미가 있으니, 언어의 상이다."라고 풀이했다.[45]

이처럼 『역경집주』에는 효변을 통해 경문을 해석하는 것이 중요한 위치를 차지하고 있다. 이를 통해, 다산도 이미 『역경집주』의 효변에 대해 인지하고 있었음을 알 수 있다.[46]

---

41) 來知德, 『周易集註』, 『四庫全書』 文淵閣本, 驪江出版社 影印本, 1988, 32-91쪽; 周立升, 『易經集注導讀』, 齊魯書社, 2009, 149~150쪽. "屯 六四: "求婚媾." 來注: 本爻變, 中爻成巽, 則爲長女, 震爲長男, 婚媾之象也."

42) 來知德, 『周易集註』, 『四庫全書』 文淵閣本, 驪江出版社 影印本, 1988, 32-94쪽; 周立升, 『易經集注導讀』, 齊魯書社, 2009, 152쪽. "蒙 初六: "用說桎梏, 以往, 吝." 來注: 變兌爲毁折, 脫之象也."

43) 來知德, 『周易集註』, 『四庫全書』 文淵閣本, 驪江出版社 影印本, 1988, 32-95쪽; 周立升, 『易經集注導讀』, 齊魯書社, 2009, 154쪽. "蒙 六三: "勿用取女." 來注: 變巽, 女之象也."

44) 來知德, 『周易集註』, 『四庫全書』 文淵閣本, 驪江出版社 影印本, 1988, 32-100쪽; 周立升, 『易經集注導讀』, 齊魯書社, 2009, 159쪽. "需 上六: "入于穴." 來注: 變巽爲入, 亦入之象也."

45) 來知德, 『周易集註』, 『四庫全書』 文淵閣本, 驪江出版社 影印本, 1988, 32-101쪽; 周立升, 『易經集注導讀』, 齊魯書社, 2009, 161쪽. "訟 初六: "小有言." 來注: 變兌爲口舌, 言之象也."

3) 다산과 래지덕의 효변설 비교

다산과 래지덕의 역학은 기본적인 성격에 있어서 비슷하다. 『사고전서총목제요』의 양파육종의 분류를 기준으로 했을 때, 다산과 래지덕은 모두 의리파가 아닌 상수파에 속하고 육종 중에서는 한대 상수학에 속한다고 할 수 있다. 다산은 역리사법을 자유자재로 이용해서 『주역』의 경문을 거의 완벽하게 해석하고 있으며, 래지덕도 자신의 역학이론인 취상설取象說, 착종설錯綜說, 효변설爻變說, 중효설中爻說을 이용해서 『주역』 경문을 성공적으로 해석해내고 있다.[47] 그리고 다산의 역리사법과 래지덕의 역학이론도 서로 유사한 부분이 많다. 역리사법 중의 물상론은 취상설과 유사하고, 추이론은 착종설과 유사하고, 효변론은 효변설과 유사하고, 호체론은 중효설과 유사하다. 물론 다산은 래지덕이 괘변설을 엄격하게 배척하였다고 강하게 비판하지만, 래지덕은 자신의 논리에 의해 괘변설을 비판하고 그 대안으로 착종설을 제기하고 있기 때문에 이러한 차이점은 서로 간의 관점이 다른 것으로 이해할 수 있으며 옳고 그름의 문제는 아닐 것 같다. 역학사를 통해 볼 때도 괘변설에 대한 관점의 차이는 무수히 노정되고 있으며 이러한 관점의 차이는 역학이 가지는 독특한 측면이기도 하다. 여기에서는 다산의 역리사법과 래지덕의 역학이론 중 '효변'에 관한 서로 간의 이동異同을 살펴보고자 한다.

---

46) 이는 다산 효변론의 연원과 관련해서 중요한 시사점을 제공해준다. 다산은 1808년에 완성된 것으로 알려진 『주역사전』에서는 효변설이 한대漢代 이후로 그 전승이 끊어졌다고 언급했다. 반면 『역학서언』 「래씨역주박來氏易註駁」(1821년 완성)에서는 래지덕의 『역경집주易經集註』를 비판하고 있는데, 이는 곧 다산이 『역경집주易經集註』의 효변설을 인지하고 있었음을 뜻한다. 따라서 효변설의 전승과 관련하여 『주역사전』과 『역학서언』의 입장에 변화가 있었을 것으로 추측할 수 있다.

47) 周立升, 『易經集注導讀』, 齊魯書社, 2009, 77~82쪽 참조.

다산의 효변론에 있어서 가장 특징적인 것은 '변괘위주變卦爲主'의 효변론이라는 점이다. 앞에서도 살펴보았지만, 다산은 『주역』 384효가 실제는 384괘가 된다는 점을 효변론에서 강조했다. 그래서 다산 효변론의 요약에 해당하는 「효변표직설爻變表直說」에서 다음과 같이 언급하고 있다.

> 이로 볼 때, 구九와 육六은 변괘變卦를 가리키는 것이 분명하다. 여섯 개의 효爻가 변동하면 각각 하나의 괘가 되니, 384효라는 것은 384괘이다. [변괘變卦를 일러 효爻라고 한다] 오늘날 사람들은 여섯 개의 효가 하나의 괘를 형성한다고 생각하니 (이것이) 타당한 것인가?[48]

다산의 이러한 관점은 『주역사전』의 「효변표」에서도 분명히 알 수 있다.[49]

爻變表

乾	初九	䷫	爲乾之姤
	九二	䷌	爲乾之同人
	九三	䷉	爲乾之履
	九四	䷈	爲乾之小畜
	九五	䷍	爲乾之大有
	上九	䷪	爲乾之夬
	用九	䷁	爲乾之坤

48) 『周易四箋 I』, 『定本 與猶堂全書 15』, 다산학술문화재단, 2012. 50~51쪽. "由是觀之, 曰九曰六之直指變卦審矣. 六爻之動各成一卦, 三百八十四爻者, 三百八十四卦也.(變卦謂之爻) 今人欲排比六爻以成一卦之全體, 而可乎?"

49) 『周易四箋 I』, 『定本 與猶堂全書 15』, 다산학술문화재단, 2012, 49쪽.

즉, 건괘乾卦 초구初九는 실제로는 건지구乾之姤가 된다. 건지구乾之姤는 건괘가 구괘姤卦로 변한 경우이지만, 다산의 효변론에 있어서는 사실상 구괘姤卦가 된다. 다시 말하면, 건괘乾卦 초구初九는 변괘인 구괘姤卦로 보아야 한다는 것이다. 다산은 이러한 전제를 가지고 『주역사전』에서 384효의 경문을 해석하고 있다.

예를 들어, 준괘屯卦 육사六四의 "혼인을 구하는" 효사에 대해 다산은 다음과 같이 해석한다. "지금 괘는 수괘隨卦이다. 간艮의 사위가 여기에 있고 [수괘의 하괘가 도간倒艮이다], 태兌의 여자는 저기에 있다.[수괘의 상괘가 태兌이다] 혼인의 괘는 반합牉合을 취한다. [즉 도상倒象을 취한다] 유柔가 안에서 밖으로 가서 [1이 상으로 감] 마침내 태兌의 여자를 얻으니 '혼인을 구하는 것' 이 된다."[50] 즉 다산은 준괘屯卦 육사六四를 변괘인 수괘隨卦로 인식하고 수괘隨卦를 기준으로 "혼인을 구하는" 효사를 해석하고 있다. 앞에서 인용한 래지덕이 준괘屯卦 육사六四가 효변하여 생성된 변상을 가지고 해석하는 경우와는 다르다. 하나의 예를 더 들어보면, 수괘需卦 상육上六의 "구멍에 들어가다."라는 효사에 대해 다산은 다음과 같이 해석한다. "이는 수괘需卦가 소축괘小畜卦로 변한 것이다. 소축小畜은 쾌夬에서 왔다.[상上이 4로 옴] 유柔가 밖에서 오니, [상上이 4로 옴] 그 뜻이 '들어옴' 이 된다."[51] 즉 다산은 수괘需卦 상육上六을 변괘인 소축괘小畜卦로 인식하고 이에 기반하여 해석하고 있다. 이는 앞에서 살펴본 것처럼 래지덕이 변상을 이용해 해석하는 경우와 다르다.

반면에 래지덕은 같은 효변설이지만 다산의 '변괘위주' 의 효변론과 달

50) 『周易四箋 I』, 『定本 與猶堂全書 15』, 다산학술문화재단, 2012, 140쪽. "今卦隨也. 艮壻在此[下倒艮], 兌女在彼[隨上兌], 婚媾之卦, 取牉合也.[取倒象] 柔自內往[一之上], 遂獲兌女, 求婚媾往也."

51) 『周易四箋 I』, 『定本 與猶堂全書 15』, 다산학술문화재단, 2012, 154쪽. "此需之小畜也. 小畜自夬來, [上之四] 柔自外來, [上之四] 其義入也."

리 '변상위주變象爲主'의 효변설을 제시한다. 래지덕이 그린 건괘의 효변표를 보면, 초효初爻의 변상은 손巽이고 이효二爻의 변상은 리離이고 삼효三爻의 변상은 태兌이고 사효四爻의 변상은 손巽이고 오효五爻의 변상은 리離이고 육효六爻의 변상은 태兌이다. 래지덕은 이러한 변상을 이용해서 『주역』의 경문을 해석한다. 앞에서 예를 든 준괘屯卦 육사六四의 효사를 보면, "혼인을 구하는" 역사易詞가 있다. 본괘인 준괘屯卦에서는 상괘가 감坎이고 하괘가 진震이기 때문에 혼인의 상이 존재하지 않는다. 이에 래지덕은 변상을 통해 이러한 문제를 해결한다. 즉 육사六四가 효변하면 3, 4, 5효로 구성되는 호체인 손巽이 생긴다. 따라서 래지덕은 "본래의 효가 변하면 가운데의 효는 손巽이 되니 장녀가 되고 진震은 장남이 되니, 혼인의 상"이라고 설명한다. 래지덕의 이러한 해석은 효변으로 인해 생성되는 변괘인 수괘隨卦보다 효변으로 인해 생성되는 변상인 손巽에 더 중점을 두는 방식이다. 실제로 래지덕은 준괘屯卦 육사六四의 주문注文에서 수괘隨卦를 언급하지 않는다. 하나의 예를 더 들어보면, 송괘訟卦 초육初六에는 "약간의 구설이 있을 것이다."라는 효사가 있다. 본괘는 상괘가 건乾이고 하괘가 감坎으로 구설口舌이라는 상이 존재하지 않는다. 이러한 문제를 해결하기 위해 래지덕은 효변을 이용한다. "효변하면 태兌가 되어 구설의 의미가 있으니, 언어의 상이다."라고 설명한다. 즉 래지덕은 효변을 통해 변상인 태兌를 얻는 것에 중점을 두었으며 변괘인 리괘履卦를 언급하지 않았다.

3. 결론 : 효변설의 창조적 변용

다산의 역학을 이해하기 위해 효변설은 매우 중요한 이론이다. 그런데 다산은 1808년에 지은 『주역사전』과 1821년에 완성된 것으로 추정되는 『역학서언』에서 효변설의 역사적 전승과 관련해 서로 다른 언명을 하고 있다. 즉 『주역사전』에서는 효변설이 한대 이후로 전승이 끊어졌다고 언급했지만, 『역학서언』에서는 이와 상반된 내용을 찾아볼 수 있다.[52) 『역학서언』의 「래씨역주박來氏易註駁」이 한 예이다.[53) 본론에서 이미 밝혔듯이 래지덕의 『역경집주』를 보면 이를 분명히 확인할 수 있다. 이처럼 『주역사전』과 『역학서언』에 나타나는 효변설의 역사적 전승에 대한 인식의 차이는 대체로 『주역사전』과 『역학서언』의 성립 연대가 다르기 때문일 것 같다. 그렇다고 해서 다산의 효변론의 의의가 퇴색되지는 않는다. 왜냐하면 다산의 효변론과 래지덕의 효변론은 효변의 본질이라는 측면에서는 같지만, 그 실제 적용에서는 다른 점이 존재하기 때문이다. 다산은 효변의 적용에 있어서 '변괘위주'의 효변론을 전개하고 있으며, 이는 래지덕의 '변상위주'의 효변설과는 다른 측면이다. 이 점은 다산 역학의 창조적 측면으로 볼 수 있으며, 효변설에 있어서 다산 역학이 가지는 중요한 의의라 할 수 있다.

역학사에서 다산의 효변론은 매우 특색있는 이론이며, 기존의 역설과 많이 다른 측면이 존재한다. 표를 통해 그 내용을 정리하면 다음과 같다. 우선 아래의 표는 『주역』 건괘乾卦의 6효로 현재 통행되고 있는 『주역』의 표준적 내용이다.

52) 임재규, 「정약용 효변론의 연원에 대한 시론적 고찰」, 다산학 22호, 2013, 331-365쪽 참조.

53) 『易學緖言』, 『定本 與猶堂全書 17』, 다산학술문화재단, 2012, 209쪽. "郭序云: "有爻變之象, 如乾初變卽爲姤 · 兌初變卽爲困之類, 皆抒千古未發, 代四聖欲言." 駁曰左傳在世, 卽爻變之法, 無以晦矣. 蔡墨對龍乾之姤, 乾之同人, 乾之大有, 乾之夬, 歷歷言之. 竝其變卦, 皆印跡昭然, 何謂爻變之義, 矣鮮發之? 朱子曰遇一爻變, 以本卦之變爻詞占之, 此亦爻變之義, 何謂抒千古未發?" 참조.

〈通行本『周易』乾卦 6爻〉

初九, 潛龍, 勿用.

九二, 見龍在田, 利見大人.

九三, 君子終日乾乾, 夕惕若, 厲無咎.

九四, 或躍在淵, 無咎.

九五, 飛龍在天, 利見大人.

上九, 亢龍, 有悔.

하지만 다산은 위의 표가 『주역』의 본래 모습이 아니라고 인식했다. 다산이 생각한 『주역』의 본래 모습은 다음의 표이다.

〈『周易』乾卦 6爻에 대한 다산의 기본 인식〉

乾之姤, 潛龍, 勿用.

乾之同人, 見龍在田, 利見大人.

乾之履, 君子終日乾乾, 夕惕若, 厲無咎.

乾之小畜, 或躍在淵, 無咎.

乾之大有, 飛龍在天, 利見大人.

乾之夬, 亢龍, 有悔.

위의 표를 보면 앞의 표와 다르다. 즉 이른바 효제爻題라는 것이 없고, 효변이 이를 대신하고 있다. 다산은 이것이 『주역』의 본래 모습이라 생각했다. 다산의 효변론이 매우 특색적인 이론이라는 것은 바로 이를 두고 하는 말이다. 그리고 이러한 인식은 중국 역학사를 통해 하나의 흐름으로 이어져 왔다. 그런데 다산은 기존의 효변설에 대해 자신만의 창조적 변용을 만들어냈다. 이른바 '변괘위주'의 효변론이다. 이를 도시하면 다음과 같다.

〈『周易』 乾卦 6爻에 대한 다산의 새로운 해석〉

乾之姤	→	䷫	=	姤
乾之同人	→	䷌	=	同人
乾之履	→	䷉	=	履
乾之小畜	→	䷈	=	小畜
乾之大有	→	䷍	=	大有
乾之夬	→	䷪	=	夬

즉 다산은 건괘乾卦 초구初九는 사실상 구괘姤卦로 인식해야 한다고 주장한다. 이는 기존의 효변설(래지덕의 효변설을 포함하여)과는 다른 차원의 해석을 하는 것이다. 이 점이 다산 효변론의 독자적인 측면이며, 따라서 다산 효변론이 역학사에 있어서 중요한 의의를 가질 수 있는 이유이다.

(철학탐구 38, 2015)

제9장

정약용 효변론에 대한 비판적 고찰

–「춘추관점보주春秋官占補註」의 효변설을 중심으로

1. 문제제기

『주역』은 대략 서주(기원전 약 11세기~기원전 771년) 초기에 형성된 것으로 알려져 있다. 『주역』의 주周가 나라 이름인 점을 고려하면, 『주역』이 주나라 이전인 하나라나 상나라의 역이 아님은 분명하다. 『주역』이 형성된 이후 『주역』과 가장 가까운 시대는 춘추시대(기원전 770년~기원전 476년)라 할 수 있다. 이 시기에 『주역』과 관련된 문헌은 『춘추좌씨전』이 대표적이다. 『춘추좌씨전』에는 『주역』과 관련된 점례가 많이 등장한다. 이 점례들은 춘추시대에 행해졌던 수많은 점례 중에서 역사적으로 기록될 만큼 중요한 점례였던 것으로 추측할 수 있다. 이러한 점례들이 중요한 것은 춘추시대가 『주역』이 형성된 시기와 가장 가까워서 『주역』의 원래 모습을 가장 많이 보존하고 있다고 생각하기 때문이다.

『춘추좌씨전』의 여러 점례에서 가장 특징적인 것은 '모괘지모괘某卦之某卦' 라는 표현이다. 이 '모괘지모괘' 라는 형식은 오늘날 통용되는 『주역』에서는 찾아볼 수 없다. 춘추시대에는 오늘날 통용되는 '건괘乾卦 초구初九' 라는 말 대신에 '건지구乾之姤' 라는 말을 사용했다. '건괘乾卦 구이九二' 대신에 '건지동인乾之同人', '건괘乾卦 구삼九三' 대신에 '건지리乾之履' 등등 즉 『주역』 384효에 대해서 '모괘지모괘' 라는 형식을 사용했다.

이러한 춘추시대 관점官占의 특징에 대해 수많은 역학자들이 관심을 가지게 되었는데, 다산 정약용이 그 대표적인 학자 중의 한 사람이다. 다산은 그의 역학 저작인 『주역사전』에서 이 춘추시대의 관점에 대해 따로 한 편을 만들어 자신의 생각을 덧붙였다. 이것이 바로 「춘추관점보주」이다. 이 「춘추관점보주」를 통해 다산은 자신의 가장 특색적인 역학이론인 효변론을 제기한다. 즉 다산은 자신의 핵심적인 역학이론인 효변론을 『춘추좌씨전』에서 그 경전적 근거를 찾은 것이다.

중국 명대의 대학자인 황도주도 다산과 마찬가지로 이 춘추시대의 관점에 대해 관심을 가졌고, 춘추관점에 대한 자신의 생각을 정리한 「춘추설상범례십팔조春秋說象凡例十八條」를 지었다. 황도주도 이 「춘추설상범례십팔조」를 통해 자신의 핵심적인 역학이론인 효변론을 제시하고 있다.

따라서 필자는 춘추관점에 대한 다산과 황도주의 이해가 어떠했으며, 그 차이점이 무엇인지를 밝혀보고자 한다.[1] 이를 통해 다산의 효변론에 대해 비판적 고찰을 시도했다.

2. 「춘추관점보주春秋官占補註」를 통해 본 정약용의 효변론

『주역사전』의 「춘추관점보주」는 다산 역학의 핵심 이론인 효변론의 경

1) 필자가 확인한 바로는 다산 효변론과 황도주의 효변론을 비교한 논문은 아직 발표되지 않았다.

전적 근거가 되는 중요한 내용을 다루고 있다. 다산은 『춘추좌씨전』과 『국어』를 연구하면서 『주역』의 점서와 관련이 있는 내용을 뽑아 자신의 견해를 덧붙이고 있다. 다산이 정리한 「춘추관점보주」는 모두 20조항으로 구성되어 있다. 그 제목을 열거하면 다음과 같다.[2)]

1) 진경중지서陳敬仲之筮 (莊公二十二年[기원전 672년], 觀之否(六四變, 일효변))
2) 필만지서畢萬之筮 (閔公元年[기원전 661년], 屯之比(初九變, 일효변))
3) 성계지서成季之筮 (閔公二年[기원전 660년], 大有之乾(六五變, 일효변))
4) 진백벌진지서秦伯伐晉之筮 (僖公十五年[기원전 645년], 蠱(괘불변))
5) 백희가진지서伯姬嫁秦之筮 (僖公十五年[기원전 645년], 歸妹之睽(上六變, 일효변))
6) 진후납왕지서晉侯納王之筮 (僖公二十五年[기원전 635년], 大有之睽(九三變, 일효변))
7) 왕자백료지어王子伯廖之語 (宣公六年[기원전 603년], 豊之離(上六變, 일효변))
8) 지장자지어知莊子之語 (宣公十二年[기원전 597년], 師之臨(初六變, 일효변))
9) 진후언릉지서晉侯鄢陵之筮 (成公十六年[기원전 575년], 復(괘불변))
10) 목강동궁지서穆姜東宮之筮 (襄公九年[기원전 564년], 艮之八(艮之隨, 第二畫不變, 오효변))
11) 최저취강지서崔杼取姜之筮 (襄公二十五年[기원전 548년], 困之大過(六三變, 일효변))

2) 20조 각 조 괄호 안의 내용은 필자가 다산의 「춘추관점보주」를 정리하여 덧붙인 것임.

12) 유길여초지어遊吉如楚之語 (襄公二十八年[기원전 545년], 復之頤(上六變, 일효변))

13) 숙손표지서叔孫豹之筮 (昭公五年[기원전 537년], 明夷之謙(初九變, 일효변))

14) 위령공지서衛靈公之筮 (昭公七年[기원전 535년], 屯之比(初九變, 일효변))

15) 남괴지서南蒯之筮 (昭公十二年[기원전 530년], 坤之比(六五變, 일효변))

16) 채묵대룡지언蔡墨對龍之言 (昭公二十九年[기원전 513년], 乾之坤(乾六爻皆變, 육효변))

17) 양호구정지서陽虎救鄭之筮 (哀公九年[기원전 486년], 泰之需(六五變, 일효변))

18) 중이반국지서重耳反國之筮 (僖公二十四年[기원전 636년], 屯豫之坤皆八, 삼효변))

19) 동인영공지서董因迎公之筮 (泰之八)

20) 성공귀진지서成公歸晉之筮 (簡王十二年[기원전 574년], 乾之否, 삼효변))

위의 20조 내용 중 1)에서 17)까지는 『춘추좌씨전』 중에서 뽑은 것이며, 18)에서 20)까지는 『국어』 중에서 뽑은 것이다. 그 시기는 장공 22년(莊公 二十二年) 즉 기원전 672년에서부터 애공 9년(哀公 九年) 즉 기원전 486년까지 약 186년간이며, 춘추시대(기원전 770년~기원전 476년)의 중후반기에 해당한다. 이 시기는 『주역』이 형성된 서주(기원전 약 11세기~기원전 771년) 초기와 상당히 가까운 시기에 해당하므로 『주역』의 옛 전통을 많이 함유하고 있으리라 추정할 수 있다.

다산에 따르면, 위의 20조 내용 중에서 『주역』의 점서와 직접 관련된 조항은 1), 2), 3), 4), 5), 6), 7), 8), 9), 11), 12), 13), 14), 15), 16), 17) 조항이며, 나머지 10), 18), 19), 20) 조항은 하나라(기원전 약 21세기~기원전 약 16세기)의 『연산連山』, 은나라(기원전 약 16세기~기원전 약 11세기)의 『귀장歸藏』과 관련된 조항이다. 다산은 『주역』은 변효로 점을 치며, 하나라와 은나라의 역은 7, 8로 점을 친다고 보았다.[3)]

그리고 통용되는 점법에 따라 분류해보면, 괘불변卦不變의 경우는 4), 9) 총 2조항이고, 1효변의 경우는 1), 2), 3), 5), 6), 7), 8), 11), 12), 13), 14), 15), 17) 총 13조항이고, 2효변의 경우는 사례가 없으며, 3효변의 경우는 18), 20) 총 2조항이고, 4효변의 경우는 사례가 없으며, 5효변의 경우는 10) 총 1조항이고, 6효변의 경우는 16) 총 1조항이다. 19) 조항은 통용되는 점법에 따라 분류할 수 없는 경우이다.[4)] 다산에 의하면 『주역』은 괘불변의 경우와 1효변의 경우만 인정되고, 나머지는 『주역』이 아닌 하나라와 은나라의 역으로 본다.

그리고 위의 20조 내용 중에서 실제 점을 친 경우를 기록한 것은 1), 2), 3), 4), 5), 6), 9), 10), 11), 13), 14), 15), 17), 18), 19), 20) 총 16조항이고, 실제 점을 치지 않고 『주역』의 경문을 인용한 것은 7), 8), 12), 16) 총 4조항이다. 다산은 특히 이 실제 점을 치지 않고 『주역』의 경문을 인용한 이 네 조항에 주의를 기울인다. 이를 통해 다산은 역리사법 중 핵심적인 이론이라 할 수 있는 효변론의 확실한 증거로 제시한다. 16) 조항인 채묵대룡지언蔡墨對龍之言의 구체적인 내용은 다음과 같다.

---

3) 丁若鏞, 『周易四箋』, 卷7, 23(『與猶堂全書』 3, 경인문화사 영인본, 1970, p. 450.), "周禮太卜掌三易. 然則雜用連山歸藏二易, 皆以七八爲占. 故言遇艮之八."

4) 송나라의 程逈은 다산과 달리 이 경우를 초효, 제2효, 제3효가 변하는 3효변으로 보았다. 丁若鏞, 『周易四箋』, 卷7, 30(『與猶堂全書』 3, 경인문화사 영인본, 1970, p. 453.), "程逈曰: 初二三以九變八, 而四五上不變爲八, 故曰泰之八也."

> 가을에 용이 강絳이라는 땅의 교외에 나타났다. (이 일에 대해) 위헌자가 채묵에게 물었다. 채묵이 대답하기를, "『주역』에도 있습니다. 건지구乾之姤의 효사에는 '잠룡이니 쓰지 말라' 라고 되어 있고, 건지동인乾之同人의 효사에는 '용이 밭에 나타나다' 라고 되어 있고, 건지대유乾之大有의 효사에는 '용이 하늘을 날다' 라고 되어 있고, 건지쾌乾之夬의 효사에는 '항룡이니 후회함이 있을 것이다' 라고 되어 있고, 건지곤乾之坤의 효사에는 '나타난 여러 마리의 용이 머리가 없으니 길하다' 라고 되어 있고, 곤지박坤之剝의 효사에는 '용이 들에서 싸운다' 라고 되어 있습니다. 만약 용이 빈번하게 나타나지 않았다면 누가 그것을 사물로 지칭했겠습니까?[5]

위의 인용에서 알 수 있듯이, 채묵은 현재 통용되는 『주역』의 효제爻題 대신 '모지모某之某' 라는 효변의 형식을 통해 『주역』 경문을 인용하고 있다. 채묵이 실제 점을 치지 않은 상황에서 '모지모' 라는 효변의 형식을 통해 『주역』 경문을 인용하고 있는 것은 『주역』이 성립될 당시 이미 효변을 참작해 효사를 지었음을 간접적으로 증명해주는 셈이다. 춘추시대에는 현재 우리가 사용하고 있는 초구니 상구니 하는 명칭을 쓰지 않았고, '모지모' 라는 효변의 형식을 사용했다는 것이 시사하는 바가 크다 할 수 있겠다.

이처럼 다산은 「춘추관점보주」의 다양한 점례를 통해서 효변론의 경전적 근거를 확인하게 된다. 이와 동시에 다산은 「춘추관점보주」에서 효변론에 대한 2가지 관점을 제시한다. 하나는 효변은 하나의 효만 변해야 한

---

5) 丁若鏞, 『周易四箋』, 卷7, 28(『與猶堂全書』 3, 경인문화사 영인본, 1970, p. 452.), "秋, 龍見于絳郊. 晉魏獻子問於蔡墨. 墨對曰: "周易有之. 在乾之姤曰: '潛龍勿用', 其同人曰: '見龍在田', 其大有曰: '飛龍在天', 其夬曰: '亢龍有悔', 其坤曰: '見群龍無首吉', 坤之剝曰: '龍戰于野'. 若不朝夕見, 誰能物之.""

다는 것이고, 또 하나는 효변은 본괘를 위주로 한다는 것이다.

효변에 있어서 하나의 효만 변해야 한다는 주장에 대해 다산은 다음과 같이 말한다.

> 『주역』에서는 오직 하나의 효에만 변동이 있다. 그러므로 주공이 효사를 지을 때 단지 하나의 효가 변하는 것에 근거하여 물상을 관찰하고 점사를 세웠다. 만약 한 번 점서하는 데에 여러 효가 어지럽게 변동한다면 그 괘덕과 물상이 뒤섞이고 문란하여 비록 주공이나 공자의 지혜로도 알맞게 재단할 수 없을 것이다. 따라서 춘추시대의 관점官占에서 이른바 '관지비觀之否', '준지비屯之比', '대유지건大有之乾', '귀매지규歸妹之睽' 라고 한 것은 모두 하나의 효가 변한 것에 지나지 않는다. 어찌 일찍이 여러 효가 어지럽게 변동하는 경우가 있었겠는가?[6]

물론 앞에서도 분석한 바가 있지만, 「춘추관점보주」에서 1효변의 예가 다수라 하더라도, 3효변의 경우, 5효변의 경우, 6효변의 경우도 존재한다. 그렇다면 이러한 다효변의 경우는 어떻게 이해해야 하는가? 이에 대해 다산은 다효변이 『주역』의 법이 아니라 하나라와 상나라의 옛법이라 주장한다.[7]

한편, 「춘추관점보주」에 나타난 다산의 효변에 대한 또 하나의 관점은 본괘를 위주로 한다는 것이다. 이에 대한 다산의 언급은 다음과 같다.

---

6) 丁若鏞, 『周易四箋』, 卷7, 23(『與猶堂全書』 3, 경인문화사 영인본, 1970, p. 450.), "易唯一爻有變. 故周公之撰爻詞, 只據一爻之變, 而觀象立占也. 苟於一筮之間, 而諸爻亂動, 則其卦德物象, 混淆紊雜, 雖以姬孔之智, 亦無以化而裁之矣. 故春秋官占, 若所謂觀之否屯之比大有之乾歸妹之睽, 皆不過一爻之變. 何嘗有諸爻亂動?"

7) 丁若鏞, 『周易四箋』, 卷7, 24(『與猶堂全書』 3, 경인문화사 영인본, 1970, p. 450.), "所謂艮之隨屯之豫, 明是夏商之舊法, 周易無此影也."

『주역』의 법은 괘와 효가 비록 변해도 그 상과 덕은 여전히 본괘를 위주로 한다. (예를 들어) 건괘가 구괘로 변하는 경우인 건지구乾之姤에 '잠룡' 이라고 하였는데, '용' 은 건괘의 물상이다.[8]

이상에서 「춘추관점보주」에 나타난 다산 효변론의 구체적인 내용을 살펴보았다. 다음 장에서는 중국 역학사에 있어서 효변론을 대표한다고 할 수 있는 황도주의 춘추관점에 대한 해석을 살펴보겠다.

3. 춘추관점에 대한 황도주의 인식

황도주(黃道周, 1585~1646)는 명 말의 대학자로 자는 유현幼玄, 또는 리약螭若이고, 호는 석재石齋이며 장포漳浦[9] 사람이다.[10] 역학에 조예가 깊었으며, 역학 저서에 『역상정易象正』, 『역본상易本象』, 『삼역동기三易洞璣』 등이 있다.[11] 이중에서 『역상정』은 그의 대표적인 역학 저작이며, 다산과 마찬가지로 효변론을 중심으로 『주역』 경문을 해석하고 있다. 특히 『역상정』 권수 범례에 나오는 「춘추설상범례십팔조春秋說象凡例十八條」는 앞에서 언급한 다산의 「춘추관점보주」와 관련하여 매우 흥미로운 시사점을 제공해 준다. 우선 「춘추설상범례십팔조」의 제목을 열거하면 다음과 같

8) 丁若鏞, 『周易四箋』, 卷7, 24(『與猶堂全書』 3, 경인문화사 영인본, 1970, p. 450.), "周易之法, 卦爻雖變, 其象其德, 仍以本卦爲主. 乾之姤曰潛龍龍, 是乾之物."

9) 지금의 福建省 漳州市 漳浦縣.

10) 黃道周, 『易象正』, 「提要」, 1(『(景印)文淵閣四庫全書』, 여강출판사 영인본, 1988, 35-101).

11) 黃道周, 『易象正』, 「提要」, 1(『(景印)文淵閣四庫全書』, 여강출판사 영인본, 1988, 35-101).

다.[12]

1) 관지비(觀之否, 莊公二十二年[기원전 672년], 陳敬仲之筮)
2) 준지비(屯之比, 閔公元年[기원전 661년], 畢萬之筮)
3) 대유지건(大有之乾, 閔公二年[기원전 660년], 成季之筮)
4) 귀매지규(歸妹之睽, 僖公十五年[기원전 645년], 伯姬嫁秦之筮)
5) 대유지규(大有之睽, 僖公二十五年[기원전 635년], 晉侯納王之筮)
6) 풍지리(豐之離, 宣公六年[기원전 603년], 王子伯廖之語)
7) 사지림(師之臨, 宣公十二年[기원전 597년], 知莊子之語)
8) 간지수(艮之隨, 襄公九年[기원전 564년], 穆姜東宮之筮)
9) 곤지대과(困之大過, 襄公二十五年[기원전 548년], 崔杼取姜之筮)
10) 복지이(復之頤, 襄公二十八年[기원전 545년], 遊吉如楚之語)
11) 명이지겸(明夷之謙, 昭公五年[기원전 537년], 叔孫豹之筮)
12) 준지비(屯之比, 昭公七年[기원전 535년], 衛靈公之筮)
13) 곤지비(坤之比, 昭公十二年[기원전 530년], 南蒯之筮)
14) 건지곤(乾之坤, 昭公二十九年[기원전 513년], 蔡墨對龍之言)
15) 태지수(泰之需, 哀公九年[기원전 486년], 陽虎救鄭之筮)
16) 건지비(乾之否, 簡王十二年[기원전 574년], 成公歸晉之筮)
17) 준예지곤(屯豫之坤, 僖公二十四年[기원전 636년], 重耳反國之筮)
18) 태지곤(泰之坤, 董因迎公之筮)

황도주는 『역상정』 권수에 이 「춘추설상범례십팔조」를 싣고 있는데, 이는 『역상정』의 주요 내용이 춘추시대의 옛 점법에 그 근거를 두고 있음

12) 18조 각 괄호 안의 내용은 필자가 다산의 「春秋官占補註」를 참고하여 정리한 것임.

을 분명히 밝힌 것이다. 즉 황도주는 『춘추좌씨전』과 『국어』의 옛 점례에 근거해서 자신의 역학이론인 효변론을 전개하고 있다. 이 점은 다산이 효변론을 제기한 이유와 같다고 할 수 있다.

다산의 「춘추관점보주」와 비교해 볼 때, 황도주의 「춘추설상범례십팔조」는 보다 분명하게 효변론을 강조한다. 이러한 이유로 황도주는 춘추관점 18조의 제목을 내용 위주가 아닌 효변 위주로 달고 있다. 예를 들어, 춘추시대 기원전 672년에 기록되어 있는 진나라 경중의 점서에 대해 '진경중지서陳敬仲之筮' 라는 제목 대신 '관지비觀之否' 라는 제목을 채택하고 있다. 이러한 효변에 대한 강조는 『역상정』의 본문에서도 그대로 드러난다. 『역상정』은 『주역』 384효에 대해 기존의 초구나 초육 등의 효제爻題 아래에 효변의 형식인 '모지모某之某' 라는 작은 표제를 덧붙이고 있다. 즉 황도주는 춘추시대의 옛 점법에 기반하여 자신의 역설을 전개하고 있는 셈이다.

「춘추설상범례십팔조」는 다산의 「춘추관점보주」에 비해 2조항이 적다. 즉 「춘추관점보주」의 네 번째 조항인 진백벌진지서秦伯伐晉之筮와 아홉 번째 조항인 진후언릉지서晉侯鄢陵之筮가 빠져 있다. 이는 이 두 조항이 모두 효가 변하지 않는 예이기 때문인 것으로 추측할 수 있다. 황도주는 춘추시대의 관점 중에서 효변이 있는 조항만 뽑아서 「춘추설상범례십팔조」를 만든 것이다.

「춘추관점보주」와 비교했을 때, 「춘추설상범례십팔조」의 가장 큰 특징은 다효변에 대한 인정이라 할 수 있다. 앞에서도 언급했지만, 다산은 다효변을 인정하지 않고 1효변만 인정한다. 이에 반해 황도주는 다효변이 춘추시대의 옛 점법이었음을 결코 의심하지 않는다. 예를 들어, 목강동궁지서穆姜東宮之筮의 경우 다산은 간지팔艮之八에 대해 "하나라의 연산역과 은나라의 귀장역은 모두 7, 8로서 점을 치는 까닭에 '遇艮之八' 이라고 말한 것이다."[13]라고 지적한 반면, 황도주는 "(艮之八은) 다섯 개의 효가 모두 변동하고 제2효만 변동하지 않은 것이다. …… 『주역』에는 다섯 개의 효가 변동할 경우 변동하지 않는 효로 점을 친다."[14]라고 분명하게 언급한다. 목강동궁지서穆姜東宮之筮의 간지팔艮之八 뿐만 아니라 중이반국지서重耳反國之筮의 준예지곤개팔屯豫之坤皆八, 동인영공지서董因迎公之筮의 태지팔泰之八, 성공귀진지서成公歸晉之筮의 건지비乾之否 등도 모두 하나라와 상나라의 옛 법이 아니라 『주역』의 방식임을 밝혔다.

이러한 '다효변'의 문제 외에는 춘추관점의 효변에 대한 인식이 다산과 황도주가 크게 다르지 않다. 황도주는 춘추의 관점에 대한 인식에 있어서 『춘추좌씨전』이 '모괘지모괘'라는 효변의 원칙에 따라 본괘+지괘의 틀로 해석하고 있다고 보았다. 예를 들어 황도주는 「춘추설상범례십팔조」 중 2)조 필만지서畢萬之筮에서 점친 결과인 준지비屯之比에 대해 "이것은 본괘와 지괘의 괘사를 논하고 아울러 물상을 취한 것"[15]으로 이해한다. 즉 황도주는 준지비屯之比에 대해 본괘인 준괘와 지괘인 비괘의 괘사와 물상을 적절히 활용하여 이 점을 해석하고 있는 것으로 보았다.

4. 정약용 효변론에 대한 2가지 의문점

이상 춘추관점에 대한 정약용과 황도주의 해석을 살펴보았는데, 이를

---

13) 丁若鏞, 『周易四箋』, 卷7, 23(『與猶堂全書』 3, 경인문화사 영인본, 1970, p. 450.), "二易皆以七八爲占, 故言遇艮之八."

14) 黃道周, 『易象正』, 「凡例」, 3(『(景印)文淵閣四庫全書』, 여강출판사 영인본, 1988, 35-111). "五爻皆動, 而二獨不動, …… 易有五爻皆動, 而占其不動者."

15) 黃道周, 『易象正』, 「凡例」, 1(『(景印)文淵閣四庫全書』, 여강출판사 영인본, 1988, 35-110). "此論兩象, 而兼取象者也."

통해 우리는 효변론 중 '다효변'의 문제에 대한 해석에서 정약용과 황도주가 상반되는 해석을 하고 있음을 알 수 있었다. 황도주는 중국 역학사에서 효변론을 대표하는 학자이며, 따라서 그의 효변론은 중국 역학사를 대표하는 이론이라 해도 과언이 아니다. 황도주 이전 효변론을 대표하는 역학자 중 송대의 도결이나 심해, 원대의 진응윤 등도 모두 '다효변'에 대해 어떤 문제도 제기한 바가 없다. 이러한 관점에서 볼 때, 정약용의 일효변론은 특수한 예에 해당한다고 할 수 있다.

1) 정약용의 '일효변론'에 대한 의문점

다산의 일효변론에 대해 드는 의문점 중의 하나는 '용구'와 '용육'의 문제이다. 다산도 스스로 말한 바가 있지만, 건괘의 용구와 곤괘의 용육이라는 일효변이 아닌 육효변의 실례가 분명히 존재하기 때문이다. 주지하듯이 건괘의 용구는 점서하는 과정에서 여섯 효가 모두 변할 때 쓰는 점사이고, 곤괘의 용육도 여섯 효가 모두 변할 때 쓰는 점사이다. 이처럼 일효변이 아닌 사례가 존재하기 때문에 우리는 다산이 주장하는 일효변론에 대해 의문을 가지지 않을 수 없는 것이다. 물론 다산은 「춘추관점보주」에서는 '용구'와 '용육'은 예외일 뿐이라고 주장한다. "건괘와 곤괘의 경우는 여섯 자리가 모두 순일하기 때문에 용구와 용육이 있는 것이다. 다른 괘는 그렇게 할 수가 없는 것이다. 만약 주공이 특별히 건괘와 곤괘에 사례를 제시하여 후세의 사람들로 하여금 유추하게 했다고 한다면, 건괘와 곤괘의 내부에 2개의 효, 3개의 효가 변동한다거나 4개의 효, 5개의 효가 변동하는 경우에 대해 왜 주공이 사례를 들어 후세에 보이지 않았겠는가?" 즉 다산은 용구와 용육은 건괘와 곤괘라는 특수한 괘에 한정된 예외일 뿐이라고 주장한다.

전통적인 시괘법에 따라 괘를 뽑는 과정에서 효가 변하는 경우는 매우 자연스럽게 등장한다. 그런데 다산의 견해에 따르면, 건괘와 곤괘의 경우에만 여섯 효가 모두 변동하는 예외를 인정하자고 주장하는 것이다. 전통적인 시괘법에 따르면, 예를 들어 준괘의 여섯 효가 모두 변동할 경우도 존재하게 되는데, 그렇다면 이럴 때는 '용구'와 '용육'이 없으니 여섯 효 중에서 하나의 변괘를 선택해야 한다. 즉 건괘와 곤괘를 제외한 62괘의 경우는 여섯 효가 모두 변동하는 경우에 따로 이 여섯 효 중에서 하나의 변효를 선택해야만 한다. 전통적인 시괘법인 『계사전』의 '사영십팔변四營十八變'의 방식에 따라 괘를 뽑았는데, 하나의 변효를 선택하기 위해서 경문에도 존재하지 않는 추가적인 작위법을 덧붙이는 것이 타당한 것일까? 다산의 이러한 방법은 약 3,000여 년의 역학사에서 거의 존재하지 않았던 주장이다. 더구나 공자가 지은 『계사전』의 내용까지 넘어서는 내용이라는 점에서 특수한 주장이라 하지 않을 수 없다. 물론 새로운 해석이라 할 수도 있지만 그럴 경우에는 '예외'라는 언사보다는 실제적이고 합리적인 근거를 제시하는 것이 필요하다.

'용구'와 '용육'의 문제 이외에 「춘추관점보주」에 등장하는 다효변의 점례를 어떻게 해석해야 하는지도 의문이다. 「춘추관점보주」에는 1효변의 경우가 총 13조항이고, 3효변의 경우가 총 3조항이고, 5효변의 경우가 총 1조항이고, 6효변의 경우는 총 1조항이다. 즉 1효변의 경우가 대부분이지만 3효변이나 5효변, 그리고 6효변의 경우도 존재한다. 이렇게 춘추시대에 존재한 다효변의 경우는 어떻게 해석해야 하는가 하는 문제이다. 이에 대해 다산은 다효변의 점례는 『주역』의 사례가 아닌 하나라와 상나라의 옛 법이라고 주장한다. "이른바 '간지수艮之需'와 '준지예屯之豫' 등은 하나라와 상나라의 옛 법임이 분명하고 『주역』에는 이런 흔적조차 없다."[16] 물론 다산이 든 다효변의 예는 표면적으로 볼 때, 두예杜預와 위소

韋昭의 주장과도 일치한다. "『주례』에 따르면 태복은 (연산역, 귀장역, 주역의) 세 가지 역을 관장한다. 그러한 즉, 이 세 가지 역을 혼용하는데, (연산역과 귀장역) 두 역은 모두 7, 8로서 점을 치는 까닭에 '우간지팔遇艮之八' 이라고 말한 것이다."[17] 다산이 언급한 '간지수艮之需' 는 '간지팔艮之八' 에 해당하며, 이는 두예의 말처럼 하나라나 상나라의 옛 법일 수 있고, 이와 마찬가지로 '준지예屯之豫' 도 '정준회예개팔貞屯悔豫皆八' 에 해당하며, 이는 위소가 말한 바와 같이 하나라와 상나라의 옛 법일 수 있다. 그렇지만 해당하는 춘추관점을 자세하게 읽어본다면, 다산의 주장과 다르게 읽힐 수도 있다. '간지팔艮之八' 에 대해 두예는 "태사가 고역古易의 방식에 따라 8이 나오는 경우를 얻으면 불리할까 의심하여 다시 『주역』으로 변효를 점쳐서 수괘를 얻어서 논한 것이다."[18] 즉 두예는 목강동궁지서穆姜東宮之筮에서 처음에는 연산역이나 귀장역으로 점을 쳐 '간지팔艮之八' 을 얻었지만, 태사가 이를 불리한 것으로 여겨 다시 『주역』으로 점을 쳐 '간지수艮之需' 를 얻었다고 서술하고 있다. 이렇게 본다면 '간지팔艮之八' 과 '간지수艮之需' 는 각각 다른 역을 이용해 점을 친 것이며, 동일한 것으로 볼 수 없다. 따라서 다산이 두예가 말한 바를 잘못 이해하고 있다고도 할 수 있는 것이다.

'간지팔艮之八', '정준회예개팔貞屯悔豫皆八', '태지팔泰之八' 이 세 가지는 『주례』의 논리에 따라 하나라와 상나라의 옛 방식이라 한다면, 7, 8의 경우가 아닌 '건지비乾之否' 는 어떻게 이해해야 하는가? 「춘추관점보주」

---

16) 丁若鏞, 『周易四箋』, 卷7, 24(『與猶堂全書』 3, 경인문화사 영인본, 1970, p. 450.), "所謂艮之隨屯之豫, 明是夏商之舊法, 周易無此影也."

17) 丁若鏞, 『周易四箋』, 卷7, 23(『與猶堂全書』 3, 경인문화사 영인본, 1970, p. 450.), "周禮太卜掌三易, 然則雜用連山歸藏. 二易皆以七八爲占, 故言遇艮之八."

18) 丁若鏞, 『周易四箋』, 卷7, 23(『與猶堂全書』 3, 경인문화사 영인본, 1970, p. 450.), "史疑占易, 遇八爲不利, 故更以周易占變爻, 得隨卦而論之."

의 마지막 조항인 20) 성공귀진지서成公歸晉之筮에는 '건지비' 라는 점례가 나온다. 이는 『주례』에서 말하는 7, 8의 경우가 아니다. 따라서 이는 『주역』의 방식에 따라 점을 친 경우이며, 초효, 제2효, 제3효가 변동한 즉 세 효가 변동한 경우이다. 성공귀진지서成公歸晉之筮에 대해 위소가 연산역이나 귀장역이라는 주장을 펴지 않았기 때문에, 이를 『주역』의 방식에 따라 점을 친 경우로 간주하는 것은 일반적인 이해라 할 수 있다. 하지만 다산은 이에 대해 여러 효가 변하는 경우는 『주역』의 방식이 아닌 하나라나 상나라의 옛 방식이라고 단정 짓는다.[19] 그리고 다산은 이러한 주장에 대해 필요한 근거를 제시하지 않고 있다.

그렇다면 다산은 왜 필요하고도 충분한 근거를 제시하지 않으면서 '일효변' 만을 주장하는 것일까? 필자가 판단하기에 다산이 효사 형성의 논리에 집착한 것이 아닌가 생각한다. 주공이 효사를 지을 때, 일효변만을 고려해서 지은 것은 분명해 보인다. 통용되는 『주역』 원문을 보면, 일효변의 경우만 있기 때문이다. 다산이 주장하는 것처럼 '용구' 와 '용육' 을 제외한다면 다효변의 효사는 존재하지 않는다.[20] 그렇지만 우리는 효사의 형성과 서법을 분리해서 볼 필요가 있다. 전통적인 서법에 따르면 다효변의 경우는 자연스럽게 존재할 수밖에 없다. 따라서 이러한 다효변의 문제를 해결하기 위해 또한 매우 자연스럽게 점법이 필요하게 된 것이다. 점법을 통해 다효변의 문제를 해결하면, 효사의 형성과도 논리적인 모순이 발생하지 않는다. 효사 형성의 논리와 서법의 논리를 억지로 1 : 1 대응으로 맞출 필요가 없는 것이다.

---

19) 丁若鏞, 『周易四箋』, 卷7, 31(『與猶堂全書』 3, 경인문화사 영인본, 1970, p. 454.), "案, 乾之否, 亦 夏商之舊法也."

20) 물론 논리적으로 생각했을 때, 효사의 형성에 다효변의 경우를 상정할 수는 있다. 한나라 초공의 역림이 이의 대표적인 예이다.

그럼에도 불구하고 다산은 효사의 형성과 서법의 논리를 일치시키기 위해 기존의 서법을 부정하고 새로운 서법을 창조하게 된다. 이것이 바로 『주역사전』 중의 『시괘전』이다. 다산은 새로운 서법을 통해 이러한 모순을 해결하고자 했다.

다산은 『시괘전』에서 1효변을 주장하기 위해 『계사전』의 "상하 두 편의 책은 모두 11,520책이니 만물의 수에 해당한다."[21]라는 구절을 재해석한다. 즉 점서를 행할 때는 『주역』 384효 각 효에 해당하는 시책을 준비해야 하는 것이다. 그 시책이 도합 11,520책이 된다. 예를 들어, 건괘의 초구에 해당하는 시책은 36책이고, 곤괘 초육에 해당하는 시책은 24책이다. 이렇게 해서 384효 11,520책이 준비되어야 점서를 행할 수 있게 된다. 이렇게 해야만, 다효변의 문제를 해결할 수 있다. "가령 한 차례 점을 쳐서 준괘屯卦를 얻었는데, 그 초획과 제2획이 모두 순획을 얻었다면, 서인筮人은 상독上櫝을 뽑아 열어, 준괘 초구의 시책 36매와 준괘 육이의 시책 24매를 취하여 합치고 섞은 다음 4개씩 헤아려 나가는데, 마지막 남은 시책 4매를 취하여 임의로 그 하나를 뽑는다. 만약 그 뽑은 것이 초구의 시책이면 초효가 변하는 것이 되고, 육이의 시책이면 제2효가 변하는 것이 된다."[22]

만약 이러한 다산의 논리를 따르면, 다효변의 문제를 해결할 수는 있다. 그러나 이는 역학사에 있어서 유례를 찾아볼 수 없는 새로운 이론이다. 앞에서도 언급한 바와 같이 다산은 새로운 서법을 만들기 위해 기존

21) 丁若鏞, 『周易四箋』, 卷8, 22(『與猶堂全書』 3, 경인문화사 영인본, 1970, p. 471.), "二篇之策萬有一千五百二十, 當萬物之數也."

22) 丁若鏞, 『周易四箋』, 卷8, 23(『與猶堂全書』 3, 경인문화사 영인본, 1970, p. 472.), "假令一筮之間, 其卦遇屯, 而其初畫與第二畫, 俱得純畫, 則筮人抽上櫝, 取屯初九之策三十六枚, 屯六二之策二十四枚, 合同滾轉, 亦四四揲之, 取末後之策四枚, 任抽其一. 若是初九之策則初爻變, 若是六二之策則第二爻變."

의 경전 속에서 그 근거를 찾아야 했다. 하지만 필자가 보기에 이러한 시도는 새로울 수는 있지만, 그 경전적 근거는 미약할 수밖에 없어 보인다. 3,000여 년의 역학사에서 그 누구도 얘기하지 않은 바를 새로이 해석하기 위해서는 그야말로 필요하고 충분한 전거를 제시해야 하는데, 이 점에 있어서 다산의 해석이 그러한 근거가 있는가 하는 점에 있어서 의문점이 생길 수밖에 없을 것 같다.

다효변론의 문제에 대해 송대에 출토된 유물인 '중방정中方鼎'의 명문銘文을 참고할 수도 있겠다. 중국의 학자 이학근李學勤은 그의 저서 『주역소원周易溯源』 중 「中方鼎与周易」이라는 글에서 숫자괘의 효변을 고증한 바가 있다.

> 문구 중의 '尙' 자는 『좌전』과 『국어』의 점례에서 널리 쓰이는 허사이다. 숫자 부호는 장정랑 선생이 이미 『주역』과 연관지어 해석한 바가 있다. '칠팔육육육육'은 곤하간상의 박괘剝卦이고, '팔칠육육육육'은 곤하감상의 비괘比卦이다. 양자의 관계는 효변이다. 『좌전』과 『국어』의 예에 의거하면, '박지비剝之比'로 칭할 수 있다.[23]

위 인용에서 '박지비'는 박괘의 육오와 상구 두 효가 변하여 비괘로 변동한 경우이다. 즉 육오효와 상구효가 변동한 이효변의 예이다. '중방정'이 서주 초기의 출토 유물로 고증되었기 때문에 따라서 서주 초기에도 『주역』의 효변이 존재했음을 알 수 있다. 더구나 이 효변은 우리가 주목

23) 李學勤, 『周易溯源』, 成都: 巴蜀書社, 2006, p. 216, "句中的"尙"字, 是『左傳』, 『國語』卜筮辭常用的虛詞. 數字符号, 張政烺先生已用『周易』解釋. "七八六六六六"是坤下艮上的『剝』卦, "八七六六六六"是坤下坎上的『比』卦, 兩者的關系是爻變. 依『左』, 『國』之例, 可称爲遇『剝』之『比』."

하고 있는 다효변의 고고학적 증명이기도 하다. 이러한 출토 유물을 통해서도 다효변은 『주역』의 고유한 방식임을 명확하게 확인할 수 있다.

2) 정약용의 ‘지괘 위주론’에 대한 의문점

‘일효변론’과 함께 「춘추관점보주」에서 볼 수 있는 다산의 효변론은 ‘본괘 위주론’이다. 서법에서 본괘와 지괘가 함께 나타나는 것은 자연스러운 상황이고, 본괘와 지괘라는 이름에서도 알 수 있듯이 본괘를 중심으로 하고 지괘를 보조로 하는 것이 보편적인 인식이다. 이러한 인식에 대해서는 별 의문점이 없을 듯하다.

그런데 다산은 그의 대표적인 역학서인 『주역사전』의 「효변표직설爻變表直說」에서는 이와 다른 관점을 취하고 있다.

> 구는 노양老陽이고 육은 노음老陰이다. ‘노’의 개념에는 변하지 않음이 없으니, 구와 육은 이미 변했음을 나타내는 명칭이고, 변하지 않으면 구와 육이 아니다. 시괘법에 따라 세 번 모두 홀수(1, 3, 5, 7, 9)를 얻으면 그 수는 구가 된다. 세 번 모두 짝수(2, 4, 6, 8, 10)를 얻으면 그 수는 육이 된다. …… ‘초구初九’라고 한 것은 초획이 변동하여 음이 된 것을 말하며, ‘초육初六’이라고 한 것은 초획이 변동하여 양이 된 것을 말하는 것이다. 그러한 즉, 주공이 효사의 글을 지을 때부터 이미 변한 것을 위주로 하여 그 물상을 이용한 것이니, 효변을 알지 못하면 주공의 효사를 읽을 수 없는 것이다.[24]

---

24) 丁若鏞, 『周易四箋』, 卷1, 12(『與猶堂全書』 3, 경인문화사 영인본, 1970, p. 306.), “九者, 老陽也. 六者, 老陰也. 老無不變, 則九六者, 旣變之名. 不變, 非九六也. 筮法三揲皆得天數, 則其數爲九. 三揲皆得地數, 則其數爲六. 此其所以爲老也. 天地之間, 不可一刻而無陰, 亦不可一刻而無陽. 故純陽則直變爲陰, 純陰則直變爲陽. 其曰初九者, 謂初畫動而爲陰也, 其

위의 인용은 다산의 효변론이 본괘를 중심으로 하는 효변이 아니라 지괘를 중심으로 하는 효변임을 말해주고 있다. 그래서 다산은 "주공이 효사의 글을 지을 때부터 이미 변한 것을 위주로 하여 그 물상을 이용한 것"으로 보았다. 「효변표직설」은 다산의 효변에 대한 핵심적 설명이라는 점에서 이는 다산 효변론의 관점을 대변한다고 할 수 있다. 이 점은 앞에서 살펴본 「춘추관점보주」에 나타난 효변설과는 약간 다르다.

실제로 다산은 『주역사전』의 384효에 대한 구체적인 해석에서 '지괘'를 위주로 해석한다. 예를 들어 건괘 구사에 대해 다음과 같이 말한다.

> 가령 건괘의 구사는 소축괘인데, 소축괘는 구괘에서 나왔다. 그러므로 그 상이 도약하는 것이 된다.[25]

즉 다산은 건괘 구사의 효사인 "때로 연못에서 뛰어오르니, 허물이 없을 것이다."[26]에서 '뛰어오르는' 상을 본괘인 건괘에서 구하지 않고 지괘인 소축괘에서 구하고 있다. 다산에 의하면 소축괘는 구괘로부터 왔는데 구괘의 때에 초효가 소축괘의 제4효로 감에 따라 이 '뛰어오르는' 상을 설명할 수 있다고 본 것이다.[27] 물론 다산은 '지괘' 위주의 효변론에도 예외가 있음을 인정한다.

曰初六者, 謂初畫動而爲陽也, 則周公撰詞之初, 原主旣變之體, 而用其物象. 如潛龍爲變巽之物, 履霜爲變震之象. 不知爻變, 則不可以讀周公之詞也."

25) 丁若鏞, 『周易四箋』, 卷1, 13(『與猶堂全書』 3, 경인문화사 영인본, 1970, p. 307.), "假如乾之九四小畜也. 小畜自姤來, 故其象爲躍."

26) 丁若鏞, 『周易四箋』, 卷1, 41(『與猶堂全書』 3, 경인문화사 영인본, 1970, p. 321.), "九四, 或躍在淵, 無咎."

27) 丁若鏞, 『周易四箋』, 卷1, 41(『與猶堂全書』 3, 경인문화사 영인본, 1970, p. 321.) 참조.

한 획이 이미 변동하면 전체 괘가 변한다. 그러므로 성인이 효사를 지을 때 오르고 내리고 가고 오는 상황 모두 변상을 취했다. 그러나 괘주가 되는 효에서는 그 변동을 유보하여 그 변화를 좇지 아니하고 추이의 본상만을 이용하여 이 획이 괘주가 됨을 밝혔다.[28)]

즉 다산은 '괘주가 되는 효' 에서는 효변을 적용하지 않고 그 추이의 본상만을 이용해야 한다고 밝혔다.

이상에서 필자는 다산의 효변론에 있어서 「춘추관점보주」에서 제시한 '본괘위주론' 과 「효변표직설」에서 제시한 '지괘위주론' 이 서로 차이가 있음을 밝혔다. 하지만 효변론에 대한 다산의 최종적인 결론은 「효변표직설」에 있다고 보아야 한다. 그리고 다산의 이러한 '지괘위주론' 은 다산 이전 중국 역학자의 효변론과는 다른 측면이 있다.

앞에서 살펴본 명대의 대학자 황도주는 중국 역학사에서 효변론을 대표한다고 할 수 있다. 그의 효변론의 경전적 근거도 다산과 마찬가지로 『춘추좌씨전』과 『국어』의 『주역』과 관련된 점례에 있다. 황도주는 이처럼 춘추시대의 관점에 근거해서 자신의 효변론을 수립하게 되는데, 그는 본괘의 괘사와 지괘의 괘사를 함께 효사 해석에 활용하고 있다. 다산이 지괘를 위주로 해석하고 있는 것과는 다른 차원의 해석이다. 특히 황도주는 384효 효사를 해석하기 전에 본괘의 괘사와 지괘의 괘사를 나란히 배열하여 이 효는 본괘의 괘사와 지괘의 괘사를 결합하여 해석해야 한다고 분명히 말하고 있다.

황도주뿐만 아니라 중국 역학사에서 효변으로 『주역』을 해석하는 전통

---

28) 丁若鏞, 『周易四箋』, 卷1, 15(『與猶堂全書』 3, 경인문화사 영인본, 1970, p. 308.), "一畫旣動, 全卦遂變. 故聖人之撰爻詞, 其升降往來之情, 皆取變象. 然於卦主之爻, 又爲之留其所動, 不逐其變, 而專用推移之本象, 以明此畫之爲卦主."

에 서 있는 송대의 도결과 심해, 원대의 진응윤, 청대의 포의 등도 모두 본괘+지괘라는 틀로 384효 효사를 해석하고 있다. 따라서 다산의 효변론은 분명 중국 역학사에서 나타나는 효변론의 전통에서 다소 벗어나 있다고 볼 수 있다.

그렇다면 우리는 다산의 '지괘 위주론'을 어떻게 이해해야 하는가? 다산이 기존의 전통적인 해석법에서 벗어나 지괘 중심의 효변론을 펼치고 있는 이유는 무엇일까? 지금 우리가 생각해 볼 수 있는 이유는 다산이 역학이론의 정합성을 높이기 위해 새로운 해석을 하는 것이 아닌가 하는 것이다. 실제로 지괘 중심의 효변론은 해석의 가능성을 확장하는 효과가 있다. 본괘 중심의 해석은 수많은 곳에서 『설괘전』의 물상과 부합하지 않는다. 하지만 일단 지괘 중심의 해석으로 전환을 하게 되면 그 해석의 가능성은 한층 커질 수밖에 없다.

5. 맺음말

다산은 「춘추관점보주」에서 자신의 효변론의 이론적 근거를 찾고 있다. 「춘추관점보주」를 통해 본 다산 효변론은 크게 2가지로 정리할 수 있다. 하나는 '일효변론'이고, 다른 하나는 '본괘 위주론'이다. 중국 전통의 효변론의 입장에서 볼 때, '본괘 위주론'은 전통적 효변론의 틀과 일치하지만, '일효변론'은 전통적 효변론과 일치하지 않는다.

다산의 '일효변론'에 대해 필자는 크게 2가지 측면에서 문제를 제기했다. 첫째는 다산 효변론의 이론적 근거이기도 한 춘추시대의 점례 중 성공귀진지서成公歸晉之筮에 나오는 '건지비'[29]를 어떻게 해석해야 하는가 하는 문제이다. 다산은 이에 대해 다효변은 『주역』의 방식이 아닌 하나라나 상나라의 옛 방식이라고 할 뿐 구체적인 이유를 설명하지 않는다. 『주례』에 따라 7과 8로 점을 치는 경우가 하나라와 상나라의 역이라고 했을 때, 7과 8이 아닌 경우인 이 '건지비' 는 어떻게 이해해야 할까? 다산의 효변론이 춘추시대의 관점에 근거한 것이라고 했을 때, 이 춘추시대의 관점인 '건지비' 의 경우는 다산의 '일효변론' 으로 해석하기 어려운 점이 있는 것도 사실이다. 둘째는 서주 초기의 유물로 추정되는 '중방정中方鼎' 의 명문에 새겨져 있는 '다효변' 은 어떻게 이해해야 하는가이다. 다산의 '일효변론' 으로 이 중방정의 '다효변' 을 설명할 수 없다는 데 문제가 있다.

한편 다산이 「춘추관점보주」에서 제시한 '본괘 위주론' 은 중국 전통의 효변론의 틀에서 볼 때 큰 차이가 없다. 그런데 다산은 「춘추관점보주」에서 제기한 것과 달리 자신의 대표적인 역학 저작인 『주역사전』에서는 '지괘 위주론' 을 펼치고 있다. 물론 '지괘 위주론' 은 효변론의 역사에서 새로운 해석일 수는 있지만, 중국 전통의 효변론에서 볼 때는 분명 다른 해석이다.

중국 역학사에서 효변론은 『주역』 해석 방법론의 주요한 흐름 중의 하나였지만, 동시에 이에 대한 비판도 늘 존재해왔다. 송말원초의 역학자 정역동은 『역상의』 「역통론」에서 "효변은 진실로 없어서는 안 되지만, 그렇다고 해서 384효 매 효마다 지괘로 해석하는 것은 통할 수 없다."[30]고 했다. 그리고 청대의 사고관신은 송나라의 대표적인 효변론자인 도결의 『역변체의』에 대한 평가에서 "(『역변체의』에서 제시된 효변의) 예들은 대부분 자연스럽게 문맥이 통하고 그 뜻이 바르지만, 또한 견강부회라는 비판도 벗어나기 어렵다."[31]고 했다.

---

29) 「춘추관점보주」의 마지막 20) 조항.

30) 丁易東, 『易象義』, 「統論」, 2(『(景印)文淵閣四庫全書』, 여강출판사 영인본, 1988, 21-480), "夫變卦誠不可少, 然爻爻以之卦言, 則不通矣."

전통적 효변론이라 할 수 있는 본괘+지괘 틀에 대해서도 중국에서 견강부회로 비판받고 있는 것이 엄연한 사실인데, 본괘+지괘의 틀에서 한 걸음 더 나아가 '지괘 위주'의 효변론은 더 말할 필요가 없을 것 같다. 『주역』 해석의 정합성도 중요하지만, 그렇다고 해서 정합성을 위해 새로운 이론을 세우는 것이 타당한지에 대해서는 좀 더 생각해 볼 일이다.

(종교와 문화 24, 2013)

31) 都絜 撰, 『易變體義』, 「提要」 2(『(景印)文淵閣四庫全書』, 여강출판사 영인본, 1988, 11-628), "如此之類, 皆不事傅會而自然貫通, 立義亦皆正大, 亦有涉于牽强者."

4부. 다산 역학과 중국 역학

제10장

다산 정약용의 중국 역학사 인식

1. 머리말

규장각 소장 자료 중 중국 역학 관련 문헌은 약 100여 건이 존재하며, 여기에는 당대까지 중국 역학사의 주요한 문헌이 대부분 포함되어 있다. 한나라 초연수焦延壽의 『초씨역림焦氏易林』(焦延壽(漢)著; 唐琳(明)訂, [17世紀 中盤~20世紀 初(淸年間:1644~1911)], 奎中 4782-v.1-6), 위나라 왕필王弼의 『주역겸의상경周易兼義上經』(王弼(魏)等註; 陸德明(唐)撰; 孔穎達(唐)正義; 李長春(明)等奉勅重校刊, 萬曆 14年(1586), 奎中 2783의 1-v.1-4), 송나라 정이程頤의 『주역정씨전周易程氏傳』([17世紀 初~20世紀 初(淸 年間:1616~1911)], 奎中 5252-v.1-4), 송나라 양만리楊萬里의 『성재선생역전誠齋先生易傳』([18世紀], 奎中 1553-v.1-8, 奎中 1554...), 송나라 주희朱熹의 『주역본의周易本義』([萬曆 28年(1600)], 奎中 4339), 원나라 오징吳澄의 『역찬언易纂言』(吳澄(元) 學;談自省(明) 等校;黃應登(明) 重校, [萬曆 42年(1614) 序], 奎中 3382-v.1-4), 명나라 호광胡廣 등이 편찬한 『주역전의대전周易傳義大全』([18世紀 後半 以後], 奎中 1-v.1-14, 奎中 2-v.1-...), 명나라 래지덕來知德의 『역경

집주易經集註』(來知德(明) 註;崔華(淸) 重訂; 崔巒(淸) 等校, [康熙 27年(1688) 序], 奎中 4695-v.1-10), 청나라 이광지李光地 등이 편찬한 『주역절중周易折中』([康熙 54年(1715)], 奎中 2645-v.1-10, 奎中 264...) 등등 중국 역학사의 주요 저작들이 대부분 소장되어 있다. 이는 조선 후기 한국과 중국의 문헌 교류가 어떠했는지를 단면적으로 보여주고 있다. 당시 조선은 선진 사회라 할 수 있는 청나라의 학문에 깊은 관심이 있었으며, 따라서 조선의 국가와 사회는 청나라의 문헌을 수입하는데 많은 관심을 기울였음을 알 수 있다.

조선 후기의 대표적인 유교 지식인인 다산 정약용은 규장각 초계문신으로 재직하면서 당대의 중국 문헌을 섭렵할 수 있는 매우 유리한 위치에 있었음은 두말할 필요가 없다. 중국에서 수입된 최신 학술자료는 당대 유교 지식인에게 많은 영향을 끼쳤으며, 다산 정약용도 이러한 학술자료를 받아들여 자신의 학문적 성취에 적극 활용했다.

본 연구는 다산 정약용의 학문적 업적 중 역학 분야에 한정하여 다산이 중국 역학의 학문적 성취를 어떤 수준으로 받아들였으며, 나아가 이에 바탕을 두어 어떤 학문적 성과를 이루었는지를 고찰해보고자 한다.

본 연구의 기본적인 방향은 다산의 중국 역학사의 주요 저작들에 대한 평가가 어떠했으며, 이를 통해 다산의 중국 역학사에 대한 인식이 어떠했는지를 고찰해보는 것이다.

이를 위해 본 연구는 『사고전서총목제요四庫全書總目提要』에 나타난 중국 역학사 분류를 방법적인 틀로 원용하고자 한다. 왜냐하면 『사고전서총목제요』에서 보여준 '양파육종兩派六宗'이라는 중국 역학사 분류가 가장 표준적인 분류 중의 하나이기 때문이다. 주지하듯이 '양파'는 상수파象數

派와 의리파義理派이며, 육종은 한대漢代 상수로 역을 해석한 전통, 경방과 초연수의 재이설災異說에 입각하여 역을 해석한 전통, 진단과 소옹邵雍의 도서학圖書學에 근거하여 역을 해석한 전통, 왕필이 제창한 노장으로 역을 해석하는 전통, 호원과 정자의 유학의 의리로 역을 해석하는 전통, 이광과 양만리의 역사적 사실로 역을 증명하는 전통 등이다.[1] 전자의 세 가지 전통은 상수파에 속하며, 후자의 세 가지 전통은 의리파에 속한다.

이러한 '양파육종'의 분류법에 근거해서 다산이 중국 역학사에 대해 어떠한 인식을 했는지를 살펴보는 것이 더 유효한 방법론이 될 수 있다. 왜냐하면, 본 연구에서 중국 역학사에 나타나난 수많은 역학자들의 저작을 모두 살펴볼 수 없으며, 다만 다산이 중국 역학사의 주요한 흐름에 대해 어떠한 인식을 했는지를 살펴보는 것만으로도 일정한 의의가 있기 때문이다.

다산의 『역학서언』에는 위에서 언급한 '양파육종'의 주요 인물과 저작에 대한 언급과 논평이 실려 있다. 따라서 다산의 중국 역학사에 대한 인식을 살펴보기 위해서는 『역학서언』이 주요 텍스트가 될 수밖에 없다.

'양파육종' 중 한대 상수로 역을 해석한 전통과 관련해서 『역학서언』의 「이정조집해론李鼎祚集解論」, 「정강성역주론鄭康成易注論」, 「한위유의론漢魏遺義論」 등이. 진단과 소옹邵雍의 도서학圖書學에 근거하여 역을 해석한 전통과 관련해서 「소자선천론邵子先天論」 등이. 왕필이 제창한 노장으로 역을 해석하는 전통과 관련해서 「왕보사역주론王輔嗣易注論」, 「한강백현담고韓康伯玄談考」 등이. 호원과 정자의 유학의 의리로 역을 해석하는 전

1) 王雲五主持, 『合印四庫全書總目提要及四庫未收書目禁燬書目(一)』(臺灣商務印書館, 1978), 「四庫全書總目提要」, 一, 經部, 易類一, 2. "左傳所記諸占, 蓋猶太卜之遺法. 漢儒言象數, 去古未遠也. 一變而爲京, 焦, 入於禨祥, 再變而爲陳, 邵, 務窮造化, 易遂不切於民用. 王弼盡黜象數, 說以老莊. 一變而胡瑗, 程子, 始闡明儒理, 再變而李光, 楊萬里, 又參證史事, 易遂日啓其論端. 此兩派六宗, 已互相攻駁."

통과 관련해서 「주자본의발미朱子本義發微」 등이 서로 상관성을 가지고 있다. 그리고 경방과 초연수의 재이설에 입각하여 역을 해석한 전통, 이광과 양만리의 역사적 사실로 역을 증명하는 전통과 관련해서 다산이 전문적인 평론을 남긴 것은 없지만, 『역학서언』 및 『주역사전』에서 간간이 이와 관련된 다산의 인식을 살펴볼 수 있다.

다산 정약용의 중국 역학사 인식과 관련된 국내외의 연구 논문은 아직 발표된 바가 없다. 다만 다산 정약용의 중국 역학 관련 저작에 대한 비판과 논설이 담겨있는 『역학서언』에 대한 연구는 부분적인 성과가 있으며, 이를 정리해보면 다음과 같다.

김왕연, 「정다산의 「소자선천론邵子先天論」 비판」, 『철학』 42(1994)

김인철, 「다산의 "선천역"에 대한 비판 - 「소자선천론」을 중심으로」, 『동양철학연구』 31(2002)

방 인, 「다산의 명청역학明淸易學 비판批判」, 『철학연구』 84(2002)

방 인, 「다산의 이광지李光地 역학易學에 대한 비판」, 『철학연구』 90(2004)

방 인, 「다산의 도가역학道家易學 비판」, 『철학연구』 108(2008)

방 인, 「정약용의 「주자본의발미朱子本義發微」 연구」, 『다산학』 19(2011)

방 인, 「정약용의 소옹 비판 - 「팔괘차서도」와 「팔괘방위도」를 중심으로」, 『국학연구』 21(2012)

방 인, 「정약용의 「한위유의론」 연구」, 『다산학』 23(2013)

장정욱, 「현산역간玆山易柬」, 『다산학』 4(2003)

장정욱, 「사수고점박沙隨古占駁」, 『다산학』 6(2005)

장정욱, 「왕보사역주론王輔嗣易注論 평석評釋」, 『다산학』 13(2008)

장정욱, 「한강백현담고韓康伯玄談考」, 『다산학』 19(2011)

장정욱, 「반고班固의 「예문지藝文志」에 대한 논평論評」, 『동서사상』 15 (2013)

다산의 『역학서언』에는 중국의 주요한 역학 저작에 대한 총 21편의 논설이 실려 있다. 이 중 우리말로 번역된 것은 위에서 정리한 5편이다. 나머지 16편은 아직 번역이 안 된 상태이다. 그리고 『역학서언』의 각 논설을 대상으로 연구한 논문은 대략 8편으로 소옹의 「소자선천론邵子先天論」에 대한 연구가 3편이고, 「한위유의론漢魏遺義論」에 대한 연구가 2편이며, 나머지는 「주자본의발미朱子本義發微」, 「래씨역주박來氏易註駁」, 「이씨절중초李氏折中鈔」에 대한 연구이다. 이를 통해 보면, 다산의 『역학서언』의 총 21편의 논설 중 우리말로 번역된 것이 5편이고, 논문으로 연구된 것이 약 5편이다.

2. 한대 상수학에 대한 다산의 인식

『역학서언』에는 다산의 한대 상수학에 대한 인식과 관련하여 「이정조집해론李鼎祚集解論」, 「정강성역주론鄭康成易注論」 「한위유의론漢魏遺義論」 등의 논설이 존재한다. 이 중에서 「이정조집해론李鼎祚集解論」이 특히 중요하다. 「이정조집해론」에서 다산이 분석하고 있는 역서인 『주역집해周易集解』는 당나라의 이정조李鼎祚[2]가 한대 이후 상수학의 역설을 집록한

2) 당나라 資州 사람으로 관직은 秘書省 著作郎을 지냈다. 王雲五主持, 『合印四庫全書總目提要及四庫未收書目禁燬書目(一)』(臺灣商務印書館, 1978), 「四庫全書總目提要」, 一, 經部, 易類一, 7 참조.

책으로, 당시 역학계의 주류이었던 왕필의 역학에서 배제되었던 한대 이후 상수학자의 역설을 보존하였던 점에 그 의의가 있다.[3] 『사고전서총목제요』에 의하면, 사고관신은 『주역집해』의 가치를 다음과 같이 평가하고 있다. "왕필의 역학이 번성하여 한나라 시기의 역설이 마침내 없어졌으나, 천백여 년이 지난 후에도 학자들이 괘를 지은 본뜻을 살펴볼 수 있는 것은 오직 이 책이 존재하기 때문이다. 이 책은 진실로 보배로 여길만한 전적이다."[4] 『주역집해』는 자하子夏·맹희孟喜·초연수焦延壽·경방京房·마융馬融·순상荀爽·정현鄭玄·유표劉表·하안何晏·송충宋衷·우번虞翻·육적陸績·간보干寶·왕숙王肅·왕필王弼·요신姚信·왕이王廙·장요張璠·향수向秀·왕개충王凱沖·후과侯果·촉재蜀才·적원翟元·한강백韓康伯·유헌劉瓛·하타何妥·최경崔憬·심인사沈驎士·노씨盧氏·최근崔覲·복만용伏曼容·공영달孔穎達·요규姚規·주앙지朱仰之·채경군蔡景君 등 30여 학자의 역설을 집록하고 있다.[5]

「이정조집해론」에 의하면, 다산의 『주역집해』에 대한 평가도 청대 사고관신의 인식과 크게 다르지 않다.

---

3) 王雲五主持, 『合印四庫全書總目提要及四庫未收書目禁燬書目(一)』(臺灣商務印書館, 1978), 「四庫全書總目提要」, 一, 經部, 易類一, 8 참조.

4) 王雲五主持, 『合印四庫全書總目提要及四庫未收書目禁燬書目(一)』(臺灣商務印書館, 1978), 「四庫全書總目提要」, 一, 經部, 易類一, 8. "蓋王學旣盛, 漢易遂亡, 千百年後學者得考見畫卦之本旨者, 惟賴此書之存耳. 是眞可寶之古笈也."

5) 王雲五主持, 『合印四庫全書總目提要及四庫未收書目禁燬書目(一)』(臺灣商務印書館, 1978), 「四庫全書總目提要」, 一, 經部, 易類一, 8. "所采凡子夏, 孟喜, 焦贛, 京房, 馬融, 荀爽, 鄭玄, 劉表, 何晏, 宋衷, 虞翻, 陸績, 幹寶, 王肅, 王弼, 姚信, 王廙, 張璠, 向秀, 王凱沖, 侯果, 蜀才, 翟元, 韓康伯, 劉瓛, 何妥, 崔憬, 沈驎士, 盧氏(案盧氏《周易注》《隋志》已佚其名), 崔觀, 伏曼容, 孔穎達(案以上三十二家, 朱睦序所考), 姚規, 朱仰之, 蔡景君(案以上三家, 朱彝尊《經義考》所補考) 等三十五家之說." 다산의 「이정조집해론李鼎祚集解論」에는 초연수焦延壽, 채경군蔡景君이 빠져있다. 『易學緒言』, 『定本 與猶堂全書 17』 다산학술문화재단, 2012, 51.

> 당시 한위漢魏의 제가의 학설은 여전히 남아 있었다. 이정조李鼎祚가 그것이 시간이 지남에 따라 점점 없어질까 두려워 유명한 논설을 채집하여 『주역집해』 10권을 지어 후세에 전했으니 그 공이 진실로 크다 할 것이다. …… 그중에 순상과 우번의 설이 대체로 경문의 뜻에 부합했다. 따라서 역학의 삼십여 가 중 집대성자는 구가九家이고, 구가 중 집대성자는 이가二家이다. 만약 이정조가 이가二家의 설을 널리 취해서 문호를 세우고, 나머지 제가의 옛 설을 보존하여 그 본원을 알게 했다면, 구가九家의 학설은 진실로 후세에 없어지지 않았을 것이다.[6)]

즉, 다산은 이정조가 한나라 시기의 상수학설을 집록하여 후세에 전한 점은 역학사에서 매우 중요한 공헌으로 평가하고 있으며, 이정조의 공헌으로 한대의 상수학설이 보존될 수 있었다고 생각했다. 이정조가 집록한 30여 학자 중 특히 구가를 중시했으며, 구가 중에서도 이가를 한대 역학의 집대성자로 이해하고 있다. 다산에 의하면, 구가는 경방京房・마융馬融・순상荀爽・정현鄭玄・송충宋衷・우번虞翻・육적陸績・요신姚信・적원翟元이고, 이가는 순상荀爽・우번虞翻이 된다.[7)] 따라서, 다산의 한대 상수학에 대한 이해는 결과적으로 구가에 대한 이해에 다름이 아니다. 다산의 이러한 인식은 다음과 같은 언급에서도 잘 나타난다.

---

6)『易學緖言』,『定本 與猶堂全書 17』 다산학술문화재단, 2012, 52-53. “當時漢魏諸儒之說, 猶有存者, 李鼎祚懼其彌久而彌泯也. 於是抄採名論, 爲此集解十卷, 以貽後世, 其功誠大矣. …… 其中荀爽, 虞翻二家之說, 多合經旨. 蓋易學三十餘家, 其集大成者九家也, 九家之中, 其集大成者二家也. 若使李氏廣取二家之說, 以建門戶, 略存諸家之舊, 以知源本, 則九家之學, 眞得不亡於後世.”

7)『易學緖言』,『定本 與猶堂全書 17』 다산학술문화재단, 2012, 51-52. “九家易, 文獻通考引陳氏說, 以爲漢淮南王所聘明易者九人, 荀爽嘗爲之集解. 今考淮南自云九師有道訓二篇, 此名荀爽九家, 諸志俱云十卷. 釋文序錄列九家名氏, 爲京房, 馬融, 鄭玄, 宋衷, 虞翻, 陸績, 姚信, 翟子玄. 倂爽而九云, 不知何人所集. 稱爽者以爲主故也. 陳氏誤矣.”

"내가 살펴보건대, 『주역』은 진나라의 분서를 면해 경문에 빠진 바가 없었다. 『한서漢書』에 논한 바에 따르면, 상구商瞿 이래 사승이 끊이지 않았고, 구가九家에 이르러 명성이 빛났으며, 그 훈고와 의리에 오류가 없는 듯했다."[8)]

이러한 이유로 다산의 「이정조집해론李鼎祚集解論」에는 구가의 학설이 가장 많이 인용되어 있으며, 다산 역학의 핵심 이론인 역리사법의 원형도 잘 나타나 있다. "괘변卦變과 효변爻變의 법칙, 호체互體와 복체伏體의 예, 교역交易·변역變易·반대反對·반합牉合의 묘가 하나라도 갖추어 있지 않음이 없다."[9)] 결론적으로 다산은 『주역집해』에 대해 "오늘날의 학자들이 진실로 『주역』을 공부하고자 한다면, 오직 이정조의 『주역집해』 10권을 보배로 삼아야 할 것이다."[10)]라고 주장하고 있다.

3. 경방과 초연수의 재이설災異說에 대한 다산의 인식

『사고전서총목제요』의 역학사 분류에서 상수파의 하나인 경방(京房, 기원전 77~기원전 37)과 초연수焦延壽의 재이설은 동시대인 한나라의 주류 상수학과 다른 측면을 보여주고 있다. 한대의 주류 상수학은 『주역』 해석에 있어서 물상, 호체, 괘변, 효변, 괘기, 납갑 등의 방법을 이용해 『주역』 경문을 해석하고자 한 것에 반해 경방과 초연수의 재이설은 경전

8) 『易學緖言』, 『定本 與猶堂全書 17』 다산학술문화재단, 2012, 52. "鏞案, 周易免於秦火, 經文無缺. 據漢書所論, 商瞿以降, 師承不絶. 降及九家, 名聞韡燁, 其訓詁義理宜若無謬."

9) 『易學緖言』, 『定本 與猶堂全書 17』 다산학술문화재단, 2012, 53. "然卦變爻變之法, 互體伏體之例, 交易變易反對牉合之妙, 無一不露其豹斑."

10) 『易學緖言』, 『定本 與猶堂全書 17』 다산학술문화재단, 2012, 53. "今之學者誠欲學易, 唯取李鼎祚集解十卷, 以爲拱璧."

해석보다 길흉화복을 점치는 술수에 가까웠다. 이러한 점은 『한서漢書 · 예문지藝文志』에도 잘 나와 있다.

『역경易經』 12편: 시施, 맹孟, 양구梁丘 3가.

『역전易傳』: 『주씨周氏』 2편, 『복씨服氏』 2편, 『양씨楊氏』 2편, 『채공蔡公』 2편, 『한씨韓氏』 2편, 『왕씨王氏』 2편, 『정씨丁氏』 8편, 『고오자古五子』 18편, 『회남도훈淮南道訓』 2편, 『고잡古雜』 80편, 『잡재이雜災異』 35편, 『신유神輸』 5편(그림 1부), 『맹씨경방孟氏京房』 11편, 『재이맹씨경방災異孟氏京房』 66편, 『오록충종약설五鹿充宗略說』 3편, 『경씨단가京氏段嘉』 12편.

『장구章句』: 시施, 맹孟, 양구씨梁丘氏 각 2편.

모두 『역易』 13가, 294편이다.[11]

위의 인용 중 『역전』 부분에서 "『주씨周氏』 2편, 『복씨服氏』 2편, 『양씨楊氏』 2편, 『채공蔡公』 2편, 『한씨韓氏』 2편, 『왕씨王氏』 2편, 『정씨丁氏』 8편, 『회남도훈淮南道訓』 2편" 등은 한대의 주류 상수학적 해석에 해당하고, "『고오자』 18편, 『고잡』 80편, 『잡재이』 35편, 『신유』 5편(그림 1부), 『맹씨경방』 11편, 『재이맹씨경방』 66편, 『오록충종약설』 3편, 『경씨단가』 12편" 등은 재이설에 해당한다고 볼 수 있다.[12] 물론 이러한 책 대부분이 실전되어 전해지지 않지만, 책의 성격에 대해서는 『한서 · 예문지』도 분

11) 『易學緒言』, 『定本 與猶堂全書 17』, 다산학술문화재단, 2012, 73, "易經十二篇, 施, 孟, 梁丘三家. 易傳, 周氏二篇, 服氏二篇, 楊氏二篇, 蔡公二篇, 韓氏二篇, 王氏二篇, 丁氏八篇, 古五子十八篇, 淮南道訓二篇, 古雜八十篇, 雜災異三十五篇, 神輸五篇圖一, 孟氏京房十一篇, 災異孟氏京房六十六篇, 五鹿充宗略說三篇, 京氏段嘉十二篇. 章句, 施孟梁丘氏各二篇. 凡易十三家,二百九十四篇."

12) 『易學緒言』, 『定本 與猶堂全書 17』, 다산학술문화재단, 2012, 73-74. "又案古五子, 古雜, 神輸, 災異等書, 是占驗祆祥之術, 非經學也."

명히 말해주고 있다.

『한서漢書 · 유림전儒林傳』에 의하면, "경방은 초연수에게 역학을 배웠고, 초연수는 '맹희에게서 역학을 배웠다'고 하였다."[13] 하지만 맹희의 제자인 적목翟牧과 백생白生은 모두 초연수의 역학이 맹희의 역학이 아니라고 했다.[14] 따라서 경방과 초연수는 한대漢代 역학의 주류적 흐름과는 다른 길을 걸었다고 할 수 있다. 경방은 재이에 특히 밝아서 당시 황제의 총애를 받았으나, 석현石顯의 참소를 당해서 주살되었다.[15] 초연수는 『역림易林』을 지어 하나의 괘가 효변하여 64괘로 변하고, 따라서 64괘는 4096괘로 변한다는 이론을 전개했다. 이러한 변괘설은 재이를 예측하기에 편리하게 하기 위한 것으로 이해할 수 있다.

경방과 초연수의 재이설에 대해 다산은 매우 비판적인 견해를 밝히고 있는데, 다음과 같은 평가는 다산의 인식을 잘 보여준다.

> 내가 살펴보건대, 음양재변이라고 하는 것은 가령 경방전에서 얘기하고 있는 몽기蒙氣와 일휘日煇로 인사를 점치고, 소식괘消息卦와 신하괘臣下卦가 상승相乘하면 재앙이 된다는 것이다. 그 술수는 본래 맹희에게서 비롯되었고, 경방은 이를 증식하였을 뿐이다. 따라서 경방이 이로 인해 자신을 망친 것은 당연하다 할 수 있다.[16]

---

13) 『易學緖言』, 『定本 與猶堂全書 17』, 다산학술문화재단, 2012, 77-78. "京房受易梁人焦延壽(卽焦贛). 延壽云嘗從孟喜問易."

14) 『易學緖言』, 『定本 與猶堂全書 17』, 다산학술문화재단, 2012, 78. "會喜死, 房以爲延壽易卽孟氏學, 翟牧白生不肯, 皆曰非也."

15) 『易學緖言』, 『定本 與猶堂全書 17』, 다산학술문화재단, 2012, 78. "房以明災異得幸, 爲石顯所譖誅."

16) 『易學緖言』, 『定本 與猶堂全書 17』, 다산학술문화재단, 2012, 77. "案, 陰陽災變者, 如京房傳所論蒙氣日煇, 以占人事, 而消息卦臣下卦相乘爲孼者也. 其術本起於孟喜, 而京房增飾之耳.此易家之異端, 房以此殺身宜哉!"

다산은 『주역』이 점서라는 점은 인정하지만, 그렇다고 해서 음양이나 벽괘 · 연괘 사이의 관계를 통해서 재이를 점칠 수 있다고 보지 않았다. 음양재이는 『한서 · 예문지』의 분류에서 알 수 있는 것처럼 술수에 해당하므로, 다산이 이를 받아들일 수 없었다. 나아가 다산은 경방의 분괘직일법分卦直日法이나 초연수의 효변설이 『주역』의 이론과 다르다고 주장한다.

> 내가 살펴보건대, 괘를 나누어 날에 배당하고 이것으로 재이를 점치는 것은 전하田何와 정관丁寬의 구법이 아니다. 초씨의 역은 여러 효가 어지럽게 움직이니, 하나의 괘는 변하여 63괘가 된다. 이것은 하나라와 상나라의 구법으로 『주역』이 쓰는 바가 아니다.[17]

다산에 의하면, 『주역』의 전승은 전하田何에서 정관丁寬으로, 정관에서 시, 맹, 양구로 이어진다.[18] 『주역』은 진나라의 분서를 면했기 때문에 이본이 존재하지 않았고, 위의 전승이 『주역』의 정맥이라 할 수 있다. 경방이 비록 분괘직일법을 맹희에 가탁하고 있지만, 다산은 분괘직일법이 맹희에게서 시작된 것이 아니라고 본다.[19] 따라서 경방의 분괘직일법은 다산에 의해 받아들여지지 않는다.

그리고 초연수의 효변설도 다산은 『주역』의 방식이 아니고, 하나라와 상나라의 옛 법으로 본다. 다산에 의하면, 『주역』에는 하나의 효만 변하

17) 『易學緖言』, 『定本 與猶堂全書 17』, 다산학술문화재단, 2012, 78. "案, 京氏之易, 分卦直日, 以占災異, 非田何丁寬之舊法也. 焦氏之易, 諸爻亂動, 一卦之變, 六十有三. 此夏商舊法, 非周易之所用也."

18) 『易學緖言』, 『定本 與猶堂全書 17』, 다산학술문화재단, 2012, 78. "又案, 易經無二本, 唯施孟梁丘之所傳, 而施孟梁丘之學出於丁寬. 則易者丁氏之學也."

19) 『易學緖言』, 『定本 與猶堂全書 17』, 다산학술문화재단, 2012, 120. "京房之學假託孟喜, 直日之法, 不自孟喜始."

는 것이 허용되는 이른바 '일효변一爻變' 만 존재한다. 따라서 '다효변多爻變' 을 주장하고 있는 초연수의 효변설은 다산에 의해 받아들여지지 않는다.[20]

4. 왕필의 『역』 해석에 대한 다산의 인식

위나라 왕필(王弼, 226~249)의 역학은 역학사에 매우 지대한 영향을 미쳤다. 특히 왕필의 역학은 당나라 공영달孔穎達이 편찬한 『주역정의周易正義』에 수록된 이후 유교 경전의 표준이 되었다. 『사고전서총목제요』를 지은 사고관신은 왕필의 『주역주周易注』에 대해 다음과 같이 평했다.

> 왕필의 역설은 비직에게서 나왔다. 비직의 역설은 지금 살펴볼 수 없지만, 순상의 역이 비씨역費氏易 계열이고, 이정조의 『주역집해』에 그의 역설이 자못 실려 있다. 순상의 역은 대체로 효위爻位의 상하上下를 궁구하고 괘덕卦德의 강유剛柔를 분별하는 것으로 왕필의 『주역주』와 대략 비슷하다. 그러나 왕필이 상수를 전부 폐하여 (주역의) 본질을 변화시킴이 더욱 심했다. 객관적으로 논한다면, 의리를 천명하여 『주역』이 술수와 섞이지 않게 한 것은 왕필과 한강백의 공이 매우 크지만, 허무를 숭상하여 마침내 『주역』으로 하여금 노장에 들게 한 것은 왕필과 한강백의 허물이라 하지 않을 수 없다. 여러 유학자들이 왕필의 『주역주』에 대해 지나치게 좋아하거나 지나치게 싫어하는 것은 모두 (자기가 속한) 학파의 견해일 뿐 근거는 부족하다 할 것이다.[21]

---

20) 다산의 '다효변' 에 관한 관점은 『주역사전』의 「춘추관점보주」에 자세하게 나온다.

21) 王雲五主持, 『合印四庫全書總目提要及四庫未收書目禁燬書目(一)』(臺灣商務印書館, 1978), 「四庫全書總目提要」, 一, 經部, 易類一, 6쪽. "弼之說易, 源出費直. 直易今不可見.

즉, 『사고전서총목제요』에 의하면, 왕필 역학의 연원은 비직이라 할 수 있으며, 비직의 역학과 같이 왕필 역학도 주로 효위爻位와 괘덕卦德의 분별을 통해 『주역』을 해석하고 있으며, 특히, 왕필은 의리를 천명하여 『주역』이 술수와 섞이지 않게 한 공이 있다. 한편, 『주역』 해석에 있어 한대漢代의 번쇄한 상수를 모두 폐하고, 또 노장의 의리로 『주역』을 해석한 점은 왕필의 허물임을 지적하고 있다. 이와 같은 사고관신의 왕필 역학에 대한 평가는 비교적 객관적이라 할 수 있다.

반면에 다산은 왕필의 역학에 대해 지나칠 정도로 비판하고 있다. 다산은 『역학서언』의 「왕보사역주론王輔嗣易注論」에 다음과 같이 왕필 역학을 평가한다.

> 만약 그 근원을 거슬러 올라 가본다면, 어찌 왕필의 역易이 화의 근원이 아니겠는가? 괘변과 효변이 없어지고, 교역과 변역도 사라지고, 호체 · 복체 · 반대 · 반합도 말살되고 흔적도 없게 되어 모두 종잡을 수 없게 되었으니, 이는 오직 왕필이 좌도를 끌어들여 성스러운 경전을 어지럽게 한 것으로 영원히 용서받을 수 없는 사안이다.[22]

다산 역학의 핵심이라 할 수 있는 역리사법의 기준에서 보면, 역리사법의 네 가지 이론 즉, 물상론, 추이론, 효변론, 호체론이 모두 왕필에 의해

然荀爽易卽費氏學, 李鼎祚書尙頗載其遺說. 大抵究爻位之上下, 辨卦德之剛柔, 已與弼注略近. 但弼全廢象數, 又變本加厲耳. 平心而論, 闡明義理, 使易不雜於術數者, 弼與康伯深爲有功. 祖尙虛無, 使易竟入於老莊者, 弼與康伯亦不能無過. 瑕瑜不掩, 是其定評. 諸儒偏好偏惡, 皆門戶之見, 不足據也.

22) 『易學緒言』, 『定本 與猶堂全書 17』, 다산학술문화재단, 2012, 104. "荀泝其源, 豈非王弼之易爲之禍首耶? 卦變爻變之滅, 交易變易之亡, 互體伏體反對牉合之抹摋無跡, 都係汗漫, 唯其援左道以亂聖經, 爲千古罔赦之案, 不可原也."

말살되어 버린 결과가 되었기 때문에, 다산이 왕필 역학을 비판하는 것은 매우 논리적인 귀결이라 할 수 있다. 나아가 왕필은 노장의 의리로 『주역』을 해석한 이단이기 때문에, 다산으로서는 더더욱 받아들일 수 없는 입장이었음을 짐작할 수 있다. 따라서 다산의 다음과 같은 평가도 충분히 이해가 간다.

> 내가 살펴보건대, 정현과 왕필은 모두 괘변과 효변을 말하지 않았지만 그 설은 같지 않다. 정현은 물상과 호체를 사용하였지만, 왕필은 이 두 가지를 모두 폐하였으니 더욱더 허무맹랑하다.[23)]

위의 인용 이외에도 다산은 『역학서언』의 여러 곳에서 왕필 역학에 대해 가혹하리만치 비판을 가하고 있다.

5. 송대宋代 도서학圖書學에 대한 다산의 인식

송대 도서학의 연원은 진단(陳摶, 871~989)으로 거슬러 올라간다. 진단은 『역易』을 깊이 연구하여 여러 가지 도상을 그렸는데, 진단이 그린 도상은 목수(穆修, 979~1032)로 이어졌고, 목수의 학은 이지재(李之才, 980~1045)로 이어졌고, 이지재의 학은 소옹(邵雍, 1011~1077)으로 이어졌다.[24)] 따라서 소옹의 도서학은 진단으로부터 이어진 것이라 할 수 있다.

---

23) 『易學緒言』, 『定本 與猶堂全書 17』, 다산학술문화재단, 2012, 54-55. "鏞案, 鄭王二家, 皆不言卦變爻變, 將無同矣. 然鄭氏猶用物象互體, 王氏竝二者而廢之, 益孟浪矣."

24) 朱熹 撰, 廖名春 點校, 『周易本義』(北京: 中華書局, 2009), 17. "伏羲四圖, 其說皆出邵氏. 蓋邵氏得之李之才挺之, 挺之得之穆修伯長, 伯長得之華山希夷先生陳摶圖南者, 所謂先天之學也."

소옹의 도서학은 주희에게 받아들여져 『주역본의周易本義』의 권수에 실리면서 후대에 막대한 영향을 끼쳤다. 하지만, 청대 학자 왕무횡(王懋竑, 1668~1741)의 고증에 따르면 주희는 『주역본의』의 권수에 실린 9도에 대해 강하게 주장을 한 바가 없다. 따라서 『주역본의』의 권수 9도는 주희의 문인에 의해 덧붙여진 것으로 이해할 수 있다.[25)]

다산의 『역학서언』에는 송대 도서학과 관련하여 「소자선천론邵子先天論」이 존재한다. 「소자선천론」은 8편의 논설로 구성되어 있는데,[26)] 기본적으로 소옹의 선천학에 대한 비판이 주류를 이룬다. 그리고 그 비판의 내용은 첫째, 유교 경전에서 선천학의 근거를 찾을 수 없다는 점이고, 둘째 선천학의 내용이 합리적인 기준에 위배된다는 점이다. 예를 들어, 다산은 「논소씨팔괘차서지도論邵氏八卦次序之圖」에서 다음과 같이 말했다.

> 일一, 이二, 삼三, 사四의 순서로 말할 것 같으면, 어머니[坤]가 나기도 전에 여섯 자식[六子]이 먼저 길러지고, 형[震]이 나기도 전에 여동생[妹]이 태어나니, 부모와 자식, 형제간의 질서가 흐트러져 계통이 서지 않는다. 어찌 천지의 이치가 본래 이와 같겠는가? 팔괘를 인륜의 질서라는 측면에서 보면, 일건一乾, 이곤二坤, 삼진三震, 사손四巽, 오감五坎, 육리六離, 칠간七艮, 팔태八兌가 되고, 동서의 방위라는 측면에서 보면, 일진一震, 이손二巽, 삼리三離, 사곤四坤, 오태五兌, 육건六乾, 칠감七坎, 팔간八艮이 된다. 옛 경전에서 말한 바는 오직 이 두 가지일 뿐이다.[27)]

25) 胡渭 撰, 鄭萬耕 點校, 『易圖明辨』(北京: 中華書局, 2008). 267.

26) 1. 論邵氏八卦次序之圖 2. 論邵氏八卦方位之圖 3. 論邵氏八卦先天之說 4. 論先天橫圖九六七八之說 5. 論本義乾坤策數之義 6. 論河圖洛書參天兩地之義 7. 論河圖老少互藏之法 8. 論河圖爲八卦之則

27) 『易學緒言』, 『定本 與猶堂全書 17』, 다산학술문화재단, 2012, 155. "雖以其一二三四之序言之, 坤母未生而六子先育, 震兄未生而兌妹先產, 母子兄弟之序雜亂無統. 何得云天地

소옹은 「복희팔괘차서도伏羲八卦次序圖」에서 팔괘의 생성 순서를 일건천一乾天, 이태택二兌澤, 삼리화三离火, 사진뢰四震雷, 오손풍五巽風, 육감수六坎水, 칠간산七艮山, 팔곤지八坤地로 제시하고 있다. 이는 소옹의 이른바 '일분위이법一分爲二法' 에 따른 결과이다. 하지만 이러한 팔괘의 생성 순서는 다산이 말하고 있는 옛 경전에는 찾아볼 수 없는 내용이다. 즉, 『설괘전』에는 분명히 일건一乾, 이곤二坤, 삼진三震, 사손四巽, 오감五坎, 육리六離, 칠간七艮, 팔태八兌라는 인륜의 질서와 일진一震, 이손二巽, 삼리三離, 사곤四坤, 오태五兌, 육건六乾, 칠감七坎, 팔간八艮이라는 방위만 존재한다. 따라서 유교 경전 어디에서도 소옹이 말하는 복희팔괘의 순서가 존재하지 않는다. 따라서 '이경증경以經證經' 의 경전 해석 태도를 보이고 있는 다산으로서는 받아들일 수 없는 주장이 된다. '이경증경' 의 경전 해석 태도와 더불어 실증적인 학문 태도를 보이고 있는 다산의 입장에서도 소옹의 복희팔괘차서는 받아들일 수 없는 주장이다. 즉 소옹이 주장하는 복희팔괘차서는 인륜의 질서와 맞지 않는 모순을 가지고 있다. 부모가 존재하기 전에 자식이 생길 수 없는 것은 자연의 이치인데도 불구하고, 소옹의 팔괘차서는 어머니가 생기기 전에 여섯 자식이 생성되는 모순이 존재하게 된다. 따라서 합리적인 이치를 존중하는 다산의 입장과는 배치되는 것이다. 다산의 다음과 같은 비평도 같은 맥락에서 이해할 수 있다.

태극은 음과 양이 섞여 있는 물이다. 그러므로 태극이 나뉘어 하나의 음과 하나의 양이 생겨나는 것이 가능하다. 그런데, 하나의 양이 이미 순수한 양이라면, 어떻게 해서 소음이 생겨날 수 있겠는가? 또 하나의 음이 이미 순수한 음이라면, 어떻게 해서 소양이 생겨날 수 있겠는가? 만약 양 가운데 음을 포함하

之理本自如此乎? 八卦以父母之倫序, 則一乾二坤三震四巽五坎六離七艮而八兌也. 以東西之方位, 則一震二巽三離四坤五兌六乾七坎而八艮也. 古經所言, 惟此二法."

고 있고, 음 가운데 양을 포함하고 있다면, 이것은 하나의 양이 곧 태극이고, 태극이 곧 하나의 음이 된다는 의미이다. 왜냐하면 섞여 있어 아직 분화되지 않았기 때문이다. 소옹의 「복희팔괘차서도」에 근거해 보면, 태극이 반으로 쪼개져 음과 양이 되고, 양이 반으로 쪼개져 태양과 소음이 되며, 태양이 반으로 쪼개져 건이 되고 태가 된다. 이러한 예를 미루어 보면, 건은 반으로 쪼개져 하나의 음과 하나의 양이 되고, 곤도 또한 그러하다. (그렇다면) 이 건은 순수한 양의 괘가 될 수 없고, 곤도 순수한 음의 괘가 될 수 없으니, 이것이 통하는 말인가?[28)]

위의 인용은 다산이 소옹의 팔괘차서도 중 태극, 양의, 사상, 팔괘의 음양에 대해 논의한 것으로 소옹의 논리를 따르자면 결과적으로 팔괘의 건과 곤은 순수한 양과 음이 될 수 없음을 논증한 것이다. 『설괘전』에서 건은 순수한 양을 상징하고, 곤은 순수한 음을 상징하므로, 소옹의 논리와 모순이 된다. 따라서 다산은 합리적인 이치에 맞지 않는 소옹의 팔괘차서도를 받아들일 수 없는 것이다. 결론적으로 다산은 소옹의 팔괘차서도는 성인이 괘를 그린 본래의 방법이 아님을 주장한다.

선천횡도先天橫圖는 원래부터 괘를 낳는 본래의 이치가 아니며, 또한 괘를 긋는 본래의 방법도 아니다. 하나가 둘을 낳을 때, 두 개가 일시에 함께 생겨나고, 둘이 넷을 낳을 때도 네 개가 일시에 함께 생겨난다. 마치 초목이 흙을 뚫고 나올 때 한 줄기가 두 가지로 갈라져 두 가지가 일시에 함께 생겨나는 것과

28) 『易學緖言』, 『定本 與猶堂全書 17』, 다산학술문화재단, 2012, 154. "太極者陰陽混沌之物, 太極分而生一陽一陰, 可也. 一陽既是純陽, 如何生得少陰? 一陰既是純陰, 如何生得少陽. 若云陽中包陰陰中包陽, 是一陽仍是太極, 太極仍是一陰, 混沌仍未分矣. 據圖, 太極半破爲陰陽, 陽半破爲太陽少陰, 太陽半破爲乾爲兌. 推此例而求之, 則乾半破亦當爲一陰一陽, 坤例亦然. 是乾不得爲純陽之卦, 坤不得爲純陰之卦, 而可通乎?"

같이 선후의 순서가 없다. 두 가지가 또 네 곁가지로 갈라질 때, 네 곁가지가 일시에 함께 생겨나니 또한 선후의 순서가 없다.[29]

즉, 다산은 팔괘의 생성이 동시에 이루어진 것이지, 소옹의 논리처럼 일건천一乾天, 이태택二兌澤, 삼리화三离火, 사진뢰四震雷, 오손풍五巽風, 육감수六坎水, 칠간산七艮山, 팔곤지八坤地로 생성되지 않았다고 보고 있다. 이는 천지만물의 생성 이치와도 부합하는 것으로 초목에서 가지가 생성되는 이치와 동일하다고 보는 것이다. 초목에서 생성되는 가지에 선후가 없는 것처럼 팔괘의 생성도 선후가 없으며 일시에 함께 생성되었음을 주장하고 있다.

6. 정이程頤의 의리학적 『역』 해석에 대한 다산의 인식

『사고전서총목제요』를 지은 사고관신은 호원(胡瑗, 993~1059)과 함께 정이(程頤, 1033~1107)를 유학적 『역』 해석의 대표자로 보고 있다. 정이의 『역전易傳』에 대한 제요提要에는 정이 역학의 연원을 왕필과 호원으로 보고 있다.[30] 왕필과 호원, 정이의 『역』 해석이 모두 상수를 버리고 의리를

29) 『易學緖言』, 『定本 與猶堂全書 17』, 다산학술문화재단, 2012, 165. “鏞案, 先天橫圖固非生卦之本理, 亦非畫卦之本法. 然一生兩時, 兩個一時並生, 兩生四時, 四個一時並生. 如草木出土, 本只一幹分出兩枝, 兩枝一時並生, 並無先後之序. 兩枝又分出四條, 四條一時並生, 亦無先後之序. 今人取木條命之曰, 此是第一枝, 彼是第二枝, 未有不擊其非理者. 一太陽四太陰原屬非理. 一二三四旣不分明, 九六七八將何所立. 算數之家有除本身之法, 然所謂本身必用實數, 不可以兄弟序次遂當本身之數. 荀氏八龍除其第三, 仍是七人, 不可曰五人也. 竹林七賢除其第四, 仍是六人, 不可ヨ三人也. 況無故無義自除其身, 乃取其所餘之數以爲本數, 抑何理也. 且揲蓍作卦之法, 每只一畫已有老陽老陰少陽少陰. 今先天之法畫到第二畫乃有此二老二少審如是也. 乾初九坤初六都不可解, 將若之何”

추구한다는 점에서 보면, 사고관신의 관점은 근거가 있다. 다만, 왕필은 현학적 『역』 해석을 위주로 한 반면, 호원과 정이는 유학적 『역』 해석을 위주로 한 점이 다르다.

다산은 『역학서언』에서 정이의 역학에 대한 전문적인 논평은 남기지 않았지만, 주희의 『주역본의』에 대한 논평인 「주자본의발미朱子本義發微」에 정이의 괘변설에 대해 자신의 의견을 개진하고 있다. 그리고 『주역사전』의 64괘에 대한 해석에 있어서 정이의 학설을 다수 인용하고 있다. 『역학서언』과 『주역사전』에 나타나 있는 다산의 정이의 『역』 해석에 대한 언급은 대체로 긍정적이며, 때로 다산 자신의 이론을 뒷받침하기 위한 논거로 제시되기도 한다.

예를 들어, 다산은 「주자본의발미」에서 자신의 추이론의 근거로 삼기 위해 정이의 괘변설에 대해 언급하고 있다.

> 내가 살펴보건대, 정이천의 『역전易傳』에서 수괘隨卦, 고괘蠱卦, 항괘恒卦, 비괘賁卦 등 여러 괘에서 모두 추이의 방법을 쓰고 있는데, 그 문장이 분명하다.31)

이 글을 이어서 다산은 정이의 언급을 인용하고 있다.

> 정자가 말했다. "수괘에서 괘변으로 말했다. 건의 상효가 곤의 아래로 와서 자리했고, 곤의 초효가 건의 위로 가서 자리했다." 32)

---

30) 王雲五主持, 『合印四庫全書總目提要及四庫未收書目禁燬書目(一)』(臺灣商務印書館, 1978), 「四庫全書總目提要」, 一, 經部, 易類二, 15쪽. "今考程子與金堂謝湜書, 謂易當先讀王弼胡瑗王安石三家, 謂程子有取於弼, 不爲無據."

31) 『易學緖言』, 『定本 與猶堂全書 17』, 다산학술문화재단, 2012, 120. "案,伊川易傳, 於隨蠱恒賁諸卦, 皆用推移之法, 其文歷然."

32) 『易學緖言』, 『定本 與猶堂全書 17』, 다산학술문화재단, 2012, 133. "程子曰: "隨卦以卦

그런데, 정이천의 『역전』의 원문을 찾아보면, 다산의 위의 인용은 정확하지 않다. 즉, 다산의 인용 중 '수괘에서 괘변으로 말했다.' 고 한 부분은 정이천의 『역전』에는 없는 부분이다.[33] 정이천이 이 말을 하지 않았는데, 다산이 잘못 인용하고 있다. 심지어 다산은 주희의 말을 정자의 말로 잘못 인용하고 있다.

> 정자가 말했다. "정괘鼎卦는 손괘巽卦에서 왔다. 음효가 오五로 나가 자리하고, 아래로 구이九二의 양효와 호응한다."[34]

정이는 상수학의 괘변설에 대해 부정적인 견해를 가지고 있기 때문에, 다산이 자신의 추이론의 근거로 정이의 괘변설을 제시하고 있는 것은 문제가 있어 보인다. 정이의 괘변설에 대한 입장은 『역전』에 잘 나타나 있다.

> 『역전』에 이르기를, 괘의 변화는 모두 건곤乾坤에서 비롯되었다. 선유가 이를 이해하지 못했기 때문에 '비괘賁卦는 본래 태괘泰卦이다' 라고 했다. 건곤이 중첩해서 태괘가 되었는데, 또 태괘에서 변한다는 이치가 있겠는가? 건곤이 변해서 육자괘六子卦가 되고, 8괘가 중첩해서 64괘가 되니, 모두 건곤에서 변한 것이다.[35]

變言之. 乾之上來居坤之下,坤之初往居乾之上."

33) 정확한 문장은 "謂乾之上九來居坤之下,坤之初六往居乾之上."이다. 程頤 撰, 王孝魚 點校, 『周易程氏傳』(北京: 中華書局, 2011), 97 참조.

34) 『易學緒言』, 『定本 與猶堂全書 17』, 다산학술문화재단, 2012, 133. "程子曰: "鼎卦自巽來,陰進居五,而下應九二之陽."; 朱熹 撰, 廖名春 點校, 『周易本義』(北京: 中華書局, 2009), 180, "卦自巽來,陰進居五,而下應九二之陽." 참조. 이러한 잘못은 방인의 논문에서 이미 지적하였다. 방인, 「丁若鏞의 「朱子本義發微」 연구」, 『다산학』 19(2011), 14.

35) 『易學緒言』, 『定本 與猶堂全書 17』, 다산학술문화재단, 2012, 138, " '程傳曰: "卦之變, 皆自乾坤. 先儒不達,故謂賁本是泰卦. 豈有乾坤重而爲泰, 又由泰而變之理? 乾坤變而爲六

즉, 정이는 괘의 변화는 건곤에서 비롯되는 것이지, 이미 생성된 64괘 중 어떤 괘에서 다른 어떤 괘가 생성되는 것이 아니라고 보았다. 이는 분명 다산의 추이론과는 다르다.

다산은 추이론의 근거로 정이 역학을 제시하고 있을 뿐 아니라, 『주역사전』 곳곳에서 정이의 역설을 인용하고 있다. 예를 들면 다음과 같다.

> 정자가 말했다. 성인이 이미 하늘의 자리를 얻었다면, 대덕을 갖춘 사람을 만나는 것이 이로울 것이다.(乾卦)[36]
>
> 정자가 말했다. 남자는 지위가 높고 여자는 지위가 낮은 것이 부부 관계의 변하지 않는 도리이다.(恒卦)[37]

이외에도 『주역사전』의 여러 곳에서 정자의 말을 인용하고 있다. 이처럼, 다산이 정이의 역학에 긍정적인 태도를 유지하고 있는 것은 정이에 대한 존숭의 의미로 해석하는 것이 타당할 것 같다. 이와 마찬가지로 다산은 주희의 역학에 대해서도 매우 존중하는 태도를 보이고 있으며, 심지어 다산 자신의 역학이 모두 주자의 뜻이라고 주장하고 있다. 이는 다산의 대표적인 역학 저작인 『주역사전』의 첫머리에 「사전소인四箋小引」을 두고 있는 것에도 잘 알 수 있다. 다산은 「사전소인」에서 자신의 역리사법이 모두 주자의 뜻이라고 선언하고 있지만,[38] 실제 다산 역학과 주희 역

子, 八卦重而爲六十四, 皆由乾坤之變也.'"; 程頤 撰, 王孝魚 點校, 『周易程氏傳』(北京: 中華書局, 2011), 124.

36) 『周易四箋 I』, 『定本 與猶堂全書 15』, 다산학술문화재단, 2012, 115, "程子曰聖人既得天位,則利見在下大德之人."

37) 『周易四箋 I』, 『定本 與猶堂全書 15』, 다산학술문화재단, 2012, 359, "程子曰男尊女卑, 夫婦居室之常道也."

38) 『周易四箋 I』, 『定本 與猶堂全書 15』, 다산학술문화재단, 2012, 31-32.

학에는 많은 차이가 존재한다. 다산 역학과 정이 역학도 기본적인 성격이 서로 다르다. 따라서 정이와 주희에 대한 다산의 긍정적인 태도는 정주학에 대한 존중에 다름이 아니라고 이해할 수 있다.

다산에 있어서 중요한 것은 괘사와 효사가 모두 상으로 이루어져 있으며, 이러한 상을 논리적인 근거로 설명해내는 것이 중요하며, 그래서 역리사법이라는 역 해석 방법론이 다산 역학의 핵심이 된다. 그럼에도 불구하고, 다산이 역리사법을 통해 해석해 낸 『주역』 괘효사의 의미는 주희나 정이의 해석과 크게 다르지 않기 때문에 다산이 주희와 정이의 해석을 빈번하게 인용하고 있는 것으로 보인다.

7. 양만리楊萬里의 사학적史學的 역학과 다산 역학

양만리(楊萬里, 1127~1206)는 송대의 유학자로 자가 정수廷秀이고 자호가 성재誠齋이며, 길수(吉水, 지금의 江西省 吉水縣) 사람이다.[39] 그의 역학 저서인 『성재역전誠齋易傳』은 사학적 『역』 해석을 대표하는 저서이다. 이 책은 정이천 역학을 근본으로 하면서 역사적 사실로 경문을 증명하고자 했다. 이 책의 서명은 처음에 『역외전易外傳』이었으며, 당시 정이천의 『역전易傳』과 합본하여 『정양역전程楊易傳』으로 간행되었다.[40] 이를 통해 보면, 양만리는 정이천의 『역전』이 유학적 의리를 잘 밝혔으며, 따라서 자신은 이에 더해 역사적 사실로 『주역』의 경문을 증명하고자 했음을 알 수 있다. 이러한 이유로 책 이름을 처음에 『역외전』이라 했다.

39) 王雲五主持, 『合印四庫全書總目提要及四庫未收書目禁燬書目(一)』(臺灣商務印書館, 1978), 「四庫全書總目提要」, 一, 經部, 易類二, 15쪽. "宋楊萬里撰,萬里字廷秀,自號誠齋,吉水人."

『성재역전』은 『주역』 괘효사를 해석하면서, 대부분 역사적 사건이나 인물의 언행을 인용하여 논증하고 있다. 예를 들어, 건괘乾卦 구삼九三 효사는 그 위치는 위태롭지만 허물이 없다는 의리를 담고 있다. 그런데 역사를 통해 보면 위태롭지만 허물이 있는 경우가 있다. 치우蚩尤, 후예后羿, 왕망王莽, 동탁董卓은 신하의 위치에 있을 때 임금의 자리를 찬탈하고자 했으며, 임금의 자리에 올랐을 때는 아래 사람을 교만하게 대하고 근신할 줄 몰랐기 때문에 화를 자초했다.[41] 이것은 역사를 인용해 건괘 구삼효의 의리를 증명한 것이다. 또, 건괘乾卦 상구효上九爻의 예를 들어보면, 건괘 상구효의 의리는 임금의 자리에 있을 때 '항룡亢龍'의 교훈을 잘 새겨야 한다는 것이다. 양만리는 양나라 무제와 당나라 현종이 만년에 '항룡'의 교훈을 새기지 못해서 큰 잘못을 범했다는 점을 들어 이를 증명하고 있다.[42]

다산이 양만리의 『성재역전』을 참고하였거나 인용한 흔적은 거의 없다. 따라서 다산이 양만리의 사학적 『역』 해석에 대해 어떠한 인식을 하였는지 알 수는 없다. 그러나 다산의 『역학서언』이나 『주역사전』을 통해 다산의 역학과 양만리의 역학이 어떻게 다른지는 파악할 수 있다.

다산도 『주역』의 괘효사 중 역사적 사실을 나타내고 있는 경우가 있다고 본다. 예를 들어, 기제괘旣濟卦 구삼九三의 "고종이 귀방을 정벌하여 3년 만에 이겼다. 소인은 써서는 안 된다."[43]는 효사에 대해 역사서인 『한

40) 王雲五主持, 『合印四庫全書總目提要及四庫未收書目禁燬書目(一)』(臺灣商務印書館, 1978), 「四庫全書總目提要」, 一, 經部, 易類二, 15쪽. "是書大旨本程氏, 而多引史傳以證之. 初名易外傳, 後乃改定今名. 宋代書肆, 曾與程傳並刊以行, 謂之《程楊易傳》."

41) 楊萬里 撰, 宋淑洁 點校, 『誠齋易傳』(北京: 九州出版社, 2008), 2; 朱伯崑, 『易學哲學史(第二卷)』(北京: 華夏出版社, 1995), 367-368.

42) 楊萬里 撰, 宋淑洁 點校, 『誠齋易傳』(北京: 九州出版社, 2008), 4; 朱伯崑, 『易學哲學史(第二卷)』(北京: 華夏出版社, 1995), 368.

서漢書 · 서강전西羌傳』의 "은나라 왕실이 중간에 국력이 쇠락하여 제후들이 모두 반란을 일으켰다. 고종에 이르러 서융西戎과 귀방鬼方을 정벌하였는데, 3년 만에 이겼다."[44]라는 부분을 인용하면서 역사적 사실임을 확인하고 있다. 또, 명이괘明夷卦 구삼九三의 "기자箕子가 동이東夷를 교화시켰다."[45]라는 효사에 대해 다산은 분명히 기자가 동이인 조선으로 가서 문명으로 다스렸다는 점을 확인하고 있다.[46] 또, 귀매괘歸妹卦 육오六五의 "제을帝乙이 누이동생을 시집보냈다."[47]라는 효사에 대해 다산은 당시 은나라 주紂의 아버지인 제을이 진실로 누이동생을 시집보낸 사실이 있을 것으로 생각했다.[48] 이외에도 진괘晉卦 괘사인 "강후가 말을 하사했다."[49]는 내용도 역사적 사실로 보고 있다.[50] 이러한 사례를 통해 볼 때, 다산이 『주역』의 경문에 나타나는 역사적 사실을 부정하지는 않았다. 다만, 다산의 『역』 해석은 이러한 역사적 사실을 나타내고 있는 괘효사가 어떤 방식으로 이러한 역사적 사실을 표현하고 있는지 그 과정에 더 방점을 두고 있다. 즉, 다산은 『주역』의 괘효사가 어떤 과정을 거쳐서 역사적 사실을 나타내고 있는지에 대해 더 관심을 가지고 해석하고 있는 것이다. 그 해

43) 『周易四箋 Ⅱ』, 『定本 與猶堂全書 16』, 다산학술문화재단, 2012, 205, "九三,高宗伐鬼方,三年克之,小人勿用."

44) 『周易四箋 Ⅱ』, 『定本 與猶堂全書 16』, 다산학술문화재단, 2012, 206, "西羌傳云: '殷室中衰,諸侯皆叛.至高宗征西戎鬼方,三年乃克."

45) 『周易四箋 Ⅰ』, 『定本 與猶堂全書 15』, 다산학술문화재단, 2012, 388, "六五,箕子之明夷."

46) 『周易四箋 Ⅰ』, 『定本 與猶堂全書 15』, 다산학술문화재단, 2012, 388, "此明夷之旣濟也.旣濟自泰來.震方之外,曰有坤國,是東國也.(卽朝鮮)乾王之族出于外國,遂正君位,非箕子而誰也?南面以治之,夷國以明,箕子之明夷也."

47) 『周易四箋 Ⅱ』, 『定本 與猶堂全書 16』, 다산학술문화재단, 2012, 142, "六五,帝乙歸妹."

48) 『周易四箋 Ⅱ』, 『定本 與猶堂全書 16』, 다산학술문화재단, 2012, 144, "疑帝乙當時(紂父乙),眞有嫁妹之事."

49) 『周易四箋 Ⅰ』, 『定本 與猶堂全書 15』, 다산학술문화재단, 2012, 376, "晉,康侯用錫馬蕃庶."

50) 『周易四箋 Ⅰ』, 『定本 與猶堂全書 15』, 다산학술문화재단, 2012, 377, "然帝乙歸妹,高宗伐鬼方,箕子明夷之類,皆實有是事,則康侯錫馬,亦必故實也."

석방법론이 바로 역리사법이며, 역리사법은 64괘 384효 전체 괘효사에 적용되고 있는 다산 역학의 보편적 법칙이다. 따라서 다산 역학에서 중요한 점은 바로 이 해석의 과정이며, 해석의 결과에 대해서는 그리 중요하게 여기지 않는다. 해석의 과정이 올바르면, 그 해석의 결과가 역사적 사실이든지 아니면 동식물의 상징이든지 간에, 그 결과는 바르게 나타난다고 보는 것이다. 따라서 다산의 역학은 양만리의 역학과 근본적인 지향점이 다르며, 『사고전서총목제요』의 '양파' 의 분류에서 볼 때 다산의 역학은 상수파에 속하며, 의리파에 속하지 않는다. 이러한 차이점은 다산 역학과 정이 역학의 비교에도 똑같이 적용된다.

8. 맺음말

이상에서 본 연구는 머리말에서 다산의 중국 역학사 인식이 어떠한 것인가라는 문제를 제기했으며, 이러한 문제를 해결하기 위한 방법적인 틀로서 『사고전서총목제요』의 중국 역학사 분류법인 '양파육종' 을 제시했다. 그리고 연구 자료로 다산의 역학 저서인 『역학서언』을 활용했다.

본론에서는 『역학서언』의 자료를 활용해 '양파육종' 에 대한 다산의 인식이 어떠했는지를 구체적으로 분석했다. 차례로, 한대 상수학, 경방과 초연수의 재이설災異說, 왕필의 『역』 해석, 송대 도서학圖書學, 정이程頤의 의리학적 『역』 해석에 대한 다산의 인식을 살펴보았는데, 이 다섯 종에 대한 분석은 기본적으로 다산의 『역학서언』에 나오는 자료를 바탕으로 했으며 나머지 한 종인 양만리의 사학적 『역』 해석에 대한 다산의 인식은 다산의 양만리 역학에 대한 직접적인 평가를 찾을 수 없어서 양만리 역학과 다산 역학을 비교 분석하는 방법으로 간접적인 평가를 시도했다. 이러한 분석을 통해 본 연구는 다음과 같은 결론을 얻을 수 있었다. 즉, 다산 역학은 '양파' 의 분류법상 상수파에 속하며, '육종' 의 분류법상 한대漢代 상수학에 속한다. 다산은 『역학서언』의 「이정조집해론李鼎祚集解論」에서 "괘변卦變과 효변爻變의 법칙, 호체互體와 복체伏體의 예, 교역交易 · 변역變易 · 반대反對 · 반합牉合의 묘가 하나라도 갖추어 있지 않음이 없다."[51] 또 "오늘날의 학자들이 진실로 『주역』을 공부하고자 한다면, 오직 이정조의 『주역집해周易集解』 10권을 보배로 삼아야 할 것이다."[52]라고 주장하고 있다. 이러한 다산의 언설은 다산 역학의 지향점이 어디인지를 매우 분명하게 보여주고 있다.

다산 정약용의 중국 역학사 인식에 대한 연구는 우리 학계의 다산 역학 연구에 있어서 최근까지 연구되지 못한 분야이며, 따라서 이 분야에 대한 새로운 연구라는 점에서 그 의의가 있다. 이러한 상황에서 본 연구는 다산 역학의 역학사적 위치와 그 근거에 대해 새로운 논의와 시각을 제공해 줄 수 있을 것으로 기대한다.

나아가 다산의 중국 역학사 인식에 대한 연구는 다산 역학의 한국적 특징과 재창조가 어떠했는지를 규명할 수 있는 계기를 제공해 줄 것으로 기대한다. 또한 다산 정약용의 중국 역학사 인식에 대한 연구는 당시 조선과 청나라의 학술 교류가 어떠하였으며, 이를 통해 조선과 청나라의 학술계의 수준이 어떠했는지에 대해서도 의미 있는 시각을 제공해 줄 것으로 기대한다.

(종교와 문화 32, 2017)

---

51) 『易學緖言』, 『定本 與猶堂全書 17』, 다산학술문화재단, 2012, 53. "然卦變爻變之法, 互體伏體之例, 交易變易反對牉合之妙, 無一不露其豹斑."

52) 『易學緖言』, 『定本 與猶堂全書 17』, 다산학술문화재단, 2012, 53. "今之學者誠欲學易, 唯取李鼎祚集解十卷, 以爲拱璧."

제11장

다산 정약용의 역수론易數論

1. 서론

1) 수와 과학, 그리고 소옹邵雍

미국 영화 《콘택트》는 인류와 외계의 통신을 주제로 한 영화이다. 이 영화는 주인공이 외계로부터 오는 신호를 해석하여 외계와의 접촉을 이루어 낸다는 줄거리를 갖고 있다. 그런데 흥미로운 사실은 그 신호가 우리가 일반적으로 생각하는 부호나 언어가 아니라 숫자라는 점이다. 고도로 발달한 외계에서 보내오는 신호가 숫자라는 것은 그것이 픽션인 영화에서 표현되었다고 할지라도 매우 의미심장한 시사점을 던져 준다.

인류는 사물을 추상화하여 그것을 숫자로 나타낼 수 있었기 때문에 과학의 발전을 이루어 낼 수 있었다.[1] 오늘날 컴퓨터가 없는 세상을 상상할 수 없는 것은 수학과 컴퓨터의 무관을 상상할 수 없다는 이유에서 수학의

1) 한국주역학회 편, 『주역의 현대적 조명』, 서울: (주)범양사 출판부, 1993, 401쪽.

중요성을 잘 말해 준다. 그런데 컴퓨터의 연산은 이진법에 따라 이루어지는데, 그 이진법이 11세기 소옹(邵雍, 1011~1077)의 「伏羲六十四卦次序圖」에서 64괘의 생성원리로 작용하고 있다.

프랑스의 선교사로 중국에 있던 부베(Bouvet, 1656~1730)와 독일의 철학자 라이프니츠(Leibniz, 1646~1716)는 이 64괘를 이진법적인 숫자라고 생각하고 많은 연구를 했다. 그들은 역의 음효陰爻와 양효陽爻를 각각 0과 1에 해당하는 숫자로 보고 역의 64괘를 이진법으로 해석했다.[2] 이진법에 의해 보면, 복희 64괘는 확실히 정연한 논리를 가지고 있다. 기존의 문왕 64괘가 어떤 일정한 법칙이 없이 배열되고 있는 점과 비교해 볼 때, 소옹의 탁월한 점을 엿볼 수 있다. 그리고 역학에 있어서 소옹의 이러한 수학적 성과는 주자에 의해 수용되어 후세에 막대한 영향을 끼쳤다.

조선에서도 소옹의 역학은 주자를 통해 강력한 힘을 가지고 전개된다. 조선은 주자학적 전통이 매우 강해 이것을 벗어난 논의는 거의 찾아볼 수 없다. 조선조에 간행된 역학 자료를 검토해 보면 대략 이 점을 알 수 있다. 예를 들어 규장각에 소장된 역학 자료에는 『주역전의대전周易傳義大全』이라는 단일한 문헌이 『奎章閣圖書韓國本綜合目錄』 經部 易類에서 30% 이상을 차지하고 있다. 『주역전의대전』은 명대에 호광(胡廣, 1370~1410) 등 42인이 칙명을 받아 편찬한 것으로 성조 영락 13년(1415)에 이루어졌다. 이 책은 제목에서 알 수 있듯이 정이程頤의 『이천역전伊川易傳』과 주희의 『주역본의周易本義』을 결합하였는데, 사실 그 내부를 들여다보면 주로 주희의 『본의』에 편중되어 있음을 확인할 수 있다.

이처럼 소옹의 역학은 주자의 권위에 의해 비판적 여과 없이 그대로 '하나의 진리'로 조선에서 받아들여졌다. 그러나 하나의 이론이 지배적

2) 같은 책, 403쪽.

인 입론으로 작용한다고 해서 그것이 항상 참일 수는 없다. 참과 거짓을 가늠하기 위해서는 그 이론이 근거하고 있는 바에 대한 합리적인 검토를 해야 한다. 이것은 조선 후기 합리주의자 다산 정약용에 의해 시도된다. 다산이 비록 소옹의 역학을 통해 이진법이라는 수학적 성과를 평가하지는 못했지만, 소옹의 역학이 근거하고 있는 지점에 대한 예리한 비판을 가한다.

2) 다산의 합리주의적 태도

다산 정약용은 과거에 급제한 후 초계문신에 선발되어 규장각에서 다양한 자료를 접하면서 자신의 학문적 기반을 축적했다. 특히, 그곳에서 일하면서 과학기술 등 신문명에 관심을 가진 북학파와 지적 공감대를 가지게 되었다. 다산의 이러한 과학기술에 대한 지식은 한강의 배다리 설계·가설, 수원성의 축조에 기중기를 실용화한 것으로 나타난다.[3]

다산의 이러한 과학사상은 그의 합리주의적 사고에 기인하는 것으로 볼 수 있다. 그리고 이것은 당시의 선진 학문인 청나라의 고증학적 학풍의 영향과 관련해 미루어 짐작해 볼 수 있다.

같은 맥락에서 다산은 경학에서 철저한 합리주의적 태도를 견지한다. 그의 이러한 태도는 '이경증경以經證經'의 방법으로 나타난다. 다산은 그의 「오학론五學論」에서 "옳고 그름과 잘되고 잘못됨은 반드시 경전 자체 속에서 판단한다."고 하여 경전이라는 자료가 스스로 발언할 수 있도록 주관의 개입을 철저히 막았다.

역학에서도 다산의 이러한 태도는 시종일관 관철되고 있다. 특히, 소옹

3) 정옥자, 『조선후기 역사의 이해』, 서울: 일지사, 1993, 196쪽.

의 수학에 대한 비판에 잘 나타나 있다. 따라서 본고는 다산의 합리주의적 태도가 소옹의 수학 비판에서 어떻게 드러나고 있는지를 살펴보고자 한다. 이를 통해 우리는 다산의 역수易數에 대한 인식의 일면을 알 수 있을 것이다.

이를 위해 필자는 다음의 두 가지에 주목하고자 한다. 첫째는 경전에 나타나 있는 역수에 대해 다산이 어떻게 이해하고 있는 가이다. 다산은 그의 『주역사전』에서 『주역』의 경문과 그에 대한 공자의 해석인 십익十翼에 대해 전통적 방식인 주석의 형태로 자신의 견해를 밝히고 있다. 따라서 필자는 『주역사전』의 역수 관련 부분을 검토하고 이에 따라 논의를 전개할 것이다. 둘째는 『역학서언』의 「소자선천론邵子先天論」에 나타나 있는 다산의 역수에 대한 이해가 어떠한가이다. 「소자선천론」은 소옹의 선천역학에 대한 비판을 담고 있다. 여기에 소옹의 수학적 견해가 다수 포함되어 있다. 따라서 다산의 역수에 대한 이해를 검토하기에 적합한 자료이다.

2. 경전에 나타나 있는 역수易數

논의에 앞서 우선 경전에 나타나 있는 역수에 대해서 살펴보는 것이 필요하다. 왜냐하면, 역수에 대한 논의가 대부분 경전의 주석에서 시작하기 때문이다. 『주역』경문에는 '수數'라는 말이 나오지 않는다. '수'가 역과 관련하여 처음 등장하는 것은 「계사전」과 「설괘전」이다. 「계사전」에서는 모두 네 곳에서 수를 말하였다.

> 수를 지극히 하여 미래를 아는 것을 점이라 한다.[4)]

하늘1 땅2, 하늘3 땅4, 하늘5 땅6, 하늘7 땅8, 하늘9 땅10으로 하늘의 수가 다섯이고, 땅의 수가 다섯이다. 다섯의 수를 각각 더하면, 하늘의 수는 25, 땅의 수는 30이 된다. (따라서) 하늘과 땅의 수는 55가 되며, 이것이 변화를 이루고 귀신을 행하는 것이다. 점을 칠 때, 시초의 수는 50이고, 실제로 사용하는 것은 49개의 시초이다.[5)]

건의 시초 수는 216개이고, 곤의 시초 수는 144개이다. 이것을 합하면 360이 되며 1년의 날짜에 해당한다. 두 편의 시초의 수는 11,520이니 만물의 수에 해당한다.[6)]

셋과 다섯으로 변화하며, 그 수를 착종하여 그 변화를 꿰뚫어 자연의 메시지를 파악하고, 그 수를 지극히 하여 천하의 상을 정한다. 천하의 지극한 변화가 아니면, 누가 여기에 참여할 수 있겠는가?[7)]

그리고 「설괘전」에서는 모두 두 곳에서 수를 말하였다.

옛날 성인이 역을 지을 때, 신명의 도움을 통해 시초를 내었고, 3을 하늘의 수로 2를 땅의 수로 삼아 수를 세웠다.[8)]

---

4) 『周易』, 「繫辭傳」 上, 5장, "極數知來之謂占"

5) 같은 책, 「繫辭傳」 上, 9장, "天一, 地二, 天三, 地四, 天五, 地六, 天七, 地八, 天九, 地十. 天數五, 地數五, 五位相得而各有合; 天數二十有五, 地數三十, 凡天地之數五十有五, 此所以成變化而行鬼神也. 大衍之數五十, 其用四十有九..."

6) 같은 책, 「繫辭傳」 上, 9장, "乾之策二百一十有六, 坤之策, 百四十有四. 凡三百有六十, 當期之日. 二篇之策, 萬有一千五百二十, 當萬物之數也."

7) 같은 책, 「繫辭傳」 上, 10장, "參伍以變, 錯綜其數, 通其變, 遂成天地之文; 極其數, 遂定天下之象. 非天下之至變, 其孰能與於此?"

8) 같은 책, 「說卦傳」, 1장, "昔者聖人之作易也, 幽贊於神明而生蓍, 參天兩地而倚數..."

가는 것을 셈하는 것은 순順이고, 오는 것을 아는 것은 역逆이다. 이런 까닭에 역은 역수逆數이다.[9]

위의 「계사전」과 「설괘전」에서 말하는 수는 대체로 점치는 것과 관련됨을 알 수 있다. 특히 '대연지수오십大衍之數五十'은 한대 이후로 많은 논란을 가져왔다.

3. 소옹邵雍의 역학易學 – 先天學과 數學

소옹의 역학은 『사고전서총목제요』의 견해에 의하면 역학의 분류에서 6개의 분파 중 한 파를 형성하게 된다. 즉 송대 도서역圖書易이다. 도서圖書라고 하는 것은 「하도河圖」와 「낙서洛書」의 끝 글자에서 나온 말로 「계사전繫辭傳」에서 그 유래를 찾아볼 수 있다.[10] 「하도」와 「낙서」는 원래 그림이 없었으나, 송대에 들어와 상수학파의 여러 학자에 의해 그림이 그려졌다.

소옹의 역학은 선천역학先天易學이라고도 한다. 지금 우리가 쉽게 접하는 「伏羲八卦次序圖」, 「伏羲六十四卦次序圖」, 「伏羲八卦方位圖」, 「伏羲六十四卦方位圖」 등은 소옹에 의해 창안된 선천역학의 주요 내용이 된다. 즉, 선천역학은 전설로 전해지는 복희가 만든 역을 말한다. 선천이라는 말은 건괘乾卦 문언文言의 "천시가 아직 이르지 않았을 때에 천시에 앞서 행사하여 하늘에 어긋나지 않으며, 천시가 이르러 온 뒤에 천시에 따라서 행사하여 하늘에 어긋나지 않는다."[11]라는 글에서 나왔다.[12]

---

9) 같은 책, 「說卦傳」, 2장, "數往者順, 知來者逆, 是故易逆數也."

10) 『周易』, 「繫辭傳」 上, 11장, "河出圖, 洛出書. 聖人則之"

소옹은 「계사전」의 "역에는 태극이 있으니, 이것이 양의를 생하고, 양의가 사상을 생하고 사상이 팔괘를 생하였다"[13]에 근거하고, 또 「설괘전」의 "하늘과 땅이 바르게 자리를 정하고, 산과 못이 기를 통하며, 우레와 바람이 서로 근접하고, 물과 불이 서로 꺼리지 아니하여 팔괘가 서로 섞인다."[14]를 나름대로 해석하여 선천도를 그렸다.

그리고 「文王八卦方位圖」, 「文王八卦次序圖」 등은 후천역학에 속한다. 「문왕팔괘방위도」는 「설괘전」의 "천제는 震方에서 나온다."[15]로 시작하는 구절을 근거로 하여 그려졌고, 「문왕팔괘차서도」는 "乾은 하늘이므로 아버지라 일컫는다."[16]는 구절을 근거로 하여 그려졌다.[17]

그러나 소옹의 선천역학은 『주역』의 경과 전에서 말하는 역학과는 거리가 아주 멀다.[18] 그래서 후대에 이르러 많은 비판이 제기되는데, 특히 청대의 호위(胡渭, 1633~1714)는 그의 대표적인 역학서 『역도명변易圖明辨』을 통하여 그 허구성을 논박하게 된다.

한편 소옹은 수학을 중시하였다. 그는 『皇極經世書』 「觀物外篇」에서 "군자는 역에 있어서 象을 완미하고 數를 완미하며 辭를 완미하고 意를 완미한다. …… 意가 있으면 반드시 말이 있고, 말이 있으면 반드시 象이 있으며, 象이 있으면 반드시 數가 있다. 數가 확립되면 象이 생성되고, 象이 생성되면 말이 밝혀지며, 말이 밝혀지면 意가 드러난다."[19]고 하였다.

---

11) 같은 책, 乾卦, 文言, "先天而天不違, 後天而奉天時"
12) 廖名春 康學偉 梁韋弦, 『주역철학사』, 심경호 옮김, 서울: 예문서원, 1994, 406쪽.
13) 『周易』, 「繫辭傳」, "易有太極, 是生兩儀, 兩儀生四象, 四象生八卦"
14) 같은 책, 「說卦傳」, "天地定位, 山澤通氣, 雷風相薄, 水火不相射, 八卦相錯"
15) 같은 책, 「說卦傳」, "帝出乎震"
16) 같은 책, 「說卦傳」, "乾天也, 故秤乎父"
17) 朱熹, 『易學啓蒙』-朱熹 圖書易의 해설, 김상섭 옮김, 서울: 예문서원, 1994, 143쪽.
18) 廖名春 康學偉 梁韋弦, 『주역철학사』, 심경호 옮김, 서울: 예문서원, 1994, 406쪽.
19) 『皇極經世書』,「觀物外篇」, "君子于易, 玩象, 玩數, 玩辭, 玩意 …… 有意必有言, 有言必

또한 "태극은 하나이며 움직이지 않는다. 둘을 생하니 둘은 곧 신묘한 것이다. 신묘한 것이 수를 생하고 수가 상을 생하고 상이 구체적 모습을 생한다."[20]고 하였다. 즉, 2는 1로부터 생성되고, 2는 변화의 성능을 갖고 있으니, 2가 있으면 수의 변화가 있게 되고, 일련의 수가 있으면 음양강유 등의 효상 및 괘상이 생성되며, 효상 괘상이 있으면 유형의 개별 사물이 있게 된다. 이로부터 우리는 소옹이 "數가 확립되면 象이 생성된다."는 수에 대한 강조를 확인할 수 있다.[21]

소옹은 「계사전」의 "수를 지극히 하여 천하의 상을 정한다."[22]는 설을 취하여, 이것을 근거로 8괘 및 64괘의 형성과정을 다음과 같이 설명하였다.

> 태극이 나뉘면 양의가 설립된다. 양이 아래로 음과 교차하고 음이 위로 양과 교차하면 사상이 생겨난다. 양이 음과 교차하고 음이 양과 교차하여 하늘의 사상이 생겨난다. 강이 유와 교차하고 유가 강과 교차하여 땅의 사상이 생겨난다. 그런 까닭에 1이 나뉘어 2가 되고, 2가 나뉘어 4가 되며, 4가 나뉘어 8이 되고, 8이 나뉘어 16이 되며, 16이 나뉘어 32가 되고, 32가 나뉘어 64로 된다. 그러므로 "나뉘어 음이 되고 양이 되어, 강과 유를 교대로 쓰므로, 역의 6효의 자리가 있게 되고 괘의 문양을 이루게 된다."고 하였다. 십이 나뉘어 백이 되고, 백이 나뉘어 천이 되고, 천이 나뉘어 만이 된다. 마치 뿌리에 줄기가 나고 줄기에 가지가 나며 가지에 잎이 나는 것처럼, 크면 클수록 더욱 작아지고 세밀하면 세밀할수록 더욱 번성한다. 합하면 일이 되고, 부연하면 만이 된다.[23]

有象, 有象必有數. 數立則象生, 象生則言彰, 言彰則意顯"

20) 같은 책, 「觀物外篇」, "太極一也, 不動. 生二, 二則神也. 神生數, 數生象, 象生器"

21) 朱熹, 『易學啓蒙』-朱熹 圖書易의 해설, 김상섭 옮김, 서울: 예문서원, 1994, 27쪽.

22) 『周易』, 「繫辭傳」, "極其數, 遂定天下之象"

이러한 8괘 및 64괘의 형성과정은 이른바 '加一倍法' 내지 '一分爲二法' 을 통해 설명되는데, 이 방법은 역학사에 있어서 매우 독창적인 이론으로 후에 도서 상수학의 기본원리가 되었다. 이로써 수학의 관점에서 역을 풀이하는 새로운 유파를 형성하였다. 또한 이것은 앞에서 말한 라이프니츠의 이진법과 일치하고 있어, 수학을 통한 역 이해가 상당한 수준에 이르렀음을 알 수 있다.

또한 소옹은 우주 역사의 주기를 연표로 제정한 이른바 '원회운세론元會運世論' 을 제기하여 우주의 시간을 계산해내기도 하였다. 이것은 우주의 역사를 수학을 통해 탐구하고자 했고, 또 세계는 끝이 없으며 부단히 운동하여 생겨나고 멸망하기를 반복하는 연속과정을 거친다는 사실을 제시했다는 점에서 그의 합리적인 사고의 표출로 평가되기도 한다.

4. 다산의 역수에 대한 이해

다산은 앞에서도 말한 바 있는 '이경증경以經證經' 의 방법으로 역에 대한 해석을 하고 있다. 여기에서 말하는 경이란 주로 공자의 「역전」을 가리킨다. 「역전」은 곧 십익十翼으로 『주역』 경문에 대한 공자의 해석을 말한다. 물론, 오늘날 현대 역학자는 대체로 공자의 십익 저작설을 부인하고 있지만, 이 점은 논외로 하겠다.

또한 다산은 『주역』을 점치는 책으로 인식하고 있는데, 이러한 관점은

23) 『皇極經世書』,「觀物外篇」, "太極既分, 兩儀立矣. 陽下交于陰, 陰上交于陽, 四象生矣. 陽交于陰, 陰交于陽而生天之四象. 剛交于柔, 柔交于剛而生地之四象. 于是八卦成矣. 八卦相錯, 然後萬物生焉. 是故一分爲二, 二分爲四, 四分爲八, 八分爲十六, 十六分爲三十二, 三十二分爲六十四. 故曰, 分陰分陽, 迭用柔剛, 故易六位而成章也. 十分爲白, 白分爲千, 千分爲萬. 猶根之有干, 干之有枝, 枝之有葉, 愈大則愈少, 愈細則愈繁. 合斯爲一, 衍斯爲萬"

그의 저서를 통해 일관되고 유지되고 있다. 특히, 「계사전」에 나오는 점치는 방법에 관한 부분을 「시괘전蓍卦傳」으로 따로 독립시킨 점은 이를 잘 표현해 주는 것이라 하겠다.

이상의 두 가지 관점은 다산의 역수를 이해하는 주요한 축이 된다. 그리고 이러한 관점을 관통하는 것은 다산의 상식에 기반한 합리주의이다. 상식에 기반한 합리주의는 바로 과학 정신과도 통한다.

1) 大衍의 數에 대한 이해

대연의 수에 대해서 다산은 서법이라는 측면에서 먼저 이해하고 있다. 즉 50이라는 수는 점을 칠 때 쓰이는 시초의 수를 가리킨다고 본다. 이 50의 시초를 더욱 넓혀 11,520개의 책 수가 되므로 '크게 넓힌다[大衍]' 라고 한 것이다.

그러나 다산은 여기에서 머물지 않고 한 걸음 나아가 대연의 수가 어떻게 생성되었는지에 대한 이유를 따져 본다. 다산에 의하면 이것은 64괘의 형성과 관련되어 있다. 『주역사전』「시괘전」의 첫머리는 大衍之數에 대한 설명으로 시작하고 있다.

> 大衍이라는 것은 衍卦를 말한다. 六十四卦 가운데 十二辟卦를 사계절에 대응시키고, 中孚와 小過괘는 윤달에 대응시키고, 나머지 五十卦가 周나라 사람들이 말하는 大衍이다. 이것은 이 五十卦가 모두 十四卦에 의해 변화를 받아 연역되어 만들어졌음을 말한다. 그러므로 대연은 五十卦 외에 따로 존재하는 것이다. (그럼에도 불구하고) 漢代 이래로 大衍의 설은 장황하고 번쇄하여 …… 衍卦 五十의 흔적은 오랫동안 밝혀지지 못했다.[24]

이처럼 대연의 수는 다산에 의해 64괘의 형성에서 12벽괘와 再閏괘를 제외한 대연괘 50이 된다. 그러나 대연의 수에 대한 논의는 다산이 지적한 것처럼 장황하고 번쇄하다. 漢代의 京房은 “50이라는 것은 10日과 12辰과 28宿을 말한 것이니 무릇 50이다.”[25]고 했고, 馬融[26]은 “역에 태극이 있다는 것은 북극성을 말한다. 태극이 양의를 생하고, 양의가 일월을 생하며, 일월이 네 계절을 생하고, 네 계절이 오행을 생하며, 오행이 열두 달을 생하고, 열두 달이 이십사절기를 생한다.”[27]고 했고, 荀爽(128~190)은 “괘는 각각 여섯 효가 있으니, 6·8은 48인데, 乾坤 두 用을 보태면 50이 된다.”[28]고 했으며, 鄭玄은 “천지의 수는 55인데 오행의 기가 통하니 오행의 5를 뺀다.”[29]고 했으며, 『三統曆』을 지은 西漢의 劉歆은 “이런 까닭에 元始有象은 1이고, 春秋는 2이고, 三統은 3이고, 四時는 4이다. 합하면 10이고, 五體를 이루니, 5와 10을 곱하면, 대연의 수가 된다.”[30]고 했다. 이와 같이 여러 사람의 설이 같지 않으며, 이들의 해석은 曆法, 천문, 오행 등에 근거하고 있다. 그러나 대연의 수가 蓍卦를 설명하는 부분에 들어 있는 것이므로 蓍卦와 관련해서 설명해야 한다. 단지 천문, 오행으로 해석하는 것은

---

24) 『周易四箋』, 권8, 15, “大衍者衍卦之謂也. 六十四卦之中十二辟卦配之於四時, 中孚小過配之於再閏, 餘五十卦周人謂之大衍. 蓋謂此五十卦之外別有所謂大衍者存焉也. 自漢以來, 大衍之說張皇煩惑千頭萬緖, …… 衍卦五十之跡千載不復明矣”

25) 『周易正義』, 권7, 12, “五十者, 謂十日十二辰二十八宿也, 凡五十”

26) 東漢의 經學家. 자는 季長이고, 扶風 茂陵사람이다. 『孝經』·『論語』·『毛詩』·『三禮』·『尙書』 등을 두루 주석하였고, 『馬氏周易注』가 있었다고 하지만, 지금은 전하지 않는다. 古文經學을 집대성한 鄭玄의 스승이다.

27) 『周易正義』, 권7, 12, “易有太極, 謂北辰也. 太極生兩儀, 兩儀生日月, 日月生四時, 四時生五行, 五行生十二月, 十二月生二十四氣”

28) 같은 책, 같은 곳, “卦各有六爻, 六八四十八, 加乾坤二用, 凡有五十”

29) 같은 책, 같은 곳, “天地之數五十有五, 以五行氣通, 凡五行減五”

30) 『漢書』, 「律曆志」, “是故元始有象, 一也. 春秋, 二也, 三統, 三也. 四時, 四也. 合而爲十, 成五體. 以五乘十, 大衍之數也”

지나친 견강부회라 할 수 있다.[31]

주희는 대연의 수에 대해서 세 가지로 논하고 있다. 『주역본의』에서 "대연의 수가 50인 것은 「하도」의 가운데에 있는 하늘의 수 5와 땅의 수 10을 곱하여 얻은 것이다"[32]라고 했고, 『역학계몽』에서는 "「하도」와 「낙서」의 가운데 수는 모두 5인데, 이것을 넓혀 각각 그 수를 다하면 10에 이르게 되니 합하여 50이 된다."[33]고 했으며, 『주자어류』에서는 "대연의 수 50은 천지의 수 55에 金木水火土의 다섯을 제한 것이다."[34]라 했다. 『주역본의』와 『역학계몽』의 설은 「하도」와 「낙서」에 근거한 것이고, 『주자어류』의 설은 「계사전」의 천지의 수와 오행설에 근거한 것으로 한대 정현의 설과 비슷하다. 그러나 「계사전」이 세상에 나왔을 때, 「하도」와 「낙서」의 그림은 아직 출현하지 않았기 때문에 「하도」, 「낙서」의 수를 가지고 대연의 수를 설명하는 것은 이치에 맞지 않는다.[35]

이에 반해 다산은 앞에서도 언급했지만, 64괘가 어떻게 생성되는가에 대한 물음에 대한 답으로서 대연의 수를 설명하고 있다. 즉, 그의 괘연역 논리인 추이론推移論을 통해 대연의 수를 설명하고 있다. 좀 더 자세한 설명을 추이론을 통해 살펴보자.

> 冬至에 하나의 陽이 비로소 생기면 그 괘는 復이 되고(天根) 臨이 되며 泰가 되는데(大壯이 되고 夬가 된다) 乾에 이르면 여섯 개의 陽이 이루어진다. 夏至에 하나의 陰이 비로소 생기면 그 괘는 姤가 되고(月窟) 遯이 되며 否가 되는데(觀이 되고 剝이 된다) 坤에 이르면 여섯 개의 陰이 이루어진다. 이것이 이른바

31) 朱熹, 『易學啓蒙』-朱熹 圖書易의 해설, 김상섭 옮김, 서울: 예문서원, 1994, 160-1쪽.
32) 『周易本義』, "大衍之數五十, 蓋以河圖中宮天五乘地十而得之"
33) 『易學啓蒙』, "河圖洛書之中數皆五, 衍之而各極其數以至於十, 則合爲五十矣"
34) 『朱子語類』, 권75, "大衍之數五十, 以天地之數五十有五, 除出金木水火土五數"
35) 朱熹, 『易學啓蒙』-朱熹 圖書易의 해설, 김상섭 옮김, 서울: 예문서원, 1994, 161-2쪽.

사계절의 卦이다(한 괘가 한 달과 짝한다). 小過는 大坎(坎을 兼畫)이고, 中孚는 大離(离를 兼畫)이며, 坎은 달이고 離는 해(설괘전에 있음)이다. 奇數가 쌓이면 閏月이 된다. 이것이 이른바 再閏의 卦이다. 四時再閏의 卦 중에서 乾坤은 부모괘가 되고 나머지 十二卦를 漢儒는 十二辟卦라 하였는데 곧 類聚의 卦이다. 剛柔로 나누어 펼치면 五十衍卦가 되는데 곧 群分의 卦이다. 이것이 이른바 大衍의 수 五十이다. 이것을 통틀어 推移라 한다.[36)]

위의 인용은 계절의 陰陽消長에 따라 十二辟卦를 사계절의 괘로 설명하고, 다음에 윤달을 나타내는 再閏卦를 설명하고, 끝으로 五十衍卦를 설명한다. 여기서 대연의 수 50은 괘의 연역논리의 한 단계임을 알 수 있다. 이처럼 다산의 대연설은 이전의 역학자에서 찾아볼 수 없는 매우 독창적인 해석이다. 더구나 『주역』 경전의 범위를 벗어나지 않았고, 동시에 매우 정연한 논리를 갖추었음을 부인할 수 없겠다. 다음으로 '參天兩地說' 에 대해서 살펴보겠다.

2) 하늘의 수는 3이고 땅의 수는 2이다

다산은 『역학서언』의 「소자선천론」에서 소옹의 선천론에 대해 체계적으로 비판하고 있다. 「소자선천론」은 총 8개의 논설로 구성되어 있다.[37)]

---

36) 『周易四箋』, 권1, 2, "冬至, 一陽始生, 其卦爲復(卽天根), 爲臨, 爲泰(爲大壯, 爲夬), 以至於乾, 則六陽乃成. 夏至, 一陰始生, 其卦爲姤(卽月窟), 爲遯, 爲否(又爲觀,爲剝), 以至於坤, 則六陰乃成, 此所謂四時之卦也(一卦配一月). 小過者大坎也(兼畫坎), 中孚者大離也(兼畫离), 坎月離日(說卦文)積奇爲閏(月與日取積分以爲閏), 此所謂再閏之卦也. 四時再閏之中, 乾坤爲父母, 餘十二卦漢儒謂之十二辟卦, 卽類聚之卦. 分爲剛柔, 衍之爲五十衍卦, 卽群分之卦, 此所謂大衍之數五十, 此之謂推移也"

37) 1. 論邵氏八卦次序之圖 2. 論邵氏八卦方位之圖 3. 論邵氏八卦先天之說 4. 論先天橫圖九六七八之說 5. 論本義乾坤策數之義 6. 論河圖洛書參天兩地之義 7. 論河圖老少互藏之法

그중에서 「論河圖洛書參天兩地之義」는 다산의 易數에 대한 이해에 있어서 합리성이 잘 드러난 부분이다.

「論河圖洛書參天兩地之義」는 「설괘전」의 "하늘의 수는 3이고 땅의 수는 2이다"[38]에 대한 논의를 담고 있다. 여기서 다산은 먼저 주희의 말을 인용하고 있다.

> 양의 모습은 둥글고, 둥근 것은 지름이 1이고 둘레가 3이다. 음의 모습은 네모이고, 네모난 것은 지름이 1이고 둘레가 4이다. 둘레가 3인 것은 하나를 1로 하므로 그 한 개의 양을 셋으로 하니 3이다. 둘레가 4인 것은 두 개를 1로 하므로 그 한 개의 음을 둘로 하니 2이다. 이것이 이른바 "하늘의 수는 3이고 땅의 수는 2이다"라는 것이다. 3과 2의 합은 5가 된다. 이것이 「하도」와 「낙서」의 수는 모두 5를 가운데로 하는 까닭이다.[39]

즉, 이것은 「하도」, 「낙서」의 가운데 수 5를 해석한 것이다. 하늘은 둥글고, 둥근 것은 지름이 1이고 둘레가 3이므로 하늘의 수를 3이라고 하며, 땅은 네모이고, 네모난 것은 지름이 1이고 둘레가 4이지만, 위와 아래, 왼쪽과 오른쪽이 두 개씩 짝이 되므로 땅의 수를 2라고 본 것이다. 그러면 이에 대한 다산의 비판을 살펴보자.

> 하늘의 수는 3이고 땅의 수는 2라는 뜻은 미묘하여 말하기 어렵다. 그러나 노자는 "1이 2를 낳고, 2가 3을 낳고, 3이 만물을 낳는다."고 했고, 장자는 "1과

---

8. 論河圖爲八卦之則

38) 『周易』, 「說卦傳」, "參天兩地"

39) 『易學緖言』, 권2, 36, "朱子曰, 陽之象圓, 圓者徑一而圍三. 陰之象方, 方者徑一而圍四. 圍三者以一爲一, 故參其一陽而爲三. 圍四者以二爲一, 故兩其一陰而爲二. 是所謂參天兩地者也. 三二之合, 則爲五矣. 此河圖洛書之數所以皆以五爲中也"

1을 더하면 2이고, 2와 1을 더하면 3이다."라고 했으며, 『漢書』「郊祀志」에는 "3과 1의 무늬가 있다."라는 말이 있고, 「律曆志」에는 "태극의 원기가 3을 머금어 1이 된다."라는 말이 있고, 管子는 樂律을 논하면서 3과 1이 數를 일으키는 것으로 보았다. 이것이 모두 하늘의 수가 3이라는 원래의 뜻이다. 땅에 있는 사물인 여러 가지 곡식과 과일은 두 개가 쪼개진 상태로 서로 합쳐져 있으며, 사람의 머리 아래 또한 모두 둘로 짝을 짓고 있으니, 형질 아래의 구체적 사물은 그 체가 둘로 짝을 이루고 있다. 이것이 옛사람의 땅의 수는 2라는 원래의 뜻이다. 그러므로 『주역』에 있어서도 괘와 획을 살펴보면, 하늘의 수가 3이고 땅의 수가 2임을 알 수 있을 것이다. 대체로 음의 효는 중간이 끊어져 있어 양의 효와 비교해보면 (그 길이가) 3분의 2가 되니 다른 뜻을 구할 필요가 없다. 지름이 1이고 둘레가 3이라는 점에 대해서 살펴보면, 둘레가 3하고도 나머지가 있으니, 정밀한 방법이 아니다. 도에 있어서 한 오라기의 차이가 있으면, 현묘한 이치가 근거할 바가 아니다. 하물며 3은 그 온전함을 써서 하늘의 수가 3이라 하고 4는 그 반을 써서 땅의 수가 2라고 함에랴. 만약 음의 수는 반드시 둘을 하나로 삼아 그래서 넷을 둘로 한다면, 처음부터 지름이 1일 때 어째서 둘을 하나로 삼지 않는가. 원의 지름이 1을 1로 삼는다면, 네모의 지름은 2를 1로 삼으면 안 된다. 關郞[40] 이하 술수가들은 모두 鄭康成의 天地生成의 설을 본받아서 1·2·3·4·6·7·8·9를 木火金水에 배치하고, 5와 10을 중앙의 土에 배치했다. 그러므로 「河圖」와 「洛書」는 모두 5가 가운데에 있는 것이니, 다른 뜻이 있지 않다.[41]

---

40) 위진남북조 시대의 상수학 계열에 속하며, 『易傳』이라는 책이 현전한다.

41) 『易學緖言』, 권2, 36-7, "鏞案. 參天兩地之義微妙難言. 然老子曰, 一生二, 二生三, 三生萬物. 莊子曰, 一與一爲二, 二與一爲三. 漢書郊祀志有三一之文, 而律曆志云, 太極元氣函三爲一, 管子論樂律亦以三一起數. 此皆古人參天之原義也. 在地之物百穀百果皆兩瓣相合, 人身頭顧以下亦皆兩合, 則形質在下之器其體兩合. 此古人兩地之原義也. 然其在周易直據卦畫亦可以參天兩地. 蓋柔畫中斷, 較之剛劃, 纔得三分之二, 非必別求異義. 至於徑一圍

위에서 알 수 있듯이 다산이 비판하고 있는 요지는 하늘의 수 3과 땅의 수 2가 가지는 본래의 뜻에 충실해야 하고, 수학적 계산에 있어서 한 치의 오차가 있어서도 안 되며, 그리고 논리의 일관성이 있어야 한다는 것이다. 특히, 원의 둘레를 계산할 때 쓰이는 π에 대해서 일정한 이해가 있었다고 보인다. 이것은 역학에 대한 접근이 매우 과학적임을 보여주는 실제의 예이기도 하다.

3) 사상四象의 수 – 9 · 6 · 7 · 8

「계사전」에는 팔괘의 생성에 관한 언급이 있다. 즉, "역에는 태극이 있으니, 이것이 양의를 생하고, 양의가 사상을 생하고 사상이 팔괘를 생하였다."[42]는 구절이다. 이 구절은 앞에서도 언급했듯이 소옹의 선천역학의 출발점이 된다. 소옹은 사상의 생성에도 순서가 있음을 말하고, 거기에 숫자를 붙였다. 즉 사상의 순서는 태양(1), 소음(2), 소양(3), 태음(4)이며, 그리고 태양의 수는 9, 소음의 수는 8, 소양의 수는 7, 태음의 수는 6이 된다. 이에 대해 주자는 다음과 같이 해설하고 있다.

> 옛사람이 역을 지을 때, 그 오묘함은 이루 말할 수 없다. 태양의 수는 9, 소음의 수는 8, 소양의 수는 7, 태음의 수는 6이다. (역을 지을) 처음에 그 수가 어떠

三, 本有零餘, 不是精法. 纔道一毫有差, 便非玄理所本. 況三用其全而謂之參天, 四用其半而謂之兩地, 抑又何義. 大抵參天兩地者三分損一也. 以三爲本去其一分者律曆算數之家大經大法. 今以四爲本而去其半數, 則天自天而地自地亦無絪緼而化醇矣. 若云陰數必以兩而爲一, 故折四爲二, 則原初徑一之時又何不兩合爲一乎. 圓徑以一爲一, 則方徑宜以二爲一不得云. 方圓同例也. 關朗以下術數之家皆祖鄭康成天地生成之說以一二三四六七八九配之於木火金水, 而五與十除之爲中央土之配數. 故河圖洛書皆五點居中, 非有他義也"

42) 『周易』, 「繫辭傳」, "易有太極, 是生兩儀, 兩儀生四象, 四象生八卦"

했는지는 알 수 없다. 원래의 수는 10이다. 태양은 1에 자리하며 자신의 수를 제하면 9개가 된다. 소음은 2에 자리하며 자신의 수를 제하면 8개가 된다. 소양은 3에 자리하며 자신의 수를 제하면 7개가 된다. 태음은 4에 자리하며 자신의 수를 제하면 6개가 된다.[43)]

이에 대해 다산은 다음과 같이 반박하고 있다.

先天橫圖는 원래부터 괘를 낳는 본래의 이치가 아니며, 또한 괘를 긋는 본래의 방법도 아니다. 하나가 둘을 낳을 때, 두 개가 일시에 함께 생겨나고, 둘이 넷을 낳을 때도 네 개가 일시에 함께 생겨난다. 마치 초목이 흙을 뚫고 나올 때 한 줄기가 두 가지로 갈라져 두 가지가 일시에 함께 생겨나는 것과 같이 선후의 순서가 없다. 두 가지가 또 네 곁가지로 갈라질 때, 네 곁가지가 일시에 함께 생겨나니 또한 선후의 순서가 없다. 오늘날 사람들은 나무의 곁가지를 취하여 이름하기를 이것이 첫 번째 가지이고, 저것이 두 번째 가지라고 하니, 그것이 조리에 맞지 않음을 공격하지 않는 자가 없다. (이와 마찬가지로) 태양太陽이 첫 번째이고 태음太陰이 네 번째라는 것은 원래 조리에 맞지 않는 것이다. 1 · 2 · 3 · 4가 이미 불분명하니, 9 · 6 · 7 · 8은 더 논할 바가 못 된다. 算數家에는 자신의 수를 제하는 방법이 있었다. 그러나 자신의 수는 반드시 실제의 수를 써야 한다. 형제의 차례에 자신의 수를 적용시킬 수는 없다. (예를 들면) 순씨 여덟 사람에서 그 세 번째를 제하면, 곧 일곱 사람이 남는다. 이를 다섯 사람이라고 할 수는 없다. 죽림의 칠현에서 그 네 번째를 제하면, 곧 여섯 사람이 남는다. 이를 세 사람이라고 말할 수는 없다. 하물며 아무런 이유 없이 자신의

43) 『易學緖言』, 권2, 34, "朱子曰, 古人做易, 其巧不可言. 太陽數九少陰數八少陽數七太陰數六. 初亦不知其數如何. 恁地元來只是十數, 太陽居一除了本身, 便是九個, 少陰居二除了本身, 便是八個, 少陽居三除了本身便是七個, 太陰居四除了本身, 便是六個"

수를 제하고, 나아가 그 나머지를 취해 本數로 삼으니, 이 무슨 이치인가? 또한 시초를 뽑아 괘를 만드는 방법에는 매 첫 번째 획에 이미 노양 · 노음 · 소양 · 소음이 있다. 지금 선천의 방법에는 두 번째 획에 이르러서야 이것들이 있으니, 乾初九 · 坤初六은 모두 이해할 수 없게 된다.[44]

이처럼 다산은 사상의 수에 대해서 세 가지 측면에서 비판한다. 즉 자연현상을 통해 볼 때, 사상의 생성은 그 순서가 없으며, 동시적으로 이루어진다. 둘째, 셈법에 있어 그 쓰이는 수는 실제의 수이고, 따라서 사람에게 적용할 수는 없다. 사람에게 있어서 제하는 법은 이와 같지 않다. 셋째, 시초를 뽑아 괘를 만드는 방법에서는 효마다 老陽 · 老陰 · 少陽 · 少陰이 있으니, 주자가 말하는 두 개의 효로 이루어지는 사상의 괘에서 비로소 이것들이 나타난다고 하는 것은 잘못이다.

4) 역수逆數

지나간 것을 셈하는 것은 순順이고, 앞으로 올 것을 아는 것은 역逆이다. 이런 까닭에 역易은 역수逆數이다.(2장, 數往者順, 知來者逆, 是故易逆數也.)

44) 같은 책, 권2, 34-5, "鏞案, 先天橫圖固非生卦之本理, 亦非畫卦之本法. 然一生兩時, 兩個一時並生, 兩生四時, 四個一時並生. 如草木出土, 本只一幹分出兩枝, 兩枝一時並生, 並無先後之序. 兩枝又分出四條, 四條一時並生, 亦無先後之序. 今人取木條命之曰, 此是第一枝, 彼是第二枝, 未有不擊其非理者. 一太陽四太陰原屬非理. 一二三四旣不分明, 九六七八將何所立. 算數之家有除本身之法, 然所謂本身必用實數, 不可以兄弟序次遂當本身之數. 荀氏八龍除其第三, 仍是七人, 不可曰五人也. 竹林七賢除其第四, 仍是六人, 不可曰三人也. 況無故無義自除其身, 乃取其所餘之數以爲本數, 抑何理也. 且揲蓍作卦之法, 每只一畫已有老陽老陰少陽少陰. 今先天之法畫到第二畫乃有此二老二少審如是也. 乾初九坤初六都不可解, 將若之何"

「설괘전」의 이 문장은 소옹이 「복희팔괘방위도」를 설명할 때 전거가 된다. 「복희팔괘방위도」의 그림은 건괘와 곤괘가 각각 남쪽과 북쪽에 자리를 정하고 있다. 건괘로부터 왼쪽으로 돌면서 태괘와 리괘와 진괘가 자리하고, 건괘의 오른쪽으로 돌면서 손괘와 감괘와 간괘가 자리한다. 소옹에 의하면 왼쪽으로 도는 것은 順이고, 오른쪽으로 도는 것은 逆이다. 소옹은 다음과 같이 말했다.

> 이것은 복희의 팔괘를 밝힌 것이다. "팔괘가 서로 섞인다."는 것은 교역하여 서로 섞임을 밝혀 64괘를 이루는 것이다. "지나간 것을 셈하는 것을 순"이라고 하는 것은 하늘에 순응하여 행함과 같은 것이니 왼쪽으로 돌아가는 것이며, 모두 이미 생하여진 괘이므로 "지난 것을 셈한다."고 말한 것이다. "앞으로 올 것을 아는 것을 역"이라 함은 하늘을 거슬러 행함과 같으니 오른쪽으로 운행하는 것이며, 모두 아직 생하지 않은 괘이므로 "올 것을 안다."고 말한 것이다.[45]

당시에는 하늘은 왼쪽으로 돌고 땅은 오른쪽으로 돈다고 생각했다. 따라서 「복희팔괘방위도」의 건 · 태 · 리 · 진 네 괘는 왼쪽으로 돌아가면서 배열되어 있기 때문에 "하늘에 순응하여 행함과 같으니 왼쪽으로 돌아간다."고 했다. 그리고 건괘를 중심으로 하면, 건 · 태 · 리 · 진 네 괘는 이미 과거의 시간이 되므로 "이미 생하여진 괘"가 된다. 반면에 손 · 감 · 간 · 곤 네 괘는 오른쪽으로 돌아가면서 배열되어 있기 때문에 "하늘을 거슬러 행함과 같으니 오른쪽으로 운행한다."고 했다. 그리고 건괘를 중심으로 손 · 감 · 간 · 곤 네 괘는 아직 오지 않은 미래가 되므로 "아직 생하지 않

45) 같은 책, 권2, 32, "邵子曰, 此一節明伏羲八卦也. 八卦相錯者, 明交相錯而成六十四卦也. 數往者順, 若順天而行, 是左旋也, 皆已生之卦也, 故云數往也. 知來者逆, 若逆天而行, 是右行也, 皆未生之卦也, 故云知來也"

은 괘”가 된다. 이에 대해 다산은 먼저 左旋과 右行의 문제에 대해서 소옹의 자의적 해석을 비판한다.

> 소옹의 그림에서 진으로부터 건에 이르러 세 개의 양이 이루어지고, 손으로부터 곤에 이르러 세 개의 음이 이루어지니 그 형세는 左旋하지 않을 수 없고 동시에 진퇴소장의 순환이 끝이 없다. (그럼에도 불구하고) 무엇 때문에 진에서 건까지는 左旋이라 하고, 손에서 곤까지를 右旋이라 하는가? 만약 왼쪽 반원의 1·2·3·4를 左旋이라 하고 오른쪽 반원의 5·6·7·8을 右旋이라고 한다면, (방위로 볼 때) 남에서 동에 이르는 것은 右旋이 되므로 左旋이라고 할 수 없고, 서에서 북으로 이르는 것은 左旋이 되므로 右旋이라고 할 수 없다. 하물며 1·2·3·4의 경우 1에서부터 세어 그것을 아직 생하지 않은 괘라 하는 것과 5·6·7·8의 경우가 그다지 다르지 않는데도 하나를 逆이라 하고 다른 하나를 順이라고 함에랴. 그 설은 자체로 서로 모순이다.[46]

나아가 다산은 逆數에 대해 상식의 논리를 통해 소옹의 설을 비판한다.

> 一, 二, 三, 四, 五, 六, 七, 八은 천하의 順數이니, 무엇 때문에 逆數라 하는가? 甲, 乙, 丙, 丁, 戊, 己, 庚, 辛도 逆數가 아니고, 子, 丑, 寅, 卯, 辰, 巳, 午, 未도 逆數가 아니며, 角, 亢, 氐, 房, 心, 尾, 箕, 斗도 逆數가 아닌데, 어찌 유독 一, 二, 三, 四, 五, 六, 七, 八만 逆數가 되겠는가? 주나라에는 伯達, 伯适, 仲突, 仲忽, 叔夜, 叔夏, 季隨, 季騧라는 여덟 명의 선비가 있었는데, 이 또한 一, 二, 三, 四, 五, 六,

46) 같은 책, 권2, 32, “觀邵子之圖, 自震至乾三陽以成, 自巽至坤三陰以成, 其勢莫不左旋, 而一消一長循環無端. 又何以自震至乾爲左旋, 自巽至坤爲右旋哉. 若云左半之一二三四爲左旋, 右半之五六七八爲右旋, 則自南而東者, 是爲右旋, 不可曰左旋也, 自西而北者, 是爲左旋, 不可曰右旋也. 何況一二三四自一而數之, 則其爲未生之卦與五六七八, 其情不殊, 又何云一逆而一順也. 其說自相矛盾”

七, 八의 순서로 먼저 태어난 자는 先數가 되고 뒤에 태어난 자는 後數가 된다. 이것이 어찌 逆數가 되겠는가? 나는 이것을 알지 못하겠다.[47)]

이처럼 다산은 상식의 입장에서 一, 二, 三, 四, 五, 六, 七, 八이 逆數가 될 수 없음을 밝히고 있다. 그렇다면 다산의 逆數에 대한 자신의 견해는 무엇인가?

"지나간 것을 셈하는 것은 順"이라는 말은 唐堯의 甲辰년에서 아래로 공자의 말년 壬戌년까지가 1879년이 되는데, 그 수가 順임을 뜻한다. "앞으로 올 것을 아는 것은 逆"이라는 말은 漢高祖의 己亥년에서 위로 말년 壬戌년까지가 278년이 되는데, 이것은 그 수가 逆임을 뜻한다. 즉 공자가 壬戌년을 기준으로 하여 위로 唐堯 이후의 年紀를 헤아려 보니 그 기세가 順하고, 아래로 漢高祖 이전의 일들을 헤아려 보니 그 기세가 逆이라는 것이니, "지나간 것은 順이고 앞으로 올 것은 逆"이라는 것은 이것이 아니겠는가?[48)]

즉 다산은 유교의 전통적인 입장인 『十翼』의 공자 저작설에 따라 해석하고 있다. 특히, 공자 전후의 역사에 대한 평가를 통해 이를 해석하고 있는 것은 매우 독창적이다. 다산은 성인인 공자가 지나간 일을 헤아리고 앞으로 올 일을 예측할 수 있다고 본 것이다. 역의 미래 예측성을 다산도

---

47) 같은 책, 권2, 33, "一二三四五六七八天下之順數也, 何以謂之逆數乎? 甲乙丙丁戊己庚辛非逆數, 子丑寅卯辰巳午未非逆數, 角亢氐房心尾箕斗非逆數, 何獨一二三四五六七八爲逆數乎? 周有八士, 曰伯達伯适仲突仲忽叔夜叔夏季隨季騧, 此亦是一二三四五六七八, 先生者先數, 後生者後數, 其將曰逆數乎, 吾斯之不敢知也"

48) 같은 책, 권2, 33, "數往者順, 謂唐堯甲辰下距孔子末年壬戌爲一千八百七十九年, 此其數順也. 知來者逆, 謂自漢高祖己亥上距孔子末年壬戌爲二百七十八年, 此其數逆也. 孔子坐於壬戌上數唐堯以後之年紀, 其勢順也, 孔子坐於壬戌下知漢高以前之事變, 其勢逆也. 往順來逆, 非是之謂乎"

긍정하고 있음을 알 수 있다. 다음으로 逆數에 대한 보다 직접적인 다산의 언급을 살펴보자.

> 易으로써 앞으로 올 것을 아는 까닭에 一, 二, 三, 四, 五, 六의 획은 반드시 아래서부터 위로 거슬러 올라간다. 復·臨·泰·大壯·夬에서 乾에 이르기까지 陽이 자라나는 기세가 모두 거슬러 올라간다. 姤·屯·否·觀·剝에서 坤에 이르기까지 陰이 자라나는 기세도 또한 거슬러 올라간다. 經에서 말하는 "易은 逆數이다."는 뜻은 여기에 있다. 二兌澤·三離火라는 것이 어찌 여기에 끼어들 수 있겠는가? 소옹의 선천의 학은 古經에서 그 근거를 찾을 수 없어, 이 경을 취해 선천의 설을 억지로 만드니, 실제는 그렇지 않다.[49]

즉, 다산은 한 괘 6획의 순서가 아래에서 위로 거슬러 가는 것과 12辟卦에서 음·양의 성장이 각각 거슬러 올라가는 것을 逆數로 인식하고 있다. 괘의 형성의 원리를 자세히 관찰하면, 이는 금방 드러난다. 이처럼 다산은 상식적이고 합리적인 차원에서 역을 해석하고자 한다. 그리고 소옹의 先天學이 古經에 근거하지 않은 학설이라는 점에서 이를 받아들이지 않는 것이다.

5) 팔괘八卦의 수

앞에서 언급하였듯이 소옹은 「계사전」의 "역에는 태극이 있으니, 이것

49) 같은 책, 권2, 33, "易以知來, 故其一二三四五六之畫必自下而逆上之. 復臨泰大壯夬以至於乾, 其陽長之勢, 皆逆而上也. 姤屯否觀剝以至於坤, 其陰長之勢亦逆而上也. 經所云易逆數, 其義在是. 二兌澤三離火, 何與於是哉. 邵子先天之學, 其在古經絶無證據. 故特取此經屈作先天之說, 其實不然也"

이 양의를 생하고, 양의가 사상을 생하고 사상이 팔괘를 생하였다."[50]에 근거하고, 또 자신의 이른바 "一分爲二法"에 의해 팔괘의 생성과정을 그림으로 그렸다. 그래서 팔괘에 순서가 생기게 된다. 즉 '一乾天, 二兌澤, 三離火, 四震雷, 五巽風, 六坎水, 七艮山, 八坤地'의 순서가 이루어진다.

이러한 논리는 다산에 의해 근본부터 철저히 부정된다. 「계사전」의 이 구절에 대해 다산은 다르게 해석한다.

> 태극은 음과 양이 섞여 있는 물이다. 그러므로 태극이 나뉘어 하나의 음과 하나의 양이 생겨나는 것이 가능하다. 그런데, 하나의 양이 이미 순수한 양이라면, 어떻게 해서 소음이 생겨날 수 있겠는가? 또 하나의 음이 이미 순수한 음이라면, 어떻게 해서 소양이 생겨날 수 있겠는가? 만약 양 가운데 음을 포함하고 있고, 음 가운데 양을 포함하고 있다면, 이것은 하나의 양이 곧 태극이고, 태극이 곧 하나의 음이 된다는 의미이다. 왜냐하면 섞여 있어 아직 분화되지 않았기 때문이다. 소옹의 「복희팔괘차서도」에 근거해 보면, 태극이 반으로 쪼개져 음과 양이 되고, 양이 반으로 쪼개져 태양과 소음이 되며, 태양이 반으로 쪼개져 건이 되고 태가 된다. 이러한 예를 미루어 보면, 건은 반으로 쪼개져 하나의 음과 하나의 양이 되고, 곤도 또한 그러하다. (그렇다면) 이 건은 순수한 양의 괘가 될 수 없고, 곤도 순수한 음의 괘가 될 수 없으니, 이것이 통하는 말인가?[51]

50) 『周易』, 「繫辭傳」, "易有太極, 是生兩儀, 兩儀生四象, 四象生八卦"

51) 『易學緒言』, 권2, 28, "太極者陰陽混沌之物, 太極分而生一陽一陰, 可也. 一陽旣是純陽, 如何生得少陰? 一陰旣是純陰, 如何生得少陽. 若云陽中包陰陰中包陽, 是一陽仍是太極, 太極仍是一陰, 混沌仍未分矣. 據圖, 太極半破爲陰陽, 陽半破爲太陽少陰, 太陽半破爲乾爲兌. 推此例而求之, 則乾半破亦當爲一陰一陽, 坤例亦然. 是乾不得爲純陽之卦, 坤不得爲純陰之卦而可通乎"

『주역』 64괘에서 건괘와 곤괘는 모두 양효와 음효만으로 이루어져 있는 것은 주지의 사실이다. 그런데 소옹의 논리를 따라가다 보면 건괘는 순수한 양의 괘가 될 수 없고, 곤괘도 순수한 음의 괘가 될 수 없게 된다. 다산은 이러한 상식과 합리로 역의 왜곡을 바로잡고자 한 것이다. 다산에 의하면 태극, 양의, 사상, 팔괘 등은 모두 서법筮法과 관련되어 있다.

> 태극은 오십 개의 시초가 아직 나누어지지 않은 것이고, 양의는 (시초를) 나누어 둘로 만드는 것을 상징하고, 사상은 (시초를) 넷으로 셈하는 것을 상징하고, 팔괘는 내괘와 외괘의 소성괘를 말한다.[52]

또 팔괘가 각각 가족의 구성원을 상징한다고 할 때, 인륜의 질서라는 측면에서도 소옹의 논리는 맞지 않는다.

> 一·二·三·四의 순서로 말할 것 같으면, 어머니[坤]가 나기도 전에 여섯의 자식[六子]이 먼저 길러지고, 형[震]이 나기도 전에 여동생[妹]이 태어나니, 부모와 자식, 형제간의 질서가 흐트러져 계통이 서지 않는다. 어찌 천지의 이치가 본래 이와 같겠는가? 팔괘를 인륜의 질서라는 측면에서 보면, 一乾·二坤·三震·四巽·五坎·六離·七艮·八兌가 된다.[53]

다시 말하면 팔괘의 수(생성 순서)는 一乾·二坤·三震·四巽·五坎·六離·七艮·八兌가 된다. 이것은 「설괘전」의 팔괘 생성의 순서와 일치한

---

52) 『周易四箋』, 권8, 26, "太極者五十策之未分者也, 兩儀者分而爲二以象兩者也, 四象者揲之以四以象四者也, 八卦者內卦外卦之或震或兌者也"

53) 『易學緖言』, 권2, 28, "雖以其一二三四之序言之, 坤母未生而六子先育, 震兄未生而兌妹先產, 母子兄弟之序雜亂無統. 何得云天地之理本自如此乎? 八卦以父母之倫序, 則一乾二坤三震四巽五坎六離七艮而八兌也"

다. 또, 인륜의 질서에서 봐도 자연스러운 현상이 된다. 이를 통해 다산의 역학이 근거하고 있는 지점을 다시 확인할 수 있다. 즉 다산은 공자가 지은 「설괘전」에서 언급하지 않은 부분은 인정하지 않고 있으며, 누구나 쉽게 알 수 있는 상식에 근거하고 있다.

이상의 역수에 대한 논의에서 우리는 다산이 경전에서 증명할 수 없는 것은 부정하고, 또 점서라는 측면에서 역수를 해석하고 있음을 알 수 있다. 또한 수에 대한 의미를 가능한 한 축소하고 있음을 볼 수 있다. 이것은 서법에서 기본적으로 인정되는 것 이외에 숫자가 사용되는 것에 대한 거부를 의미한다. 동시에 소옹의 수학적 역 이해가 후대에 미친 악 기능을 거부하는 것을 뜻하기도 한다. 당시 술수가들이 역학을 통해 백성을 미혹하게 한 것에 대한 강한 비판이 담겨 있기도 하다.

5. 결론

이 글은 먼저 수와 과학이라는 화두를 가지고 시작하였다. 인류 문화의 발전에 있어서 수에 대한 인식 수준이 과학의 발전과 무관하지 않다는 전제를 하고 있기 때문이다. 그러나 그렇다고 해서 이 글에서 수와 과학의 문제를 다루려고 한 것은 아니다. 필자가 관심 있는 것은 수와 과학이 불가분의 관계임을 전제로 하고, 그 전제 위에서 역학에서 수의 문제가 어떻게 다루어지고 있는가 하는 점이다. 특히 조선의 지성을 대표한다고 할 수 있는 다산 정약용의 역수에 대한 이해를 다루어 봄으로써 다산의 과학적인 정신의 일면을 살펴볼 수 있지 않을까 하는 생각에서 이 글은 출발하고 있다.

주지하듯이 역학에는 크게 상수학과 의리학이라는 두 흐름이 존재하고 있다. 역을 상과 수의 관점에서 해석하느냐, 아니면 의와 리의 관점에서 해석하느냐에 따라 역에 대한 해석이 달라진다. 역학의 한 분류로 상수학이 존재한다는 것은 역과 수학이 밀접한 관련이 있음을 말해준다.

역학사에서 수를 가지고 역을 해석한 대표적인 학자가 소옹이다. 소옹의 역학은 이진법이라는 수학적 성과에 기반하여 선천역학을 열었다. 선천역학은 매우 논리적인 구조로 되어 있으며, 또 매우 참신한 이론이었다. 그래서 주자는 소옹의 역학을 받아들이고, 자신의 역학 저서인 『주역본의』의 첫머리에 그의 그림을 실은 것이다. 이로 인해 소옹의 역학은 주자를 통해 존중되었고, 후대에 막대한 영향을 끼쳤다.

조선의 역학은 경학의 일반적 경향과 마찬가지로 주자학적 전통에 서 있다. 그래서 조선에서 소옹의 역학은 존중되고 발전하였다. 그러나 조선 후기에 들어오면서 주자학의 영향력은 일정하게 약화하기 시작한다. 역학에서도 이를 확인할 수 있는데, 필자는 그것을 다산을 통해서 확인하였다.

즉, 대연의 수는 주자의 해석과 달리 64괘의 형성과정에 있어서 12벽괘에서 연역되어진 연괘 50이라는 점, 하늘의 수 3과 땅의 수 2에 대해서 주자가 「하도」와 「낙서」에 근거하여 설명한 것을 비판한 점 등이 그것이다.

그리고 동시에 소옹의 선천역학 비판을 통한 역수에 대한 이해는 다산의 과학적 정신의 일면을 볼 수 있게 해 주었다. 특히, 하늘의 수 3과 땅의 수 2에 대한 비판에서 원주율 π를 인식하고 이용한 점, 그리고 팔괘의 형성에 있어서 '일분위이법' 으로 설명할 수 없음을 논리적으로 증명한 점 등은 매우 정밀하고 치밀하다.

또한 다산이 역학에서 수에 대한 의미를 가능한 한 축소하고 있음을 알 수 있다. 하늘의 수 3과 땅의 수 2에 대해서 양효와 음효의 형태로부터 간단하게 설명한 점, 소옹 사상의 수를 전면 부정하여 그와 같은 수가 존재하지 않다고 한 점 등이 그것이다. 이것은 당시에 술수학의 만연으로 인한 폐해에 대한 강한 반발이기도 하다.

일반적으로 보면, 수에 대한 인식의 심화 · 발전은 그만큼 과학 수준의 심화 · 발전을 의미한다. 소옹의 역학에서의 수학적 성과는 이러한 측면에서 마땅히 평가되어야 한다. 이는 「복희육십사괘차서도」 등에 대한 이진법적 적용에서 알 수 있다. 그러나 수에 대한 잘못된 인식의 심화 · 발전은 잘못된 결과를 초래할 수 있다. 이는 소옹 등의 상수학자들의 역학이론이 술수학 등의 이름으로 수많은 폐해를 가져온 점 등에서 알 수 있다.

5부. 다산 역학과 출토 역학

제12장

『주역』의 역사易詞 형성과 서법筮法의 상관관계

1. 여는 말

본 글은 『주역』 그 자체 즉 『주역』 고경古經[1]의 형성과정과 서법筮法의 상관관계를 고찰하는 것이 그 목적이다. 『주역』 고경 즉 『주역』의 괘효사가 어떻게 형성되었는가 하는 문제는 『주역』 연구의 매우 기본적이면서 중요한 문제이다. 고사변파의 홍성으로 인해 『주역』의 괘효사 즉 역사易詞가 중국 고대의 점친 기록이라는 주장이 여전히 지배적인 견해라 할 수 있지만, 반면에 『주역』 역사易詞가 중국 고대의 철학적 사유 내지 윤리적 사유에 의해 형성된 것이라는 주장도 제기되고 있다.

『주례周禮』「춘관春官」 점인占人 조를 보면, "무릇 점치는 일이 끝났으면, 그 결과를 기록해두고. 한 해가 끝났을 때, 그 점의 적중 여부를 계산한다."[2]라고 되어 있다. 이를 통해 보면, 『주역』 역사의 형성과 점친 기록

1) 필자는 『주역』 고경古經을 『주역』과 『역전易傳』이 통합된 통행본 『역경易經』이 아닌 『역전易傳』이 형성되기 전의 『주역』 원 텍스트를 지칭하는 것으로 쓰고자 한다.

은 서로 관련성이 있다고 볼 수 있다. 필자도 『주역』의 역사易詞가 기본적으로 점친 기록을 토대로 형성되었다는 점에는 동의한다. 그러나 그렇다고 해서 『주역』의 역사가 단순히 점친 기록을 정리한 것일 뿐이라는 견해는 동의하기 어렵다. 왜냐하면, 『주역』의 역사가 단순히 점친 기록일 수 없는 여러 가지 논거가 존재하기 때문이다. 『계사전』의 '觀象, 繫辭' 는 그 대표적인 논거 중의 하나이다. '觀象, 繫辭' 는 『주역』의 괘효사가 '상' 을 근거로 지어졌다는 의미이다. '觀象, 繫辭' 에 관한 역대 역학가의 수많은 주석은 차치하더라도 비근한 예를 들면, 정괘鼎卦의 괘상은 중국 고대의 예기인 '정鼎' 을 방불하므로, 정괘鼎卦의 여섯 효사에는 모두 '정鼎' 이라는 '사詞' 가 붙어 있다.

본 연구는 이처럼 『주역』 역사가 단순히 점친 기록일 수 없다는 전제로 논의를 전개하고자 한다. 필자는 특히 『주역』 역사의 형성과 서법筮法이 어떤 상관관계가 있는지를 고찰하려 한다. 『주역』 역사의 형성과 서법이 서로 상관관계를 가지는 주된 이유는 효제爻題[3]에 있다. 효제는 주지하듯이 초初 · 이二 · 삼三 · 사四 · 오五 · 상上과 구九 · 육六의 조합으로 이루어져 있다. 앞의 초初 · 이二 · 삼三 · 사四 · 오五 · 상上은 어렵지 않게 이해할 수 있으나, 뒤의 구九 · 육六은 서법筮法을 모르면 이해하기 쉽지 않다. 구九 · 육六은 서법을 통해 얻어지는 결과 중의 구九 · 육六을 의미한다. 물론 서법을 통해 얻어지는 결과에는 구九 · 육六 외에도 칠七 · 팔八이 있다. 따라서 효제爻題에 칠七 · 팔八이 쓰이지 않고, 구九 · 육六이 쓰이는 이유도 앞으로 깊이 있게 검토해야 할 과제 중의 하나이다.

---

2) 孫詒讓 撰, 1987, 『周禮正義』, 北京 : 中華書局, 1963, "凡卜簭旣事, 則繫幣以比其命. 歲終, 則計其占之中否."

3) 효제爻題: 효의 명칭으로 현재 통행본 『주역』의 효제는 음양을 나타내는 육六과 구九, 효위를 나타내는 초, 이, 삼, 사, 오, 상으로 구성되어 있다.

서법에서 구九·육六은 기본적으로 변괘를 의미한다. 물론 그렇지 않은 주장도 있지만 본 연구에서는 이에 대해서는 다루지 않기로 한다. 서법에서 구九·육六이 변괘를 의미한다는 것은 본괘와 지괘를 가진다는 의미이다. 따라서 『주역』 역사의 형성과 서법의 상관관계를 고찰한다는 것은 역사의 형성과 변괘가 서로 상관관계를 가지고 있느냐 하는 문제를 뜻한다.

지금까지 『주역』 고경 그 자체의 형성과정을 고찰한 연구 중 서법과의 상관관계를 직접적으로 고찰한 연구는 거의 찾아볼 수 없다. 물론 역학 연구에 있어서 효변의 문제를 고찰한 경우는 상당수 존재하지만, 변괘와 역사易詞의 형성 사이에 어떤 관련성이 있는지에 대한 고찰은 다른 차원의 문제라 할 수 있다. 따라서 이러한 점에서 본 연구의 의의가 있다 하겠다.

필자는 우선 효제爻題의 기원과 변천에 대해 고찰하고자 한다. 현재 통용되는 효제가 언제부터 쓰였는지 그 기원을 살펴보는 것이 필요하다. 출토 문헌에 의하면, 현재 통용되는 효제는 대략 전국시대에 형성된 것으로 보인다. 예를 들어, 출토 문헌인 상해박물관 소장의 전국초죽서를 보면 현재 통용되는 효제가 나타난다.[4] 효제가 언제부터 나타났는지 정확하게 알기는 어렵지만, 최소한 전국시대에는 현재 통용되는 효제가 존재했었다는 것을 알 수 있다. 반면에 춘추시대에는 현재 통용되는 효제가 존재하지 않은 것으로 추정된다. 이는 『춘추좌전』의 점서례占筮例를 통해 알 수 있다. 즉, 『춘추좌전』의 점서례를 보면 오늘날 통용되는 효제는 보이지 않고, '모괘지모괘某卦之某卦' 형태가 등장한다. 『춘추좌전』의 모든 점서례에 오늘날 통용되는 효제가 나타나지 않는다는 것은 춘추시대에 오늘날 통용되는 효제가 존재하지 않았다는 것을 말해준다. 따라서 필자는 춘추시대와 전국시대를 나누어서 서법과 『주역』 역사 형성의 상관관계를

4) 馬承源主編, 2003, 『上海博物館藏戰國楚竹書(三)·周易』, 上海: 上海古籍出版社 참조.

고찰해보고자 한다.

다음으로 현재 통용되는 대표적인 서법인 『역학계몽』의 서법과 『주역본의』에 나타난 역사 해석의 상관관계에 대해 고찰해보고, 그다음으로 자신만의 독특한 서법을 제기한 다산 정약용의 서법과 『주역사전』에 나타난 역사 해석의 상관관계에 대해 고찰해보고자 한다.[5] 이를 통해 서법과 역사 형성의 상관관계에 대한 선명한 대비를 이끌어낼 수 있을 것으로 판단된다.

필자는 「정약용 효변론의 대한 비판적 고찰 - 「춘추관점보주春秋官占補註」의 효변설을 중심으로」[6]라는 논문에서 춘추시대의 점서례에 대해서 고찰한 바 있으며, 이를 통해 춘추시대에는 현재 통용되는 효제爻題가 쓰이지 않았고, '모괘지모괘某卦之某卦' 라는 형태의 변괘가 쓰였음을 고찰하였다. 그리고 이러한 '모괘지모괘' 라는 변괘의 형식이 역사 형성과 어떠한 상관관계를 갖는지를 황도주黃道周의 『역상정易象正』을 통해 일정부분 고찰한 바 있다.[7] 필자는 이러한 기존의 연구 성과에 기반하여 춘추시대, 전국시대, 경학시대로 나누어 서법과 역사 형성의 상관관계를 고찰하고자 한다.

---

5) 주희와 정약용의 경우, 이 글의 주제인 '서법과 역사易詞 형성의 상관관계' 라는 표현 대신에 '서법과 역사易詞 해석의 상관관계' 라고 표현한 것은 주희와 정약용의 경우 서법과 역사易詞 해석의 상관관계를 고찰함으로써 서법과 역사易詞 형성의 상관관계를 추론할 수 있기 때문이다.

6) 임재규, 2013, "정약용 효변론의 대한 비판적 고찰 - 「춘추관점보주春秋官占補註」의 효변설을 중심으로", 「종교와 문화」 24호.

7) 임재규, 2013, "中國 易學史에 나타난 爻變論 연구-陳應潤, 黃道周, 包儀의 爻變論을 중심으로", 「대동문화연구」 제82집.

2. 춘추시대의 서법筮法과 역사易詞 형성의 상관관계

춘추시대의 서법을 이해하기 위해서는 『춘추좌전春秋左傳』의 서례筮例를 참고할 필요가 있다. 『춘추좌전』의 서례에 대해서는 역대 많은 학자들이 연구한 바가 있고, 다산도 이에 대한 전문적인 주석인 「춘추관점보주春秋官占補註」를 지었다. 「춘추관점보주」의 서례를 간략히 정리해보면 다음과 같다.[8] 1) 관지비觀之否, 2) 준지비屯之比, 3) 대유지건大有之乾, 4) 고蠱, 5) 귀매지규歸妹之睽, 6) 대유지규大有之睽, 7) 복復, 8) 간지팔艮之八, 9) 간지수艮之隨, 10) 곤지대과困之大過, 11) 명이지겸明夷之謙, 12) 준지비屯之比, 13) 곤지비坤之比, 14) 태지수泰之需, 15) 준예지곤개팔屯豫之坤皆八, 16) 태지팔泰之八, 17) 건지비乾之否. 『춘추좌전』에 나오는 이러한 서례는 역사적 기록이라 할 수 있으며, 따라서 이러한 서례는 춘추시대의 서법筮法을 나타내고 있다고 보아야 한다. 위의 서례들을 분석해보면, 8) 간지팔艮之八, 15) 준예지곤개팔屯豫之坤皆八, 16) 태지팔泰之八 등 이 3례는 『주역』의 서법과 다른 서법에 의한 서례로 다산은 판단한다. 즉 다산은 이러한 서례는 『주역』의 서법이 아닌 하나라와 상나라의 옛 서법으로 본다. 필자는 이러한 다산의 견해에 따라 이 3례의 서례는 『주역』의 서법이 아닌 것으로 보고 논의에서 제외하기로 한다. 이 3례를 제외한 나머지 서례는 현재 통용되는 『주역』의 서법으로 점을 친 기록으로 볼 수 있다. 즉 이른바 『계사전』의 '대연서법大衍筮法' 에 의한 기록으로 볼 수 있다. '대연서법' 에 의하면 '4영18변' 의 과정을 거쳐 하나의 괘를 얻게 되는데, 보통은 변효가 존재하게 된다. 따라서 위의 『춘추좌전』의 '모괘지모괘某卦之某卦' 라는 형식의 서례들이 나타나는 것이다.

---

8) 丁若鏞, 2012, 「春秋官占補註」, 『周易四箋 Ⅱ』 권3, 『定本 與猶堂全書 16』, 다산학술문화재단, 216-244.

그런데 서법은 글자 그대로 점치는 방법을 뜻하는 것으로, 이러한 서법을 통해 얻은 결과를 기록하고 그 결과를 해석한 위의 『춘추좌전』의 서례는 실제 『주역』 역사의 형성과는 직접적인 관련성은 없다. 하지만, 『춘추좌전』에는 이러한 서례뿐만 아니라 『주역』의 괘효사도 등장하는데, 「춘추관점보주」에 의하면 채묵대룡지언蔡墨對龍之言에서 잘 나타난다. 이 채묵대룡지언은 실제 점친 기록이 아니라 채묵이 용에 대해 말하면서 『주역』을 인용한 경우에 해당한다.

가을에 용이 강絳이라는 땅의 교외에 나타났다. (이 일에 대해) 위헌자가 채묵에게 물었다. 채묵이 대답하기를, "『주역』에도 있습니다. 건지구乾之姤의 효사에는 '잠룡이니 쓰지 말라' 라고 되어 있고, 건지동인乾之同人의 효사에는 '용이 밭에 나타나다' 라고 되어 있고, 건지대유乾之大有의 효사에는 '용이 하늘을 날다' 라고 되어 있고, 건지쾌乾之夬의 효사에는 '항룡이니 후회함이 있을 것이다' 라고 되어 있고, 건지곤乾之坤의 효사에는 '나타난 여러 마리의 용이 머리가 없으니 길하다' 라고 되어 있고, 곤지박坤之剝의 효사에는 '용이 들에서 싸운다' 라고 되어 있습니다. 만약 용이 빈번하게 나타나지 않았다면 누가 그것을 사물로 지칭했겠습니까?[9]

이를 통해 보면, 춘추시대에는 현재 통용되는 효제爻題가 쓰이지 않았고, '모괘지모괘某卦之某卦' 라는 형식의 효제가 쓰였음을 알 수 있다. 따라서 우리는 춘추시대의 『주역』의 원문은 "乾之姤潛龍勿用, 乾之同人見龍在

9) 丁若鏞, 2012, 「春秋官占補註」, 『周易四箋 II』 권3, 『定本 與猶堂全書 16』, 다산학술문화재단, 239, "秋, 龍見于絳郊. 晉魏獻子問於蔡墨. 墨對曰: "周易有之.在乾之姤曰: '潛龍勿用', 其同人曰: '見龍在田', 其大有曰: '飛龍在天', 其夬曰: '亢龍有悔', 其坤曰: '見群龍無首吉', 坤之剝曰: '龍戰于野'. 若不朝夕見, 誰能物之.""

田利見大人, 乾之履君子終日乾乾夕惕若厲無咎, 乾之小畜或躍在淵無咎, 乾之大有飛龍在天利見大人, 乾之夬亢龍有悔, 乾之坤見群龍無首吉" 등의 형태로 존재했음을 추정할 수 있다. 이렇게 되면,『주역』역사의 형성과 서법의 관계에 유의미한 근거를 제공하게 된다. 즉 '건지구乾之姤' 와 '잠룡물용潛龍勿用', '건지동인乾之同人' 과 '현룡재전이견대인見龍在田利見大人' 이 서로 관계를 맺게 된다. 다시 말하면, '모괘지모괘某卦之某卦' 의 형태가 춘추시대 서례의 경우에서는 점친 결과를 기록한 것이 되지만, 서례의 경우가 아닌 경우의 '모괘지모괘' 는『주역』역사 형성과 관련을 맺게 되는 것이다.

이렇게 본다면『주역』효사가 형성되기 전에 먼저 '모괘지모괘' 가 형성되었을 것으로 추측할 수 있다. 즉『주역』효사가 형성되기 전에는 예를 들어 건괘乾卦의 경우, "乾之姤, 乾之同人, 乾之履, 乾之小畜, 乾之大有, 乾之夬, 乾之坤" 만 존재했을 것이다. 반면에 현재 통용되는 효사인 "潛龍勿用, 見龍在田利見大人, 君子終日乾乾夕惕若厲無咎, 或躍在淵無咎, 飛龍在天利見大人, 亢龍有悔, 見群龍無首吉" 는 존재하지 않았을 것이다. 따라서 '모괘지모괘' 의 형태는 효사를 형성하는 가장 근원적인 원인이 되었을 것으로 판단되고, 이러한 '모괘지모괘' 의 형태에 기반하여 효사가 만들어졌을 것으로 추정된다.

물론 '모괘지모괘' 는 현재 통용되는 서법과 연관이 있으며, 따라서 서주 초기의『주역』의 효사가 형성되는 시기에도 이 서법은 사용되었으리라 판단된다. 이는 중국 출토 문헌에서 자주 등장하는 숫자 괘를 통해서도 증명이 된다. 서주 초기로 판명되는 출토 문헌에 나타나는 숫자 괘 중 상당수가 두 괘가 동시에 나타나는 경우가 많은데, 이러한 두 개의 숫자 괘는 현재 통용되는 서법에 의해 나타나는 변괘變卦로 보는 경우가 많다. 이러한 점에서『주역』역사의 형성과 서법은 밀접한 연관이 있다고 하겠다.

춘추시대 이전의 효제爻題가 '모괘지모괘某卦之某卦' 라는 것은 효사 형성 이전에 이미 괘명과 괘사가 존재하였음을 말해준다. 당연한 말이지만, 64개의 괘가 먼저 만들어지고 나서 384개의 효사가 만들어졌을 것이다. 64개의 괘가 만들어졌다는 것은 괘명과 괘사가 만들어졌다는 것을 의미한다. 여기서 8괘에서 64괘로의 중괘를 누가 했는지는 논외로 하겠으며, 64괘의 괘명과 괘사를 누가 만들었는지도 논외로 하고자 한다. 다만 64괘의 괘명과 괘사가 만들어지고 나서 384개의 효사가 만들어졌을 것으로 추정하는 것은 논리적으로 자연스러운 일이며 문제가 되지 않으리라 판단된다.

숫자 괘에 대한 연구에 의하면, 서주 초기에는 현재와 같은 괘의 형태가 존재하지 않았던 것으로 보인다. 현재 통용되는 괘의 형태는 음효와 양효로 구성되어 있다. 즉 서주 초기에는 현재 통용되는 음효와 양효는 존재하지 않았을 것으로 판단되고, 대신 숫자의 형태로 존재했을 것으로 추정된다. 장정랑張政烺 선생과 이학근李學勤 선생에 의해 서주 초기의 출토 문물로 확인된 중방정中方鼎에 새겨진 부호는 숫자 괘라는 주장이 제기되었고, 이 주장은 학계에 매우 설득력 있게 받아들여지고 있다.[10] 이 주장에 따라 서주 초기의 괘의 형태를 숫자 괘로 정리할 수 있다. 즉 중방정에 새겨진 숫자 괘를 예로 들면, '七八六六六六', '八七六六六六' 이 된다. 64괘의 형태를 확정할 수는 없지만 대략 기수와 우수의 조합으로 괘를 표현했을 것으로 보인다. 예를 들어, 숫자를 특정할 수는 없지만 건괘乾卦는 기수 6개를 조합했을 것으로 추측된다. 위 중방정의 숫자로 건괘乾卦를 표현하면, '七七七七七七' 이 되겠고, 곤괘坤卦를 표현하면 '六六六六六六' 이 될 것 같다. 따라서 서주 초기의 64괘의 형태는 위의 예처럼 숫자 괘로 존

10) 張政烺 著, 李 零等 整理, 2011, 『張政烺論易叢稿』, 北京: 中華書局, 7-29; 李學勤, 2006, 『周易溯源』, 成都: 巴蜀書社, 210-219 참조.

재했을 것이고, 각 숫자 괘는 괘명과 괘사가 존재했을 것이다.[11]

서주 초기에 숫자 괘의 형태로 64괘가 존재했고, 또 괘명과 괘사가 존재했을 것으로 가정하면, 과연 효사는 어떻게 형성되었을까? 이에 대해 명대 황도주黃道周의 견해를 참고할 필요가 있다. 황도주는 효사가 기본적으로 변괘에 기반하여 본괘와 지괘의 괘사를 참고하여 만들어졌을 것으로 판단한다. 예를 들어, 사괘師卦의 초육 효사인 "군대의 출병은 군율을 따라야 하는데, 그 군율을 따르지 않으면 흉할 것이다."[12]의 형성과 관련해서 황도주의 해석을 살펴보면 다음과 같다.

사지림師之臨

師, 丈人의 일에 길할 것이고, 허물이 없을 것이다.

臨, 크게 형통하고 하는 일이 이로울 것이다. 8월에 흉함이 있을 것이다.

효사의 '師出以律,否臧凶' 중 '師出以律'는 '丈人'의 뜻이고, '否臧凶'은 '八月有凶'의 뜻이다. 날을 들자면 7일에 지극해지고, 달을 들자면 8월에 지극해진다는 것은 7이 양陽의 시작이고 8이 음陰의 끝이기 때문이다. 율律에서도 칠七을 다스리고 8을 제거한다고 했다. (따라서) 7과 8이 만나는 지점은 비장否臧의 경계가 된다. 양陽이 점차 다하면 음陰이 점차 나아가기 때문에 장인丈人이 경계해야 할 바를 언급한 것이다. 이 효사는 단彖과 상象의 뜻이 분명하다.[13]

---

11) 참고로 은나라 역인 『귀장역』도 괘사만 존재한다. 따라서 『주역』의 초기 형태도 괘명과 괘사만 존재했을 것으로 추론하는 것은 타당하다.

12) 黃道周 撰, 翟奎鳳 整理, 2011, 『易象正』, 北京: 中華書局, 150, "師出以律, 否臧, 凶."

13) 黃道周 撰, 翟奎鳳 整理, 2011, 『易象正』, 北京: 中華書局, 21, "師之臨. 師: 貞, 丈人吉, 無咎. 臨: 元亨利貞. 至於八月有凶. 其辭曰: "師出以律, 否臧, 凶." 師出以律者, 丈人之義; 否臧凶者, 八月有凶之義也. 擧日則極於七, 擧月則極於八. 七者陽之始, 八者陰之終也. 律治七而去八, 故七八之會, 否臧分界. 陽節盡而陰節進, 丈人之所愼也. 此條彖象明白第三."

이 사지림師之臨에 대한 황도주의 해석을 살펴보면, 우선 사괘師卦와 림괘臨卦의 괘사를 나열한 점이 특징이다. 이 효사가 형성되기 전에는 당연히 괘명과 괘사만 존재했을 것이다. 따라서 효사의 형성에 괘명과 괘사가 중요한 역할을 했으리라 추론할 수 있다. 이러한 추론을 근거로 황도주는 이 사지림을 해석하고 있는 것이다. 이러한 추론에 근거해서 사괘師卦 초육 효사인 '師出以律, 否臧凶' 은 각각 사괘師卦의 괘사와 림괘臨卦의 괘사의 영향을 받았을 것으로 판단된다. 즉 '師出以律, 否臧凶' 의 '師出以律' 는 사괘師卦의 괘사인 '貞, 丈人吉, 無咎.' 의 영향을 받았다고 보인다. 사괘 괘사의 '장인丈人' 을 군대 장수로 해석할 경우에 그 영향 관계를 찾아볼 수 있는 것이다.[14] 물론 '장인丈人' 을 군대의 장수가 아닌 정치적인 지도자 '대인大人' 으로도 해석할 수 있겠지만, 적어도 황도주의 경우에서는 '장인丈人' 을 군대의 장수로 해석하고 있는 것이다. 그리고 '否臧凶' 은 림괘臨卦의 괘사인 '臨: 元亨利貞. 至於八月有凶.' 의 영향을 받았다고 보인다. 8월에 흉함이 생기는 이유는 양이 점차 없어지고 음이 점차 생기기 때문이다. 여기서 양은 선함을 상징하고 음은 악함을 상징한다. 군대에서 군율을 지키는 것은 선함이고 군율을 지키지 않는 것은 악함이다. 따라서 군율을 지키지 않는 경우에 흉함이 생기는 것은 음양의 이치와 함께 자연스러운 것이다. 이렇게 보면 '否臧凶' 이 림괘의 괘사인 '臨: 元亨利貞. 至於八月有凶.' 의 영향을 받아 형성되었다고 추론할 수 있다. 하나의 예를 더 들자면, 기제지명이既濟之明夷를 들 수 있다.

기제지명이既濟之明夷

기제既濟: 형통하고 하는 일에 있어서 작은 이익이 있을 것이다. 처음에는

14) 다산은 '丈人' 을 군대 장수로 해석한다. 丁若鏞, 2012, 「澤雷隨」, 『周易四箋 I』 권3, 『定本 與猶堂全書 15』, 다산학술문화재단, 163-4 참조.

길하고 끝에는 혼란할 것이다.

명이明夷: 험난한 일을 하더라도 이로울 것이다.

기제지명이既濟之明夷의 효사인 "동쪽 이웃이 소를 잡아 제사함은 서쪽 이웃의 약제禴祭만 못하니, (서쪽 이웃이) 실제 그 복을 받을 것이다."는 바로 명이괘明夷卦를 말한 것이다. 명이괘는 문왕文王의 일을 서술한 것이다. 동쪽 이웃은 그 끝이 혼란할 것이고 서쪽 이웃은 그 시작이 길할 것이다. 주공周公이 문왕의 업을 이어받아 두 괘의 단사를 취해 서로 더하여, 가까이는 64괘, 나아가 4,096괘, 멀리는 262,144괘의 이치와 뜻이 분명해지니, 감히 문왕의 설을 위배하여 자신의 설을 내세우지 않은 것이다. 효사에 드러나거나 감추어진 것이 있어 뜻이 바로 맞지 않을 경우가 있을 때에는 마땅히 깊이 사색하여야 하며, 단彖은 단彖일 뿐이고 효爻는 효爻일 뿐이며, 단彖은 자체로 체体가 되고 효爻는 자체로 용이 될 뿐이며, 한 단彖의 체体는 각 효사爻辭와 서로 통하지 않고, 하나의 효사를 형성하는 두 괘의 단사彖辭는 효상爻象과 서로 통하지 않는다고 해서는 안 된다. 이 조항의 단상彖象과 다른 조항을 서로 비교해보면 더욱 분명할 것이다.[15)]

기제지명이既濟之明夷는 기제괘의 구오효로 문왕의 일을 서술하고 있다. 왜냐하면 이 효사는 기제괘와 명이괘의 두 괘사로부터 유래되었고, 명이괘가 문왕의 일을 서술한 괘이기 때문이다. 따라서 기제괘 구오효의

15) 黃道周 撰, 翟奎鳳 整理, 2011, 『易象正』, 北京: 中華書局, 25, "既濟之明夷. 既濟: 亨, 小利貞. 初吉, 終亂. 明夷: 利艱貞. 其辭曰: "東隣之殺牛, 不如西隣之禴祭, 實受其福." 是正謂明夷者也. 明夷者, 文王之事也. 東隣終亂, 而西隣初吉. 周公之師文王, 特取兩彖之辭, 彼此相加, 近而六十四, 中而四千九十六, 賾而二十六萬二千一百四十四, 理義晢然, 必不敢悖文王之說, 以自爲說. 至於辭有顯晦, 義難遽合, 亦當涵泳繹思, 必不可謂彖自彖, 爻自爻, 彖自爲體, 爻自爲用, 一彖之體不通於各爻之辭, 兩彖之辭不通於衆爻之象也. 此條彖象與諸條相較尤爲明白第十九."

효사가 문왕과 주紂의 일을 서술하게 된 이유가 명확하게 설명이 된다. '동쪽 이웃' 은 주紂가 되고, '서쪽 이웃' 은 문왕이 된다. 이러한 명증으로 인해 황도주는 기제지명이를 해설하면서 爻에 대한 자신의 견해를 분명하게 설명하고 있다. 즉 하나의 효사와 그 효사를 형성하는 두 개의 괘사는 서로 유기적으로 연관되어 있다는 것이다. 다만 그 연관성이 기제지명이처럼 분명하게 드러나는 경우도 있지만 이와 달리 그 연관성이 분명하게 드러나지 않는 경우는 이리저리 깊이 사색하다 보면 그 연관성을 반드시 이해하게 될 것이라는 점이다.[16)]

이상 황도주의 견해를 통해 보면, 효사의 형성과 '모괘지모괘某卦之某卦' 의 효제爻題는 서로 관련성을 가진다고 판단된다. 물론 황도주의 언급처럼 모든 효사의 형성과 '모괘지모괘' 의 관련성을 밝히기는 쉽지 않다. 그렇다고 끊임없이 사색한다고 해서 그 연관성을 완벽하게 규명하기도 쉽지 않다. 다만 여기서 최소한 효사의 형성과 '모괘지모괘' 의 연관성이 있음을 확인하는 것에 그 의의가 있을 것 같다. 다시 정리하면, 효사의 형성과 춘추시대 『주역』의 대연서법大衍筮法은 서로 연관성을 찾아볼 수 있으며, 효사의 형성에 '모괘지모괘' 의 두 괘명과 괘사가 영향을 주었다고 볼 수 있다.

---

16) 위의 두 가지 예 이외에도 황도주는 「本卦說象明義凡例十九條」에서 효사의 형성과 '모괘지모괘某卦之某卦' 의 관련성을 설명하고 있다. 이에 대한 자세한 내용은 「本卦說象明義凡例十九條」의 각 조항을 참고할 수 있다. (黃道周 撰, 翟奎鳳 整理, 2011, 『易象正』, 北京: 中華書局, 20-25 참조.)

3. 전국시대의 서법筮法과 역사易詞 형성의 상관관계

춘추시대의 『주역』의 서법은 앞에서도 살펴보았지만, 대연서법大衍筮法이 중심적인 위치를 차지한 것으로 보이며, 대연서법은 전국시대에도 여전히 유효하게 실행된 것으로 보인다. 이는 전국시대로 확인된 출토 자료를 통해 분명히 알 수 있다. 1978년 호북성 강릉현江陵縣 천성관天星觀 1호묘에서 출토된 죽간을 보면 복서 기록이 있으며, 이 복서 기록 중 변괘에 해당하는 8조의 숫자 괘가 존재한다. 이 8조의 숫자 괘를 열거하면 다음과 같다. "一一一一一六, 六六一六一六, 一一一六七六 八一一一六六, 一六一六六一 九一一一一一, 一六六六六六 六六六六六六, 一六六六六六 一六六六六六, 六六七六六八 六六七六七七, 五七六八七七 一七六七八六."[17] 이 숫자 괘를 기수를 양효로, 우수를 음효로 변환하면, 각각 '姤之解, 訟之咸, 噬嗑之乾, 剝之坤, 剝之剝, 豫之歸妹, 中孚之漸' 이 된다. 이를 통해 보면, 전국시대에도 대연서법은 『주역』의 중심 서법임을 알 수 있다.

장정랑 선생의 견해에 의하면, 이러한 숫자 괘의 숫자가 현재 통용되는 양효와 음효로 점진적으로 전환되었다. 즉 숫자 일一은 현재 통용되는 양효로 숫자 육六은 현재 통용되는 음효로 각각 전환되었다고 보고 있다. 숫자 괘에 등장하는 숫자는 대략 일一, 오五, 육六, 칠七, 팔八, 구九이고, 이 6개의 숫자 중 일一과 육六이 가장 빈번하게 등장하는 숫자이다. 장정랑 선생의 통계에 의하면 위 천성관 1호묘에서 출토된 숫자 괘 중 약 90%의 숫자가 일一과 육六이라고 한다.[18] 이렇게 본다면 일一이 현재 통용되는 양효로, 육六이 현재 통용되는 음효로 각각 전환되었다고 보는 장정랑 선생의 견해는 설득력이 있다고 하겠다.

17) 張政烺 著, 李 零等 整理, 2011, 『張政烺論易叢稿』, 北京: 中華書局, 51-53에서 재인용.
18) 張政烺 著, 李 零等 整理, 2011, 『張政烺論易叢稿』, 北京: 中華書局, 51 참조.

한편 춘추시대의 효제爻題가 '모괘지모괘某卦之某卦'의 형태였다면, 전국시대의 효제는 오늘날 통용되는 효제인 초初, 이二, 삼三, 사四, 오五, 상上과 구九, 육六이 결합한 형태가 등장한다. 즉 건괘乾卦의 초구, 구이, 구삼, 구사, 구오, 상구, 그리고 곤괘坤卦의 초육, 육이, 육삼, 육사, 육오, 상육 등이다. 이러한 효제의 등장은 오늘날 통용되는 양효와 음효의 형성과 함께 역학사상 매우 중요한 사건이라 할 수 있다. 왜냐하면 이러한 효제의 등장은 『주역』의 괘효사를 해석하는 데 새로운 근거로 작용하고 있기 때문이다. 전국시대 이러한 효제의 등장 이후 역학사는 이 효제와 불가분의 관계로 발전해왔다고 하지 않을 수 없다. 특히 효제 중의 구九와 육六은 『주역』의 대연서법과의 연관성을 나타내주는 또 다른 표지로 중요한 역할을 해왔다. 중국 역학사의 효변설은 이에 기반하고 있음은 주지의 사실이다.

그런데 현재 통용되는 양효와 음효의 등장과 현재 통용되는 효제의 등장은 『주역』 괘효사의 해석에 매우 중대한 영향을 미쳤을 뿐만 아니라 『주역』 괘효사의 형성과 관련된 문제에서도 중요한 기준이 되었다고 할 수 있다. 사실 서주 초기 『주역』 괘효사가 형성될 때 64괘의 형태는 앞에서도 간략하게 살펴보았지만 숫자 괘의 형태로 추정된다. 반면에 전국시대에 들어오면서 현재 통용되는 양효와 음효의 등장과 현재 통용되는 효제의 등장으로 인해 전국시대의 64괘의 형태는 서주 초기 64괘의 형태와 상당한 정도로 변화되었다. 따라서 본 논문의 주제인 『주역』 역사易詞 형성의 과정을 추적하는 데에서도 이러한 변화는 매우 중요한 요소가 된다. 이러한 변화를 고찰하기 위해 필자는 위나라 왕필의 『주역주周易注』와 『주역』 역사易詞 형성이 어떠한 연관 관계를 맺는 지를 살펴보고자 한다.

전국시대 오늘날 통용되는 효제와 음양효의 등장은 역학사에 있어서 하나의 획기적인 사건이며, 이로 인해 『주역』 해석에도 획기적인 변화가 일어났다. 위나라 왕필의 『주역주周易注』가 이를 대변한다. 왕필은 『주역』 해석에 있어서 서법의 영향을 제거하였을 뿐만 아니라 새로운 효제의 등장으로 인한 효의 위치와 효의 음양을 『주역』 해석의 중요한 요소로 삼기 시작했다. 사실 오늘날 통용되는 효제가 등장하기 전에 『주역』 해석에 있어 효의 위치와 효의 음양을 고려하기는 쉽지 않았을 것이다. 그러나 전국시대 새로운 효제의 등장으로 인해 효의 위치와 음양이 『주역』 해석의 중요한 기준이 되었고, 상대적으로 서법의 영향은 점차 자취를 감추게 된 것으로 보인다.

왕필의 『주역주』에 나타나는 『주역』 해석의 주요한 방법론은 효의 위치와 음양을 고려한 것으로 이른바 '승承 · 승乘 · 비比 · 응應' 등의 방법이 이에 속한다. 왕필은 이러한 방법론을 원용하여 기존의 상수학적 방법론과 서법筮法적 영향을 일소해버렸다. 이런 점에서 전국시대 새로운 효제의 등장은 왕필 이후 상수학적 방법론을 대체하는 결과를 가져왔다고 할 수 있다. 그러면 이러한 왕필의 『주역』 해석이 『주역』 역사의 형성과는 어떠한 관계가 있는지 고찰해보기로 하겠다. 우선 건괘乾卦 구사九四의 효사인 "九四, 或躍在渊, 无咎"[19]를 예로 들어 살펴보자. 왕필은 구사 효사에 대해 다음과 같이 해석한다.

> "하체下体의 위를 지나 상체上体의 아래에 거하니 건도乾道의 변화의 때에 해당한다. 위로 하늘에 있지 않고, 아래로 밭에 있지 않으며, 가운데로 사람에 있지 않다. 중강重剛의 위험에 처해 있지만 정해진 거처도 없으니 이는 진실로 진퇴進退를 정할 수 없는 때이다.[20]

19) (魏)王 弼 撰, 樓宇烈 校釋, 2011, 『周易注(附周易略例)』, 北京: 中華書局, 2.

20) (魏)王 弼 撰, 樓宇烈 校釋, 2011, 『周易注(附周易略例)』, 北京: 中華書局, 2, "去下体之极, 居上体之下, 乾道革之時也. 上不在天, 下不在田, 中不在人, 履重剛之險, 而无定位所處,

왕필의 이러한 주석은 효의 위치와 음양 관계 등으로 해석한 것이다. '승承 · 승乘 · 비比 · 응應' 등의 효위 이론에 의하면 효의 초初와 이二는 땅을 나타내고 삼三과 사四는 사람을 나타내고 오五와 상上은 하늘을 나타낸다. 그래서 '上不在天, 下不在田, 中不在人' 이라 했다. 그런데 이 해석에서 '上不在天, 下不在田' 은 쉽게 이해할 수 있지만 '中不在人' 은 이해하기 쉽지 않다. '승承 · 승乘 · 비比 · 응應' 등의 이론에 의하면 효의 三과 四는 사람을 나타내는데, 왕필은 '中不在人' 으로 해석하고 있기 때문이다. 그리고 "九四, 或躍在渊, 无咎" 의 '渊' 도 이 이론에 따라 해석하기가 쉽지 않다. 왜냐하면 '승承 · 승乘 · 비比 · 응應' 등의 효위 이론에 의하면 '渊' 은 '地' 에 속해야 하기 때문이다. 이를 통해 보면, 전국시대 새로운 효제의 등장은 『주역』 해석에 있어서 새로운 가능성을 제시해주었지만, 반면에 『주역』 역사 형성에 대한 합리적 해석을 어렵게 한 측면이 있다고 하겠다. 하나의 예를 더 들면, 豫卦 초육의 효사인 "初六, 鳴豫, 凶."[21]에 대해 왕필은 다음과 같이 해석한다.

> 예豫의 처음에 처하여 특별히 위의 뜻을 얻었지만 즐거움이 지나쳐 음란해지고 뜻이 궁해지니 흉하게 된다. 어찌 지나치게 즐길 수 있겠는가?[22]

왕필의 이러한 해석은 『상전象傳』의 "象曰: '初六鳴豫', 志窮, 凶也." 를 참고하여 해석한 것이지만, '승承 · 승乘 · 비比 · 응應' 등의 효위 이론과는 맞지 않는 측면이 있다. 즉 豫卦 初六은 음효이면서 구사효와 서로 상

斯誠進退无常之時也."

21) (魏)王 弼 撰, 樓宇烈 校釋, 2011, 『周易注(附周易略例)』, 北京: 中華書局, 93.

22) (魏)王 弼 撰, 樓宇烈 校釋, 2011, 『周易注(附周易略例)』, 北京: 中華書局, 93, "處豫之初, 而特得志于上, 樂過則淫, 志窮則凶, 豫何可鳴?"

응의 관계에 있어 마땅히 좋은 결과가 나와야 하지만 실제는 흉한 결과가 나왔다. 특히 예괘는 구사효만 양효이고 나머지는 모두 음효이어서 구사효와 초육효는 예괘에서 유일하게 상응의 관계에 있기 때문에 '승承·승乘·비比·응應' 등의 효위 이론에 의하면 마땅히 좋은 결과가 나와야 한다. 이러한 점을 통해서 볼 때 왕필의 효위 이론은 『주역』 해석에 있어서 새로운 가능성을 제시해주었지만, 효위 이론 등의 방법론이 『주역』 역사 해석에 있어서 충분한 논리를 제공해주었다고 보기는 어려울 것 같다.

이처럼 전국시대 현재 통용되는 효제爻題의 등장으로 인해 『주역』 해석에 있어서 획기적인 변화가 일어났지만, 이는 춘추시대 '모괘지모괘某卦之某卦'의 형태와 달리 변괘라는 동적인 관계는 사라지고 괘 자체의 효위와 음양 관계가 중시되어 『주역』 역사易詞 형성을 파악할 수 있는 중요한 고리가 사라진 것으로 보인다. 이러한 이유로 『주역』 해석의 고유한 측면이 사라지고 '의리'를 중심으로 한 새로운 역학이 출현하게 된 것으로 보인다.

4. 『주역본의周易本義』와 『역학계몽易學啓蒙』에 나타난 서법筮法과 역사易詞 형성의 상관관계

경학시대를 대표하는 주자의 서법에 관한 이해는 『주역본의周易本義』의 「서의筮儀」와 『역학계몽易學啓蒙』의 「명시책明蓍策」과 「고변점考變占」에 나와 있다. 이 주자의 서법은 『계사전』의 '대연서법'을 이은 것으로 이후 중국 서법의 표준으로 이해되었으며, 오늘날까지 그 서법이 보편적으로 통용되고 있다. 또한 이 주자의 서법은 서주 초기 『주역』의 서법으로 인식되어 왔기 때문에 춘추시대의 『주역』 서법과 전국시대의 『주역』 서법도 기본적으로 주자의 서법과 거의 같은 것으로 이해할 수 있다.

앞에서도 언급하였지만, '대연서법' 은 기본적으로 '4영18변' 이 핵심이며, 이러한 점에서 '대연서법' 은 주자의 서법과 다르지 않다. 다만 주자는 여기에다 '변점變占' 을 고찰하여 나름의 기준을 제시하고 있다. 즉 '4영18변' 을 통해 얻은 괘 중 변효에 따라 어떻게 점을 칠 것인지에 대한 기준을 제시하고 있다. 그 대략적인 내용은 다음과 같다. "괘의 여섯 효가 모두 불변不變일 경우 본괘本卦의 단사彖辭로 점을 치고, 하나의 효가 변할 경우 본괘本卦의 변효 효사爻辭로 점을 치고, 두 개의 효가 변할 경우 본괘本卦의 두 변효 효사爻辭로 점을 치지만 상효上爻가 주가 되고, 세 개의 효가 변할 경우 본괘本卦 및 지괘之卦의 단사彖辭로 점을 치고, 네 개의 효가 변할 경우 지괘之卦의 두 불변효 중 하효下爻가 주가 되고, 다섯 개의 효가 변할 경우 지괘之卦의 불변효로 점을 치고, 여섯 개의 효가 변할 경우 건乾과 곤坤은 용구用九와 용육用六으로 점을 치고, 나머지 괘는 지괘之卦의 단사彖辭로 점을 친다."[23]

그러면, 주자의 이러한 서법에 대한 이해와 『주역』 역사易詞 형성은 어떤 관련이 있을까? 이를 위해서 『주역본의』의 괘효사에 대한 주자의 해석을 고찰할 필요가 있다. 예를 들어, 『주역본의』의 건괘乾卦 초구初九에 대한 주자의 해석을 살펴보면 다음과 같다.

> 초구, 잠겨있는 용이니 쓰지 말라. '潛龍, 勿用' 의 잠潛은 첩捷과 언言의 반절이다. 초구初九는 괘 아래 양효陽爻의 명칭이다. 무릇 괘는 아래에서 위로 그리

23) 胡方平, 1997, 『易學啓蒙通釋』, 『四庫全書薈要』, 吉林人民出版社 影印本. 9-88~91, "凡卦六爻皆不變,則占本卦彖辭. … 一爻變, 則以本卦變爻辭占. … 二爻變, 則以本卦二變爻辭占, 仍以上爻爲主. … 三爻變, 則占本卦及之卦之彖辭. … 四爻變, 則以之卦二不變爻占, 仍以下爻爲主. … 五爻變, 則以之卦不變爻占. … 六爻變, 則乾坤占二用, 餘卦占之卦彖辭."

므로 아래 효를 초初라 했다. 양수陽數 구九는 노老가 되고 칠七은 소少가 되는데 노老는 변하고 소少는 변하지 않으므로 양효陽爻를 구九라 했다. '潛龍, 勿用'은 주공周公이 지은 것으로 한 효의 길흉吉凶을 단정하는데 이른바 '효사爻辭'라고 하는 것이다. 잠潛은 감추어져 있다는 의미이고 용龍은 양陽의 성질을 가진 사물이다. 첫 양陽이 아래에 있으니 널리 베풀어 쓸 수 없다. 그러므로 그 상象이 '潛龍'이 되고, 그 점占을 '勿用'이라 한 것이다. 무릇 점을 쳐 건괘乾卦를 얻었는데 이 효가 변했다면, 마땅히 이 상象을 관찰하고 그 점占을 살펴야 할 것이다. 다른 효도 모두 이를 따른다.[24]

우선 이 인용문을 보면, 주자가 효사爻辭를 지은 작자가 주공周公임을 분명히 하고 있음을 알 수 있다. 그리고 이 인용문에 의하면, 주공이 효사를 지을 때 그 효사에 해당하는 본괘의 효상을 보고 효사를 지었음을 알 수 있다. 즉 건괘乾卦 초구初九 효사의 형성에 대해 주자는 "잠潛은 감추어져 있다는 의미이고 용龍은 양陽의 성질을 가진 사물이다. 첫 양陽이 아래에 있으니 널리 베풀어 쓸 수 없다. 그러므로 그 상象이 '潛龍'이 되고, 그 점占을 '勿用'이라 한 것이다."라고 설명하고 있다. 이는 주자가 효사의 형성이 본괘의 효상과 관련이 있다고 본 것으로 이해할 수 있다. 만약 주자가 효사의 형성과 서법이 서로 관련을 맺고 있다고 보았다면, 주자가 위의 인용문처럼 설명할 수가 없다. 즉 주자의 서법에서 '구九'는 노양이므로 반드시 음으로 변하게 되어 있다. 따라서 '서법'에 따라 효사를 지었다면, 이 '구九'를 양이 아닌 음으로 해석하는 것이 맞다. 이러한 점에

24) 朱熹 撰, 廖名春 點校, 2009, 『周易本義』, 北京: 中華書局, 30, "初九, 潛龍勿用. 潛, 捷言反. 初九者, 卦下陽爻之名. 凡畫卦者, 自下而上, 故以下爻爲初. 陽數九爲老, 七爲少, 老變而少不變, 故謂陽爻爲九. 潛龍勿用, 周公所系之辭, 以斷一爻之吉凶, 所謂『爻辭』者也. 潛, 藏也. 龍, 陽物也. 初陽在下, 未可施用, 故其象爲潛龍. 其占曰勿用. 凡遇乾而此爻變者, 當觀此象, 而玩其占也. 餘爻放此."

서 볼 때, 주자가 위의 인용문에서 초구를 양으로 본 것은 분명히 효사의 형성이 서법과 관련이 없음을 말해주는 것이다. 결국, 주자는 건괘乾卦 초구初九를 '건지구乾之姤' 로 본 것이 아니다.

주자의 역학에서 효사의 형성과 서법의 관련성을 고찰하기 위해 하나의 예를 더 들면 다음과 같다.

> 구이, 용이 밭에 나타났으니, 대인을 만나봄이 이로울 것이다. '見龍' 의 현見은 현賢과 편遍의 반절이다. 괘내卦內 (구오의) '見龍' 과 같다. 이二는 (효를) 아래에서부터 위로 그릴 때 두 번째 효를 의미한다. 이후 모두 이를 따른다. 구이는 강건하고 중정하므로 잠겨있는 상태와 숨어있는 상태에서 벗어나 그 혜택이 사물에 미치게 된다. (따라서) 사물의 입장에서는 (구이를) 만남이 이로운 것이다. 이러한 이유로 그 상이 '용이 밭에 나타나다' 라고 했고, 그 점이 '대인을 만나봄이 이로울 것이다' 라고 했다.[25)]

건괘乾卦 구이九二 효사爻辭에 대한 주자의 해석 중 핵심적인 내용은 '구이는 강건하고 중정하다' 라 할 수 있다. 여기서 '강건하다' 는 구이가 양효이기 때문이고 '중정하다' 는 구이가 하괘의 가운데에 있기 때문이다. 따라서 주자의 이러한 해석은 주자가 이 효사를 해석할 때 건괘 구이 효사를 효가 변한 것으로 인식하지 않았다는 것을 말해준다. 즉 건괘乾卦 구이九二 효사爻辭를 해석하면서 '구' 의 의미를 양으로 인식했으며 음으로 인식하지 않았다는 것을 말해준다. 이렇게 본다면, 주자의 건괘乾卦 구이九二 효사爻辭에 대한 해석은 서법과 관련이 없다고 할 수 있다.

---

25) 朱熹 撰, 廖名春 點校, 2009,『周易本義』, 北京: 中華書局, 30, "九二, 見龍在田, 利見大人. 見龍之見, 賢遍反. 卦內見龍並同. 二謂自下而上, 第二爻也. 後放此. 九二, 剛健中正,出潛離隱,澤及於物,物所利見,故其象爲見龍在田,其占爲利見大人."

주자의 효사 형성에 대한 이러한 이해는 『주역본의』 전체에서 일관되게 나타난다. 따라서 우리는 주자 역학에 있어서 『주역』 역사 형성과 서법이 서로 관련성이 없는 것으로 판단할 수 있다. 즉 주자는 『주역』의 효사는 지괘之卦와 관련없이 본괘本卦에 대한 관찰에 의해서 형성되었다고 본다. 이는 기본적으로 앞에서 살펴본 왕필의 인식과 맥락을 같이한다고 볼 수 있다.

그렇다면 앞에서 인용한 건괘乾卦 초구初九 효사爻辭에 대한 주자의 해석 중 "무릇 점을 쳐 건괘乾卦를 얻었는데 이 효가 변했다면, 마땅히 이 상象을 관찰하고 그 점占을 살펴야 할 것이다. 다른 효도 모두 이를 따른다."라는 구절은 어떻게 이해해야 할 것인가? 필자가 판단하기에, 이 문제는 기본적으로 효사의 형성과 별개로 이해되어야 할 것 같다. 즉, 주자의 이러한 해석은 『주역』 효사를 지은 주공의 관점에서 말한 것이 아니라 이미 형성된 『주역』을 이용해서 점을 친 경우를 가정하고 말한 것으로 이해할 필요가 있다. 『역학계몽』의 「고변점考變占」도 이러한 맥락에서 이해할 수 있다. 즉 「고변점」은 『주역』을 가지고 점을 쳤을 경우 나타나는 여러 가지 경우의 수에 대해 어떻게 판단할 것인지에 대한 매뉴얼에 해당하는 것이다. 예를 들어, 점을 쳐서 건괘乾卦을 얻었고 동시에 초효가 변동하는 경우를 얻었을 경우 건괘乾卦 초구初九의 효사爻辭로 점을 판단해야 함을 설명하는 것이다.

5. 『주역사전』에 나타난 서법筮法과 역사易詞 형성의 상관관계

조선 후기의 역학자인 다산 정약용의 서법에 대한 이해는 『주역사전』의 「시괘전」에 잘 나와 있다. 이는 다산이 주자의 서법을 받아들이지 않고 독창적인 서법을 창안한 것으로 그 핵심은 하나의 효만 변한다는 '일효변一爻變'에 있다. 다산이 이 '일효변'을 주장하는 이유는 『주역』 역사易詞 형성이 이 '일효변'과 밀접한 관계를 하고 있다고 보기 때문이다.[26] 다산에 의하면 주공이 이 '일효변'에 의한 변괘에 기반하여 효사를 지었다고 본다. 이와 관련하여 『주역사전』의 「시괘전」에 나와 있는 다산의 언급을 인용하면 다음과 같다.

> 비록 건괘乾卦와 곤괘坤卦일지라도 만약 두세 획이 순획이 되거나 혹은 네다섯 획이 순획이 될 경우 또한 용구와 용육을 쓸 수 없고 하나의 변효를 구해야 한다. 그러므로 주공이 효사爻詞를 지을 때 여러 효가 잡다하게 변할 경우에 (따로) 글을 짓거나 점을 세우지 않았다. 왜냐하면 여러 효가 어지럽게 변동하면 물상物象이 어그러지고 섞여서 (예를 들어) 귀·눈·손·발의 (물상들이) 서로 어긋나 확정할 수 없으며 말·소·양·돼지의 (물상들도) 서로 전도되어 확정할 수 없기 때문이다. 그러므로 『주역』에는 이러한 법이 없다.[27]

다산이 이처럼 서법에서 '일효변'을 강조하는 이유는 『주역』 역사 형성과의 관련성 때문이다. 만약 '일효변'이 아니라 '다효변'을 인정하게 되면, 『주역』 역사 형성의 기반이 허물어지게 된다. 다산도 언급했듯이 '다효변'의 상황에서는 『주역』 효사를 지을 근거가 없어지게 된다.

다산은 이렇게 서법에 대한 새로운 창안을 통해 '일효변'의 근거를 확보하게 되고, 이에 기반하여 『주역』 역사에 대한 정합적인 해석을 시도하

---

26) 필자의 판단으로 '일효변一爻變'는 다산 역학의 주춧돌 같은 역할을 하고 있다.

27) 丁若鏞, 2012, 「蓍卦傳」, 『周易四箋 Ⅱ』 권8, 『定本 與猶堂全書 16』, 다산학술문화재단, 312, "雖乾·坤二卦, 若二三畫得純, 或四五畫得純者, 亦用法掉脫, 【法見前】 以求一爻之變而已. 故周公之撰爻詞, 不爲數三爻雜變者, 而立文立占. 蓋以諸爻亂動, 則物象乖錯, 耳·目·手·足喎斜不成, 馬·牛·羊·豕顚踣不立. 故『周易』無此法也."

였다. 이러한 노력의 결과물이 바로 『주역사전』라 할 수 있다. 그럼, 『주역사전』에 나타난 변괘와 『주역』 효사 형성의 상관관계를 2가지의 예를 통해 살펴보자. 먼저 건괘乾卦 초구初九의 효사에 대한 다산의 해석을 살펴보면 다음과 같다.

> 이는 건괘乾卦가 구괘姤卦로 변한 경우이다.(初爻가 변했다) …… ○ 본 괘卦는 진震으로 이루어진 것이니 (復卦 · 臨卦 · 泰卦도 같다) 본래 모두 용이다. (震은 용을 상징한다) 효변하여 손巽이 되니(하괘가 지금 巽이다) 손巽은 숨음이 되고(〈大傳〉에 "손巽은 걸맞으면서도 숨는다." 고 했다) 엎드림이 되고 들어감이 되니, (〈雜卦〉와 〈說卦〉의 글) '潛龍' 이라 한 것이다. …… ○ 상象은 모사한다는 뜻이다. 한비자는 "상象은 남방의 큰 짐승이어서 중국은 알지 못하였고 단지 그 그림을 보고 모사하였다. 그러므로 (象은) 그 뜻을 가차한 것으로 형상을 모사한다는 의미이다." (『六書正譌』에 나온다) 〈상象〉사詞는 본래 주공周公이 지은 것이다. (즉 爻詞이다)[28]

위 인용을 통해 우리는 2가지를 확인할 수 있다. 첫째, 다산은 『주역』 효사爻辭의 해석에 있어서 변괘를 기반으로 하고 있다는 점이다. "효변하여 손巽이 되니 손巽은 숨음이 되고 엎드림이 되고 들어감이 되니, '잠룡潛龍' 이라 한 것이다." 라는 다산의 해석은 건괘乾卦 초구의 효사인 '潛龍'의 '潛' 을 서법의 변괘에 기반하여 해석하였음을 보여준다. 둘째, 다산은 『주역』 효사爻辭의 작자가 주공임을 명확하게 하였고, 주공이 효사를 지

28) 丁若鏞, 2012, 「重天乾」, 『周易四箋 I』 권1, 『定本 與猶堂全書 15』, 다산학술문화재단, 106-7, "此乾之姤也.【初爻變】 …… ○ 卦以震成, 【復 · 臨 · 泰】 本皆龍也.【震爲龍】 變而爲巽, 【下今巽】 巽則爲隱, 【〈大傳〉云: "巽, 稱而隱."】 爲伏爲入.【〈雜卦〉 · 〈說卦〉文】 是潛龍也. …… ○ 象者, 似也.韓子曰: "象者, 南方大獸, 中國不識, 但見圖寫者, 故假借其義, 訓爲形似也."【見『六書正譌』】 〈象〉詞, 本周公所作.【卽爻詞】"

은 근거는 효의 형상에 대한 모사임을 명확하게 밝혔다.

다산의 『주역』 효사의 형성과 서법의 상관성에 관한 이러한 이해는 『주역사전』 전체에 일관되게 적용된다. 하나의 예를 더 들어보면, 곤괘困卦 구오九五의 효사 중 "의월劓刖의 형벌을 받을 것이고 붉은 폐슬로 인해 곤궁할 것이지만 곧 서서히 벗어날 것이다."[29]에 대해 다산은 다음과 같이 해석했다.

> 이는 곤괘困卦가 해괘解卦로 변한 경우이다. …… 곤괘困卦가 지금 해괘解卦가 되었으니,(본래 사면의 괘이다) 그 점이 이와 같다.[30]

다산의 이러한 해석은 곤괘困卦 구오九五를 곤지해困之解라는 효변에 기반한 것으로 『주역』 효사의 형성과 서법이 매우 밀접한 관계를 맺는 점을 증명해주고 있다. 물론 『주역』 384효 효사 전체가 이처럼 절묘하게 서법과 밀접한 관련성을 가진다고 할 수는 없지만, 그럼에도 이러한 예들이 『주역』 효사의 형성과 서법의 상관성을 증명해주는 점을 부인할 수는 없을 것 같다.

6. 맺는 말

이상에서 필자는 중국 역학사를 춘추시대, 전국시대, 경학시대로 나누

---

29) 丁若鏞, 2012, 「澤水困」, 『周易四箋 II』 권5, 『定本 與猶堂全書 16』, 다산학술문화재단, 89, "九五, 劓刖, 困于赤紱, 乃徐有說. 利用祭祀."

30) 丁若鏞, 2012, 「澤水困」, 『周易四箋 II』 권5, 『定本 與猶堂全書 16』, 다산학술문화재단, 89, "此困之解也. …… 困今爲解, 【本赦宥之卦】 故其占如此."

어 『주역』 역사易詞 형성과 서법筮法의 상관관계를 고찰했다. 주요한 논의 자료를 살펴보면, 춘추시대에는 『춘추좌전春秋左傳』, 전국시대에는 출토 자료인 『上海博物館藏戰國楚竹書 · 周易』, 경학시대에는 위나라 왕필의 『주역주』, 송나라 주희의 『주역본의』와 『역학계몽』, 명나라 황도주의 『역상정』 그리고 조선 정약용의 『주역사전』을 주요한 자료로 활용하였다.

본 글에서 필자가 우선 주목한 것은 『주역』 효제의 기원과 변천이었다. 본문에서도 논의하였지만, 현재 통용되고 있는 효제는 『주역』이 처음 지어졌을 때의 형태가 아니고 전국시대에 비로소 형성된 것으로 추정하였다. 필자가 판단하기에 『주역』이 처음 만들어졌을 때의 효제는 『춘추좌전』의 서례에 나타나는 '모괘지모괘某卦之某卦'의 형태로 추정된다. 따라서 이러한 효제의 기원을 통해서 볼 때, 『주역』 역사의 형성은 서법과 밀접한 관련이 있다고 판단할 수 있다.

결국 필자는 본문의 논의를 통해 『주역』 역사 형성과 서법의 상관관계에 대해 대략 다음과 같은 결론을 도출하였다. 즉, 『주역』 역사의 형성과 서법은 일정한 상관성을 가지고 있다고 볼 수 있다. 특히 춘추시대의 효제가 '모괘지모괘某卦之某卦'라는 형태라고 추정할 수 있다면 『주역』 역사의 형성과 서법은 불가분의 관계를 맺을 수밖에 없다는 점이다. 물론 전국시대에 이르러 현재 통용되는 효제의 등장으로 인해 『주역』 역사의 해석에 있어서 서법의 영향이 상대적으로 줄어들었다고 판단된다. 왕필과 주희의 역학이 이러한 맥락에서 이해될 수 있다. 그럼에도 불구하고, 『주역』 역사의 형성과 서법의 상관관계에 대한 이해는 정약용 및 중국의 여러 역학가에 의해 면면히 이어져 왔다고 할 수 있다.

(종교연구 78(2), 2018)

제13장

백서帛書『역전易傳』을 통해 본 다산의 역리사법易理四法

1. 문제제기

다산 정약용의 경학 저작 중의 하나인『논어고금주』의 첫머리에는「원의총괄原義總括」이 실려 있다.「원의총괄」은 다산이 고금의『논어』주석을 비교 분석하여 원의原義를 새롭게 밝혀내 정리한 것으로, 다산의『논어』연구의 결정체라 할 수 있다. 이러한「원의총괄」은 다산의 경학 연구의 방향성을 잘 보여주는 것으로 이해할 수 있다. 다산의『주역』연구에서도 다산 경학의 이러한 방향성을 찾아볼 수 있는데 다산은『논어』연구와 마찬가지로『주역』연구에 고금의 방대한『주역』주석을 참조하여 자신만의 독특한 역학체계를 완성하였다. 이른바 역리사법易理四法이 다산 역학 연구의 총결이라 할 수 있다. 그래서 다산 역학을 대표하는『주역사전』의 첫머리에 이 역리사법을 소개한「사전소인四箋小引」을 제시하고 있다. 그런데 다산이「사전소인」에서 역리사법을 소개하는 동시에 역리사법의 연원이 주자에 있음을 강조하고 있는 점에 유의할 필요가 있다. 주지하듯이 다산의 역리사법과 주자의 『주역』 해석 방법론은 서로 다른 측면이 많고, 이러한 이유로 다산의 주장대로 역리사법의 연원을 주자로 보기는 어렵다. 하지만 다산이 이렇게 언명한 이면을 찾아본다면, 그 이면에는 다산도 주자가 『주역본의周易本義』를 지은 의도처럼 『주역』의 원의를 찾으려고 노력하였고, 그 결과 주자의 『주역본의』에서 역리사법의 아이디어를 얻을 수 있었다고 이해해도 큰 무리는 없을 것 같다.

다산 역학 연구의 총결인 역리사법에서도 알 수 있듯이, 다산은 『주역』의 괘효사는 물상을 나타낸 것으로 보고 있다. 이 물상이 바로 『주역』 괘효사의 원의이며, 따라서 다산의 역학은 이 물상이 어디에서 어떻게 도출되는지에 대한 방법론을 찾는 것일 뿐이다. 추이론, 호체론, 효변론은 이 물상을 얻으려는 방법에 지나지 않는다. 결과적으로 다산은 역리사법을 이용해 『주역』 괘효사의 원의를 거의 완벽하게 밝혀내고 있다. 이는 역학사에 있어서 매우 중요한 공헌이며, 의미 있는 작업임이 틀림없다. 그래서 지금까지 이 역리사법에 대한 연구가 집중적으로 이루어져 왔고, 그 성과도 적지 않다.

한편, 다산은 『주역』의 원의를 찾기 위해 이른바 '이경증경以經證經'의 객관적 방법으로 접근하고 있으며, 역리사법도 이러한 '이경증경'의 방법에 따라 구축한 다산의 『주역』 해석 방법론이라 할 수 있다. 다산의 『주역』 연구에 동원된 경전적 근거는 대체로 공자가 지은 것으로 알려진 『십익』과 좌구명의 『춘추좌씨전』 등이다. 물상론은 『설괘전』에, 호체론은 『계사전』에, 추이론은 『단전』에, 효변론은 『춘추좌씨전』에 그 경전적 근거를 찾을 수 있다.

본 연구는 이러한 역리사법의 경전적 근거에 대해 이전의 연구와는 다른 새로운 접근 방식이 필요하지 않을까 하는 생각을 하게 되었고, 그 결과 중국 역학계의 새로운 경향인 출토 문헌에 기반한 접근 방식을 시도해 보고자 했다. 출토 문헌에 기반한 접근 방식은 다산 경학 연구의 방향성인 원의를 찾고자 하는 다산의 의도와 배치되지 않으며, 『주역』의 원의를 찾기 위한 새로운 접근이라는 측면에서 의의가 있다.

2. 통행본 『십익十翼』과 백서본 『역전易傳』

1973년 중국 장사 마왕퇴 한묘에서 출토된 백서 『주역』은 서주西周 이래 장구한 중국 역학사에 있어서 매우 획기적인 발견이다. 마왕퇴 한묘의 매장 연대를 전한 문제 12년, 기원전168년으로 고증하고 있으므로, 이 한묘에서 출토된 백서 『주역』은 최소 이 연대 이전에 쓰인 것으로 추정할 수 있다. 따라서 이 백서 『주역』은 전한 초기의 『주역』을 이해하는 데에 매우 중요한 출토 문헌이다. 또한 『주역』과 관련된 출토 문헌 중에서 가장 온전한 형태의 『주역』이라는 측면에서 매우 학술 가치가 큰 것이다.

백서 『주역』의 내용 중 경문經文은 통행본 『역경易經』의 경문과 거의 일치하고 있으며,[1] 다만 백서 『주역』의 전문은 통행본 『역경』의 전문傳文에 해당하는 부분과는 서로 상이한 점이 많이 존재한다. 통행본 『역경』의 전문과 비교해 봤을 때, 백서 『역전』에 존재하지 않는 통행본 『역경』의 전문을 정리해보면 다음과 같다.

1) 백서 『주역』의 경문과 통행본 『역경易經』의 경문은 대체로 일치하지만, 卦序는 완전히 다르다. 백서 『주역』의 괘서는 1鍵(乾), 2婦(否)로 시작해서 63家人, 64益으로 끝난다. 64괘는 8경괘에 따라 8궁으로 나눌 수 있는데, 8경괘는 그 순서가 鍵(乾), 根(艮), 贛(坎), 辰(震), 川(坤), 奪(兌), 羅(离), 筭(巽)이 된다. 그리고 각 궁은 그 하괘의 순서가 鍵(乾), 川(坤), 根(艮), 奪(兌), 贛(坎), 羅(离), 辰(震), 筭(巽)이 된다.

1. 『상단上彖』
2. 『하단下彖』
3. 『상상上象』
4. 『하상下象』
5. 『문언文言』
6. 『설괘說卦』의 대부분
7. 『서괘序卦』
8. 『잡괘雜卦』

즉, 위의 정리를 통해 백서 『역전』은 통행본 『역전』 중 『계사繫辭』와 『설괘說卦』의 일부분만 존재한다는 사실을 확인할 수 있다. 이는 전한 초기 통행본 『역경』의 전문이 당시에 존재했었는지를 확증할 수 없다는 말이며, 동시에 이는 통행본 『역경』 중 전문의 형성 시기에 대해 중요한 시사점을 준다는 점에서 매우 의미심장하다. 다시 말하면, 전한 초기에 현재 통용되는 통행본 『역경』 중 전문이 존재했을 수도 있고, 존재하지 않았을 수도 있다는 말이다. 이러한 문제에 대해 『진서晉書』「속석열전束晳列傳」은 매우 중요한 시사점을 제공해준다.

> 그 『역경』 이편二篇은 『주역』의 상하경과 동일하다. 『역주음양괘易繇陰陽卦』 이편二篇은 『주역』과 대략 일치하지만, 주사繇辭는 다르다. 『괘하역경卦下易經』 일편一篇은 『설괘說卦』와 비슷하면서도 다르다.[2]

위의 인용은 『진서晉書』「속석열전束晳列傳」에 수록된 내용으로, 전국시

2) (唐) 方玄齡 等撰, 『晋書』, 北京: 中華書局, 1974, 1432쪽. "其『易經』二篇, 與『周易』上下經同. 『易繇陰陽卦』二篇, 與『周易』略同, 繇辭異. 『卦下易經』一篇, 似『說卦』而異."

대 위나라 양왕(襄王, 기원전 318~기원전 295) 때의 죽서竹書에 기록된 『주역』에 관한 글이다. 위나라 양왕 때는 백서 『주역』의 시대인 전한 초기보다 앞선 시기이다. 따라서 위나라 양왕 때의 죽서는 백서 『주역』보다 더 이른 시기의 『주역』 판본이라 할 수 있으며, 『역전易傳』 형성에 관한 보다 분명한 시사점을 제공해주고 있다.

위 인용을 보면, 전국시대 위나라 양왕 때는 통행본 『역경』의 경문과 일치하는 『주역』이 존재하였으며, 그 내용은 일치하지 않지만 비슷한 형태의 『설괘說卦』가 존재하고 있었음을 알 수 있다. 그리고 진나라 때는 분명히 『역경』이라는 용어를 사용하였으며, 이는 『주역』이 진나라 때에 이미 경전의 위치에 올랐음을 말해준다. 위의 「속석열전束晳列傳」에 의하면 『역주음양괘易繇陰陽卦』는 그 정확한 내용을 알 수 없지만, 통행본 『역경』과는 주사繇辭가 다른 『역易』임을 미루어 짐작할 수 있다. 주사繇辭가 다른 것으로 보아 이 『역』은 『주역』과 다른 계통의 『역』으로 추정할 수 있다. 그리고 『괘하역경卦下易經』은 『설괘說卦』와 유사한 내용을 포함하고 있음을 알 수 있다. 그리고 위 인용에서 『십익十翼』 중 『설괘說卦』를 제외한 나머지 내용이 언급되지 않은 것으로 보아, 전국시대 위나라 양왕 때 『설괘』를 제외한 나머지는 존재하지 않았던 것으로 유추할 수 있다.

위 인용을 통해 유추해 본 내용과 백서 『역전』의 내용을 통해 볼 때, 우리는 대략 다음과 같은 추측을 할 수 있다. 즉 전한 초기 이전에는 통행본 『십익』의 존재를 확증할 수 없다는 것이다. 물론 전한 초기 이전에 통행본 『십익』이 존재하지 않았다고 단정적으로 말할 수는 없지만, 최소한 전한 초기 이전에 통행본 『십익』의 권위가 공식적으로 인정되지 않았을 가능성이 컸다고 추정할 수 있다. 만약 전한 초기에 통행본 『십익』이 확고한 권위를 가졌다면, 백서 『역전』에 그 내용을 수록하지 않을 이유가 없을 것이다. 따라서 우리는 전한 초기에는 통행본 『십익』의 존재를 확정할 수 없으며, 최소한 복수의 『역전』이 존재하고 있었음을 가정할 수 있다.

이러한 가정은 통행본 『십익』에 대한 경전적인 권위에 대해 재고할 필요성을 제기한다. 즉, 우리가 『주역』 경문 해석에 있어서 통행본 『십익』에 대해 무조건적인 권위를 부여할 필요는 없는 것이다. 통행본 『십익』의 경전적 권위는 대략 전한 초기 이후 즉 한무제(기원전 156~기원전 87)의 유교 국교화와 밀접한 관련이 있음을 생각할 수 있으며, 따라서 통행본 『십익』은 한무제의 유교 국교화 이후 그 경전적 권위를 가지게 되었음을 유의할 필요가 있다.

『십익』의 형성과 관련하여 사마천(기원전 175년~기원전 약 87년)의 『사기』에는 다음과 같은 기록이 있다. "공자는 만년에 『주역』을 좋아하여 『彖』, 『繫』, 『象』, 『說卦』, 『文言』을 서술했다. 또 가죽끈이 세 번이나 끊어지도록 『주역』을 읽었다. 그리고 공자는 '나에게 몇 년의 시간이 더 주어진다면 『주역』에 대해 통달함이 있을 것이다' 라고 했다."[3)]

이를 통해 보면, 사마천의 시대에는 분명히 『십익』의 대부분이 존재하였음을 알 수 있으며, 다만 『십익』의 구체적인 내용에는 약간 차이가 있을 수 있음을 생각해 볼 수 있다. 사마천은 통행본 『십익』 중 『彖』, 『繫』, 『象』, 『說卦』, 『文言』에 대해 언급하였으며, 다만 『序卦』와 『雜卦』에 대해서는 언급하지 않고 있다. 따라서 사마천의 시대에는 통행본 『십익』 중 『序卦』와 『雜卦』를 제외한 나머지 여덟 편은 존재하였음을 추정할 수 있다.

물론 「공자세가」의 이 기록에 대해 다른 견해를 가진 학자도 있다. 당나라의 학자 장수절張守節은 『사기정의史記正義』에서 다음과 같이 주석을 달고 있다. "序는 『십익』의 하나인 『序卦』를 말한다. 공자가 『십익』을 지었으니, 『上彖』, 『下彖』, 『上象』, 『下象』, 『上繫』, 『下繫』, 『文言』, 『序卦』,

3) 司馬遷 撰, 『史記』, 北京: 中華書局, 2002年, 1937쪽." 孔子晩而喜『易』, 序彖, 系, 象, 說卦, 文言. 讀易, 韋編三絶. 曰: 假我數年, 若是, 我于易則彬彬矣."

『說卦』, 『雜卦』가 그것이다.”[4] 즉, 장수절은 이 기록의 ‘序’ 에 대해서 동사로 해석하지 않고 명사로 해석하고 있는데, 이는 당나라 시기의 『십익』에 대한 견해를 반영하고 있다고 이해할 수 있다. 왜냐하면, 당나라의 대표적인 경학자인 공영달(孔穎達, 574~648)도 『주역정의周易正義』에서 공자 십익설을 주장하고 있기 때문이다. “『彖』과 『象』 등 『십익』의 글은 공자가 지었고, 이에 대해 선유는 이론이 없었다. 단 『십익』의 편수에 대해서는 여러 설이 있었다. 문왕이 『易經』을 처음부터 상하 두 편으로 나누었으니 상하로 구별하는 것은 마땅하고, 『彖』과 『象』은 괘를 해석한 것이니 또한 『經』에 따라 상하로 구분하는 것이 마땅하다. 그러므로, 『십익』의 편수를 『上彖』一, 『下彖』二, 『上象』三, 『下象』四, 『上系』五, 『下系』六, 『文言』七, 『說卦』八, 『序卦』九, 『雜卦』十으로 한다. 정현학파들이 이 설을 따르니, 지금 또한 이에 근거한다.”[5]

참고로 통행본 『십익』과 백서 『역전』에 공통으로 존재하는 내용을 정리해 보면 다음과 같다.[6]

4) 司馬遷 撰, 『史記』, 北京: 中華書局, 2002年, 1937쪽.” 序, 『易』『序卦』也. 夫子作『十翼』, 謂『上彖』, 『下彖』, 『上象』, 『下象』, 『上系』, 『下系』, 『文言』, 『序卦』, 『說卦』, 『雜卦』也.”

5) 李學勤 主編, 『十三經注疏. 周易正義』, 北京: 北京大學出版社, 1999年, 10쪽. “其『彖』, 『象』等『十翼』之辭, 以爲孔子所作, 先儒更無異論, 但數『十翼』亦有多家. 既文王『易經』本分爲上下二篇, 則區域個別, 『彖』, 『象』釋卦, 亦當隨『經』而分. 故一家數『十翼』云: 『上彖』一, 『下彖』二, 『上象』三, 『下象』四, 『上系』五, 『下系』六, 『文言』七, 『說卦』八, 『序卦』九, 『雜卦』十. 鄭學之徒, 並同此說, 故今亦依之.”

6) 鄧球柏 著, 『帛書周易校釋』, 長沙: 湖南出版社, 1987, 348-552쪽 참조; 『中華易學大辭典』編輯委員會 編, 『中華易學大辭典』, 上海: 上海古籍出版社, 2008, 430-442쪽 참조.

『계사繫辭』 중에서

『繫辭上』

1. "天尊地卑, 乾坤定矣." ~ "而成位乎其中." (통행본『繫辭上』 第一章)
2. "聖人設卦觀象, 繫辭焉而明吉凶," ~ "是以自天祐之, 吉, 無不利也." (통행본『繫辭上』 第二章)
3. "彖者, 言如象者也." ~ "辭者, 各指其所之也." (통행본『繫辭上』 第三章)
4. "『易』與天地順," ~ "故神無方, 『易』無體." (통행본『繫辭上』 第四章)
5. "一陰一陽之謂道." ~ "陰陽之謂神." (통행본『繫辭上』 第五章)
6. "夫『易』廣矣, 大矣." ~ "易簡之善配至德." (통행본『繫辭上』 第六章)
7. "子曰 : 『易』, 其至乎," ~ "道義之門." (통행본『繫辭上』 第七章)
8. "聖人具以見天之業而□擬諸其形容," ~ "易曰 : 負且乘, 致寇至, 盜之□也." (통행본『繫辭上』 第八章)
9. "天一, 地二, 天三, 地四, 天五, 地六, 天七, 地八, 天九, 地十." (통행본『繫辭上』 第九章的一部分)
10. "〔『易』有聖人之道四〕焉, 以言〔者, 尙其辭〕." ~ "〔子曰 : 『易』有〕聖人之道〔四焉者〕, 此言之〔謂〕也." (통행본『繫辭上』 第十章)
11. "〔子曰 : 夫 『易』〕何爲者也." ~ "『易』有四象, 所以見也.繫辭焉, 所以告也. 定之以吉凶, 所以斷也." (통행본『繫辭上』 第十一章)
12. "『易』曰 : 自天祐之, 吉, 無不利." ~ "謀而成, 不言而信, 存乎德行." (통행본『繫辭上』 第十二章)

『繫辭下』

1. "八卦成列, 象在其中矣, 因而動之, 爻在其中矣." ~ "理材正辭, 愛民安行曰義." (통행본『繫辭下』第一章)
2. "古者戱氏之王天下也," ~ "〔上古結〕繩以治.〔後〕世聖人易之以書契, 百官以治, 萬民以察, 蓋取諸大有也." (통행본『繫辭下』第二章)
3. "是故『易』也者, 象. 象也者, 象也." ~ "〔故〕吉凶生而悔吝著也." (통행본『繫辭下』第三章)
4. "陽卦多陰, 陰卦多〔陽, 其何故也? 陽卦〕奇, 陰〔卦耦. 其德〕行何也? 陽, 一君二民, 君子之象也." (통행본『繫辭下』第四章)
5. "『易』曰 : 童童往〔來〕, 朋從爾思." ~ "君子知物知章, 知柔〔知剛, 萬夫之望.〕" (통행본『繫辭下』第五章的一部分)
6. "〔若夫雜物撰德, 辨〕是與非, 則下中教不備. 初, 大要. 存亡吉凶, 則將可知矣." (통행본『繫辭下』第九章的一部分)
7. "乾, 德行恒易, 以知險." ~ "無善之人其辭斿, 失其所守其辭屈." (통행본『繫辭下』第十二章)

『易之義』 중에서

1. □□□□□□□□□□贊於神明而生占也, 參天雨地而義數也, 觀變於陰陽而立卦也, 發揮於〔剛〕柔而〔生爻也, 和順於道德〕而理於義也. 窮理盡性而至於命.(통행본 『說卦』 第一章)
2. □□□□□□□□□□□□□□□□理也. 是故立天之道曰陰與陽, 立地之道曰柔與剛, 立人之道曰仁與義. 兼三才兩之, 六畫而成卦. 分陰分陽, 〔佚用柔剛, 故〕易六畫而爲章也.(통행본 『說卦』 第二章)

3. “天地定位, 〔山澤通氣〕, 火水相射, 雷風相榑, 八卦相厝. 數往者順, 知來者逆, 故易達數也.(통행본 『說卦』 第三章)

4. “乾坤也者, 易之門戶也.” ~ “因濟人行, 明〔失得之報.〕” (통행본 『繫辭下』 第六章的一部分)

5. “〔易之〕興也, 於中古乎?” ~ “子曰 : 換而不救, 則比矣.” (통행본 『繫辭下』 第七章)

6. “易之爲書也難前” ~ “苟非其人, 則道不〔虛行〕.” (통행본 『繫辭下』 第八章)

7. “易之義, 贊始〔反〕終以爲貿” ~ “〔三〕多凶, 五多功, 〔貴賤〕之等” (통행본 『繫辭下』 第九章的一部分)

『要』 중에서

1. “危者安其位者也” ~ “易曰「莫益之, 或繫之, 立心勿恒, 凶」, 此之謂也.” (통행본 『繫辭下』 第五章的一部分)

3. 백서본 『역전』과 역리사법

앞 장에서 살펴본 통행본 『십익』과 백서본 『역전』의 교집합은 상당히 중요한 의미를 지닌다. 통행본 『십익』이 『주역』에 대한 유교의 정통적 해석이라 한다면, 백서본 『역전』은 백서 『주역』에 대한 다른 하나의 독립적 해석이라 할 수 있다. 따라서 통행본 『십익』과 백서본 『역전』의 교집합은 다른 계통의 『주역』 해석에 있어서 그 해석 방식을 공유하고 있다는 것을 의미한다. 즉 주역에 대한 다른 계통의 해석이 모두 중시하고 있다는 점에서 매우 중요하다.

그렇다면, 통행본 『십익』과 백서본 『역전』의 교집합은 기성 유교의 정통적인 해석이 되기도 하고, 또 다른 계통인 백서 『주역』의 독립된 해석이 되기도 한다. 따라서 통행본 『십익』과 백서본 『역전』의 교집합은 다산의 역리사법이 경전적 근거로 삼고 있는 통행본 『십익』과도 서로 배치되지 않으며, 이러한 이유로 다산의 역리사법에 대한 새로운 접근일 수도 있다. 이러한 논리에 따라 역리사법의 경전적 근거에 대해 통행본 『십익』과 백서본 『역전』의 교집합을 중심으로 살펴보기로 한다.

우선 다산의 『주역』 해석 방법론인 역리사법에 대해 살펴보자. 주지하듯이 다산의 역리사법은 1) 추이推移, 2) 물상物象, 3) 호체互體, 4) 효변爻變이다. 다산의 역리사법 중에서 가장 핵심이 되는 이론은 물상론이라 할 수 있다. 물상은 괘사와 효사의 글이 상징으로 이루어져 있다는 것으로, 역리사법의 나머지 세 이론은 사실상 이 물상론을 뒷받침하기 위한 방법론이라 할 수 있다. 다산은 이 물상론의 경전적 근거를 『십익』 중 『설괘』에서 찾고 있다. "물상이란 무엇인가? 『설괘전』에서 말한 '건乾은 말이고, 곤坤은 소이고, 감坎은 돼지이고, 리離는 꿩이다' 라는 것이다. 문왕과 주공이 지은 역사易詞는 한 글자 한 문장이 모두 물상을 취한 것이니, 『설괘』를 버리고 『주역』을 해석하는 것은 육율을 버리고 음악을 구하는 것과 같다. 이것을 일러 '물상' 이라 한다."[7] 이처럼 다산은 자신의 역학이론 중의 핵심이라 할 수 있는 물상론의 경전적 근거를 『십익』 중 『설괘』에서 찾고 있으며, 『십익』 중 『설괘』는 백서본 『역전』에도 존재한다. 물론 앞 장에서도 살펴봤지만, 백서본 『역전』의 『설괘』부분은 통행본 『설괘』와는 차이가 있다. 즉, 통행본 『설괘』 중 앞 3장만 존재한다. 이러한 차이에도

7) 『周易四箋 I』, 『定本 與猶堂全書 15』, 다산학술문화재단, 2012. 34쪽. "物象者何也? 說卦傳所云乾馬坤牛坎豕离雉之類是也. 文王周公之撰次易詞, 其一字一文, 皆取物象. 舍說卦而求解易, 猶舍六律而求制樂. 此之謂物象也."

불구하고, 백서본 『역전』의 『설괘』부분이 함유하고 있는 의미와 다산이 의미하는 물상은 서로 다르지 않다. 특히 『설괘』 제3장은 『설괘』 전체 내용 중 가장 기본적이고 중요한 내용이라 할 수 있다. "하늘과 땅이 자리를 정하고, 산과 못이 기를 통하고, 불과 물이 서로 싫어하지 않으며, 우레와 바람이 서로 갈마드니, 팔괘가 서로 교착한다. 지나간 것을 셀 때는 순順으로 하고, 아직 오지 않은 것을 알고자 할 때는 역逆으로 한다. 그러므로 『역』은 거슬러 세는 것이다."[8] 즉 『설괘』 제3장은 팔괘 물상의 가장 원초적인 내용을 담고 있으며, 이에 비롯하여 다른 물상이 파생되어 나오게 되며, 『설괘』의 나머지 부분은 이에 대한 사전적 정리라 할 수 있다. 따라서 다산의 물상론의 근거를 백서본 『역전』의 『설괘』부분에서 찾는다고 하더라도 하등의 문제는 없다.

특히, 흥미로운 점은 다산도 백서본 『역전』의 『설괘』 부분 즉, 통행본 『설괘』의 앞 3장이 매우 오랜 전통을 가지고 있으며, 그 연원을 복희씨의 팔괘 획괘에서 찾고 있다는 것이다. "팔괘를 처음 그릴 때, 『설괘』도 이미 존재했다. 따라서 선유先儒의 『설괘』 공자 저작설은 깊고 면밀하게 탐구하지 않은 주장이다. 물상을 취하지 않으면, 팔괘는 처음부터 만들 필요가 없는 것이다. 『설괘』는 복희가 처음 괘를 그릴 때, 위로 천문을 관찰하고, 아래로 지리를 살피고, 멀리 사물에서 취하고, 가까이 사람의 몸에서 취해, 그 물상을 살펴 이름을 지어 신명과 더불어 부절이 합하듯 하였으니, 어찌 공자를 기다릴 필요가 있었겠는가?"[9] 이러한 다산의 언명은 백

---

8) 鄧球柏 著, 『帛書周易校釋』, 長沙: 湖南出版社, 1987, 461-462쪽; 『中華易學大辭典』編輯委員會 編, 『中華易學大辭典』, 上海: 上海古籍出版社, 2008, 435쪽, "天地定位, 〔山澤通氣〕, 火水相射, 雷風相榑, 八卦相唐. 數往者順, 知來者逆, 故易達數也.

9) 『周易四箋 I』, 『定本 與猶堂全書 15』, 다산학술문화재단, 2012. 42쪽. "八卦始畫之初, 說卦竝興. 先儒謂說卦爲孔子所作, 非深密體究之論也. 不取物象, 則八卦元不必作. 說卦者, 庖犧畫卦之初, 仰觀天文, 頫察地理, 遠取諸物, 近取諸身, 玩其象而命之名, 以與神明約契者

서본 『역전』과 『진서晉書』 「속석열전束晳列傳」이 공유하고 있는 내용과도 일치하며, 따라서 다산의 『설괘』에 대한 인식은 시대를 초월한 매우 탁월한 견해라 할 수 있다. 위의 견해를 종합해보면, 다산의 물상론은 그 이론의 연원이 매우 오랜 전통을 가지고 있으며, 따라서 다산이 이를 자신의 역학이론의 핵심으로 삼고 있는 것은 합리적인 인식이라 할 수 있다.

앞에서 다산의 역리사법 중 가장 핵심적인 이론이라 할 수 있는 물상론과 백서본 『역전』의 관련성을 살펴보았는데, 그렇다면 나머지 호체, 효변, 추이는 백서본 『역전』과 어떤 관련성이 존재하는가?

다산은 통행본 『십익』 중 『계사繫辭』에서 호체의 경전적 근거를 찾고 있다. 통행본 『繫辭下』 제9장에 나오는 '중효中爻' 에 대해 다산은 주자의 말을 통해 호체설의 근거로 삼고 있다. 주자는 이 '중효中爻' 에 대해 선유先儒가 대체로 호체로 해석하고 있음을 들고, 따라서 호체설을 폐지할 수 없음을 말하고 있다.[10] 다산도 주자의 이러한 해석을 받아들이고 있으며, 이를 통해 다산의 호체론도 그 경전적 근거가 『계사繫辭』임을 확인할 수 있다. 다산이 호체설의 경전적 근거로 삼고 있는 통행본 『繫辭下』 제9장은 백서본 『역전』에도 비슷한 내용이 나온다. "(무릇 사물을 뒤섞고, 덕을 찬술하고) 그리고 옳고 그름을 분별하는 것은 가운데 효가 아니면 갖추어지지 않는다."[11] 이를 통해, 호체설은 그 연원이 매우 오래되었음을 알 수

也, 而俟孔子哉!"

10) 『周易四箋 Ⅱ』, 『定本 與猶堂全書 16』, 다산학술문화재단, 2012, 294-5쪽. "中爻者二三四五之變也. 至於中爻, 則正體互體, 卦象交錯, 又或兩互成卦, 物情屢遷, (泰之兩互爲歸妹, 否之兩互爲漸) 諸變悉起, 八卦相盪, 故易之妙用, 非中爻不備也. 朱子曰: "先儒解此, 多以爲互體." 又曰: "互體說, 漢儒多用之, 亦不可廢. (胡炳文, 洪邁, 吳澄, 竝解之爲互體) ○ 案九家諸易, 皆論互體, 王弼獨起而廢之, 蓋以當時鍾會著『無互卦論』, 以譏漢儒, 而王弼儱侗, 遂遽言從耳. 苟非朱子重闡斯文, 互體之說幾乎熄矣. 雖然此節乃指中四爻之變動, 非專論互體也. ○ 或曰: "中爻卽兩互作卦之謂." (如泰之六四爲歸妹之九四)"

11) 鄧球柏 著, 『帛書周易校釋』, 長沙: 湖南出版社, 1987, 452쪽; 『中華易學大辭典』編輯委員

있으며, 다산의 호체설도 그 경전적 근거를 확인할 수 있다.

물론 통행본 『繫辭下』 제9장에 나오는 '중효中爻'가 호체설을 의미하지 않고 단지 가운데 효인 2효, 3효, 4효, 5효의 위치와 공효를 논하고 있다고 해석할 수도 있다. '중효' 다음에 나오는 문장이 각각 2효와 4효, 3효와 5효에 대한 설명임을 고려해볼 때, 문맥상 호체를 설명하고 있다고 보기가 어려울 수도 있다.[12] 이러한 점을 의식해서인지 다산도 이 '중효'가 오로지 '호체'만을 논한 것으로 보지는 않는다.[13] 그리고 동시에 이 '중효'는 양호작괘兩互作卦를 의미하는 것으로 보기도 한다. 하지만 양호작괘는 다산의 호체론에서도 알 수 있듯이 호체설의 한 종류에 해당하므로, 넓은 의미의 호체설에 포함해도 큰 무리는 없을 것 같다.[14]

다음으로 효변의 경전적 근거에 대해 다산은 「괄례표括例表」에서 『춘추좌전』의 관점官占을 그 근거로 들고 있다. 특히 소공昭公 29년조에 나오는 채묵蔡墨의 대답을 자신의 효변의 확증으로 제시하고 있다.[15] 『춘추좌전』

會 編, 『中華易學大辭典』, 上海: 上海古籍出版社, 2008, 434쪽, "〔若夫雜物撰德, 辨〕是與非, 則下中敎不備."

12) 朱熹 撰, 廖名春 点校, 『周易本義』, 北京: 中華書局, 2009年, 256-7쪽.
"易之爲書也, 原始要終以爲質也. 六爻相雜, 唯其時物也. 其初難知, 其上易知, 本末也, 初辭擬之, 卒成之終. 若夫雜物撰德, 辯是與非, 則非其中爻不備. 噫! 亦要存亡吉凶, 則居可知矣. 知者觀其彖辭,則思過半矣. 二與四同功而異位, 其善不同, 二多譽, 四多懼, 近也. 柔之爲道, 不利遠者, 其要无咎, 其用柔中也, 三與五同功而異位, 三多凶, 五多功, 貴賤之等也. 其柔危, 其剛勝邪?"

13) 『周易四箋 Ⅱ』, 『定本 與猶堂全書 16』, 다산학술문화재단, 2012, 295쪽. "雖然此節乃指中四爻之變動, 非專論互體也."

14) 『周易四箋 Ⅱ』, 『定本 與猶堂全書 16』, 다산학술문화재단, 2012, 295쪽. "○ 或曰: "中爻卽兩互作卦之謂." (如泰之六四爲歸妹之九四)"

15) 『周易四箋 Ⅰ』, 『定本 與猶堂全書 15』, 다산학술문화재단, 2012. 50쪽. "左傳蔡墨之對, 旣是確證, 而春秋官占之引經爲義者, 又皆可證. 蔡墨曰: "周易有之. 在乾之姤曰潛龍勿用, 其同人曰見龍在田, 其大有曰飛在天, 其夬曰亢龍有悔, 其坤乾六爻皆變曰見羣龍无首吉, 坤之剝曰龍戰于野. (昭二十九年)"

외에 다산은 효변의 경전적 근거를 따로 제시하지는 않고 있다. 다산은 효변에 대한 설명인 「효변표직설爻變表直說」에서 "효는 변함을 의미한다. 변하지 않으면 효가 아니다."[16]라고 역설한다. 하지만 이러한 '爻'에 대한 의미만 가지고 효변론의 근거로 삼기는 어렵다.

다음으로 추이론의 경전적 근거에 대해 다산은 명시적으로 언급하지 않고 있다. 다만 「추이표직설推移表直說」에서 추이의 뜻을 한유漢儒가 이미 말했음을 언급하고 있을 뿐이다. 그리고 주자의 「괘변도卦變圖」가 한유의 이론을 이어받은 것으로 제시하고 있다.[17] 따라서 추이의 경전적 근거는 통행본 『十翼』이나 백서 『易傳』에서 그 근거를 찾아볼 수 없다.

4. 역리사법易理四法에 대한 재검토

앞에서 통행본 『십익』과 백서본 『역전』의 교집합에 근거하여 다산 역리사법의 경전적 근거를 살펴보았고, 이를 통해 다산의 역리사법 중 물상론과 호체론, 효변론은 그 경전적 근거를 찾을 수 있었지만, 추이론은 그 경전적 근거를 찾을 수 없음을 확인할 수 있었다.

이러한 확인은 다산의 역리사법에 대해 새롭게 검토할 수 있는 하나의 계기가 된다는 점에서 의미가 있다. 다산의 역리사법도 『주역』 해석의 다양한 방법론 중의 하나이며, 따라서 『주역』 해석의 다른 방법론과 마찬가지로 그 방법론이 절대적인 기준이 될 수 없으며, 그 유효성을 검토해볼

16) 『周易四箋 I』, 『定本 與猶堂全書 15』, 다산학술문화재단, 2012. 49쪽. "爻者變也, 不變非爻也."

17) 『周易四箋 I』, 『定本 與猶堂全書 15』, 다산학술문화재단, 2012. 40쪽. "推移之義, 漢儒皆能言之. 朱子卦變圖, 卽其遺也."

필요성이 존재하는 것이다.

이와 관련하여 명말청초의 학자 황종희의 『역학상수론』은 중요한 시사점을 제공해준다. 황종희는 『역학상수론』 중 「원상原象」에서 "성인이 상을 통해 사람에게 나타내었는데, 팔괘八卦의 상, 육효六爻의 상, 상형象形의 상, 효위爻位의 상, 반대反對의 상, 방위方位의 상, 호체互體의 상 등 이 일곱 가지 상이 갖추어져 있으면 모든 상을 다 나타낼 수 있다. 반면에 후대의 유자들이 제기한 납갑納甲, 동효動爻, 괘변卦變, 선천先天은 위상僞象이다."[18]라고 언급하고 있다. 이처럼 황종희는 『주역』의 물상에 대해서 일곱 가지의 본상과 네 가지의 위상을 구별하였고, 이러한 인식은 다산의 역리사법과 비교했을 때, 중요한 차이가 존재한다. 즉 다산은 그의 역리사법에서 알 수 있듯이, 효변과 추이를 매우 중요한 자신의 『주역』 해석 방법론으로 제시하고 있지만, 반면에 황종희는 다산의 효변론에 해당하는 동효와 다산의 추이론에 해당하는 괘변을 위상僞象으로 규정하고 있다. 그렇지만 황종희도 다산의 물상론에 해당하는 팔괘의 상과 다산의 호체론에 해당하는 호체의 상은 본상으로 인정하고 있다. 다산과 황종희의 『주역』 해석에 대한 이러한 인식의 차이에서도 알 수 있듯이, 다산의 역리사법은 절대적인 『주역』 해석 방법론이 아니며, 그렇다면 다산의 역리사법 중 역학사에서 논란이 끊임없이 이어져 오고 있는 효변론과 추이론에 대해 다시 검토해보는 것은 나름의 의의가 있다고 볼 수 있다.

우선, 다산의 효변론의 근거인 『춘추좌씨전』의 소공昭公 29년조에 나오는 채묵蔡墨의 대답에 대해 살펴보면 다음과 같다.

---

18) 黃宗羲 撰, 鄭万耕 点校, 『易學象數論(外二种)』, 北京: 中華書局, 2010年, 117쪽, "聖人以象示人, 有八卦之象, 六爻之象, 象形之象, 爻位之象, 反對之象, 方位之象, 互體之象, 七者而象窮矣; 後儒之爲僞象者, 納甲也, 動爻也, 卦變也, 先天也. 四者雜而七者晦矣."

가을에 용이 강絳이라는 땅의 교외에 나타났다. (이 일에 대해) 위헌자가 채묵에게 물었다. 채묵이 대답하기를, "『주역』에도 있습니다. 건지구乾之姤의 효사에는 '잠룡이니 쓰지 말라' 라고 되어 있고, 건지동인乾之同人의 효사에는 '용이 밭에 나타나다' 라고 되어 있고, 건지대유乾之大有의 효사에는 '용이 하늘을 날다' 라고 되어 있고, 건지쾌乾之夬의 효사에는 '항룡이니 후회함이 있을 것이다' 라고 되어 있고, 건지곤乾之坤의 효사에는 '나타난 여러 마리의 용이 머리가 없으니 길하다' 라고 되어 있고, 곤지박坤之剝의 효사에는 '용이 들에서 싸우다' 라고 되어 있습니다. 만약 용이 빈번하게 나타나지 않았다면 누가 그것을 사물로 지칭했겠습니까?[19]

위의 인용은 채묵이 실제 점서를 한 기록이 아니라, 채묵이 『주역』의 경문을 인용하여 용에 대한 자신의 생각을 기술한 것이다. 따라서 이러한 역사적인 기록은 분명 다산의 인식처럼 춘추시대에는 현재 통용되는 효의 명칭 대신 효변으로 경문을 표시하고 있음을 말해준다. 즉 건괘 초구라는 명칭 대신 건지구乾之姤라는 명칭으로 건괘 초효를 표시하고 있다. 그런데, 효변이라는 의미는 일반적으로 점서와 관련된 것으로 이해하고 있으며, 주공이 효사를 지을 때, 효변을 고려하여 효사를 지었다는 의미로 쓰이지는 않는다는 것이다. 다산 역학의 간략한 총결이라 할 수 있는 『주역사전』의 「사전소인」을 보면, "넷째 효변이다. 주자가 말하기를 '하나의 효가 변하는 경우, 본괘 변효의 효사로 점을 친다' 고 했다.(주자의 『역학계몽』에 나온다), 점치는 법이 이미 이러하니, 경문의 뜻도 마땅히

19) 『周易四箋 II』, 『定本 與猶堂全書 16』, 다산학술문화재단, 2012, 239쪽." 秋, 龍見于絳郊. 晉魏獻子問於蔡墨. 墨對曰:周易有之. 在乾之姤曰: '潛龍勿用', 其同人曰: '見龍在田', 其大有曰: '飛龍在天', 其夬曰: '亢龍有悔', 其坤曰: '見群龍無首吉', 坤之剝曰: '龍戰于野'. 若不朝夕見, 誰能物之."

같을 것이다. 효변은 주자의 뜻이다."라고 되어 있다. 「사전소인」에서 다산이 말한 효변의 의미도 점서와 관련된 것으로 이해할 수 있으며, 그렇다고 해서 이러한 효변이 주공이 효사를 지을 때 이미 고려했다는 점을 증명해주는 것은 아니다. 이러한 점은 주자의 『주역본의』의 효사 해석을 보면 더욱 분명히 알 수 있다. 주자는 건괘乾卦 초구인 '潛龍, 勿用'의 해석에서 "潛은 감추어져 있다는 의미이고, 龍은 양陽의 사물을 의미한다. 초양初陽이 아래에 있으니, 아직 베풀어 쓸 수 없다."라고 쓰고 있다. 주자는 『주역본의』 384효 효사의 해석에서 다산이 말한 효변을 이용하여 효사를 해석한 경우가 거의 없다. 이는 명백히 주자의 '효변'에 대한 해석과 다산의 '효변'에 대한 해석이 근본적으로 다르다는 것을 의미한다.

그리고 백서 『역전』 중 『이삼자二三子』에 있는 건괘乾卦 초구 '潛龍, 勿用'에 대한 해석도 대체로 주자와 비슷하다. "공자가 말했다. '용이 잠겨 있으니 드러내어 쓸 수 없다. 때가 이르렀지만 나아가지 않으니, '잠겨 있다' 라고 했다. 대인이 편안함을 즐겨 조정에 나아가지 않으니, 조정에 있는 것을 싫어함은 또한 용이 잠겨 있는 것과 같다. 행위도 없고, 또 쓸 수도 없으니, '잠겨 있는 용이니 쓰지 말라' 라고 했다.[20] 백서 『역전』의 『경문』 해석은 이처럼 대부분 의리론적 해석을 하고 있으며, 다산의 역 해석 방법론 중 효변은 거의 쓰지 않고 있다. 예외적으로 한 군데 정도 효변을 이용해 효사 해석을 하는 곳도 있지만, 이 경우도 다산의 효변론과는 다른 방식의 해석을 차용하고 있다. 백서 『역전』 중 『목화繆和』편을 보면 겸괘謙卦 초육에 대해 다음과 같은 해석이 있다. "겸괘의 초육은 겸괘가 명

20) 鄧球柏 著, 『帛書周易校釋』, 長沙: 湖南出版社, 1987, 350-351쪽; 『中華易學大辭典』編輯委員會 編, 『中華易學大辭典』, 上海: 上海古籍出版社, 2008, 430쪽. "易曰: 〔寑〕龍勿用. 孔子曰: 龍寑矣而不陽, 時至矣而不出, 可謂寑矣. 大人安失矣而不朝, □□在廷, 亦猶龍之寑也. 其行減而不可用也, 故曰寑龍勿用."

이괘로 변한 경우이다. 성인은 감히 자리에 있지 아니하고, 지혜가 있으면서도 무지한 것처럼 하고, 능력이 있으면서도 무능한 것처럼 하고, 식견이 있으면서도 모르는 것처럼 한다."[21] 백서 『역전』 중 『목화繆和』편의 이 겸괘謙卦 초육에 대한 해석은 기본적으로 효변을 이용하고 있다. '謙卦의 初六은 謙卦가 明夷卦로 변한 경우이다.(嗛之初六, 嗛之明夷也.)' 가 효변을 이용한 해석임을 보여준다. 謙卦가 明夷卦로 변한 경우이므로 즉 明夷는 태양이 땅 아래에 들어간 형상을 나타내므로, 세상의 도가 땅에 떨어진 상황으로 성인은 이러한 때를 당하여 자신을 드러내지 않고 은둔하고자 하는 것이다. 하지만 효변을 이용한 이러한 해석은 다산의 효변을 이용한 해석과 차이가 있다.

다산은 겸괘謙卦 初六에 대해 다음과 같이 해석한다. "이것은 謙卦가 明夷卦로 변한 경우이다. 明夷卦는 小過卦로부터 추이해왔다.(4효가 초효로 간 것이다) 소과小過의 때에 진震의 군자는 비록 상괘에 있지만(우레가 위에 있고, 산이 아래에 있는 괘이다), 겸손하게 아래에 처하고 있다.(4위는 상괘의 아래이다) 추이하여 명이괘가 되면, 진震의 군자는 제일 아래로 내려오니(4효가 초효로 간 것이다) 또한 겸손하고 겸손한 군자가 아니겠는가?"[22] 다산은 이처럼 '겸손함' 과 '군자' 라는 구체적인 물상을 찾아내기 위해 효변을 이용하고 있음을 알 수 있다. 이에 반해 백서 『역전』의 해석은 本卦와 之卦의 괘명과 괘상이 함축하고 있는 의미를 이용해 효사를 해석하고 있다. 물론 효변론이라는 큰 틀에서는 차이가 없지만 그 해석 방

---

21) 鄧球柏 著, 『帛書周易校釋』, 長沙: 湖南出版社, 1987, 509쪽; 『中華易學大辭典』編輯委員會 編, 『中華易學大辭典』, 上海: 上海古籍出版社, 2008, 439쪽. "嗛之初六, 嗛之明夷也. 聖人不敢有立也, 以有知爲無知也, 以有能爲無能也, 以有見爲無見也."

22) 『周易四箋 I』, 『定本 與猶堂全書 15』, 다산학술문화재단, 2012. 222쪽." 此謙之明夷也. 明夷自小過來, (四之一) 小過之時, 震之君子, 雖在上卦(雷山卦), 謙而在下. (四爲上之下) 移之明夷, 則震之君子, 降于最卑之地, (四之一) 不亦旣謙而又謙乎?"

식은 다르다. 백서 『역전』에서는 위에서 인용한 예를 제외하면, 효변을 이용해 해석한 경우가 거의 없고, 대부분 훈고나 역사적 사실, 의리를 이용해 해석하고 있다.

다산의 추이론은 효변론과 함께 다산 역학이론의 중요한 축을 이루는 이론이다. 추이을 통해 효변으로 만들어낼 수 없는 물상을 도출할 수 있게 된다. 다산은 자신의 추이론의 근거를 주자의 괘변도卦變圖에 두고 있다. "첫째는 추이推移이다. 주자의 괘변도가 즉 이 법이다. (『주역본의』의 본문에서 말하고 있는 추이와는 다르다.)"[23] 이처럼 다산은 자신의 추이론의 근거가 주자의 괘변도에 있다고 주장하고 있다. 그런데, 『주역본의』의 괘변도에 대한 주자의 주석에서 주자는 이 괘변도가 『십익』 중 『단전』에 근거하고 있으며, 그리고 이 괘변설은 『易』 중의 한 뜻일 뿐이며, 괘를 그리고 『易』을 지은 본지는 아니라고 적고 있다.[24] 따라서 주자도 이 괘변도가 『주역』 해석의 한 방법일 수는 있지만, 『주역』을 지은 문왕과 주공의 뜻은 아니라고 보고 있다. 그렇다면, 다산은 주자의 이러한 인식을 알고도 추이론을 자신의 역학이론으로 삼았음을 추측할 수 있다. 물론 다산이 주자의 이러한 인식에 동의하지 않았기 때문에 자신의 추이론을 정립하였을 것이다.

주자의 괘변설에 대한 인식 여하를 떠나, 다산의 추이론은 그 근거가 『주역본의』의 괘변도임은 의심할 수 없다. 그리고 『주역본의』의 괘변도는 그 연원이 한대 역학자 우번의 괘변설에 있으며, 우번의 괘변설은 『십

23) 『周易四箋 I』, 『定本 與猶堂全書 15』, 다산학술문화재단, 2012. 31쪽. "一曰推移. 朱子卦變圖, 卽此法也. (與本義之言卦變不同)"

24) 朱熹 撰, 廖名春 点校, 『周易本義』, 北京: 中華書局, 2009年, 18쪽. "彖傳或以卦變爲說, 今作此圖以明之, 盖易中之一義, 非畵卦作易之本旨也."

익』 중의 『단전』에 그 기원을 두고 있다.[25] 그렇다면, 『단전』에서 괘변의 근거가 되는 부분은 어떤 것이며 그것이 과연 괘변을 의미하는지 다시 검토해볼 필요가 있다. 『단전』 중 괘변을 의미할 수 있는 부분을 대략 인용해보면 다음과 같다. 무망괘无妄卦의 『단전』에 "剛이 밖에서 와서 내괘의 주인이 된다."[26]; 대축괘大畜卦의 『단전』에 "剛이 올라가서 어진 자를 숭상한다."[27]; 함괘咸卦의 『단전』에 "柔가 올라가고, 剛이 내려온다."[28]; 항괘恒卦의 『단전』에 "剛이 올라가고, 柔가 내려온다."[29] 등의 구절이 있다. 여기에서 剛과 柔의 오르내림에 대해 괘변론에서는 '하나의 효가 다른 하나의 효로 이동하는 것' 으로 혹은 '하나의 괘에서 다른 하나의 괘가 생성되는 것' 으로 이해한다. 물론 이렇게 이해할 수도 있다. 하지만 이것을 다르게 이해할 수도 있다. 즉, 하나의 괘를 형성하는 이유를 설명하는 것으로 이해할 수도 있다.[30] 앞에서 예를 든 无妄卦의 경우 "无妄卦의 초구는 반대 괘인 大畜卦의 상효로부터 왔다."[31]고 해석할 수 있으며, 大畜卦의 경우 "大畜卦의 상구는 반대 괘인 无妄卦의 초효로부터 온 것'[32]으로 해석할 수 있다. 咸卦의 경우 "상육과 구삼을 가리키는 것"[33]으로 볼 수 있으

25) 黃宗羲 撰, 鄭万耕 点校, 『易學象數論(外二种)』, 北京: 中華書局, 2010年, 66-94쪽 참조.
26) 朱熹 撰, 廖名春 点校, 『周易本義』, 北京: 中華書局, 2009年, 112쪽. "剛自外來, 而爲主於內"
27) 朱熹 撰, 廖名春 点校, 『周易本義』, 北京: 中華書局, 2009年, 115쪽. "剛上而尙賢"
28) 朱熹 撰, 廖名春 点校, 『周易本義』, 北京: 中華書局, 2009年, 128쪽. "柔上而剛下"
29) 朱熹 撰, 廖名春 点校, 『周易本義』, 北京: 中華書局, 2009年, 131쪽. "剛上而柔下"
30) 黃宗羲 撰, 鄭万耕 点校, 『易學象數論(外二种)』, 北京: 中華書局, 2010年, 66쪽 참조.
31) 黃宗羲 撰, 鄭万耕 点校, 『易學象數論(外二种)』, 北京: 中華書局, 2010年, 67쪽. "无妄之初九自大畜上爻外卦來"
32) 黃宗羲 撰, 鄭万耕 点校, 『易學象數論(外二种)』, 北京: 中華書局, 2010年, 67쪽. "大畜之上九自无妄初爻而上"
33) 黃宗羲 撰, 鄭万耕 点校, 『易學象數論(外二种)』, 北京: 中華書局, 2010年, 67쪽. "咸之上六九三"

며, 恒卦의 경우 "구사와 초육을 가리키는 것"[34]으로 볼 수 있다. 만약 『단전』이 괘변론의 근거가 된다고 해도, 『단전』의 괘변론과 관련된 내용은 관점에 따라 다르게 해석할 수 있다. 왜냐하면, 백서 『역전』에서도 알 수 있듯이, 『십익』이 『주역』 해석의 절대적인 표준이 아니기 때문이다.

백서 『역전』에서는 다산의 추이론의 근거가 될 수 있는 내용은 거의 없다. 일단 통행본 『십익』의 『단전』이 존재하지 않는다. 따라서 백서 『역전』이 추이론의 근거가 되기는 어렵다. 다만 백서 『역전』의 『要』편을 보면, 다산 역학이론의 반역反易에 해당하는 부분은 찾을 수 있다. 예를 들어, "益卦는 처음은 길하나 그 끝은 흉하다. 損卦는 처음은 흉하나 그 끝은 길하다."는 반역反易으로 역을 해석하는 좋은 예가 된다. 다산의 반역 이론에 의하면, 損卦와 益卦는 서로 반역의 관계로 損卦를 뒤집으면 益卦가 된다. 따라서 다산은 損卦를 제24괘의 정괘(第二十四卦之正)로 보고, 益卦를 제24괘의 반괘(第二十四卦之反)로 본다. 해석에서도 다산의 해석과 백서 『역전』의 損卦와 益卦 해석은 유사하다. "益卦의 하괘인 震은 봄을 상징하고 풍성함의 시작이 된다. 損卦의 하괘인 兌는 가을을 상징하고 쇠락함의 시작이 된다."[35]는 다산의 해석이고, "益卦는 봄에서 여름에 이르는 때이니, 만물이 소생하는 시기이고, …… 損卦는 가을에서 겨울에 이르는 때이니, 만물이 쇠락하는 시기이다."는 백서 『역전』의 해석이다. 이를 통해 볼 때, 통행본 『십익』 중 『단전』의 괘변론과 관련된 논의에서 『단전』의 剛과 柔의 오르내림은 오히려 다산의 反易의 이론에 더 가까울 수 있다.

---

34) 黃宗羲 撰, 鄭万耕 点校, 『易學象數論(外二种)』, 北京: 中華書局, 2010年, 67쪽. "恒之九四初六"

35) 『周易四箋 I』, 『定本 與猶堂全書 15』, 다산학술문화재단, 2012. 222쪽. "又按益之震春, (益下震) 物盛之始也, 損之兌秋, (損下兌) 物衰之始也."

이상 백서 『역전』과 관련하여 다산의 효변론과 추이론의 근거에 대해 살펴보았으며, 끝으로 다산의 『주역사전』 중 효사 해석의 한 예를 통해 역리사법의 적용 방식과 그 문제점에 대해 살펴보기로 한다. 태괘泰卦 六五의 효사인 "帝乙이 누이동생을 시집보내니, 복이 있을 것이다. 군주의 일은 길할 것이다."[36]에 대한 다산의 해석은 다음과 같다.

"이는 泰卦가 需卦로 변한 경우이다. 兩互卦는 歸妹卦이다. 震은 帝乙이 되고(帝는 震에서 나온다. 또 震은 乙方이 된다.) 兌는 그의 누이동생이다.(兌는 少女를 상징한다.) 倒艮으로 牉合하니(혼인의 괘는 원래 한 괘를 뒤집어서 牉合을 취한다.) 이는 신랑이 된다. 離르써 禮를 행하고 坎으로 돌아가니(兩互의 象이다) '帝乙이 누이동생을 시집보낸다.'는 이를 말한다. 5효가 효변하면(歸妹卦의 六五), 또 重兌가 된다. 重兌卦는 大壯卦에서 추이해온 것으로(오효가 삼효로 감) 震의 帝乙(大壯卦의 상괘 震), 兌의 누이, 艮의 신랑(大壯卦에도 互兌와 倒艮이 있다.)이 원래부터 존재했다.(泰卦의 兩互卦와 같다) 추이해서 重兌가 되면,(5효가 3효로 감) 離로써 禮를 행하고(下互가 離이다) 坎으로 돌아가니(3, 4, 5, 6효가 大坎이 된다) '제을이 누이동생을 시집보내는' 상이 변하지 않았다. 五位는 군주의 자리이므로, 그 점이 제왕의 혼례가 된다. 祉는 福을 뜻한다. 兌卦는 中孚卦에서 추이해왔다.(4효가 상효로 감) 大離의 福이(원래 大離가 있음) 위로부터 명을 받으니, 복이 있게 된다. 震의 군주(大壯卦의 上卦)가 지금 五位의 자리에 바르게 왔으니, (오효가 지금 剛이다) 군주의 길함이다."[37]

36) 『周易四箋 I』, 『定本 與猶堂全書 15』, 다산학술문화재단, 2012. 198쪽." 六五, 帝乙歸妹, 以祉, 元吉."

37) 『周易四箋 I』, 『定本 與猶堂全書 15』, 다산학술문화재단, 2012. 198쪽." 此泰之需也. 兩互歸妹也.(義見上) 震爲帝乙, (帝出乎震又震爲乙方) 兌其妹也,(兌少女)倒艮牉合, (婚配之卦, 本倒合.) 是其壻也. 离以行禮, 坎以歸之,(兩互象) 帝乙歸妹, 此之謂也. 五爻之動,(歸妹之六五) 又爲重兌. (上下兌) 重兌之卦, 本自大壯(五之三), 震之帝乙, (大壯之上震) 兌妹艮

다산은 이 효사를 해석하면서 역리사법의 네 가지 이론을 모두 사용하고 있다. '이는 泰卦가 需卦로 변한 경우이다.'는 효변을 의미하고, '重兌卦는 大壯卦에서 추이해온 것', '兌卦는 中孚卦에서 추이해왔다.'는 추이를 의미하고, '震은 帝乙', '兌는 그의 누이동생' 등은 물상을 의미하고, '兩互卦는 歸妹卦이다.', '離로써 禮를 행하고(下互가 離이다)', '坎으로 돌아가니(3, 4, 5, 6효가 大坎이 된다)' 등은 호체를 의미한다. 이처럼 다산은 역리사법을 자유자재로 발휘해서 『주역』 64괘 384효사에 대한 거의 완벽한 해석을 이루어내고 있다. 이러한 다산의 易詞 해석의 정합성은 읽는 이로 하여금 감탄을 자아내게 하는 탁월함이 있다. 이러한 다산의 탁월함은 누구도 부인하기 어려운 점이다. 그런데 이 효사의 해석을 통해 알 수 있듯이, 다산은 해석의 정합성을 이루기 위해 역리사법의 적용에 있어서 무리한 측면도 없지 않게 존재한다. 예를 들어, 위 인용의 해석을 보면, 다산은 본괘인 泰卦, 지괘인 需卦, 양호괘인 歸妹卦, 양호괘인 귀매괘의 오효가 효변하여 생성된 兌卦, 태괘의 벽괘인 大壯卦, 태괘의 벽괘인 中孚卦 등 모두 6개의 大成卦를 이용하여 易詞를 해석하고 있다. 대성괘는 또 2개의 小成卦로 이루어져 있으니, 小成卦로 따지면 모두 12개의 小成卦로 易詞를 해석하는 셈이 된다. 『주역』은 팔괘로 이루어져 있고, 다산의 물상론에 의하면 『주역』의 모든 괘효사는 모두 팔괘의 상징으로 해석할 수 있다. 그렇다면 『주역』의 괘효사는 8개의 소성괘로 모든 해석이 가능하게 된다. 따라서 위의 인용에서처럼 12개의 소성괘를 만들어내면, 해석이 안 되는 경우가 없게 된다. 결국 다산의 역리사법 중 효변론과 추이론

壻,(大壯亦互兌倒艮) 固自若也. (如泰之兩互) 移之重兌, (五之三) 則离以行禮,(下互离) 坎以歸之,(上大坎) 帝乙歸妹, 无所渝也. (象無變) 五爲君位, 故其占爲帝王之婚也. 歸妹六五宜參看. (彼亦爲重兌) ○ 祉者福也. 兌自中孚來, (四之上) 大离之福,(本大离) 有命自上, (上本巽) 是有祉也. 本以震主,(大壯之上震) 今正五位, (五今剛) 善長之吉也."

은 해석의 정합성을 높이기 위해 사용되고 있는 셈이다. 그리고 호체론의 양호괘도 이런 측면이 존재한다. 따라서 이러한 효변론과 추이론의 무리한 적용은 그 근거에 대해 회의하게 되는 중요한 요소가 되며, 이 점은 백서 『역전』에서 추이론의 근거를 찾을 수 없는 것과 연관해서 다시 생각해봐야 할 필요성을 제기하는 것이다.

5. 결론

지금까지 다산 정약용의 역학에 대한 연구는 『주역사전』에 기반하여 다산 역학의 핵심 이론이라 할 수 있는 '역리사법' 에 대한 연구가 주류를 이루고 있다. 따라서 다산의 『주역』 해석 체계에 대한 연구는 상당한 수준으로 진행되었다.

본 글은 정약용의 '역리사법' 에 대해 고고학적 출토 자료에 근거한 새로운 접근 방식으로 그 이론적 근거를 재검토하고자 했다. 즉 1973년에 중국 장사 마왕퇴 한묘에서 출토된 백서 『주역』 등의 출토 문헌 자료에 기반하여 '역리사법' 의 이론적 배경을 탐색하고자 했다. 이러한 자료들은 고고학적 자료로써 우리가 그 역사적 존재를 부정할 수 없는 확실한 자료이다. 따라서 이러한 자료에 근거하여 논의를 전개하는 것은 『주역』 연구에 있어서 자칫 빠져들기 쉬운 자료의 불확실성을 제거할 수 있다.

백서 『주역』을 검토해 보면, 통행본 『역경』과 상당히 다른 체제임을 알 수 있다. 우선 통행본 『역경』과 달리 『주역』 경문과 『역전』이 분리되어 있다. 즉 『주역』 원문이 따로 존재하며, 이와 함께 『십익』에 해당하는 논설이 존재한다. 이러한 이유로 『십익』이 백서 『주역』이 형성된 한대 초기에 지금과 같은 형태로 존재했었는가에 대해 의문이 제기될 수 있다. 『십익』

이 언제 형성되었느냐는 따로 논의해야 할 문제이지만, 최소한 한대 초기에는 『역전』이 복수의 판본으로 존재했었다고 할 수 있다. 이러한 가정이 성립한다면, 우리는 『십익』이 『주역』을 해석하는 절대적 근본이라는 유교의 정설을 수용할 수 없게 된다.

이러한 문제의식에 따라 필자는 백서의 『역전』과 통행본 『역전』을 비교하여 공통으로 포함된 교집합의 내용에 주목하게 되었다. 그 결과 통행본 『역전』의 대부분은 백서 『역전』에 존재하지 않고, 다만 『계사전』의 다수 영역과 『설괘전』의 일부분만 서로 일치한다는 점을 확인했다. 그러므로 백서 『역전』과 통행본 『역전』의 공통분모라 할 수 있는 『계사전』의 다수 영역과 『설괘전』의 일부분은 『주역』을 해석할 수 있는 매우 의미 있는 요소라 할 수 있다.

필자는 이러한 연구를 통해 정약용의 '역리사법'에 대해 새롭게 검토했고, 그 결과 정약용의 '역리사법' 중 물상론, 호체론, 효변론은 그 근거를 찾을 수 있었지만, 추이론의 경우 부정적 결과가 도출되었다. 즉 백서 『역전』에서 추이론의 근거를 확인할 수 없었다. 중국 역학사에서 추이론의 원형은 우번의 괘변론에서 찾는다. 나아가 우번의 괘변론은 『십익』 중의 하나인 『단전』에서 그 근거를 찾는 것이 일반적이다. 그런데 만약 『단전』이 한대 이전에 존재하지 않았다고 가정하면, 자연스럽게 괘변론의 근거도 의심하지 않을 수 없는 상황이 되는 것이다.

〈참고 문헌〉

『易學緖言』, 丁若鏞(朝鮮) 編, [19世紀 以後], 奎 5592-v.1-4
『周易四箋』, 丁若鏞(朝鮮) 編, [純祖8年(1808)], 奎 4918-v.1-12
丁若鏞, 『易學緖言』, 『定本 與猶堂全書 17』, 다산학술문화재단, 2012.
丁若鏞, 『周易四箋 Ⅰ · Ⅱ』, 『定本 與猶堂全書 15 · 16』, 다산학술문화재단, 2012.
(宋) 朱熹 撰, 『朱子全書』, 上海: 上海古籍出版社; 合肥: 安徽教育出版社, 2002.
(魏)王 弼 撰, 樓宇烈 校釋, 『周易注(附周易略例)』, 北京: 中華書局, 2011.
(淸) 馬國翰 輯, 『周易荀氏注』, 『玉函山房輯佚書(壹)』, 揚州: 廣陵書社, 2005.
[元]脫脫 等撰, 『宋史』, 北京: 中華書局, 1977.
丁若鏞, 『文集 Ⅱ』, 『定本 與猶堂全書 3』, 다산학술문화재단, 2012.
丁若鏞, 『文集 Ⅲ』, 『定本 與猶堂全書 4』, 다산학술문화재단, 2012
『中華易學大辭典』編輯委員會 編, 『中華易學大辭典』, 上海: 上海古籍出版社, 2008.
高亨, 『周易古經今注(重訂本)』, 北京: 中華書局, 1984,
高亨, 『周易古經通說』, 北京: 中華書局, 1958.
高亨, 『周易大傳今注』, 濟南: 齊魯書社, 1998.
金景芳 講述, 呂紹綱 整理, 『周易講座』, 桂林: 离广西師范大學出版社, 2005.
金景芳, 呂紹綱 著, 呂紹剛 修訂, 『周易全解』, 上海: 上海古籍出版社, 2005.
唐琳, 「從相關易圖看朱震易學的卦气觀」, 湖北大學學報(哲學社會科學版), 2005年第6期.
唐琳, 「朱震卦變思想解析」, 周易研究, 2006年第3期(總第七十七期).
唐琳, 「朱震易學的納甲觀初探」, 周易研究, 2004年第1期(總第63期).
唐琳, 「朱震易學太极觀的哲理內涵」, 武漢大學學報(人文科學版), 2004年第2期.
都絜 撰, 『易變體義』, 『四庫全書』 文淵閣本, 上海古籍出版社 影印本, 2003.
董守諭 撰, 『卦變考略』, 『(景印)文淵閣四庫全書(第35冊)』, 驪江出版社 影印本, 1988.
鄧球柏 著, 『帛書周易校釋』, 長沙: 湖南出版社, 1987.
來知德, 『周易集註』, 『四庫全書』 文淵閣本, 驪江出版社 影印本, 1988.
呂紹綱, 『周易闡微』, 上海: 上海古籍出版社, 2005.
黎心平, 「周易虞氏消息研究」, 山東大學博士學位論文, 2004.
廖名春, 『『周易』經傳与易學史續論: 出土簡帛与傳世文獻的互証』, 北京: 中國財富出版社, 2012.
廖名春, 『帛書周易論集』, 上海: 上海古籍出版社, 2008.
廖名春, 『周易經傳十五講』, 北京: 北京大學出版社, 2004.
廖名春 · 康學偉 · 梁韋弦 著, 『周易研究史』, 湖南出版社, 1991.

劉大鈞 主編,『大易集奧』, 上海: 上海古籍出版社, 2004.
劉大鈞,『今, 帛, 竹書『周易』綜考』, 上海: 上海古籍出版社, 2005.
劉玉建 著,『兩漢象數易學研究』, 南宁: 广西教育出版社, 1996.
李鏡池,『周易探源』, 北京: 中華書局, 1978.
李利,「虞翻"卦變"說 · "成旣濟定"說管窺」, 中華文化論壇, 2011年第6期.
李夢生 撰,『左傳譯注』, 上海: 上海古籍出版社, 2004.
李學勤 主編,『十三經注疏. 周易正義』, 北京: 北京大學出版社, 1999.
李學勤 主編,『清華大學藏戰國竹簡(4)』, 上海: 中西書局, 上海文藝出版集團, 2013.
李學勤,『周易溯源』, 成都: 巴蜀書社, 2006.
林在圭,「丁若鏞易學研究」, 上海: 復旦大學博士論文, 2013.
林忠軍,「清華簡『筮法』筮占法探微」,『周易研究』, 2014年第2期.
林忠軍,『象數易學發展史』第一卷, 濟南: 齊魯書社, 1994.
林忠軍,『周易鄭氏學闡微』, 上海: 上海古籍出版社, 2005.
林忠軍,「毛奇齡"推移"說与清代漢易復興 – 兼論毛奇齡推移說与丁若鏞推移說之异同」,『민족문화논총』49, 2011.
馬端臨,『文獻通考』,『四庫全書』文淵閣本, 驪江出版社 影印本, 1988.
馬承源 主編,『上海博物館藏戰國楚竹書(三) · 周易』, 上海: 上海古籍出版社, 2003.
毛奇齡 撰,『仲氏易』,『(景印)文淵閣四庫全書(第41册)』, 驪江出版社 影印本, 1988.
毛奇齡 撰, 鄭萬耕 點校,『毛奇齡易著四種』, 北京: 中華書局, 2010.
文平,「虞翻易學思想研究」, 湘潭大學博士學位論文, 2010.
班固 撰, 顔師古 注,『漢書』, 北京: 中華書局, 1996.
方玄齡 等撰,『晋書』, 北京: 中華書局, 1974.
常秉義,「卦變說辨析」, 周易研究, 1997年第4期(總第三十四期).
尙秉和 著,『周易古筮考 · 周易尙氏學』. 北京: 光明日報出版社, 2006.
尙秉和,『周易尙氏學』, 北京: 中華書局, 2003.
徐元誥 撰, 王樹民 沈長云 点校, 2002,『國語集解』, 北京: 中華書局.
孫堂 輯,『漢魏二十一家易注』,『無求備齋易經集成(169~171)』, 台北: 成文出版社, 1976.
孫詒讓 撰,『周禮正義』, 北京: 中華書局, 1987.
沈該,『易小傳』,『四庫全書薈要』, 吉林人民出版社 影印本, 1997.
晏昌貴,「新蔡葛陵楚卜筮簡中的繇辭解析」,『周易研究』, 2007年第4期.
楊萬里 撰, 宋淑洁 點校,『誠齋易傳』, 北京: 九州出版社, 2008
楊伯峻 編著,『春秋左傳注』, 北京: 中華書局, 2009.
楊天宇 撰,『周禮譯注』, 上海: 上海古籍出版社. 2004.
楊效雷,「吳澄的卦統卦主卦變說」,『周易研究』, 2012年第5期.
嚴靈峯 編輯,『無求備齋易經集成(1)』, 台北: 成文出版社, 1976.
余嘉錫,『四庫提要辨證』, 國立北平圖書館, 1935

余敦康 著,『漢宋易學解讀』, 北京: 華夏出版社, 2006.
黎靖德 編, 王星賢 點校.『朱子語類』, 北京: 中華書局, 1986.
呂祖謙,『古周易』,『(景印)文淵閣四庫全書(第15冊)』, 驪江出版社 影印本. 1988.
吳勇,「從出土文獻看筮法与卦序的演變」,『荊楚學刊』, 2013年第3期.
吳澄,『易纂言』,『四庫全書薈要』, 吉林人民出版社 影印本, 1997.
吳澄,『易纂言外翼』,『(景印)文淵閣四庫全書(第22冊)』, 驪江出版社 影印本, 1988.
王琪,「荀爽易學硏究」, 山東大學博士學位論文, 2009.
王新春・呂穎・周玉鳳,『易纂言導讀』, 齊魯書社, 2006.
王雲五 主持,『合印四庫全書總目提要及四庫未收書目禁燬書目(一)』, 臺灣商務印書館, 1978.
王應麟,『玉海』,『四庫全書』文淵閣本, 驪江出版社 影印本, 1988.
王風,「論『本義』注文与卷首「卦變圖」之相合」, 周易硏究, 2004年第2期(總第六十四期).
王弼・韓康伯 注, 陸德明 音義, 孔穎達 疏,『周易註疏』,『四庫全書』文淵閣本, 驪江出版社 影印本, 1988
王弼・韓康伯 撰,『周易註』,『四庫全書』文淵閣本, 驪江出版社 影印本, 1988
王化平 著,『帛書『易傳』硏究』, 成都: 巴蜀書社, 2007.
李鏡池 著,『周易探源』, 北京: 中華書局, 1978.
李光地 撰,『御纂周易折中』,『(景印)文淵閣四庫全書(第38冊)』, 驪江出版社 影印本, 1988.
李鼎祚 撰,『周易集解』,『四庫全書』文淵閣本, 驪江出版社 影印本, 1988
張國洪,「吳澄的象數義理之學」, 山東大學博士學位論文, 2006.
張文智,『周易集解導讀』, 齊魯書社, 2005.
張善文 編著.『周易辭典』. 上海: 上海古籍出版社, 1993.
章偉文,「略析吳澄的易學象數思想」, 周易硏究, 1998年第2期(總第三十六期).
張政烺 著, 李 零等 整理,『張政烺論易叢稿』, 北京: 中華書局, 2011.
張惠言 撰,『周易虞氏義』,『續修四庫全書(第26冊)』, 上海: 上海古籍出版社 影印本, 1995.
鄭吉雄,「論《易經》非占筮記彔」,『周易硏究』2012年 第2期.
丁易東,『易象義』,『四庫全書』文淵閣本, 驪江出版社 影印本, 1988.
程頤 撰, 王孝魚 點校,『周易程氏傳』, 北京: 中華書局, 2011
鄭玄 撰, 王應麟 編,『周易鄭康成註』,『四庫全書』文淵閣本, 驪江出版社 影印本, 1988
晁福林,「商代易卦筮法初探」,『考古与文物』, 1997年第5期.
周立升,『易經集注導讀』, 齊魯書社, 2009.
朱伯崑 主編,『周易知識通覽』, 濟南: 齊魯書社, 1993.
朱伯崑,『易學哲學史』, 北京: 華夏出版社, 1995
朱升 撰,『周易旁注』,『續修四庫全書(第4冊)』, 上海: 上海古籍出版社 影印本, 1995.
朱震 撰, 王婷, 王心田 点校,『朱震集』, 長沙: 岳麓書社, 2007.
朱震,『周易集傳』,『四部叢刊續編』, 上海: 商務印書館, 民國 23(1934).
朱震,『漢上易傳』,『(景印)文淵閣四庫全書(第11冊)』, 驪江出版社 影印本, 1988.

朱震,『漢上易傳』,『四庫全書薈要』, 吉林人民出版社 影印本, 1997.
朱熹 撰, 廖名春 點校,『周易本義』, 北京: 中華書局, 2009.
陳恩林,「略論周易的卦變」, 周易硏究, 1988年第2期(總第二期).
陳振孫,『直齋書錄解題』,『四庫全書』 文淵閣本, 驪江出版社 影印本, 1988.
崔麗麗,「毛奇齡易學硏究」, 山東大學博士學位論文, 2010.
夏含夷,「『周易』筮法原无“之卦”考」,『周易硏究』, 1998年第1期.
漢 司馬遷 撰, 宋 裴駰 集解, 唐 司馬貞 索引, 唐 張守節 正義,『史記』, 中華書局, 1992.
韓自强,『阜陽漢簡周易硏究』, 上海: 上海古籍出版社, 2004.
韓慧英,「荀氏易學初探」, 山東大學碩士學位論文, 2004.
惠棟 撰,『易漢學』,『(景印)文淵閣四庫全書(第52冊)』, 驪江出版社 影印本, 1988.
胡方平,『易學啓蒙通釋』,『四庫全書薈要』, 吉林人民出版社 影印本, 1997.
胡渭 撰, 鄭萬耕 點校,『易圖明辨』, 北京: 中華書局, 2008.
黃道周 撰, 翟奎鳳 整理,『易象正』, 北京: 中華書局, 2011,
黃道周,『易象正』,『(景印)文淵閣四庫全書』, 여강출판사 영인본, 1988.
黃壽祺, 張善文 譯注,『周易譯注』, 上海: 上海古籍出版社, 2007.
黃新根,「卦象說初探」,『周易硏究』, 2005年第4期.
黃宗羲 撰, 全祖望 續修, 王梓材 校補,『宋元學案』, 河洛圖書出版社, 中華民國 64年.
黃宗羲 撰, 鄭万耕 点校,『易學象數論(外二种)』, 北京: 中華書局, 2010.

김상섭 지음,『馬王堆出土 帛書周易』, 서울: 비봉출판사, 2012.
김승동,「毛奇齡과 丁若鏞의 易卦 해석에 관한 비교연구」, 인문논총 제36집, 1990.
김영우,「『春秋左氏傳』의 占辭 解釋 硏究 - 朱熹, 毛奇齡, 丁若鏞을 중심으로」, 한국실학연구 21, 2011.
김영우,「정약용과 모기령의 역학 사상 비교 연구」, 동방학지, 2004.
김영우,「정약용의 역학 사상 연구」, 서울대학교 대학원 박사학위 논문, 2000.
김왕연,「다산 역학의 연구」, 고려대학교 대학원 박사학위 논문, 1989.
김인철,『다산의 주역해석체계』, 경인문화사, 2003.
다산 정약용 지음, 방인 · 장정욱 옮김,『역주 주역사전』, 소명출판, 2007.
린쭝쥔(林忠軍),「정약용의 추이설(推移說)과 한송(漢宋)역학(易學): 주희, 모기령의 추이설이 정약용에 미친 영향」, 다산학술문화재단,「다산학」 25권, 2014.
방인,「경방의 벽괘설에 대한 정약용의 비판」, 서울대학교 철학사상연구소,「철학사상」 54권, 2014.
방인,「다산 역학의 방법론적 고찰 - 毛奇齡과 丁若鏞의 易學방법론의 비교」, 철학연구 제94집, 2005.
방인,「茶山의 明淸易學 批判」, 철학연구 제84집, 2002.
방인,「정약용의「주자본의발미」연구」, 다산학 19호, 2011.

신원봉, 「다산의 역학관 정립에 미친 청대 사상의 영향 - 모기령을 중심으로」, 다산학 3호, 2002.
엄연석, 「程頤 『易傳』의 易學理論에 관한 硏究」, 서울: 서울大學校 大學院 박사학위 논문, 1999.
이세동, 「朱子《周易本義》硏究」, 서울: 서울大學校 大學院 박사학위 논문, 1996.
정해왕, 「한대의 역학이론과 정약용의 역학이론」, 동아시아 지역의식과 평화적 발전 국제학술대회, 한국민족문화 15, 2000.

찾아보기

ㅅ

ㅇ

ㅋ ㅌ

ㅍ

ㅎ

■ 著者 略歷

임재규 林在圭

고려대학교 재료공학과 중퇴.
서울대학교 종교학과 학사 및 석사과정 졸업.
서울대학교 종교학과 박사과정 수료.
중국 복단대학 역사학과 박사과정 졸업. 역사학 박사.
서울대학교 종교학과 강사.
한신대학교 종교문화학과 외래교수.
상명대학교 중문학과 강사.
한림대학교 태동고전연구소 연구원.
성균관대학교 유교문화연구소 연구원.
한국학중앙연구원 학술지『정신문화연구』편집위원.
한국주역학회 제1회 주역학술상 수상.
현 서울대학교 인문학연구원 객원연구원.
주요 논문 및 저 · 역서:「주역 역사 형성과 서법의 상관관계」(논문),『한국 사회와 종교학』(공저),『화해의 마음으로 세상을 보다』(역서) 외 다수

다산 정약용의 역학이론

초판 1쇄 발행일 2019년 10월 31일

지은이 | 임재규
발행인 | 최원필
발행처 | 심산출판사
주 소 | 서울시 은평구 불광로 13가길 18, 101호
전 화 | 02-357-0633
팩시밀리 | 02-357-0631
E-mail | simsan21c@hanmail.net
등록번호 | 제1-2114호(1996년 11월 28일)

ISBN 978-89-94844-63-3 93150

* 책값은 뒤표지에 표시되어 있습니다.